Focke Tannen Hinrichs

Die Geschichte der gromatischen Institutionen

Focke Tannen
Hinrichs

Die Geschichte der gromatischen Institutionen

Untersuchungen
zu Landverteilung,
Landvermessung,
Bodenverwaltung
und Bodenrecht im
römischen Reich

Franz Steiner Verlag GmbH
Wiesbaden 1974

ISBN 3-515-01825-5

 Gedruckt mit Unterstützung der Deutschen Forschungsgemeinschaft. Gesamtherstellung: Limburger Vereinsdruckerei GmbH, 625 Limburg/Lahn, Diezer Str. 17—19.
Printed in Germany

INHALTSÜBERSICHT

VORWORT

Adolf Friedrich Rudorff hat den Begriff der „gromatischen Institutionen“ zuerst verwandt. Mit ihm überschrieb er seine Darstellung der Methoden der römischen Landverteilung, der Prinzipien des agrarischen Rechts, der Stellung und der Aufgabe der Agrimensoren und verwandter Probleme[1]. Er leitete ihn von der „groma“, dem Visierinstrument der römischen Agrimensoren, ab, doch begrenzte er seine Untersuchungen nicht auf den rein agrimensorisch-technischen Bereich, in dem die groma Verwendung fand. Mit dem Titel war das ganze Gebiet der römischen Bodenverwaltung und der in ihr tätigen Beamten, der Flächenmessung und der Flächenabbildung sowie der mannigfachen Zusammenhänge gemeint, die zwischen der Parzellierung der Territorien und dem Bodenrecht bestehen. Dieser weitere Umkreis soll auch mit dem Thema der vorliegenden Arbeit umschrieben sein.

Rudorff gehörte als Schüler Savignys der historischen Schule an. Trotzdem erwecken seine „gromatischen Institutionen“ manchmal eher den Eindruck eines Systems als daß sie ihren langwierigen Entwicklungsprozeß verständlich machen. Zwar erklärt sich dies leicht aus der Eigenart der von ihm vor allem kommentierten klassischen Schriften der römischen Feldmesser. Gleichwohl haben aber die gromatischen Institutionen in der Zeit des frühen Stadtstaates, bei der Eroberung der italischen Halbinsel, in den Landverteilungen der späten Republik und bei der Bodenbesteuerung der Kaiserzeit eine zwar selten unwichtige, doch jeweils verschiedenartige Rolle gespielt. Es ist die Absicht dieser Arbeit, hier eine deutlichere historische Plastizität zu erreichen.

Leider sind, wie oft, die Quellen nicht so zahlreich und ergiebig, daß sich eine flüssige Darstellung einfach aus ihnen herausziehen ließe. Wenige und ungleichartige Überlieferungen stammen aus verschiedenartigen Zeiten und Zuständen, und der Protest gegen ihre systematische Kombination muß durch die spezielle historische Erläuterung oft erst begründet werden. Deshalb ist die Arbeit in neun Detailuntersuchungen gegliedert, welche in der Methode und in der Problemstellung voneinander geschieden sind. Die knappe am Schluß gegebene Zusammenfassung soll zugleich die zwischen ihnen bestehenden Querverbindungen und auch die gegenseitige Abhängigkeit der diesen einzelnen Untersuchungen zugrundeliegenden Fragen vor Augen führen. Dem Leser, der schnell einen Einblick in den Zusammenhang des Ganzen gewinnen möchte, kann man empfehlen, diesen Schlußabschnitt zuerst zu lesen. (S. 224—234)

Das Manuskript wurde am Ende des Jahres 1970 abgeschlossen, die Arbeit selbst in der vorliegenden Form von der Fakultät für Orientalistik und Altertumswissen-

[1] Im zweiten Band der von K. Lachmann u. a. herausgegebenen Schriften der römischen Feldmesser, Berlin 1848/1852. 277—464.

schaft der Universität Heidelberg im Wintersemester 1972/73 als Habilitationsschrift angenommen, der Text seither nur in geringfügigen Formulierungen verändert. Da ich in den vergangenen zwei Jahren nicht mehr an einer Universität tätig sein konnte, ließ sich die seit dem Abschluß des Manuskripts erschienene Literatur auch nicht mehr einarbeiten, was ich besonders wegen des lehrreichen Buches von O. A. W. Dilke „The roman land surveyors" 1971 sehr bedaure.

Danken möchte ich allen, die mir durch Fragen, Gespräch und Kritik geholfen haben, vor allem Prof. Fritz Gschnitzer und Prof. Franz Wieacker, ferner Prof. Christian Habicht, Prof. Wolfgang Kunkel. Die Deutsche Forschungsgemeinschaft hatte mir für zweieinhalb Jahre ein Habilitandenstipendium bewilligt, die Leiter des Seminars für Alte Geschichte an der Universität Heidelberg haben mir in ihrem reichen Institut großzügig und liberal Gastfreundschaft gewährt. Herr Gregor Hoppen vom Franz Steiner Verlag hat das schwierige Manuskript sorgfältig für den Druck vorbereitet. Auch dafür danke ich herzlich.

Driefel (Friesland) im August 1973

Focke Tannen Hinrichs

EINLEITUNG

Zur Geschichte der Forschung. Als Barthold Georg Niebuhr Goethe den zweiten Band seiner römischen Geschichte übersandte, bezeichnete er in dem Begleitschreiben das lange Kapitel „Über das agrarische Recht“ als ein Kernstück dieses so wirkungsreichen Buches[2]. Die wichtigste und in diesem Kapitel ständig benutzte Quelle nennt er ausdrücklich die Agrimensoren, und so darf man sagen, daß die Entdeckung der gromatischen Institutionen mit dem Beginn der kritischen wissenschaftlichen Betrachtung der römischen Geschichte unmittelbar zusammenfällt. Auch im Anhang äußert Niebuhr sich eingehend über dies Buch. Er glaubt, das corpus agrimensorum, das bis zu seiner Zeit wegen seiner Unverständlichkeit zu den kaum benutzten Schriften des klassischen Altertums gehörte, eigentlich erst entdeckt zu haben, und mit dem entsprechenden Enthusiasmus beschreibt er die Eigenart der Feldmesserschriften und zugleich die der Aufgaben, die der Wissenschaft mit ihnen gestellt sind:

> „Mich haben diese Schriften aus mehreren Ursachen mit einem eigentümlichen Reiz angezogen ... und da sie, wo ich sie einigermaßen verstehen lernte, mir lehrreich wurden, so erwachte das Gefühl der Dankbarkeit, welches auch für versäumte Schriften eine besonders lebhafte Teilnahme erregt. Wir verlieren uns in einem Bilde von Roms Schicksalen und der Umgestaltung Italiens, wenn wir in diesen sonderbaren Fragmenten ein Bruchstück der Schrift eines etruskischen haruspex aus dem fünften Jahrhundert der Stadt finden, anderswo einen Ingenieur reden hören, welcher Trajan bei der Eroberung Dakiens diente und die Höhe der Siebenbürger Alpen maß, und endlich in der jüngsten der verschiedenen Sammlungen Auszüge aus einem Buch des weisen sein Zeitalter unterrichtenden Papstes Gerbert vom Schluß des zehnten Jahrhunderts unserer Zeitrechnung antreffen. Alle Zeiten des römischen Rahmens stehen hier nebeneinander, die alte haruspicin und Religion und das Christentum, Plebiszite und Titel aus dem theodosianischen Gesetzbuch und den Pandekten. Uraltes Latein und das beginnende Italienische des siebten Jahrhunderts. Der Ort wo die Sammlung gemacht wird, die Zeit, in der sie entstand, sind ein Rätsel, und wenn wir es lösen, so finden wir uns zu Rom, in dem Zeitalter, wo die gefallene Hauptstadt mit dem allerdichtesten Schleier verhüllt ist ... Mir fehlt, was zum völligen Verständnis der jüngeren Fragmente unentbehrlich ist. Ich war nie

[2] B. G. Niebuhr, Briefe, hrsg. von Gerhard und Norvin, Berlin 1929, Nr. 431. (8. 8. 1812) „... und wie Ihr Beifall mir Beruhigung geben würde, wenn auch ganz Deutschland gleichgültig bliebe, so ist auch wohl verzeihlich, wenn ich Sie, der Sie mir so große Güte geäußert haben, auch um die bitte, demjenigen Teil des Werkes Ihre Aufmerksamkeit zu schenken, der vielleicht jeden Leser am meisten ermüden wird: die Abhandlung über das agrarische Recht. Denn diese ist die Frucht der mühseligsten Arbeit, und gewiß unumstößlich erwiesen.“

in Italien, wo ohne Zweifel, besonders in der Campagna, unbeachtet von Reisenden und selbst von Einheimischen, eine Menge Eigentümlichkeiten der Feldmeßkunst und der Bezeichnung der Grenzsteine bis auf den heutigen Tag fortgedauert haben werden, wodurch sich das Unverständliche dieser Bücher von selbst erklären würde. Von den Handschriften ist wenig Heil zu erwarten, denn die ersten Ausgaben sind nach den uralten gemacht... die entsetzliche Verwirrung des Textes ist älter als jede, die möglicherweise erhalten sein kann, doch auch diese Hülfe... müßte zu einer kritischen Ausgabe vorhanden sein."

Die Autorität des Archegeten bewirkte, daß sich bald die angesehensten Gelehrten vereinigten, um das corpus agrimensorum neu zu edieren und zu kommentieren. Karl Lachmann gab 1848 den Text neu heraus und sonderte vor allem so gut es ging den echten Frontin und Hygin vom etwa dreihundert Jahre späteren Aggennius Urbicus[3]. Der Jurist Friedrich Blume ging der Geschichte der älteren Handschriften nach, Mommsen erweiterte seine Erläuterung zu den libri coloniarum noch um einen Abriß der Verwaltungsgeschichte Italiens, und Rudorff verfaßte die erwähnten, vor allem als Sachkommentar zu den klassischen Feldmesserschriften gedachten gromatischen Institutionen.

Schon in dieser frühen Zeit haben — vermutlich ohne Kenntnis von diesen Bemühungen um die agrimensorischen Schriften und auch weitgehend unabhängig voneinander — der dänische Schiffskapitän C. T. Falbe bei Karthago (1833) aus dem Anlaß topographischer Aufnahmen, der Archäologe Histriens P. Kandler bei Triest (1848) und der Geograph E. N. Legnazzi bei Padua (1846) quadratische Wegeeinteilungen auf die römische Centuriation zurückgeführt[4]. — Legnazzi hat diese Studien fortgeführt und in den folgenden Jahren weitere Reste der Centuriation an vielen Orten Italiens festgestellt[5].

Teils spezielle, teils vertiefende Arbeiten folgten seit dem letzten Drittel des 19. Jahrhunderts. Nissen[6] suchte vor allem die Frage der Orientierung der Centuriation zu lösen, Cantor[7] wies den Agrimensoren in der Geschichte der Geometrie ihren Platz zu, Meitzen[8] betrachtete die römische Parzellierung italischer Territorien in seiner großen Darstellung der Siedlungsgeschichte, sein Schüler Max Weber[9] öffnete mit einer großen Anzahl an rechts- und wirtschaftsgeschichtlichen Erklärungen und Hypothesen den Blick für die weite Problematik dieses Gebietes. B. Brugi stellte vor allem die Beziehungen genauer dar, die zwischen den controversiae agrorum und den Klagen des civilen römischen Rechtes bestehen[10]. Momm-

[3] Diese Ausgabe wird in dieser Arbeit zitiert, die (unvollständige) spätere von C. Thulin nur bei wichtigen Abweichungen.

[4] Belege bei F. Castagnoli, Le ricerche sui resti della centuriazione, Rom 1958, 8 f.

[5] In „Del catasto Romano" Verona-Padova 1877. Vergl. die einzelnen Nachweise bei Castagnoli 13—18.

[6] H. Nissen, „Das Templum" Berlin 1869.

[7] „Die römischen Agrimensoren und ihre Stellung in der Geschichte der Feldmeßkunst", Leipzig 1875.

[8] „Siedlung und Agrarwesen der Westgermanen und Ostgermanen, der Kelten, Römer, Finnen und Slawen, Berlin 1895, 1, 233 ff.

[9] „Die römische Agrargeschichte" Stuttgart 1891.

[10] „Le dottrine giuridiche degli agrimensori Romani" Verona 1897.

sen hat in einer großen Anzahl von Aufsätzen Probleme des Bodenrechtes und auch der agrimensorischen Textüberlieferung besprochen[11].

Die darauf folgenden Arbeiten vom Anfang dieses Jahrhunderts sind vor allem mit speziellen technischen Fragen der Limitation beschäftigt. Bemerkenswert sind besonders mehrere Aufsätze Schultens[12], die Untersuchung Barthels über die römische Limitation der Provinz Afrika[13] und der RE Artikel „limitatio" von E. Fabricius[14]. — Die neuste Zeit hat eine Fülle topographischer Einzeluntersuchungen gebracht[15], die Nutzen aus der Verfeinerung der kartographischen Aufnahmen und aus der Verwendung von Luftphotographien gezogen haben. Besonders sind die vielen vor allem den Centuriationen Norditaliens gewidmeten Arbeiten Fraccaros hervorzuheben[16], die die alten latinischen Kolonien und die Angaben der libri coloniarum betreffenden Analysen F. Castagnolis[17], die Entdeckung von Centuriationen in Süditalien und an der dalmatinischen Küste durch J. Bradford[18] sowie die genaue Erforschung der afrikanischen Centuriation im Bereich Tunesiens durch R. Chevallier[19]. A. Piganiol hat die zahlreichen neuen in Orange gefundenen Katasterfragmente sehr sorgfältig ediert[20].

Am Anfang dieser seit eineinhalb Jahrhunderten andauernden Forschungen stehen also die Edition und die Kommentierung der wichtigsten Texte und die ersten topographischen Entdeckungen. Darauf folgen in den späteren Jahrzehnten des neunzehnten Jahrhunderts die ersten Auswertungen in den Bereichen der Rechtsgeschichte, der Wirtschafts- und Siedlungsgeschichte, sogar der Geschichte der Geometrie. Zu Beginn dieses Jahrhunderts wandte sich das Interesse den technischen Einzelheiten der Limitation zu, und in jüngster Zeit hat man sich fast zu sehr dem Einzelfund und der speziellen Topographie zugewandt.

[11] Gesammelte Schriften I, 65—145 (Zur lex agraria) V, 85—122 (Zum römischen Bodenrecht) 123—145 (Die italische Bodenteilung und die Alimentartafeln). VII, 451—482 (Drei Aufsätze zur gromatischen Überlieferung.) C 8, p 1337.

[12] „Die römische Flurteilung und ihre Reste", Abhandlungen der Göttinger Akademie d. W., NF II, 7, 1898. Der RE Artikel „gromatici", VII, 1886 ff.

[13] Bonner Jahrbücher 120, 1911, 39 ff.

[14] Die generelle Darstellung von A. Déléage, „Le cadastre antique jusqu' a Diocletien" in Etudes de papyrologie, II, Kairo 1934 ist vor allem im ersten, den Kataster Aegyptens betreffenden Teil ergebnisreich.

[15] Einen kritischen Überblick über die zahlreichen Spezialarbeiten gibt F. Castagnoli, Le ricerche . . ., passim.

[16] Gesammelt im dritten Band der „opuscula", Pavia 1957.

[17] „Le formae delle colonie Romane . . ." Mem. Lincei VII, IV, 1943, 83 ff. „Note al liber coloniarum" Bull. Comm. LXXII, 1946—1948, 49 ff. „I piu antichi esempi conservati di divisioni agrarie Romane", Bull. Comm. LXXV, App. 3.

[18] Buried Landscapes, Antiquity XXIII, 1949, 65 ff. XXIV, 1950, 88 ff. Ancient Landscapes, London 1957, 178 ff.

[19] Atlas des Centuriations Romaines de Tunisie, Paris 1954 herausgegeben vom Institut geographique national, A. Piganiol, dazu Caillemer — Chevallier, Annales économics, sociétés, civilisations, 1954, 433 ff.; Melanges d' Archeologie et d' Histoire 70, 1958, 65 ff.: Essai de chronologie des centuriations Romaines de Tunisie.

[20] Les documents cadastraux de la colonie Romaine d' Orange, XVIe supplément a Gallia, Paris 1962.

Im folgenden wird demgegenüber versucht, das Feld etwas auszuweiten und den Wandel zu beschreiben, dem die gromatischen Institutionen in ihren Beziehungen untereinander sowie zur allgemeinen Geschichte Roms unterworfen sind. Ihre Fragen lauten z. B.: In welchem historischen und politischen Zusammenhang muß die römische Flurteilung entstanden sein und wie ist es zu dem System der Centuriation gekommen? Wie ist die Stellung der bei den alten Städtegründungen fungierenden Beamten, wie die der Mensoren zu beschreiben, welche Zwecke haben zur Ausdehnung der Centuriation im imperium geführt? Welcher Art sind die Beziehungen, in denen die gromatischen Institutionen zu den (älteren) Formen des Bodenrechtes und zu den Methoden des Rechtsstreites stehen? Wie haben sich die Eigenart der Assignationen, die Stellung der Mensoren, die Schlichtungsmethoden eines Grenzstreites geändert, als nicht mehr die Landverteilung, sondern im Rahmen einer zentralisierten Verwaltung die gleichmäßige Besteuerung der Hauptzweck war? — Die Untersuchung endet in der Hauptsache in der Mitte der Kaiserzeit, weil die Quellen nach der Zeit der klassischen Autoren des corpus agrimensorum zu spärlich werden.

Kapitel I:

ÜBER DEN URSPRUNG DER ANSIEDLUNGSKOMMISSIONEN

1. DIE DARSTELLUNG MOMMSENS

Die einzige systematische Darstellung der Wahl und der Kompetenzen der Ansiedlungskommissionen — der III viri coloniae deducendae und der in verschiedener Zahl besetzten Kommissionen, die für Viritanassignationen bestellt wurden — hat Mommsen im „Römischen Staatsrecht" vorgelegt. (II³ 624—639) Er betrachtet hier diese Institution wie eine Größe, die in konstituioneller Hinsicht im Verlauf der Geschichte der römischen Republik im wesentlichen konstant geblieben ist.

Die wichtigsten Züge des Amtes sind danach folgende: Nach Mommsens Annahme war für den Beschluß der Ausgabe von Land regelmäßig ein von den Tributkomitien beschlossenes Plebiszit erforderlich, auch als in der Frühzeit noch die Oberbeamten selbst die Landanweisung ausführten[1]. Am Ende der Republik sei die Assignation wieder zuerst vereinzelt den Konsuln, später dem princeps zugefallen[2]. Den Beamten hätten nur die „auspicia minora" zugestanden, ihre protestas sei eine civile, etwa der der Censoren analog, wenn auch etwas enger als diese begrenzt gewesen[3]. „Insonderheit mangelt ihnen das militärische imperium. Die militärischen Formen, in denen die Koloniengründung vollzogen wird, schließen . . . nicht . . . das militärische imperium ein[4]." Die Befugnisse konnten durch das Gründungsgesetz erweitert werden. Die Amtsfrist endete im allgemeinen mit der Erledigung des Auftrags, drei- und fünfjährige Fristen kommen vor, nur der Gracchenkommission sei eine längere Amtsdauer zugesprochen worden. Wenn sich am Ende der Republik dies Amt zu einer „wohl mit dem Buchstaben, aber nicht mit dem Wesen der republikanischen Verfassung verträglichen Exceptionalgewalt umgestaltet" habe, so sei das vor allem darauf zurückzuführen, daß „nicht eine einzelne Ackerstrecke, sondern überhaupt das italische Gemeinland für die Verteilung ins Auge gefaßt" sei[5].

Gegen diese Darstellung lassen sich verschiedene Einwände erheben, die ihren gemeinsamen Nenner in dem Zweifel an der Möglichkeit einer einheitlichen staatsrechtlichen Definition dieses Exceptionalamtes überhaupt haben. Koloniegründun-

[1] 625 f.
[2] 625. 629.
[3] 631.
[4] 631. Wo das imperium doch erwähnt werde, da sei das iurisdictionelle gemeint. 634, Anm. 2.
[5] 637.

gen und Landverteilungen sind im Laufe von vier Jahrhunderten aus sehr verschiedenartigen innen- und militärpolitischen Zwecken beschlossen oder erzwungen worden, und die Eigenart dieses Amtes blieb von dem mehrfachen Wandel nicht unberührt. Die Darstellung Mommsens dürfte vor allem am Bild der uns am besten bekannten Kommissionen des zweiten vorchristlichen Jahrhunderts orientiert sein. Sie erfaßt auf der einen Seite nicht mehr den seit den Gracchengesetzen in zunehmendem Maße demagogischen, wenn nicht revolutionären Charakter der in innenpolitischen Machtkämpfen durchgesetzten Landverteilungen. Das braucht hier im einzelnen nicht auseinandergesetzt zu werden[6].

Zum anderen scheint Mommsen auch dem Ursprung der Ansiedlungskommissionen nicht gerecht zu werden. Er beschreibt sie wie eine Magistratur, deren Charakter stets ein civiler war und die stets auf einem Plebiszit beruhte, welches die betreffende Ansiedlung forderte. Diesen Eindruck erwecken in der Tat die Quellen, soweit sie die Kommissionen des zweiten Jahrhunderts betreffen. Es gibt jedoch verschiedene Momente, die mit dem civilen und plebiszitären Charakter der Kommissionen schwer zu vereinen sind. — Ferner erhellt aus einer Darstellung nicht, daß die Ansiedlungskommissionen ursprünglich nicht primär öffentliches Land zum Zweck der Versorgung verarmter römischer Bürger zu verteilen hatten, sondern daß sie bestellt wurden für die Gründung von Kolonien, die fast durchweg für die Verteidigung zunächst des Latinerbundes, später des neu eroberten Landes angelegt wurden. Die Befestigung und der Schutz des Grenzlandes waren der hauptsächliche Gründungszweck. Gegenüber diesen militärischen Absichten scheinen civile und soziale sachlich und zeitlich sekundär gewesen zu sein. Wir werden versuchen, einigen Konsequenzen dieses Grundgedankens nachzugehen.

2. WAREN DIE ANSIEDLUNGSBESCHLÜSSE STETS PLEBISZITE?

a) Das Gesetz des C. Flaminius

Im Jahre 232 hat C. Flaminius als Volkstribun das Gesetz zur Verteilung des ager Picenus an römische Bürger durchgebracht und ausgeführt, — gegen den

[6] So ist von Mommsen, der sich auf die Wahl und auf die Rechte der Kommissionen beschränkt, nicht genauer erörtert worden, daß den späteren Agrargesetzen im allgemeinen die senatus auctoritas gefehlt, daß der Senat darüber hinaus sich ihnen widersetzt hat durch tribunizische Intercession, durch Konkurrenzgesetze, durch Aufhebungsbeschlüsse. Fast in jedem Fall ließ sich somit an der Legalität der durch die späteren Gesetze bestellten Kommissionen zweifeln, sofern sie überhaupt in Aktion traten — nicht aber an der der früheren. Vollends sind die von den Dictatoren Sulla und Caesar sowie die von den Triumvirn bestellten Ansiedlungsbeamten mit den gewählten Ansiedlungskommissionen nicht mehr zu vergleichen. Sie traten allein nach den Weisungen ihrer Auftraggeber in Tätigkeit und entbehrten selbst der einfachen plebiszitären Legitimation durch Gesetz und Volkswahl. Dazu ausführlicher Hinrichs: Die Ansiedlungsgesetze und Landanweisungen im letzten Jahrhundert der römischen Republik, Diss. Heidelberg 1957. (Schreibmaschinenexemplar.) Kap. 1 und 2.

Willen von Nobilität und Senat[7]. Polybios hat ihn deswegen an einer bekannten Stelle seines Geschichtswerkes beschuldigt, er habe als erster die Demagogie und die Propaganda für den *ἀναδασμὸς γῆς* in Rom angewandt[8]. Als den Vorläufer der Gracchen hat auch Cicero den C. Flaminius mehrfach direkt oder indirekt bezeichnet[9].

In der lebhaften Diskussion über die Bedeutung dieses Gesetzes sind vor allem die Gründe des Senatswiderstandes erörtert worden. Ökonomische[10], innenpolitische[11] und außenpolitische[12] Motive wurden in den Vordergrund gerückt. — Gewiß waren sie wichtig. Mehrmals hat man darauf hingewiesen, daß der Senat in dieser Zeit Koloniegründungen durchaus förderte[13]. So bleibt die Frage bestehen, weshalb Polybios dies Gesetz mit den Gesetzen vergleichen kann, die ein Jahrhundert später beantragt wurden.

An sich lassen sich leichter die Unterschiede zum Gracchengesetz fixieren. Die lex Flaminia sah nur eine begrenzte Landanweisung an römische Bürger in einem eroberten Gebiet vor und unterschied sich also in Ziel und Ausmaß nicht mehr von den in jener Zeit vor allem üblichen Anlagen latinischer Kolonien. Der Umfang der Gracchenreform und ihre revolutionären Züge, vielleicht auch ihre sozialreformerischen Tendenzen waren dem Gesetz des C. Flaminius wahrscheinlich fremd. So könnte man meinen, Flaminius sei nur deshalb in den Ruf geraten, ein Vorläufer der Gracchen zu sein, weil er — vielleicht sogar als ein homo novus[14] — eine eigenwillige, nach Norden gerichtete Politik verfolgte[15] und auch abgesehen von diesem Agrargesetz mit dem Senat manchen Streit ausfocht[16]. Worin liegt aber dann die Besonderheit dieses Gesetzes? Gewiß, der Senat hatte den Antrag nicht

[7] Cicero, de sen. 4, 11. de inventione II, 52. Acad. II, 13. de legibus III, 19 f. Brutus 57. Val. Max. 5, 4, 5. — Zum Datum vergl. Mommsen, R. F. II, 401, Anm. 23.

[8] Pol. II, 21, 7 f.: . . . *Γαΐου Φλαμινίου ταύτην τὴν δημαγωγίαν εἰσηγησαμένου καὶ πολιτείαν ἣν δὴ καὶ Ῥωμαίοις ὡς ἔπος εἰπεῖν φατέον ἀρχηγὸν μὲν γενέσθαι τῆς ἐπὶ τὸ χεῖρον τοῦ δήμου διαστροφῆς*. Dazu Pol. VI, 9, 9

[9] So vor allem bei der Erörterung der tribunicia potestas: de legibus III, 19 f.: Namque ut C. Flaminium atque ea, quae iam prisca videntur propter vetustatem, relinquam, quid iuris bonis viris Ti. Gracchi tribunatus relinquit?

[10] Die Nobilität hätte Occupationsgüter verloren: Ed. Meyer, Kl. Schriften II, 392 f. Gelzer, Nobilität 15. Cardinali, Studi Graccani, Rom 1912, 124. Ernst Meyer, Röm. Staat und Staatsged. 2. A. 286. de Sanctis, Storia Romana III, 1, 332 f.

[11] Fraccaro, Opuscula II, 191 ff. Nach F. konnte der Senat im entfernten ager Gallisus keine *viritane* Assignation (mit leicht veräußerlichem Privateigentum) wünschen. Für Fraccaros Ansicht Tibiletti, Athenaeum 27, 1949, 31, Anm. 28. 1950, 216, Anm. 1. Gegen Fraccaro: Karel Jacobs, Gaius Flaminius, Hoorn 1952, 44 ff.

[12] Polybios selbst hat im Gesetz des C. Flaminius die Ursache des fünf Jahre später beginnenden Boieraufstandes gesehen. (2, 21, 8 f.) Der Senat dagegen wollte die Boier nicht reizen und widersetzte sich der Politik des Flaminius. So oder ähnlich: Mommsen, R. G. I, 555. Vogt. Röm. Gesch. 112. Dagegen Bleicken, Volkstribunat 29. Zusammenfassend: Cassola, I gruppi politici Romani nel III secolo a. C. Triest 1962, 209 ff. 240 ff.

[13] So Fraccaro, Opuscula II, 193 f. Jacobs 47 f.

[14] Gelzer, Nobilität 40, Anm. 4 hält Nobilität für möglich, aber nicht für erwiesen. Anders Bleicken, Volkstribunat 35.

[15] Vogt, Röm, Gesch. 112.

[16] Liv. 21, 63, 2.

gebilligt, Flaminius hat ihn ohne die senatus auctoritas vor das Volk gebracht[17]. Doch ist dieser Umstand allein noch nicht ganz außergewöhnlich, es kam auch bei anderen Plebisziten vor, daß Volkstribune die ihnen in der lex Hortensia zugestandenen Rechte voll und ganz ausnutzten und den Antrag nicht von der Zustimmung des Senates abhängig machten[18]. Wichtiger ist es, daß das Gesetz des C. Flaminius — wie gleich zu erörtern ist und wie es Polybios von ihm sagt — als erstes und bis zu den Gracchen anscheinend auch als einziges Plebiszit eine Viritanassignation forderte.

Tenney Frank[19] hat zu diesem Problem eine wenig beachtete Vermutung geäußert, die zunächst allerdings ein wenig absurd zu sein scheint: „we may well believe that this hatred was not so much due to the distribution of land as to the fact that Flaminius disregarded the senate and the recently reformed centuriate assembly and brought his measure directly before the plebeian body.“ Was hätte Flaminius auch sonst tun sollen, da er als Volkstribun nur die Tributkomitien und die concilia plebis einberufen, nicht aber die Centuriatkomitien versammeln durfte? Er konnte sie also gar nicht übergehen.

Gleichwohl ist hier ein wichtiger Punkt berührt. Denn allerdings kann man vermuten, es seien bis dahin vor allem die Centuriatkomitien für die Beschlüsse von Assignationen oder doch für die Wahlen von Siedlungskommissionen zuständig gewesen. Denn die Komitien sind aus der Versammlung der waffenfähigen Mannschaft hervorgegangen[20]. Wenn nun die Koloniegründungen und Landverteilungen bis zu C. Flaminius allein militärischen Zwecken dienten, so wäre es nicht überraschend, wenn die Wahl der Kommissionen und auch der Gründungsbeschluß bis dahin in den Zuständigkeitsbereich der Centuriatkomitien gefallen wäre — die eben der Volkstribun nicht versammeln durfte.

b) Die rogationes agrariae des fünften und vierten Jahrhunderts

Die Geschichte der römischen Ständekämpfe im fünften und vierten Jahrhundert ist in den Darstellungen Livius' und Dionys' von Halikarnaß geradezu gespickt mit Anträgen der Volkstribune, die eine Landverteilung im Interesse der plebs gegen die Patrizier und gegen den Senat durchzusetzen versucht haben sollen. Wir stellen sie in einer knappen Übersicht zusammen:

[17] Cicero, de inv. 2, 52; C. Flaminius ... invito senatu ... per seditionem ad populum legem agrariam ferebat. — Cato maior de sen. 11 C. Flaminio ... agrum ... Gallicum viritim contra senatus auctoritatem dividenti.

[18] Beispiele bei Bleicken, Volkstribunat 27 ff.

[19] CAH 7, 80 f.

[20] Mommsen, St. R. III. 240 ff., 387, Anm. 5. L. Ross-Taylor, The voting assemblies, New York 1966, 85. Vergl. Gellius, n. A. 15, 27: centuriata comitia intra pomerium fieri nefas esse quia exercitum extra urbem imperari oporteat.

486 v. Chr. rogatio Cassia agraria. Liv. 2, 41, 3. Dionys 8, 72. Val. Max. 5, 8, 2.[21]
482 v. Chr. Liv. 2, 43, 3. Erfolglose Agrarrogation des Volkstribunen Sp. Licinius (Interzession der Volkstribune).
481 v. Chr. Liv. 2, 52, 2. rogatio agraria (verhindert).
474 v. Chr. Liv. 2, 54, 2. roagatio agraria, Widerspruch der Konsuln.
467 v. Chr. Liv. 3, 1. Versuch der Konsuln, nach der Einnahme von Antium eine lex agraria durchzusetzen.[22]
441 v. Chr. Liv. 4, 12, 4: Projekt einer Landverteilung.
421 v. Chr. Liv. 4, 43, 6: „agrariae legis seditiosae actiones exsistunt" (bleiben ohne Folge).
420 v. Chr. Liv. 4, 44, 7. Projekt, von den Tribunen im Senat zur Sprache gebracht.
417 v. Chr. Liv. 4, 48, 2. rogatio (?)
415 v. Chr. Liv. 4, 49, 6. rogatio Sextia, scheitert an Intercession.
412 v. Chr. Liv. 4, 52, 2. seditiones agrariae.
410 v. Chr. Liv. 4, 53, 2. Antrag, durch Interzession zu Fall gebracht.
401 v. Chr. Liv. 5, 12, 3: rogatio agraria.
384 v. Chr. Liv. 6, 6, 1: rogatio de agro Pomptino. (erfolglos.) Vergl. auch Liv. 6, 5, 1.

Ein historischer Beschluß liegt gewiß in der lex Icilia „de Aventino publicando" aus dem Jahre 456 v. Chr. vor, die jedoch anscheinend kein echtes Plebiszit ist[23]. Ferner sind viritane Landverteilungen in Vei 390 v. Chr. vom Senat (Liv. 5,30) und im ager Pomptinus 380 v. Chr. (Liv. 6,21,4) beschlossen worden.

Auffällig ist, daß es sich fast ausschließlich um geplante Gesetze handelt. Von kaum einem Antrag wird gesagt, daß er zum Beschluß kam, ja oft gedieh das Vorhaben nicht einmal bis zur Promulgation. Geschah dies aber, so wurde der Erfolg von einem Konsuln oder von einem der interzedierenden Kollegen verhindert. Zum Beschluß dieser Gesetze[24] kann es eigentlich schon aus dem Grunde nicht gekommen sein, weil vor der lex Hortensia die Plebiszite keine das ganze Volk bindende Kraft hatten[25], ja man wird auch in allen diesen erfolglosen Rogationen selbst Erdichtungen der jüngeren Annalistik sehen können. Es ist doch zu unwahrscheinlich, daß immer wieder Gesetze vor dem Volk glaubhaft erörtert worden sein sollen, wenn die Antragsteller zu ihrem Tun gar nicht befugt und ermächtigt

[21] Von Mommsen, R. F. II 153 ff. als Fälschung erwiesen. Nach Pais, Storia di Roma I, 1, 432 und 504 ist auch die Persönlichkeit des Cassius unhistorisch. Rotondi, Leges publicae p. R. 194 f.

[22] Die Gründung der Kolonie Antium in diesem Jahre scheint der Anlaß zur Annahme dieser im Interesse der Plebs unternommenen konsularischen Agitation gewesen zu sein. Angeblich wünschte die plebs nicht soweit von Rom entfernt zu siedeln, weshalb man die Volsker in die Kolonie aufnahm. Die eigentlich römische Gründung in Antium erfolgte unmittelbar nach dem Latinerkrieg. (338 v. Chr. Liv. 8, 14, 8.)

[23] Nach Dion. Halic. 10, 32, 4 ist die Inschrift erhalten, die Konsuln haben das Gesetz in den Centuriatkomitien eingebracht. Hier handelt es sich um eine erfolgreiche, das *Stadt*gebiet betreffende Forderung der Volkstribune, doch kaum um ein Agrargesetz. (Zur Sache Pais, Storia di Roma III, 44 f. Niccolini, Studi Liviani, Rom 1934, 90.) Dazu Liv. 3, 31, 1.

[24] Vancura, RE XII, 1, 1155 ff. „leges agrariae" hält entgegen den Zeugnissen bei Livius diese Agrarrogationen sogar für beschlossene Agrargesetze. Zutreffender: Rotondi, leges publicae populi Romani, Mailand 1912, passim.

[25] Vergl. dazu Siber, RE XXI, 1, 60, mit weiterer Literatur. Zuletzt Bleicken. Volkstribunat 11 ff. 18.

waren. Vermutlich hat die jüngere Annalistik zur Stützung dieser angeblichen tribunizischen Aktionen auch zwei Dubletten der lex Hortensia — die lex Valeria Horatia des Jahres 449 und die lex Publilia Philonis des Jahres 339 — erfunden[26].

c) Die späteren Plebiszite als Ausnahme

Wenn nun die tribunizischen Agrarrogationen der Ständekämpfe auch kaum historisch sind, so ist doch ohne Frage das Gesetz des C. Flaminius ein solches Plebiszit gewesen. Manches spricht für die Annahme, er sei der erste Volkstribun gewesen, der überhaupt eine bedeutendere lex agraria beantragt und durchgesetzt habe. Damit würde er einmal den Ruf eines Protagonisten unter den Demagogen zurückerhalten, in dem er bei Cicero und schon bei Polybios steht[27]. Außerdem würde sich aber so aufklären, weshalb Livius eben in den historisch weit zuverlässigeren Angaben der dritten und vierten Dekade bei Ansiedlungsbeschlüssen ein weit einfacheres Verfahren darstellt. Statt daß auf den Senatsbeschluß erst ein im concilium plebis beschlossenes Gesetz und auf dieses die Wahl in besonderen Komitien gefolgt wäre, wie es Mommsen annimmt, wird in diesen Berichten der Wahl der Kommission weit mehr Wichtigkeit zugemessen als dem Beschluß der Ansiedlung. Dies mag sich damit erklären, daß am Beginn der Wahl der leitende Magistrat — früher wohl ein Konsul, später meist der praetor urbanus[28] — einfach die Zustimmung der Komitien zur beabsichtigten Assignation erbat. Das zeigen die folgenden Stellen deutlich:

Liv. 31, 4, 1 „decreverunt patres ut M. Iunius pr. urbanus si ei videretur (!) Xviros agro ... metiendo dividendoque crearet." (Viritanassignation des Jahres 200 v. Chr.)

Liv. 32, 2, 6. „IIIviros creare L. Cornelius iussus."

Liv. 37, 46, 10 „senatus consultum factum uti C. Laelius consul ... colonos conscriberet ... et ut L. Aurunculeius (praetor) IIIviros crearet ad eos colonos deducendos."

Liv. 37, 57, 7. „Eodem anno ... Bononiam Latinam coloniam ex senatus consulto IIIviri deduxerunt."

Liv. 39, 23. 4. „IIIviri ad colonos eo scribendos ex senatus consulto a T. Maenio praetore urbano creati sunt."

Liv. 42, 4, 3. „senatus consultum est factum ut is ager viritim divideretur. Xviros ad eam rem ex senatus consulto creavit A. Atilius praetor urbanus."

[26] Lex Valeria Horatia Liv. 3, 55. Lex Publilia Philonis Liv. 8, 12, 14. Zur Echtheitsfrage vergl. Rotondi, leges publ. 238 ff. — Auch für den Fall, daß die lex Publilia Philonis den Plebisziten eine wie immer geartete Gültigkeit verlieh, würde sich am legendären Charakter der viel früheren leges agrariae nicht viel ändern.

[27] Vergl. dazu oben p. 7. Es wird oft und gewiß mit Recht darauf verwiesen, daß das Verdikt des Polybios gegenüber C. Flaminius bereits auf Fabius Pictor zurückgehe. (Gelzer, Hermes 68, 130 f. Bleicken, Volkstribunat 29. Lengle RE VI. 2496 und andere, zitiert bei Cassola 213, Anm. 10) Doch das beweist natürlich nicht, daß der Vorwurf an sich falsch ist, Flaminius habe als erster das Volk als Volkstribun auf Land begehrlich gemacht.

[28] Wahlleitung durch die Konsuln: Liv. *8*, 16, 14. *9*, 28, 8. *32*, 2, 7. Durch den Stadtpraetor: *10*, 21, 8. *31*, 4, 1. *34*, 53, 2. *37*, 46, 10. *39*, 23, 4. *42*, 4, 4.

Diesen Stellen wird mit der erwähnten Konstruktion Gewalt angetan, nach der sich ein Gesetzbeschluß im vom Volkstribun einberufenen concilium plebis zwischen den Ansiedlungsbeschluß im Senat und die von einem anderen Magistrat abgehaltene Wahl geschoben haben soll. Einfacher fällt ihnen gegenüber die Erklärung, daß eben der mit der Wahlleitung beauftragte Magistrat zugleich den Beschluß des Volkes herbeiführte, wenn es dessen — nach der allerdings wesentlichen Wahl der Kommission — überhaupt noch bedurfte[29].

Nun haben in drei von Livius berichteten Fällen Volkstribune einen Antrag zur Koloniegründung vor das Volk gebracht. In ihnen sah Mommsen gewissermaßen das Muster, nach dem stets Koloniegründungen und Ansiedlungen beschlossen worden seien, er betrachtete sie als eine Bestätigung der allgemeinen Regel, die er vor allem aus den revolutionären Ansiedlungsbeschlüssen des letzten Jahrhunderts ableitete. — Bei diesen Plebisziten handelt es sich jedoch um in mehrfacher Hinsicht besonders gelagerte Fälle. In zweien hat man offenbar aus speziellen Gründen den Senatsbeschluß durch ein — natürlich ex auctoritate senatus beantragtes — Plebiszit gestützt, um ihm eine gewichtigere Bestätigung zu verleihen.

1. Liv. 34, 53, 1.: „Q. Aelius Tubero tr. pl. ex senatus consulto tulit ad plebem plebesque scivit ut duae Latinae coloniae ... deducerentur. His deducendis IIIviri creati quibus in triennium imperium esset. (Es folgen die Namen der Mitglieder) Ea bina comitia Cn. Domitius pr. urb. in Capitolio habuit." An diesem Beschluß ist zunächst bemerkenswert, daß die Kommission für drei Jahre das imperium erhält. (Die Ausführung des Beschlusses liegt in den Jahren 192 und 193. Liv. 35, 9, 7. 35, 40, 5.) Wichtig ist ferner, daß nur in diesem Fall latinische Kolonien nicht an der Grenze oder im neu eroberten Land, sondern in nach dem zweiten punischen Krieg konfiszierten süditalischen Gebieten angelegt worden waren. (Vibo und Thurii) Sie waren reine Siedlungs- und Versorgungskolonien. Die übrigen latinischen Kolonien jener Jahrzehnte wurden in Norditalien an der gallischen und istrischen Grenze gegründet, zuletzt Aquileia nach harten Grenzkämpfen im Jahre 181 v. Chr.

2. Liv. 32, 29, 3. „C. Acilius tr. pl. tulit ut quinque coloniae in oram maritimam deducerentur ... IIIviri deducendis iis, qui per triennium magistratum haberent, creati." — Auch in diesem Fall liegt der Beschluß um drei Jahre vor der Ausführung. (197 v. Chr. Ausführung 194 v. Chr. Liv. 34, 45,1. Dort werden noch drei weitere coloniae maritimae genannt, die möglicherweise gleichfalls auf ein Plebiszit zurückzuführen sind[30]. Bei diesen Kolonien handelt es sich um Versorgungskolonien, die nicht ohne weiteres mit den alten coloniae maritimae verglichen werden dürfen[31].

3. Liv. 10, 21, 8. „Tribunis plebis negotium datum est ut plebis scito iuberetur P. Sempronius praetor triumviros in ea loca colonis deducendis creare. Nec qui nomina darent facile inveniebantur, quia in stationem se prope perpetuam infestae regionis, non in agros mitti rebantur. Avertit ab his curis senatum Etruriae ingravescens bellum ..." usw.

Auch in diesem Fall handelt es sich um die Gründung von coloniae maritimae (Sinuessa und Minturnae). Zwar ist die Schilderung etwas breiter ausgestaltet als in den entsprechenden Berichten der dritten und vierten Dekade, doch muß diese Verwandtschaft mit den sicher unechten „rogationes agrariae" noch nicht die Historizität des Beschlusses widerlegen. Allerdings liegt das Gesetz zeitlich vor der lex Hortensia.

[29] Nach Vell. Pat. I, 14. sind die vor dem Jahre 133 gegründeten Kolonien „deductae iussu senatus".

[30] Vergl. Hinrichs, ZSSR 83, 1966, 283, Anm. 79. Zur lex agraria 2. 43.

[31] E. T. Salmon, Athenaeum N. S. 41, 1963, 36 ff. zeigt dies in seiner Besprechung aller coloniae maritimae.

Wichtig ist, daß die beiden letztgenannten Fälle coloniae maritimae betreffen. Diese waren im Unterschied zu den latinischen Kolonien kleine, nur römischen Bürgern vorbehaltene Gemeinwesen. Es ist wohl möglich, daß diese kleinen Gründungen von Anfang an auf einem Plebiszit beruhten.

C. Flaminius hat sodann als erster ein Plebiszit für eine große viritane Assignation beantragt, und in dem unter 1) erwähnten Fall erklärt sich der Volksbeschluß für die latinische Kolonie aus der langen Amtsdauer der Kommission und aus dem reinen Versorgungszweck. Die unverbrüchliche Regel aber ist das Plebiszit bei großen Koloniegründungen und Viritanassignationen entgegen Mommsens Meinung ganz gewiß nicht gewesen[32].

3. DER URSPRÜNGLICH MILITÄRISCHE CHARAKTER DES AMTES

a) Der Zweck der frühen Ansiedlungen

Unter den verschiedenen Formen der Landverteilung, die die Römer in der Zeit der Republik nebeneinander angewandt haben, hat die Koloniegründung gegenüber der Viritanassignation zunächst den Vorrang gehabt. Es ist nicht nötig, hier ins einzelne zu gehen, da Listen der Kolonien mehrfach aufgestellt worden sind[33]. Sie enthalten bis zum Jahre 133 v. Chr. 37 lateinische Kolonien[34], 21 coloniae maritimae[35], 6 große Bürgerkolonien[36]. Hinzu kommen die Adscriptionen von Kolonisten, die notwendig wurden, wenn eine Kolonie durch Krieg oder andere Umstände Einwohner verloren hatte[37]. Dabei ist diese große Zahl wahrscheinlich noch nicht einmal ausreichend, jedenfalls erwähnt Philipp von Makedonien in einem Brief an die Larissäer aus dem Jahre 215 70 römische Kolonien, während uns bis zu dieser Zeit nur 41 bekannt sind[38]. — Es wurden also zuerst vor allem latinische Kolonien angelegt, neben sie treten später coloniae maritimae, die jedoch

[32] Ein weiteres Bedenken: Die Mehrzahl der latinischen Kolonien ist bereits vor der lex Hortensia des Jahres 286 angelegt worden. (Nach Kornemann, RE IV, 514 f. 22 von 37 Kolonien. Nach Beloch, It. Bd. 135 ff. 20 von 35 Kolonien) Diese können also nicht auf einem Plebiszit beruhen, und es dürfte auch fraglich sein, ob man nach dem Beschluß dieses Gesetzes sogleich den gewiß recht alten Usus des Beschlusses von Koloniegründungen abänderte.

[33] Mommsen, Ges. Schr. 1, 100 ff. Beloch, It. Bd. 111 f. 135 ff. Kornemann, RE IV, 514 ff. 520 f. Pais, serie cronologica delle colonie Romane e latine, parte I, 1924, passim.

[34] Kornemann, a.a.O. 514 ff.: 37 Kolonien. Beloch 135 ff.: 35 Kolonien.

[35] Kornemann, 520: 21 Kolonien. Beloch 116 f.: 22 Kolonien. Zu den coloniae maritimae vergl. jetzt im einzelnen E. T. Salmon, Athenaeum N. S. 41, 1963, 3 ff.

[36] Kornemann 521 f. Beloch 115 ff.

[37] Folgende Fälle sind bekannt: 1) 200 v. Chr. Venusia, Liv. 31, 49, 6. 2) 199 v. Chr. Narnia, Liv. 32, 2, 6. 3) 190 v. Chr. Placentia und Cremona, Liv. 37, 47, 10. 4) 186 v. Chr. Sipontum und Buxentum, Liv. 39, 23, 4, 5) vor 184 v. Chr. Cales, C $1^2$200, Nr. 32. 6) 169 v. Chr. Aquileia, Liv. 43, 17, 1.

[38] Dittenberger SIG 3, 543, Z 33.

nur im zweiten vorchristlichen Jahrhundert reinen Siedlungszwecken dienten[39], wie auch die in dieser Zeit angelegten wenigen großen Bürgerkolonien.

Sicher bezeugte Viritanassignationen setzen demgegenüber in größerer Zahl erst im dritten Jahrhundert ein, also wesentlich später[40]. Das ist nicht überraschend, da erst seit dieser Zeit Roms Vormachtstellung in Italien so unangefochten war, daß die Soldaten in unbefestigten Siedlungen auch in weiterer Entfernung von Rom seßhaft gemacht werden konnten. Die erste dieser späteren Viritanassignation scheint die berühmte Verteilung des entwässerten Sabinerlandes gewesen zu sein, die M. Curius Dentatus durchsetzte[41], die zweite folgte anscheinend auf den Pyrrhuskrieg[42]. Eine Viritanassignation nach dem ersten punischen Krieg ist wahrscheinlich[43], sicher sind zwei weitere: nach dem zweiten punischen Krieg und aus dem Jahre 173 im Ligurer- und Boierland[44]. Dazu kommt das bereits besprochene Gesetz des C. Flaminius aus dem Jahre 232 — anscheinend die einzige Viritanassignation vor dem Jahre 133, die auf tribunizische Initiative zurückzuführen ist. Wir kennen also aus dem dritten und zweiten Jahrhundert nur 6 Viritanassignationen.

Nun ist der Gründungszweck der latinischen Kolonien, mit denen die römische Landverteilung und damit auch das Amt des Assignationsbeamten begonnen hat, ganz ohne Frage ein militärischer gewesen. Sie sind hervorgewachsen aus Gründungen befestigter Städte, die der latinische Bund schon vor dem Latinerkrieg zunächst in seinem eigenen Gebiet vornahm, um den Siedlern Schutz vor Überfällen zu bieten. Seit dem vierten Jahrhundert werden diese Festungen an der Peripherie des Bundesgebietes angelegt, um Angriffe abzuwehren[45]. Auch nach dem Latinerkrieg blieb bei den unter römischer Oberhoheit gegründeten latinischen Kolonien dieser Zweck bestehen[46]. Die auf vorgeschobenem Posten gegründeten Orte wurden durchweg äußerst massiv befestigt und durch Straßen, auf denen Truppen zum Entsatz heranrücken konnten, mit dem Hinterland verbunden[47]. Bis ins zweite

[39] E. T. Salmon, a.a.O. p. 36.

[40] Ins frühe vierte Jhdt. gehören die Assignationen im ager Pomptinus Liv. 6, 21, 4 und die Verleihung des Gebietes von Veji (erwähnt 5, 30, 8.) — Die Annahme, der Einrichtung einer neuen Tribus habe ipso facto eine Viritanassignation entsprochen, scheint mir nicht genügend begründet zu sein.

[41] Columella, de r.r.I, praef. 14. Auctor de viris illustribus 33.1. Val. Max. 4,3,5. Plin. n.h. 18,18. RE IV, 2, 1841. (Münzer)

[42] Columella, r. r. praef. 14.

[43] L. Caecilius Metellus war nach Plin. n. h. 7, 134 „XVvir agris dandis adsignandis". Von ihm heißt es ebd.: „qui primus elephantos ex primo Punico bello duxit in triumpho".

[44] Liv. 31, 4, 1—3. Liv. 42, 4, 3.

[45] Es handelt sich um die Kolonien Sutrium, Nepete, Setia, Satricum und Circei, die dem Schutz Latiums gegenüber den Etruskern und Volskern dienten. Vergl. über die alten latinischen Kolonien jetzt sehr eingehend E. T. *Salmon*, Roman colonization under the republic, London 1969, 40 ff. Ferner die Karte CAH VII, 820.

[46] Den militärischen Zweck erörtern eingehender E. T. Salmon, JRS 26, 1936, 51. Pais, Histoire Romaine, Paris 1940, I, 189 ff. Dazu Cicero, de lege agraria II, 73: „Est operae pretium diligentiam maiorum recordari, qui colonias sic idoneis in locis contra suspicionem periculi conlocarunt ut esse non oppida Italia sed propugnacula imperii viderentur."

[47] Hinrichs, Historia 16, 1967, 165 f.

Jahrhundert hinein wurden offenbar die Kolonisten wie geschlossene Truppenteile eingewiesen[48].

Die wenigen oben erwähnten Viritanassignationen wurden zumeist unmittelbar nach Kriegen beschlossen und dienten also der Belohnung der Soldaten, die im Kriegsgebiet selbst nicht angesiedelt werden konnten[49]. Nur das Gesetz des C. Flaminius und vielleicht die Verteilung des Ligurer- und Boierlandes scheinen den Bürgern ohne Unterschied zugute gekommen zu sein. Damit ist zwar noch nicht gesagt, daß die Viritanassignationen wie eine militärische Aktion angesehen werden müssen, wohl aber, daß sie der Landverteilung in den latinischen Kolonien nahestanden, die später gleichfalls mehr der bloßen Heeresversorgung diente.

Gründungen eindeutig civilen Charakters liegen demgegenüber in den seit dem Latinerkrieg gegründeten coloniae maritimae vor. Hier handelt es sich gewissermaßen um Ableger der Stadt Rom, die zunächst weitgehend von Rom verwaltet wurden[50] und deren Kolonisten noch im zweiten punischen Krieg sich auf ihre sakrosankte, offenbar mit der Gründung verbriefte vacatio militiae beriefen[51].

b) Das „imperium" der Ansiedlungsbeamten

Das Amt der Ansiedlungsbeamten ist aus dem Auftrag zur Gründung der latinischen Kolonien hervorgegangen und später auf die andersartigen Ansiedlungen ausgedehnt worden. Es würde somit dem militärischen Zweck dieser alten Siedlungen entsprechen, wenn auch der Siedlungsbeamte in früherer Zeit als militärischer Magistrat angesehen worden wäre. In der Tat hat er verschiedene Qualifikationen und Rechte, die nur aus diesem ursprünglich militärischen Auftrag zu verstehen sind.

Unter diesen ist vor allem das militärische „imperium" zu nennen. Wenn Mommsen schreibt, es habe den Kommissionen gefehlt[52], so stellt er sich damit in direkten Gegensatz zu den Quellen, die es bis in die jüngste Zeit erwähnen. In einem Fall ist es im frühen zweiten Jahrhundert (194 v. Chr.) bezeugt[53], und Tiberius Gracchus hatte es offenbar im Gesetz auch für seine Kommission gefor-

[48] Die Landlose waren in ihrer Größe nach dem militärischen Rang der Landempfänger gestaffelt. Liv. 35, 9, 7. 35, 40, 5. 37, 57, 8. 40, 34, 2. Dazu Asconius, in Pis. 2 f.

[49] Zur Soldatenansiedlung des M. Curius Dentatus: Frontinus, strategem. 4, 3, 12. Zu der des Jahres 200 Liv. 31, 42 und 31, 49, 6.

[50] Gellius, n. A. 16, 13, 8. Dazu E. T. Salmon, Athenaeum N.S. 41, 1963, 25 ff.

[51] Liv. 27, 38, 3—5. 36, 3, 3—4. Dazu E. T. Salmon ebd. 14. Roman colonization, 81.

[52] St. R. II, 631.

[53] Livius 34, 53, 1. Der für die Gründung latinischer Kolonien gewählten Kommission soll das imperium für drei Jahre zustehen. Die Annahme von L. Ross-Taylor, Athenaeum 41, 1963, 65 f., hier handele es sich um eine exceptionelle Verleihung des imperium, scheint mir unbegründet zu sein. Mit dem rein civilen Charakter der coloniae maritimae wird es zu erklären sein, daß ihre Gründungskommission in einem vergleichbaren Fall nur den „magistratus" bekam. (Liv. 32, 29, 3.)

dert[54]. Noch im Gesetzesantrag des Rullus wurde es aufgeführt, Cicero spielt in den gegen ihn gehaltenen Reden oft darauf an[55]. Allerdings wird es sich in diesem Fall nur um das „imperium minus“ handeln, welches Theoretiker des Staatsrechtes in der späteren Republik dem Praetor zulegten[56], denn es wurde offenbar weder durch die Wahl in den Centuriatkomitien noch durch einen speziellen Volksbeschluß verliehen, sondern beruhte allein auf der lex curiate[57].

Wenn Mommsen diese Quellen zum Teil in einer Anmerkung selbst anführt[58] und sich trotzdem dagegen sträubt, ihren Inhalt anzuerkennen, so scheinen ihn dazu vor allem latente allgemeine Überlegungen veranlaßt zu haben: einmal ordnet er dieses Amt unter die civilen Magistraturen ein und rechnet mit einem die Ansiedlung begründenden Plebiszit sowie mit einer Wahl, die stets durch die Tributkomitien vorgenommen worden wäre. Dem ist zu widersprechen[59]. — Zum andern scheinen ihn seine Theorien über den Ursprung und den Umfang des militärischen imperium an der Anerkenntnis dieser Quellen gehindert zu haben. Denn der von ihm als Gegenargument angeführte Fall kann so nicht verstanden werden: Er schreibt, es „beweist den Nichtbesitz (des imperium) geradezu, daß, wenn zum Zweck der Deduction eine eigentliche Aushebung nötig wird, die Konsuln dieselbe vollziehen.“ (Liv. 37, 36, 10) Die Stelle sagt, der Konsul C. Laelius, der im vergangenen Jahr in Ligurien Krieg geführt hatte, solle die zur Auffüllung der latinischen Kolonien Placentia und Cremona bestimmten Kolonisten aus den Legionen aussondern und sie der Kommission übergeben. Ganz gewiß ist dies ein Sonderfall, der eben als solcher besonders erwähnt wird. Gewöhnlich hielt die Kommission die Kolonistenconscription natürlich in Rom ab. Zudem gibt die Nachricht wenig aus, da auch die neuen Beamten die Kolonisten — es sind nicht nur Bürger, sondern auch Bundesgenossen darunter — bei der Einweisung einordnen und befehligen müssen.

Hinzu kommt, daß die rogatio Servilia des Jahres 63 für die Xviri auch drei weitere Kennzeichen des imperium anführt, die Rullus in seinem umstrittenen Antrag gewiß nicht erwähnt haben würde, wenn es sich nicht bei ihnen um ein altes Herkommen und um übliche Rechte der Siedlungskommissionen gehandelt hätte: Die Austattung mit Liktoren, mit pullarii und die Bestätigung durch die lex curiata. Von dieser lex curiata ist noch unten zu sprechen, nachdem die Wahl der Kommission erörtert worden ist. Daß die Liktoren allein den Trägern des impe-

[54] Festus 314 M. Aus der von T. Annius Luscus gegen Tiberius Gracchus gehaltenen Rede: „imperium quod plebes per saturam dederat id abrogatum est.“ Vergl. zu der Stelle Malcovati, Oratorum Romanorum Fragmenta I², p. 104 ff. Nr. 17. unten p. 33.

[55] I, 9 „summo cum imperio“ II, 34 „eis ... summo cum imperio iudicioque rerum omnium vagari ut liceat conceditur.“ 45 „isti Xviri cum imperio, cum fascibus, cum illa delecta finitorium iuventute“.

[56] Gellius n. A. 13, 15, 4. (Messala).

[57] Vergl. dazu unten p. 19 f.

[58] St. R. II, 631, Anm. 1.

[59] Zum Plebiszit vergl. oben p. 8 ff. Zur ursprünglichen Wahl in den Centuriatkomitien unten p. 17 ff

rium zustehen, ist selbstverständlich[60]. Wenn sich im Gefolge der Kommission des Jahres 63 die Hühnerwärter, die „pullarii" als „auspicia coloniarum deducendarum causa" finden[61], so wird es sich hierbei um ein sehr altes Vorrecht der Assignationskommissionen handeln. An sich gehörten die „pullarii" nicht zu den städtischen Auspicienbeamten, sondern sie zogen mit den Konsuln in den Krieg und wurden vor wichtigen Entscheidungen nach dem Urteil des Schicksals gefragt, das sich vermutlich zureichend aus dem Appetit ablesen ließ, den die von den pullarii in Käfigen transportierten heiligen Hühner entwickelten[62]. Sie sind magistratische Apparitoren[63]. Es handelt sich bei dem Recht, pullarii mit sich zu führen und sie zu befragen, offenbar um ein Privileg der Feldherren, das an sich den Konsuln auf Grund ihres „imperium" zustand[64]. Die gleichen Auspicien wurden also bei der Gründung einer Kolonie[65] von den pullarii eingeholt.

c) Die Wahl der Kommissionen

Wir können hier nicht die alte Streitfrage nach dem ursprünglichen Umfang des „imperium" ausführlich besprechen, das sicher unter den ordentlichen Beamten nur den Konsuln und den Praetoren zukam, also den Beamten, die von der alten Heeresversammlung der Centuriatkomitien gewählt worden waren. Jedenfalls bezeichnet das „imperium" primär das Vorrecht des militärischen Oberbefehls[66]. Dem gleichfalls von den Centuriatkomitien gewählten Censoren fehlt es demgegenüber vermutlich deshalb, weil er für die Musterung und die Aufstellung allein des römischen Heeres zuständig ist. — Wohl sind die Insignien des „imperium" alt und genuin römisch-etruskischen Ursprungs. Doch vergißt man darüber leicht, daß

[60] Erwähnt I, 9. II, 32, 45. Mommsen sieht die potestas der Kommissionen etwa wie eine geminderte censorische an. Dem widerspricht, daß auch die Censoren nicht von Liktoren begleitet sind. Belege St. R. I, 386.

[61] II, 31.

[62] St. R. I, 84 f. (Mit Anm. 5) „Denn da die Hühner in besonderen Käfigen von den Beamten mitgeführt werden, hatte der Hühnermann den Erfolg in der Hand. Es ist daher dasselbe Auspicium durchgängig im Lager von den Feldherren angewandt worden." — Wissowa, Religion und Kultus der Römer, 2. Aufl., 532 f. — Im Kriegslager werden die pullarii oft genannt. (Liv. *8*, 30, 2. *9*, 14, 1. *10*, 40, 4. *41*, 18, 14.)

[63] Mommsen, St. R. I, 366. Später wurden sie in Decurien zusammengefaßt.

[64] In der rogatio Servilia des Jahres 63 v. Chr. hieß es, (II, 31) die pullarii sollten „eodem iure quo habuerunt IIIviri lege Sempronia" der Kommission zuerkannt werden. Das bedeutet jedoch kaum, daß die altertümlichen pullarii der Gracchenkommission zuerst zugestanden worden wären. Vielmehr wird das „eodem iure" sich so erklären, daß diese Kommission seinerzeit ein Vorrecht der früheren beansprucht hatte, deren „imperium" ganz außer Frage stand. Der Gracchenkommission aber war es bestritten worden (Festus 314 M, dazu unten p. 20 f.), und ein ähnliches Geschick drohte auch dieser Kommission des Jahres 63 in dem Fall, daß die lex curiata verhindert wurde.

[65] Cicero, de lege agraria II, 32, 34.

[66] Ausführlicher erörtert von Radin, Studi Riccobono II, 1936, 21 ff. U. Coli, RIDA 7, 1960, 361 ff. Staveley, Historia 5, 110 ff. Ernst Meyer, Röm. Staat und Staatsgedanke, 2. Aufl. 502 f. Anm. 6.

nur seine Träger außerhalb Roms von den Bundesstädten des latinischen Bundes als Führer des gemeinsamen Heeres bereits in der Zeit anerkannt wurden, in der die römische Suprematie sich noch nicht durchgesetzt hatte[67].

Ähnlich wie bei den Praetoren und Konsuln betrafen auch die Funktionen der Gründungsbeamten der alten latinischen Kolonien die Latiner und die Römer in gleicher Weise, da beide ihre Soldaten als Kolonisten in diese Orte schickten und da vor allem die latinischen Kolonien nicht als römische Orte, sondern als Glieder des latinischen Bundes und — nach dessen Auflösung — als „nomen Latinum" galten. Das ist ein starkes Argument für die Annahme, daß die für die Anlage der latinischen Kolonien bestimmten Kommissionen ursprünglich gleichfalls als Imperiumsträger in den Centuriatkomitien gewählt wurden. Es ist schwer vorstellbar, daß städtische Beamte, in den Tributkomitien gewählt und nur mit der potestas der städtischen Beamten begabt, diese den ganzen Latinerbund betreffenden militärischen Aufgaben hätten übernehmen dürfen. Erst nach der Centurienreform in der Mitte des dritten Jahrhunderts scheint hier ein Wandel eingetreten zu sein, der dazu führte, daß die Centuriatkomitien nur noch einmal im Jahr für die Wahl der höchsten Beamten einberufen wurden:

Der ursprünglichen Wahl in den Centuriatkomitien, die die Ansiedlungskommissionen den Konsuln und Praetoren an die Seite stellte, entspricht der auffällig hohe Rang, den ihre Mitglieder namentlich in der Zeit vor dem zweiten punischen Krieg, doch auch in der Folgezeit einnehmen. Die wenigen Namen, die uns aus dem vierten und dritten Jahrhundert bekannt sind, sind fast durchweg die von Konsularen[68]. — Die von Livius verwendeten annalistischen Berichte des zweiten nachchristlichen Jahrhunderts enthalten fast stets die Namen der Mitglieder dieser Kommissionen, daneben aber nur die der Praetoren und Konsuln, es fehlen die kleineren Beamten. Auch das spricht für die hohe Einordnung dieser Spezialkommissionen noch im zweiten Jahrhundert. Die Mitglieder haben auch in den

[67] Besonders wichtig ist in diesem Zusammenhang das Zitat aus dem Buch des Cincius „de consulum potestate" bei Festus 241 M.: Alba diruta usque ad Publium Decium Murem consulem populos Latinos ad caput Ferentinae, quod est sub monte Albano, consulere solitos, et *imperium communi consilio administrare;* itaque quo anno Romanos imperatores ad exercitum mittere oporteret iussu nominis Latini ..." (es folgt der Bericht vom ‚praetor ad portam') Vergl. zu der Stelle Alföldi, Early Rome and the Latins 119 ff. — Ebenso betrifft der Begriff des imperium die Römer und Latiner gemeinsam in der alten Benennung der Bundesgenossen und des nomen Latinum: „quibus milites ex formula togatorum in terra Italia imperare solent."

[68] 334 v. Chr. IIIviri zur Gründung von Cales, drei konsularische Beamte, Liv. *8,* 16, 13 f. (Broughton, MRRP I 141) 313 v. Chr. IIIviri für die Gründung von Saticula: zwei konsularische Beamte (Festus 458 L) (Broughton 159) 218 v. Chr. IIIviri für Placentia und Cremona: Nach Polybios III,40, 9 ein Konsular und zwei Praetorier. In den von Livius 21, 25, 3—5 genannten Kommissionen finden sich zwei weitere Konsulare. (Zu dem Problem Broughton 240 f.)

Die wenigen Mitglieder, die uns aus Viritanassignationskommissionen vor 200 bekannt sind, sind durchweg Konsulare: M. Curius Dentatus, 290 v. Chr. (RE IV, 2, 1841 Münzer) C. Fabricius Luscinus, Assignationsbeamter nach dem Pyrrhuskrieg (Columella r. r. praef. 14) L. Caecilius Metellus, XVvir a. d. a. und Triumphator nach dem ersten punischen Krieg. Plin n. h. 7, 134.

unbedeutenden Fällen der Gründung einer colonia maritima oder einer Kolonistenadscription in der Mehrzahl im Augenblick der Wahl praetorischen oder konsularischen Rang gehabt, stets war mindestens ein Mitglied der Kommission bereits Praetor gewesen[69].

Eigentlich problematisch ist die Frage nach dem Beginn der Wahl der Ansiedlungskommissionen in den Tributkomitien. Den Anfang machten wahrscheinlich die von Anfang an rein römischen und rein civilen coloniae maritimae. (vergl. oben p. 12, p. 14) Die Gründungskommissionen dieser kleinen eng mit Rom verbundenen Seestädte sind vermutlich stets in Tributkomitien gewählt worden. So liegt schon im Jahre 296 die Wahl der Gründungsbeamten von Minturnae und Sinuessa in der Hand des Stadtpraetors, der nur die Tributkomitien einberufen haben wird — in einer Zeit, in der sonst der Konsul die Wahlen der für die Gründung latinischer Kolonien bestimmten Kommissionen leitete[70]. Der Unterschied des Ranges des wahlleitenden Beamten ist deswegen wichtig, weil — nach der von Cicero vertretenen Anschauung — der Praetor niemals das Recht besessen hat, in den Centuriatkomitien Konsuln oder Praetoren wählen zu lassen[71]. Wo er die Wahl leitet, sind also die Tributkomitien berufen worden. Dies aber ist in den uns wieder genauer überlieferten Gründungsbeschlüssen des zweiten Jahrhunderts für Ansiedlungen jeder Art der Fall[72].

Mehrere Faktoren erleichterten und beschleunigten den Wandel, in dem die Tribusversammlung während des dritten Jahrhunderts an Bedeutung gewann: mit

[69] Nach Broughton MRRP I, ergibt sich für die Ansiedlungskommissionen seit dem Jahre 200:
a) Latinische Kolonien: (IIIviri)
Copia, 193 v. Chr. 1 Praetorier (Broughton 349)
Bononia, 189 v. Chr. 1 Konsular, 1 Praetorier (364)
Lat. Kol. bei Thurii 194 v. Chr. 1 Praetorier (345)
Vibo, 192 v. Chr. 1 Praetorier (345)
Aquileia, 183 v. Chr. 1 Konsular, 2 Praetorier (380)
Lucca, 180 v. Chr. (nach Beloch, It. Bd. 147 f.) 1 Praetorier (390)
b) Viritanassignationen
200 v. Chr. Xviri: 4 Konsulare, 4 sicher Praetorier (322)
173 v. Chr. Xviri: 2 Konsulare, 3 Praetorier (4 Namen nicht vollständig) (409 f.)
c) coloniae civium (IIIviri)
183 v. Chr. Mutina und Parma, 1 Konsular, 1 Praetorier. Saturnia, 1 Konsular, 1 Praetorier (380)
181 v. Chr. Graviscae, 1 Konsular, 2 Praetorier (386)
177 v. Chr. Luna, 1 Konsular, 2 Praetorier (399)
d) Kolonistenadscriptionen
200 v. Chr. Venusia, 1 Konsular, 1 Praetorier (325)
199 v. Chr. Narnia, 2 Konsulare, 1 Praetorier (329)
190 v. Chr. Placentia und Cremona, 2 Praetorier (359)
186 v. Chr. Sipontum, Buxentum, 3 Praetorier (372)
vor 184 v. Chr. Cales, CIL I², 200, nur ein Konsular bekannt.
e) coloniae maritimae
194 v. Chr. 4 Kommissionen, (334, 345 f.) bei der wichtigsten, die fünf Kolonien anlegt, sind alle drei Mitglieder Praetorier, bei den übrigen zwei oder ein Mitglied.
184 v. Chr. 2 col. mar. 1 oder zwei Praetorier (377).
Anm. 70—72: S. 19.

wachsender Bevölkerungszahl mußte die Abstimmung in den Centurien umständlicher werden: Zur Zeit Ciceros nahm allein die Konsulwahl einen ganzen Tag in Anspruch; deshalb berief man die Centurien nur noch regelmäßig zweimal im Jahr zur Wahl der Konsuln und Prätoren, bevorzugte aber im übrigen für die außerordentlichen Beamten die einfachen Tributkomitien. Die lex Hortensia erhöhte gleichfalls die Bedeutung der Tribusversammlung ganz beträchtlich, und mit der Centurienreform des dritten Jahrhunderts drang die Tribusordnung auch in die alten Komitien selbst ein. Hinzu kam, daß mit der Gründung der ersten Provinz auch ständig neben den Konsuln Träger des später sogenannten „imperium minus" existierten, das man nun auch dieser exceptionellen Magistratur zuschrieb[73]. Schließlich wird es sich ausgewirkt haben, daß Rom, nachdem es einmal seit dem ersten punischen Krieg eindeutig die Führung in Italien übernommen hatte, auf die konstitutionellen Empfindlichkeiten der Latiner weniger Rücksicht zu nehmen brauchte.

Möglicherweise liegt in der gegen den Willen des Senats vom Volkstribunen C. Flaminius beantragten Verteilung des ager Picenus der erste Fall vor, in dem man eine größere Assignation einer in Tributkomitien gewählten Kommission übergab, denn es ist wohl nicht anzunehmen, daß man nach dem Beschluß im concilium plebis noch zusätzlich die Centuriatkomitien für die Wahl berief.

d) Die lex curiata

Mit der Annahme dieses Wechsels klärt sich vielleicht auch die Rolle, die die „lex curiata" offenbar bei der Bestellung der Assignationskommissionen gespielt hat und die nicht ohne weiteres verständlich ist.

Die lex curiata stellte eine altertümliche Wahlbestätigung der patrizischen Magistrate dar[74]. Obwohl sie sich nicht auf die Konsuln und Praetoren beschränkte, sondern auch für die geringeren patrizischen Beamten erforderlich war[75], so wirkte sie sich in der Wirklichkeit am Ende der Republik als eine Bestätigung des imperium der obersten Beamten aus. Oft hat man dies geradezu als ihren Zweck

[70] Liv. 10, 21, 8. — Wahlleitung der Konsuln für die Gründung latinischer Kolonien: Liv. *8*, 16, 14. *9*, 28, 8.

[71] Cicero, Att. 9, 9, 3, (Zu den vom Praetor Aemilius Lepidus in Rom geleiteten Wahlen für das Jahr 48): „Nos autem sic in libris habemus: non modo consules a praetore sed ne praetores quidem creari ius esse idque factum esse numquam."

[72] Fälle der Wahlleitung durch den Stadtpraetor: Liv. 31, 4, 1. (Viritanassignation) 34, 53, 2 (2 latinische Kolonien) 37, 46, 10 (Kolonistenadscriptionen für latinische Kolonien) 39, 23, 4 (coloniae maritimae) 42, 4, 4. (Viritanassignation).

[73] Zur Stellenvermehrung: Liv. epit. 19, 20. — Dazu Cic. de lege agraria II, 31. (potestas praetoria).

[74] So vor allem Gellius 13, 15, 4. (Nach Messala) Cic. de lege agraria II, 26. Dazu die Konjektur von Latte, Kl. Schr. 542 f.

[75] Zu recht betont von L. Ross-Taylor, The voting assemblies ..., p. 3. A. Magdelain, Recherches sur l'imperium, 13 f. Chr. Meier, ZSS 86, 1969, 490.

bezeichnet[76], und wir hören mehrfach von staatsrechtlichen Überlegungen zu der Frage, ob ein durch die lex curiata nicht bestätigter Magistrat ein imperium als Provinzstatthalter oder als Heerführer ausüben dürfe[77].

Servilius Rullus hat für die Kommission des Jahres 63 die lex curiata gefordert, sie wurde also bei der Bestellung der Assignationskommissionen nicht als ungewöhnlich betrachtet[78]. In der Frühzeit zählten die Kommissionen gewiß zu den patrizischen Beamten, daß sie es blieben, zeigen die Nachrichten über ihre durch einen Konsuln oder Praetoren vollzogene Wahl[79]. So wurde die lex curiata vermutlich vor allem seit der Zeit als eine Bestätigung des den Kommissionen zukommenden imperium betrachtet, seit ihre Wahl von den Centuriatkomitien auf die Tributkomitien übertragen worden war[80].

Ein Dilemma trat erst in dem Augenblick auf, in dem ein Volkstribun ein Agrargesetz gegen den Willen des Senates beantragte. Der Senat konnte den Konsuln und den Praetoren die Leitung der Wahl und das Einbringen der lex curiata untersagen. So scheint es beim Antrag des Tiberius Gracchus gewesen zu sein, der die Wahl seiner Kommission selbst leitete und also hier keine bestätigende lex curiata fordern konnte, weil die gewählten Beamten keine patrizischen Magistrate waren. Deshalb hat er anscheinend versucht, durch das gleiche Gesetz seiner Kommission auch das „imperium" zuerkennen zu lassen. Das führte natürlich zu Protesten auf seiten des Senats. Man hat der Kommission das „imperium" wieder abgesprochen, T. Annius Luscus spielte darauf in einer gegen Ti. Gracchus gehaltenen Rede an[81]. Der konservative Konsul des Jahres 129 C. Sempronius Tuditanus, der die Arbeiten der Gracchenkommission auch sonst behinderte[82], hat ein historisches Werk „de magistratibus" verfaßt und sich darin ausführlich mit dem „imperium" beschäftigt[83]. Das mag ebenso in diesem Streit um das imperium der Grac-

[76] So z. B. Cic. de lege agraria II, 30. Liv. 5, 52, 16. Ebenso Mommsen, St. R. I, 609, Anm. 3. A. Heuß, ZSS 64, 1944, 74.

[77] Cic. fam. I, 9, 25. ad Q. fr. 3, 2, 3. (Dazu Tyrrel and Purser II, 207) — Eine besondere Schwierigkeit ergab sich im Osten im Jahre 49 für die Konsulwahlen des folgenden Jahres, da die lex curiata fehlte. (Cassius Dio 41, 43, 3)

[78] Ciceros Widerspruch richtet sich nicht dagegen, daß die lex curiata gefordert wurde (II, 26—30). Er behauptet, Rullus habe sie vorgesehen, da ihm die Wahl wegen der Verminderung der wahlberechtigten Tribus (dazu II, 16) als unvollkommen erschienen wäre. Ein unberechtigter Vorwurf, da Rullus sich doch selbst bereiterklärt hatte, notfalls auf die lex curiata überhaupt zu verzichten. — Magdelain 15 f., 25 übernimmt Ciceros Argumentation, erwähnt dagegen nicht das der lex curiata bedürftige imperium der Kommission.

[79] Vergl. die oben p. 10 angeführten Beispiele.

[80] Rullus beauftragte den Praetoren mit dem Einbringen der lex curiata (II, 28). Als wahlleitender Magistrat wird er dies auch im 2. Jhdt. übernommen haben. Dies zu L. Ross -Taylor, Allgemein 41, 1963, 65 f. zu Liv. 34, 53, 1—2.

[81] „imperium quod plebes per saturam dederat id abrogatum est" (Festus 314 M). Der Protest des T. Annius Luscus muß sich daraus erklären, daß die concilia plebis bzw. die Tributkomitien nach der konservativen Anschauung allein durch ein Gesetz des „imperium" nicht verleihen konnten. (So auch Mommsen, St. R. III, 336, Anm. 5)

[82] Vergl. Last, CAH, 9, 42 ff.

[83] Gellius, n. a. 13,15, 4, zitiert das 13. Buch dieses Werkes, in dem Tuditanus das „imperium maius" der Konsuln vom „imperium minus" der Praetoren unterscheidet.

chenkommission seinen unmittelbaren Anlaß gehabt haben, wenn auch historische Reflexionen und staatsrechtliche Gelehrsamkeit bei den Nobilitätsmitgliedern jener Tage gewissermaßen Mode waren[84].

Mit der Kontroverse um das „imperium“ der Gracchenkommission könnte sich vielleicht noch eine widersprüchliche und auch umständliche Formulierung des Gesetzes des Servillius Rullus erklären: Er hatte gefordert, der zuerst oder der zuletzt gewählte Praetor solle die lex curiata einbringen[85]. Falls beides unmöglich sei, so solle das vom Volk dekretierte „imperium“ auch so gültig sein. „tum ei Xviri eodem iure sint quo qui optima lege“[86]. Die Bestätigung durch die lex curiata war also der sicherste Weg, aber wenn er sich als nicht gangbar erwies, so sollte es doch möglich sein, die durch das „imperium“ umfaßten Rechte der Kommission mit dem einfachen Wortlaut des Plebiszits zu fundieren.

Zusammenfassung

Mommsen schilderte im Staatsrecht die Ansiedlungskommissionen wie eine genuin civile Magistratur, und gegenüber den Kommissionen des zweiten Jahrhunderts trifft diese Ansicht gewiß zu. Er hat aber die Spuren nicht hinreichend beachtet, die einen ursprünglich militärischen Charakter dieser Magistratur verraten. Vielleicht ist für diesen Fehler vor allem die jüngere Annalistik verantwortlich zu machen, die Agrargesetze in der ausgesprochen populären Form der Spätzeit der Republik bereits in das Jahrhundert der Ständekämpfe hinaufdatierte. Obwohl Mommsen selbst teilweise diese Fälschungen als solche erkannte, hat er doch die entsprechenden Folgen in seiner staatsrechtlichen Darstellung des Amtes nicht gezogen.

Da wir es aus den Quellen nur in den letzten zwei Jahrhunderten der Republik näher kennen, müssen seine früheren Stadien aus der Geschichte der verschiedenen Komitien und aus den Rechten und Qualifikationen erschlossen werden, soweit diese einer früheren Epoche entstammen müssen. Vor allem legen Eigenart und Reihenfolge der ausgeführten Siedlungen und Koloniegründungen die Annahme eines ursprünglich militärischen Charakters des Amtes nahe; denn zeitlich und nach ihrer Bedeutung stehen die latinischen Kolonien weit an erster Stelle. Ihnen sind mit Ausnahme des Gesetzes des C. Flaminius auch die wenigen Viritanassignationen verwandt. Nur die kleinen, seit 338 angelegten coloniae maritimae stellen rein civile Gründungen dar.

[84] So haben Q. Fabius Maximus Servilianus, cos 142, L. Calpurnius Piso, cos. 133, und eben C. Sempronius Tuditanus, cos. 129, lateinische Annalen verfaßt. P. Mucius Scaevola, cos. 133, faßte die Pontifikalannalen zusammen, sein Bruder und sein Sohn Q. Mucius Scaevola das ius civile. L. Cassius Hemina schrieb ein Buch „de censoribus“, Junius Congus, wegen seiner politischen Sympathien „Gracchanus“ genannt, eines „de potestatibus“. (zitiert von Ulpian, D. 1, 13, 1.)

[85] II, 26 28.

[86] II, 29.

Mit dieser Entwicklung ist die Annahme unvereinbar, daß die Kommissionen seit alter Zeit durch ein Plebiszit zustandegekommen sein sollen. Zwar ist uns nicht bekannt, in welcher Weise der latinische Bund vor dem Jahre 338 die Einzelheiten geplanter Städtegründungen festlegte und wie die Mitwirkung der latinischen Städte beim Beschluß aussah, jedenfalls waren aber in der Folgezeit die Senatsbeschlüsse und der Senatsauftrag zur Wahl einer Kommission entscheidend. — Es ist zwar möglich, daß den rein civilen coloniae maritimae von Anfang an ein tribunizischer Antrag zugrundelag, bei allen übrigen Assignationen aber scheint dies eine seltene Ausnahme gewesen zu sein. Das trifft vor allem zu für das Plebiszit des C. Flaminius zur Aufteilung des Boierlandes, das zudem als einziges gegen den Senatswillen beschlossen wurde.

Ähnliches gilt für die Wahl der Kommissionen. Ursprünglich waren für sie höchstwahrscheinlich die Centuriatkomitien zuständig, vielleicht traten nur bei den coloniae maritimae von Anfang an, im übrigen aber erst seit der Mitte des dritten Jahrhunderts die Tributkomitien an ihre Stelle, als der civile Zweck des Amtes gegenüber dem militärischen mehr in den Vordergrund trat. Auch bei diesem Wechsel könnte das Gesetz des C. Flaminius eine wichtige Rolle gespielt haben. — Wie die in den Centuriatkomitien gewählten patrizischen Beamten, so waren entgegen der Ansicht Mommsens auch die Ansiedlungsbeamten Träger des „imperium"; dies scheint damit zusammenzuhägen, daß sowohl jene Jahresämter wie diese exceptionelle Magistratur für das römische wie für das latinische Heer gewählt wurden. Als die Wahl der Kommissionen auf die Tributkomitien überging, war ihr „imperium" vermutlich lediglich durch die „lex curiata" abgesichert. In der Spätzeit wurde das imperium umstritten und zugleich unwichtiger, der Gracchenkommission, die es durch ein Volksgesetz bekommen hatte, erkannte man es wieder ab, und Servilius Rullus deutete in seinem Gesetzesantrag an, daß es unter Umständen auch entbehrlich sei.

Auf die ursprünglichen militärischen Funktionen, die das Amt der Frühzeit nach seinem Rang in die Nähe des konsularischen stellen[87], weisen auch die ihm zukommenden pullarii und die Liktoren hin. Die Mitglieder der Kommissionen sind in der Frühzeit vorwiegend konsularischen Ranges, und noch im zweiten Jahrhundert wird die Mehrzahl der Kommissionsmitglieder von Praetoriern gestellt.

[87] Ein anderes Kennzeichen besteht in der lustratio coloniae durch den Gründungsbeamten, die Cicero (de divin. I, 45, 102) mit der lustratio des Heeres durch den imperator und mit der des Censoren — die ursprünglich gleichfalls eine Herrschau gewesen ist — zusammenstellt.

Kapitel II:

DIE SCAMNATION

1. DIE QUELLEN

Am Beginn seines Buches „de agrorum qualitate“ unterscheidet Frontin[1] drei agrimensorische Kategorien:

1. agri divisi und assignati. Diese zerfallen wiederum in limitiertes (centuriiertes) und scamniertes Land.
2. agri mensura per extremitatem comprehensi
3. agri arcifinii, qui nulla mensura continentur.

Zur ersten Gruppe sagt er:

> „ager ergo divisus adsignatus est coloniarum. Hic habet condiciones duas: unam qua plerumque limitibus continetur, alteram qua per proximos possessionum rigores adsignatum est, sicut in Campania Suessae Auruncae. Quidquid autem secundum hanc condicionem in longitudinem est delimitatum, per strigas appelatur, quidquid per latitudinem per scamna[2]. Ager ergo limitatus[3] decimanis et cardinibus continetur, ager per strigas et per scamna divisus et adsignatus est more antiquo in hanc similitudinem qua in provinciis arva publica coluntur.“

Die Scamnation — wie im folgenden die Aufteilung „per strigas et scamma“ kurz bezeichnet wird — entstammt also dem „mos antiquus“. Außerdem wird sie zur Zeit Frontins für die Aufteilung der tribut- oder vectigalpflichtigen Provinzialgrundstücke verwandt. Mehrere Merkmale unterschieden das scamnierte vom limitierten (centuriierten) Gebiet:

Der ager scamnatus enthält nur neben- oder hintereinandergelegte rechteckige Parzellen, er wird nicht durch das Hauptlimitationskreuz aufgeteilt, die Folge der

[1] La. 2—4. Th. 1.

[2] Ähnlich lautet das Fragment (Hygins?) bei Lachmann p. 110, 1 (von Thulin nicht übernommen) „strigatus ager est qui a septentrione in longitudinem decurrit, scamnatus autem qui eo modo ab occidente in orientem crescit.“

[3] „hac similitudine“ ist hier offenbar eingefügt nach dem gleich darauf folgenden „in hanc similitudinem qua . . . coluntur“, um auf das dem Text später beigegebene Bild hinzuweisen. (im Arcerianus p. 61) Fabricius RE XIII, 1, 695, 39 ff. glaubt kaum zu recht, die beigegebenen Bilder gingen auf Frontin selbst zurück. Das ist unwahrscheinlich, wie Castagnoli (Le „formae“ delle colonie Romane e le miniature dei codici dei gromatici, Atti della Reale Academia d' Italia VII, IV, Rom 1943, 83 ff.) hinsichtlich der vielen Miniaturen von Städteansichten ausführlich erörtert hat. Die Bilder entstammen vermutlich der Verwendung der klassischen Feldmesserschriften im Unterricht, der einfachen Mensoren im 4. und 5. Jahrhundert erteilt wurde. Zu den späteren Interpolationen im Text Frontins vergl. weitere Beispiele Lachmann II, 106 ff.

Wege entspricht nicht (wie bei der Centuriation) den Einheiten des Maßsystems, sie bilden vielmehr höchstens die Grenzen der einzelnen Besitzungen. Die Grundstücke sind nach ihrer Seitenlänge assigniert („per proximos possessionum rigores"). Wenn Frontin es auch nicht ausdrücklich sagt, so ist doch anzunehmen, daß die rechteckigen, durch rigores voneinander getrennten Parzellen sich nicht allzusehr hinsichtlich ihrer Größe voneinander unterschieden, da sonst die Assignation auf der Flurkarte Schwierigkeiten bereitet hätte. Diese Parzellen werden einzeln nach ihrer Lage und ihrem Flächeninhalt aufgezeichnet, während bei der Centuriation nur die Zahl der dem einzelnen Eigentümer innerhalb der Centurie zustehenden iugera angegeben wurde.

Neben dieser grundsätzlichen Klassifizierung des ager scamnatus durch Frontin steht eine Erörterung des Hyginus gromaticus, die im einzelnen eine Verbindung der Scamnation mit der Centuriation zum Zweck der genauen Flächenerfassung der Provinzialgrundstücke beschreibt. Diese oft interpretierte Stelle[4] ist jedoch für die Frage nach der Herkunft der Scamnation nicht von großem Belang. Die Forderung nach einer Verbindung der in Frontins Klassifizierung voneinander unterschiedenen Divisions- und Assignationsweisen „per centurias" und „per strigas et scamna" entspricht zwar den Möglichkeiten einer hochentwickelten Feldmeßkunst, sie sagt aber wenig über deren jeweiligen Ursprung aus; so nennt Hyginus gromaticus selbst diese Verbindung eine neuartige und bisher wenig genutzte Methode[5].

Die libri coloniarum vermerken von einer Anzahl mittelitalischer Orte die Scamnation[6] oder eine verwandte Aufteilungsform. Neben der Scamnation und Strigation werden noch die lacineae genannt (gewöhnlich verbunden mit einer anderen Aufteilungsform), hier handelt es sich wohl um eine Aufteilung in kleine Streifen von vielleicht ungleicher Größe[7], ferner die Assignation durch Grenzwege, die zwischen den Parzellen verlaufen (limites intercisivi)[8]. Lacineae und limites

[4] La 205 ff. = Thulin 167 ff. Hygin wendet sich gegen die Anwendung der einfachen Centuriation im steuerpflichtigen Provinzialland, ihre genauer erörterte Verbindung mit der Assignation „per strigas et scamna" dient dem Zweck, Lage und Größe der Grundstücke einzeln zu definieren. Die Anlage dieser Rechtecke und die Beschriftung der Termini werden genauer behandelt. Die Stelle ist besprochen von Max Weber, Röm. Agrargeschichte 22 ff. Meitzen, Siedlung und Agrarwesen I, 294. Mommsen, Ges. Schr. II, 104 ff. Schulten, Bonner Jahrb. 103, 17 ff. Barthel, Bonner Jahrb. 120, 46 ff. Oxé, Bonner Jahrb. 128, 20 ff. Fabricius RE XIII, 1, 693 f. — Rudorff, G. I. 420 verallgemeinert zu der Ansicht, die Hauptlimitationswege und die Scamnation seien miteinander verbunden worden. (Im Gegensatz zur im Text zitierten Frontinstelle) Auch Fabricius 692 f. hält eine Unterteilung der regelmäßigen (späteren) Centurie durch strigae und scamna für möglich.

[5] 205, 3—9.

[6] Assignation per strigas et scamna: Aequiculi (255,18) Nursia (257,8) Reate (257,26). — scamna: Sutrium (218,3) Bovianum (231,9) Afidena (259,18) Histonium (260,10). — strigae: Atina (230,5) Alatrium (230,9) Anagnia (230,16) Ostia (236,7—9) Tereventum (238, 14—16).

[7] lacineae. Antium (229,20) Atina (230,5). in lacineis et per strigas Afilae (230,21) Ardea (231,2) Ferentinum (234,4, in iugeribus et in lacineis) Formiae (234,13) Laurum Lavinia (234,22) Ostia (236,7) (in praecisuris, in lacineis et per strigas) Privernum (236,19).

[8] Limites intercisivi: colonia Iunonia, (217,6) pars proxime coloniam Veios (223,11), ager Asculanus (227,4), Albensis ager (253,5).

intercisivi werden bisweilen gemeinsam genannt[9], oder es wird außer auf die Grenzwege auf den auf der forma vermerkten Flächeninhalt der einzelnen Parzellen hingewiesen (assignatus limitibus intercisivis et in iugeribus)[10]. Auch die manchmal erwähnte Assignation „in praecisuris"[11] wird wohl zu recht der Aufteilung per strigas et scamna zugerechnet.

Natürlich sind diese Angaben äußerst wichtig für die Erörterung der Herkunft der Scamnation, auf sie wird noch einzugehen sein. Zunächst müssen jedoch die modernen Theorien zur Erklärung der Scamnation kurz kritisch besprochen werden.

2. FRÜHERE ERKLÄRUNGEN

Im neunzehnten Jahrhundert ist verschiedentlich versucht worden, den Zweck der Scamnation zu bestimmen. Generell läßt sich sagen, daß diese Erklärungsversuche mehr theoretischer als pragmatischer Natur sind und daß sie — wohl vor allem unter dem Eindruck der Erörterung des Hyginus gromaticus — die Scamnation als eine neben der Centuriation bestehende zweite Form der Landaufmessung betrachten.

Rudorff entnahm jener Forderung Hygins, die die Aufteilung tributpflichtigen Bodens der Provinzen durch strigae et scamna empfahl, daß auch in der Frühzeit in Italien diese Aufteilung Zeichen geringeren Rechtes gewesen sei, einer Demütigung der „unterworfenen und rebellischen Stadt, deren Land zerstört wird." Auf dieses Zerstören, Zerschneiden und Zerfetzen deuten nach Rudorff die der scamnatio eigentümlichen Ausdrücke des liber coloniarum hin: lacineae — Fetzen, praecisurae — Abschnitte, limites intercisivi — zerschneidende limites. Er hat jedoch diese die italischen Territorien betreffenden Angaben nicht durch eine Analyse der Geschichte der einzelnen Orte näher begründet, ferner darf man zweifeln, daß die Übernahme eines Gebietes in den ager Romanus in dieser symbolischen Manier vollzogen wurde[12].

Auch in späteren Theorien behielt man die Ansicht bei, daß der unterschiedlichen Aufmessungsform eine differente öffentlichrechtliche Stellung der betreffenden

[9] in lacineis et limitibus intercisivis: Interamna (234,19) Suessa Aurunca (237,12), Venafrum (239,5).

[10] limitibus intercisivis et in iugeribus: Spoletium (225,15) Neapel (235,16) Sinuessa (237,9—10) Cingulum (254,26—27) Potentia. (257, 19—20) und Pisaurum (ebd.).

[11] in praecisuris: Aricia (230,11) Casinum (232,18) Ostia (236,7) Signia (237,21) Tereventum (238,14).

Die Verwandtschaft der „praecisurae" mit der Scamnation erörtern Rudorff, G. I. 296, 361 f., Meitzen, Siedlung und Agrarwesen I, 293. 295.

[12] G. I. 290—296. Bedenklich sind auch — wie oft bei Rudorff — die etymologischen Erklärungen. Die limites intercisivi bezeichnen wohl eher die zwei Besitzungen voneinander trennenden Wege. (So werden in einem Fragment Hygins (110, 9 La.) die Wege, die die Centurien in vier Parzellen von je 50 iugera aufteilen, (die Größe der agri quaestorii) gleichfalls limites intercisivi genannt. Gegen Rudorff vor allem Schulten, Bonner Jahrb. 103, 25.

Gebiete entsprechen müsse. So hielt es Nissen[13] für wahrscheinlich, daß in den Anfängen der Stadt Rom das Gebiet der Ramnes centuriiert, das der Titienses und Luceres dagegen scamniert gewesen sei. Auf das so aufgeteilte Feld sei an der Grenze der ager arcifinius gefolgt, der das ganze Gebiet umgeben habe.

Karlowa[14] hat die Scamnation für die Form der Limitation der latinischen Kolonien gehalten, da sie das Kennzeichen minder berechtigten Landes sei, während das unterworfene Gebiet überhaupt eine eigentliche Flurteilung nicht gekannt habe[15]. Auch er unterläßt jedoch eine genauere Prüfung des Materials des liber coloniarum[16].

Max Weber lehnt diese Erklärung Karlowas[17] und darüber hinaus die allen seinen Vorgängern gemeinsame Vorstellung ab, daß durch die Form der Aufmessung die öffentlich-rechtliche Qualität des betreffenden Gebietes hätte gekennzeichnet werden sollen. Der römische Staat habe die Scamnation vielmehr — oft in Verbindung mit der Centuriation zur Aufgliederung in kleinere Parzellen — bei steuerbaren Gebieten angewandt, denn hier habe der Staat ein Interesse daran gehabt, die Lage und die Bonität der einzelnen Grundstücke genau festzulegen, während bei der Centuriation nur die Zahl der iugera in einer Centurie angegeben wurde (modus-prinzip). Aus ähnlichen Gründen seien die Municipien von den Römern scamniert worden[18]. So nimmt er bei den im liber coloniarum als scamniert

[13] „Templum" 21 ff. 146. Dagegen lehnt Nissen die Annahme Rudorffs ab, daß die oblonge Form das Kennzeichen einer „civitas aratrum passa" sei und daß die Strigation die intercisio eines Gemeinwesens bedeute. — Eine große Rolle spielt bei Nissen die Annahme einer Entsprechung zwischen der altitalischen Stadtanlage und dem Lagerbau (84, 97 ff.). Nachdem schon Rudorff (291) auf die Verwendung von scamnum, striga und semistrigium beim Lagerbau verwiesen hatte, vermutet Nissen, daß im Lager die strigae und scamna den Bundesgenossen und den Latinern zugewiesen worden wären, wenn deren Land als minderberechtigtes in dieser Weise aufgemessen worden sei. Dem widerspricht z. B. Hygin, de munit. castr. 15. (scamna für Tribune, nicht für die auxiliarii) — Man vermißt die einfache Annahme, nach der scamnum und striga lediglich mensorische Begriffe ohne weitere Bedeutung darstellen.

[14] Römische Rechtsgeschichte I,206 ff. 313 f. Für die Gleichsetzung von agrimensorischen und rechtlichen Unterschieden beruft er sich auf die erwähnte Stelle Rudorffs (296 f.) und auf Hygin (205,1 La.) „quemadmodum ... condicio diversa sit, mensurarum quoque actus dissimilis esse debet."

[15] ebd. 312. Er übernimmt die von Rudorff behauptete Bedeutung der „limites intercisivi" als „zerschneidende" „vernichtende" Grenzwege. Nur um das unterworfene Gebiet, den ager publicus, vor weiteren Okkupationen zu schützen, sei er vielleicht im ganzen „per extremitatem mensura comprehensus" gewesen, im übrigen aber grundsätzlich „in soluto", d. h. ohne staatliche Grenzfestsetzung geblieben. Die quadratische Vermessungsform drücke „die volle Souveränität aus", während sich „die inferiore Stellung" der latinischen Kolonien in der Assignation „per strigas et scamna" zeige. 313.

[16] Zur Entlastung führt er an, daß wir „bei den Feldmessern keine klare Auffassung der ursprünglichen Bedeutung der Strigation finden. Sie haben nur die Verhältnisse der späteren Militärkolonien im Auge." (314)

[17] Röm. Agrargesch. 53, Anm. „Über die Flurverhältnisse der latinischen Kolonien sind wir nicht unterrichtet." Ebenso 31, Anm. 28a. 109.

[18] ebd. 14 f. 28 ff. Auch Webers Theorie gründet sich auf die Partien des Hyginus gromaticus 204 ff. (La.).

bezeichneten Territorien eine unmittelbar auf die römische Eroberung folgende Periode der Tributpflichtigkeit an, aus der sich die Scamnation herleite[19]. Der Schwierigkeit, diese Theorie aus der Geschichte aller betroffenen Ortschaften zu verifizieren, sucht Weber durch den Hinweis auf unsere Wissenslücken sowie auf die Ausnahmen, die die Regel bestätigen, zu entgehen.

Mommsen hat dieser Erklärung der Scamnation im wesentlichen zugestimmt[20]. Nur sah er wohl noch deutlicher als Max Weber, daß sie mit den Angaben des liber coloniarum zur Strigation und Scamnation einzelner italischer Orte nicht zu vereinen ist. Er gibt zwar einerseits zu, daß „die Strigation ... doch sicher aus italischen Verhältnissen hervorgegangen" sei[21], erklärt aber andererseits im Widerspruch zu vorsichtigeren früheren Behauptungen die Bemerkungen des liber coloniarum über lacineae, strigae und dergl. für „massenhafte und späte Interpolationen"[22]. Wenn Mommsen auch mit dieser Methode, das Rätsel zu lösen, wenig Beifall fand[23] —u. a. ist auch nicht zu sehen, aus welchem Motiv diese spätere Interpolation erfolgt sein soll — so scheint das harte Verdikt doch dazu geführt zu haben, daß man die libri coloniarum als Quelle kaum noch ernst nahm[24]. Selbst so gute Kenner der römischen Limitation wie Schulten, Fabricius, Barthel und Déléage haben das Problem der Entstehung und der Bedeutung der Scamnation nicht mehr erörtert oder es mit wenigen Bemerkungen abgetan[25].

Wenig Beachtung fand leider Meitzen's eingehender Erklärungsversuch[26]. Meitzen geht (wie auch Max Weber) von der (m. E. nicht bewiesenen) Überzeugung aus, daß aller einer römischen Tribus zugehöriger Boden auch limitiert und assigniert worden sei[27]. Die von vielen mittelitalischen Orten im liber colonia-

[19] So vermutet es Weber in dem genauer besprochenen Fall von Suessa Aurunca. (30 f.) Die Möglichkeit von Ausnahmen in doppelter Hinsicht gibt er zu. (33)

[20] In dem Aufsatz „Zum römischen Bodenrecht" (Ges. Schr. V, 85 ff. = Hermes 27, 1892, 79 ff.), der als eine Antwort auf das Buch Max Webers geschrieben wurde. Zur Scamnation 89 ff. — Mommsen hatte übrigens ihre Anwendung in steuerbaren Gebieten bereits 40 Jahre früher festgestellt. (Feldm. II, 154, Anm. 12)

[21] ebd. 92. Die Scamnation in Italien hält er für einen bedeutungslosen Sonderfall der kolonialen Assignation.

[22] So ebd. 90, Anm. 4. Im früheren Aufsatz über die libri coloniarum (Feldm. II, 182) hatte er noch geschrieben: „... wie denn auch, soweit unsere Mittel der Kontrolle reichen, die Angaben der Verzeichnisse sich in gromatischer Beziehung als richtig erweisen."

[23] Ausdrücklich abgelehnt von Fabricius, RE XIII, 693, 28.

[24] So das Urteil von Pais, Storia della colonizzazione di Roma antica I, I libri coloniarum, p. IV. —

[25] Vergl. Schulten, Bonner Jahrbücher 103, 25. Barthel, B. J. 120, 45 ff. Fabricius RE XIII, 695. Déléage, Le cadastre antique, 177 f., meint, die Strigation sei in Italien oft eine besondere Unterteilung der Centurie gewesen oder gleichzeitig mit ihr angelegt worden. (Ähnlich Fabricius 692 f.) Diese Ansicht stellt gegenüber der richtigen Feststellung Mommsens (a.a.O. 89) hinsichtlich der bei dieser Aufteilung besonders wahrscheinlichen Trennung von Division und Assignation eher einen Rückschritt dar.

[26] Siedlung und Agrarwesen der Westgermanen und Ostgermanen, Kelten, Römer, Finnen und Slawen, Berlin 1895. 265 ff. Der Lehrer Max Webers hat sich also hier der früher aufgestellten Theorie seines Schülers nicht angeschlossen.

[27] „In den Tributkomitien zu stimmen waren nur die im Bereich der Tribus mit quiritarischem Eigentum angesessenen freien Bürger berechtigt." 265.

rum erwähnte Scamnation, Strigation, die Aufteilung in „praecisurae" und „lacineae"[28] hält er lediglich für eine besondere Form der Assignation von ager Romanus an römische Bürger[29]. Wohl sei sie bisweilen mit der Centuriation verbunden, in der Regel aber für sich und nur deshalb angewandt worden, weil eine regelmäßige Limitation nicht möglich war. Der Grund habe in der häufig für die Centuriation ungeeigneten Beschaffenheit des Geländes gelegen[30]. Meitzen verwirft die Angaben des liber coloniarum nicht, er verzichtet auch als Erster auf die Annahme, die Scamnation sei in der frühen oder mittleren Republik angewandt worden, um Gebiete in fiskalischer oder rechtlicher Hinsicht vom reinen centurierten Privatland zu unterscheiden. Er sieht in ihr nur eine ältere Spielart der Centuriation.

Es gibt verschiedene Bedenken gegen diese mannigfachen Erklärungsversuche, die sich ohnehin zum Teil gegenseitig ausschließen. Gegen alle bleibt einzuwenden, daß ihnen die genauere empirische Begründung fehlt. Die Theorie vom durch die Scamnation bezeichneten rechtlichen Unterschied der Territorien ist spekulativer Natur und hat alle historische Wahrscheinlichkeit gegen sich. Gegen Max Webers These von der größeren Praktikabilität der Scamnation bei steuerbaren Gebieten ist bereits mehrfach eingewendet worden, daß gerade die ersten ganz großflächigen Centuriationen des zweiten vorchristlichen Jahrhunderts (ager Campanus, Provinz Afrika) eben nicht auf dem Privatland, sondern im vectigalpflichtigen Gebiet durchgeführt wurden. Hinzu kommt, daß manche der im liber coloniarum als scamniert beschriebenen Territorien erst im Jahre 89 die Civität bekommen haben[31]: hier scheidet also die Annahme einer steuerpflichtigen Periode mit Sicherheit aus. — Zu den guten Ergebnissen muß man vor allem die Feststellung Mommsens rechnen, daß bei scamnierten Gebieten die Möglichkeit besteht, daß diese erst in viel späterer Zeit assigniert und auf einer „forma" abgebildet worden sind, ferner die Annahme Meitzens, daß die Scamnation oft wegen der Geländebeschaffenheit der betroffenen Territorien die einzige Möglichkeit einer regelmäßigen Aufteilung darstellte.

Die Frage nach der Eigenart und nach der Herkunft der Scamnation ist deshalb nicht unwichtig, weil die regelmäßige Centuriation — wie unten noch eingehend zu besprechen ist[32] — erst in einer relativ späten Zeit ausgebildet wurde. Jene Theorien beruhen alle auf der Annahme, daß dieser ein hohes Alter zuzuschreiben und die Scamnation nur eine Nebenform, eine zweite Möglichkeit der Aufmessung gewesen sei. Frontin nennt sie jedoch die Aufteilung „more antiquo". Die Vermutung ist also nicht abzuweisen, daß es sich bei der in den Orten Mittelitaliens vom liber coloniarum erwähnten Scamnation eben um Reste der alten Landaufteilung handelt.

[28] Er weist sie mit Recht einer einzigen Spezies zu. Genauer erörtert für die lacineae 293 f. praecisurae 295.

[29] 296 f.

[30] ebd. 294. 297.

[31] Vergl. dazu unten p. 34.

[32] Vergl. dazu unten p. 50 ff., 78 ff.

Zunächst ist jedoch eine negative Feststellung notwendig: Die topographischen Analysen der modernen Karten, die vom Istituto geografico militare im Maßstab 1:25 000 für Nord- und Mittelitalien hergestellt sind, können für sich allein genommen so wenig einen verläßlichen Hinweis auf die Scamnation liefern wie die Luftaufnahmen. Das ist nicht möglich, weil wir die zugrundeliegende Maßeinheit nicht kennen bzw. weil es eine solche vermutlich gar nicht gab. J. Bradford weist in seiner Monographie auf diese und weitere Schwierigkeiten hin[33]. Trotzdem sind Kartenbild und Luftaufnahme auch hier ein wertvolles Hilfsmittel, zumal sie bei der Centuriation an vielen Orten die Konsistenz der römischen Flurteilung erwiesen haben. Das Kartenbild kann also gute Bestätigungen und Erläuterungen bereithalten an den Orten, in denen die Feldmesser und die libri coloniarum vom Vorkommen der Scamnation berichten.

3. DIE AUFTEILUNG DER LATINISCHEN KOLONIEN

Ein sehr wichtiges Ergebnis haben die vor allem von F. Castagnoli betriebenen topographischen Untersuchungen mehrerer Gebiete Mittelitaliens erbracht. Er und Bradford haben in den Territorien — durchweg nach dem Jahre 338 angelegter — latinischer Kolonien die Verwendung von großen decumani nachweisen können, die parallel verlaufen. Sie sind durch teilweise noch erkennbare, aber weniger breite und in erheblich größeren Abständen gezogene kardines unterteilt worden. So entstanden die für die latinischen Kolonien anscheinend typischen „oblongen Centurien". Spuren derartiger Begrenzungen sind in Cales (334 gegründet)[34], Luceria (314 gegründet)[35], Alba Fucens (304 gegründet)[36], Cosa (273 gegründet)[37] und noch in Aquileia (181 gegründet)[38] gefunden worden. Daneben varriiert die Distanz der nur in einer Richtung gezogenen limites: In Alba Fucens sind die großen Wege 12 actus, in Luceria 15 actus, in Cosa 16 actus voneinander entfernt. Im besonders früh angelegten Cales vermutet Castagnoli in der Wegedistanz von 480 m, die sich nicht mit den römischen actus in ein einfaches Verhält-

[33] Ancient Landscapes, Studies in Field Archeology, 213. Er nennt drei Gründe: Die Scamnation folgte nicht einem konstanten Maßverhältnis, sie war z. T. wahrscheinlich nicht einmal regelmäßig angelegt, die verwandte neuzeitliche Parzelleneinteilung macht oft ein Erkennen unmöglich. Konkret ist der Nachweis der Scamnation mit modernen Methoden nur in einem Fall versucht worden: Laurum Lavinia, Streifen zu 360 mal 220 m. = 10 mal 6 actus. Castagnoli, Bull. Comm. LXXII, 1946 — 1948, App. 56, zu Lugli, Saggi di esplorazione archeologica a mezzo della fotografia aerea, Rom 1939, p. 7. Dazu Bradford p. 212.

[34] Castagnoli, Ricerche sui resti della centuriazione, Rom 1958, 13, Anm. 9. Bull. Comm. LXXV, 1953—55, App. p. 3 ff.

[35] Luceria: Bradford, Buried Landscapes in southern Italy, in Antiquity XXIII, 1949, 65 ff. Castagnoli, Bull. Com. LXXV, p. 4. Auch der lib. col. 210, 15 nennt für Luceria langgestreckte Centurien mit einem Seitenverhältnis von 1:5.

[36] Alba Fucens, Castagnoli, Bull. Com. LXXII, App. p. 57 f. Ricerche p. 24.

[37] Cosa, Castagnoli, Bull. Com. LXXV, App. p. 5. Ricerche p. 24, 26. (Figur 10 und 11) Mem. American Academ. XXIV, 1956, 163.

[38] Aquileia, Castagnoli ebd.

nis setzen läßt, einen ursprünglichen Abstand von 16 vorsus. (vorsus sind ein oskisch-umbrisches Längenmaß)[39]. Drei unterschiedliche Wegeabstände in Aquileia erklärt Castagnoli damit, daß hier Landlose von dreierlei Größe an Soldaten, Centurionen und Ritter ausgegeben wurden[40].

Dieser Befund wird nun zum Teil durch die Angaben des liber coloniarum bestätigt. In Luceria erwähnt er gleichfalls langgestreckte Centurien mit einem Seitenverhältnis von 1:5[41]. Auch in den ehemals latinischen Kolonien von Vibo und Benevent nennt der Süditalien betreffende Auszug rechteckige Centurien mit dem Seitenverhältnis von 16 zu 25 actus[42]. Allerdings können sich aus vielen latinischen Kolonien deshalb nur schwer Spuren erhalten haben, weil sie mit Vorliebe von den Triumvirn für die großen Landverteilungen nach der Schlacht bei Philippi ausgewählt wurden[43]. Manche der ehemals latinischen Kolonien fehlen offenbar deshalb in dem Verzeichnis, weil ihre Territorien später nicht mehr auf der Flurkarte assigniert worden sind[44]. Berücksichtigt man diese Umstände, so bleibt es um so bemerkenswerter, daß für verschiedene latinische Kolonien die Aufteilung durch „limites intercisivi" erwähnt wird. Sie wird in Nepet (217, 15) Spoletium (225, 15) Interamna Lirenas (234, 18), Sinuessa (237, 8) Suessa Aurunca (237, 11) genannt und auch in Alba Fucens (253, 5), wo parallele Decumani nachgewiesen wurden. Zwischen beiden Aufteilungsformen besteht also offenbar ein Zusammenhang. Dem entspricht es, daß auch in verschiedenen weiteren Territorien die Aufteilung durch „limites intercisivi" auf eine frühe römische Verteilung hinweist[45]. Der Sinn ist leicht zu erschließen: das alte römische Recht legt den größten Wert auf deutliche Trennungslinien zwischen den einzelnen fundi[46]. Die limites intercisivi werden also zwischen die großen Decumani gelegt, um die Grenze der einzelnen Besitzungen zu bilden. — Man muß sich hierbei die große Beständigkeit der bei den alten römischen Landverteilungen gebildeten fundi vergegenwärtigen. Sie

[39] Bull. Com. LXXV, App. p. 3.

[40] Liv. 40, 34, 2. Castagnoli ebd. p. 5 f.

[41] 210, 15. (La.).

[42] 209, 19. 220, 1. (La.).

[43] Vergl. dazu Hinrichs, Historia 18, 1969, 541 f.: Sicher ist die Verteilung von Venusia, Benevent, Ariminum, Luceria, Cremona, sehr wahrscheinlich die von Sutri, Nepet, Sora, Bononia. Möglich die von Placentia und Aquileia. Der liber coloniarum nennt die Verteilung durch Augustus bei Aesernia (233, 14) und durch die IIviri bei Firmum (226, 9) und Setia (237, 23).

[44] In „Etrurien" fehlen wohl deshalb Narnia und Cosa. Pontiae, Cremona, Placentia und Lucca liegen außerhalb der beschriebenen Regionen.

[45] So die Aufteilung durch limites intercisivi im Gebiet um Vei (223, 10. Dazu L. Ross Taylor, Voting districts, 47 ff. E. T. Salmon, Phoenix 7, 127 ff.), in der Kolonie Iunonia — dem alten Falerii — (217, 5) und in Venafrum (239, 8.) Zu Venafrum und zu Falerii vergl. ausführlicher unten. — Die Angaben über Peltvinum und Marruvium (229, 4—6) stehen in einem korrupten und wertlosen Abschnitt, der im Arcerianus fehlt. Dazu Mommsen II, 166 f. Cingulum (254, 25) und Potentia (257, 19) entstammen dem Abschnitt über Spoletium und scheiden aus. Diese Form der Aufteilung wird nur vereinzelt auch in alten bundesgenössischen Gebieten genannt: Asculum (227, 4) Neapolis (235, 17) Attidium (240, 10) Alfidena (259,17).

[46] Vergl. dazu das Kapitel über „finium regundorum", p. 171 ff.

zeigt sich am deutlichsten in der Benennung: der Name des ersten Eigentümers haftet für alle Zeit am Grundstück, so oft auch die einzelnen Eigentümer wechseln mögen[47]. Aus diesem Grunde wurden auch die alten, bei der Verteilung zwischen die einzelnen fundi gelegten limites bis in die Kaiserzeit bewahrt.

Zwar besagt das Vorkommen der „limites intercisivi" in den latinischen Kolonien noch nicht, daß auch hier eine Aufteilung in reine scamna vorgelegen hätte. Sie wird der Scamnation aber verwandt gewesen sein[48]. Vor allem zeigt das Verhältnis der limites intercisivi zur Aufteilung der latinischen Kolonien den Wert der Angaben des liber coloniarum, denen wir uns jetzt näher zuwenden.

4. VOM QUELLENWERT DER SOGENANNTEN „LIBRI COLONIARUM"

Das corpus agrimensorum enthält zwei — sich teilweise ergänzende oder überschneidende — Zusammenstellungen von Namen italischer Gemeindeterritorien, über deren Flurteilung, Grenzsteine, limites und dergl. besondere Angaben gemacht werden. Der Name dieser beiden Übersichten „libri coloniarum" ist ein wenig irreführend, weil es sich bei den genannten Gebieten nicht einmal vorwiegend um Kolonien handelt: Municipien, Praefecturen, oppida werden ebenso genannt[49]. Alle in diesem Katalog erwähnten Gemeindeterritorien sind limitiert und vor allem gewöhnlich auch assigniert worden[50].

Die Ortschaften sind zum Teil nach der diocletianischen Einteilung der italischen Provinzen, insgesamt aber nach den alten Regionen geordnet. In der Aufzählung sind nur die Gebiete enthalten, die im 5. Jhdt. dem vicarius urbis Romae unterstanden. Es fehlen somit der nördliche Teile von Picenum (Picenum annonarium) und ein Teil Etruriens sowie alles nördlich gelegene Land der Apeninhalbinsel. Es handelt sich bei der in den libri coloniarum vorliegenden Einteilung Italiens also um die des vierten und fünften Jahrhunderts, nicht um die des Augustus[51]. Andrerseits ist es gewiß, daß wir es bei der Zusammenstellung der libri coloniarum mit Excerpten aus einer oder aus mehreren Sammlungen von formae zu tun haben[52],

[47] Mommsen, Die italische Bodenteilung und die Alimentartafeln, Ges. Schr. V. 123 ff. Schon Niebuhr, Röm. Gesch. II, 709 zeigt, wie Namen römischer fundi sich z. T. bis in die Moderne hielten.

[48] In Suessa Aurunca (237, 12), Interamna Lirenas (234, 18), Venafrum (239, 7) und Alfidena (259, 17) wird eine Verbindung der limites intercisivi mit der Scamnation direkt erwähnt.

[49] Vergl. zu den libri coloniarum vor allem Mommsen, Corpus agrimensorum II, 143—220. Pais, Storia della colonizzazione Romana, I, „I libri coloniarum". Thomsen, The Italic Regions, Gyldendal 1947, 267 ff.

[50] So zutreffend Thomsen, 267. Vergl. dazu auch unten p. 51 f., 54.

[51] Vergl. Mommsen, a.a.O. 188—205.

[52] Mommsen (160 ff.) nimmt an, eine große Sammlung italischer formae sei von verschiedenen Epitomatoren, die jeweils die einzelnen Regionen zu bearbeiten hatten, auch nach verschiedenen Gesichtspunkten excerpiert worden; die Angaben in den einzelnen Regionen variieren stark voneinander: in Tuscien und Umbrien wird die Eigenart der Limitation genau behandelt, die Reihenfolge der Orte ist die geographische. (vergl. unten p. 51) In Campanien, dessen Orte alphabetisch geordnet sind, werden die Wegservituten

die im ersten Jahrhundert der Kaiserzeit angelegt worden sind. Da diese Sammlungen — allerdings nur in Einzelfällen der ersten Region — bis ins zweite Jahrhundert hinein vervollständigt und nach dem laufenden Stand berichtigt wurden[53], wird es sich um offizielle Akten gehandelt haben. Ebenso wird von Mommsen angenommen, daß die in den libri coloniarum gesammelten Excerpte aus der Kanzlei des vicarius urbis Romae stammen[54], in der sie etwa in der Mitte des fünften Jahrhunderts zusammengestellt worden sind — also in der Zeit, in der vermutlich auch das Corpus agrimensorum selbst entstand. — Sicher waren die zugrundeliegenden Schriften wesentlich ausführlicher gehalten, vermutlich handelte es sich bei ihnen um Erklärungen und um ergänzende Kommentare zu den im tabularium Caesaris gesammelten formae der einzelnen Gemeindeterritorien[55].

Nun sind den Epitomatoren bei der Zusammenstellung und wohl mehr noch beim späteren Abschreiben der Excerpte Fehler unterlaufen, die oft schon von Mommsen und von Lachmann festgestellt worden sind. Sie zerfallen in drei Gruppen. Erstens sind historische oder geographische Namen und Bezeichnungen mit offenbarer Nachlässigkeit behandelt worden, vor allem sind die Angaben über Stadtrechte — colonia, praefectura, municipium, oppidum — nicht immer zutreffend und können noch weniger in ihrer Gesamtheit einer bestimmten Epoche zugewiesen werden[56]. Ferner treten Dubletten auf; Angaben zu einzelnen Territorien werden bei anderen einfach wiederholt. Ihnen begegnet man vor allem im zweiten liber coloniarum[57]. Schließlich gibt es spätere Interpolationen, die allerdings oft schon dadurch leicht als solche zu erkennen sind, daß sie im Arcerianus fehlen[58].

Wegen dieser drei Fehlergruppen haben Lachmann und Mommsen vor einer unkritischen Verwendung der libri coloniarum gewarnt — für lange Zeit mit fast zu großem Erfolg. Vor allem Pais ist es zu danken, daß das wertvolle Material, welches die Verzeichnisse namentlich in gromatischer Hinsicht enthalten, wieder mehr Beachtung findet. Er hat in seinem historischen Kommentar, den er der über-

fast stets, in Samnium nie erwähnt. Im Süden wird die Richtung des Wegekreuzes angegeben. — Thomsen 270 ff. vermutet (m. E. zutreffender), daß die Unterschiede darauf beruhen, daß verschiedene Werke excerpiert wurden, eben die, die am Anfang oder Ende der einzelnen Region genannt sind. (211, 213, 225, 229, 239 La.)

[53] Assignationen und Limitationen späterer Kaiser von Vespasian bis zu Commodus werden genannt. Mommsen 178. Dazu aber unten p. 51.

[54] Mommsen, a.a.O. 174 ff. 211 ff.

[55] Am Ende des Abschnittes „Campania" (239, 14) werden „libri Augusti et Neronis Caesarum" erwähnt, „sed et Balbi mensoris, qui temporibus Augusti omnium provinciarum et formas civitatium et mensuras compertas in commentariis contulit . . ."

[56] Mommsen 164.

[57] Im zweiten liber coloniarum von Lachmann durch Kursivdruck hervorgehoben. Im ersten entspricht z. B. Corfinium 228, 19—23, dem Abschnitt über Tarquinii (219, 1 ff.), Angaben über Ostia (236. 9) werden bei Superaequum wiederholt. (229, 2)

[58] Mommsen, 157 ff. Eine Interpolation, die auch schon im Arcerianus zu finden ist, liegt am Schluß des Abschnittes über Picenum (227, 13 ff. Ähnlich 211, 9 f.) — Die umfangreichste Interpolation, die allerdings im Arcerianus fehlt, erstreckt sich von 239, 20 bis 242, 6. Ferner fehlt in ihm auch der Abschnitt über die Provinz Valeria. (228, 3—229, 9.) — Kennzeichnend ist es, daß gerade in diesen interpolierten Abschnitten sich Hinweise auf die — für die klassische Gromatik nicht relevanten — Naturgrenzen finden.

sichtlichen neuen Edition der libri coloniarum beigegeben hat, vor allem die Zuverlässigkeit der Angaben nachgewiesen, die die spätrepublikanischen Assignationen betreffen[59]. Thomsen hat sodann gezeigt, daß auch der von Mommsen so gering beurteilte zweite liber coloniarum — sieht man von offensichtlichen Fehlern und Interpolationen einmal ab — nicht nur ebenso gutes Material enthält, sondern offenbar zusammengestellt wurde, um Lücken im ersten Buch auszufüllen und vereinzelt Fehler zu verbessern[60]. Sehr wichtig sind ferner die Untersuchungen Castagnolis[61], die topographische Bestätigungen der Angaben des liber coloniarum erbracht haben und zum Teil vorgracchische Aufteilungen betreffen.

Nach allem Anschein hat man zur Zeit des fünften und vierten Jahrhunderts, als das Verzeichnis zusammengestellt wurde, davon abgesehen, die Angaben der excerpierten Werke mit den Zuständen in den einzelnen Territorien zu vergleichen. Man verfügte offenbar nicht mehr über eine Sammlung von Flurkarten und konnte also lediglich mit der Zusammenstellung der Nachrichten über die Formen der alten Flurteilung in den einzelnen italischen Territorien den dort beschäftigten Mensoren eine bescheidene Hilfe bieten.

5. DIE SCAMNIERTEN TERRITORIEN

Von folgenden Orten erwähnt der liber coloniarum die Scamnation oder eine verwandte Aufteilungsart[62]:

Antium	(229, 19): ... in lacineis est adsignatus
Atina	(230, 4): ... ager eius pro parte in lacineis et per strigas est assignatus.
Alatrium	(230, 7): ... ager per centuias et strigas est assignatus
Aricia	(230, 10): ... ager per centurias et strigas est assignatus
Anagnia	(230, 15): ager eius per strigas est veteranis assignatus
Afile	(230, 21): lege Sempronia in centuriis et in lacineis ager eius est assignatus
Ardea	(231, 1): ager eius in lacineis est adsignatus
Bovianum	(231,8): ager eius per centurias et scamna est adsignatus.
Casinum	(232, 17): ager eius in praecisuris est assignatus
Ferentinum	(234, 3): ager eius perennis limitibus pro parte in iugeribus et lacineis est assignatus
Formiae	(234, 11): ager eius in absoluto resedit. pro parte in lacineis est adsignatus
Interamna	(234, 18): ager ... est adsignatus in lacineis limitibus intercisivis.

[59] Pais, ebd. p. IV ff. Über die Gracchenlimitation vergl. ebd. 145 ff. 333 ff.

[60] R. Thomsen, The Italic regions, 261 ff.

[61] Castagnoli, Bull. Com. 72, App. p. 49 ff. „Note al liber coloniarum". Als zutreffend erwiesen sich die Angaben über die Orientierung der Centuriation im ager Campanus (49—53), über die Kolonie Florentia (54), über Minturnae (56) über Alba Fucens (57), wahrscheinlich auch die über Laurum Lavinia. (55) Zu Luceria vergl. oben p. 29 Anm. 35.

[62] Die Angaben über Corfinium (260, 3) sind nicht zuverlässig. Corfinium erscheint vier mal in den libri coloniarum. 228, 18 ff. (= 255, 12) stammt wörtlich aus der Notiz über Tarquinii (219, 1 ff.) Dasselbe Material bietet 255, 3. (Mommsen, 170, Thomsen 287)

Laurum Lavinia	(234, 21): ager eius ... in lacineis est adsignatus
Ostensis ager	(236, 7): ager ... in praecisuris, in lacineis et per strigas colonis eorum est adsignatus
Privernum	(236, 18): ager eius... pro parte in iugeribus est adsignatus. ceterum in lacineis vel in soluto remansit.
Suessa Aurunca	(237, 11): ager eius pro parte limitibus intercisivis et in lacineis est adsignatus.
Terventum	(238, 14): ager eius in praecisuras et strigas est assignatus.
Venafrum	(239, 7): ager eius in lacineis limitibus intercisivis est assignatus
Aequiculanus ager	(255, 17): per strigas et scamna in centuriis est assignatus.
Nursia	(257, 5): ager eius per strigas et per scamna in centuriis est assignatus
Reate	(257, 26): ager eius per strigas et per scamna in centuriis est assignatus.
Afidena	(259, 17): ager eius per centurias et scamna est assignatus
Histonium	(260, 10): ager eius per centurias et scamna est assignatus

6. ERKLÄRUNG

a) Die generelle Aufteilung

Die Geschichte dieser Orte verbietet es, eine klare und einheitliche Antwort auf die Frage nach dem Ursprung der Scamnation zu geben. Mehrere Städte haben ihre Unabhängigkeit bis zum Bundesgenossenkrieg behalten, es ist unwahrscheinlich, daß Rom sich in den (innenpolitisch aufgeregten) folgenden Jahren um eine Flurteilung in den neuen Bürgerstädten bemühte. Noch weniger ist anzunehmen, daß es dafür unterschiedliche und alte Formen der Aufteilung in einer Zeit wählte, in der sich die regelmäßige quadratische Centuriation längst ausgebildet und durchgesetzt hatte. In diesen Orten muß die Scamnation also jedenfalls aus der vorrömischen Zeit stammen. Zu ihnen sind gewiß Alatrium[63], Ardea[64], Ferentrinum[65], Lavinium = Laurum Lavinia[66], Terventum[67] und Histonium[68] zu rechnen.

Umgekehrt ist bei einer weiteren Gruppe die Entstehung der Scamnation unter römischer Herrschaft sicher oder äußerst wahrscheinlich. So in Ostia bzw. in dem

[63] Die durch ungemein hohe und breite Mauern geschützte Festung der Herniker durfte, da sie Rom die Treue hielt, nach ihrem eigenen Wunsch die Unabhängigkeit behalten — bis 89 ist sie nicht als römische Stadt bekannt. (Belege RE I, 1372, (Hülsen) Nissen, It. Ldkd. II, 654)

[64] Belege RE III, 612 (Hülsen) Die Ardeaten sorgten für das Heiligtum der Venus in Lavinium (Strabo V, 232).

[65] Die Stadt ist wie das benachbarte Alatrium eine alte Hernikerfestung und behielt gleichfalls die Unabhängigkeit. (Liv. 9, 43) 195 wird sie unter den Städten mit latinischem Recht genannt. (Liv. 34, 42, 5.)

[66] Zentrum des alten latinischen Bundes, blieb gleichfalls bis 89 unabhängig. Zur Entstehung der Namensform Laurum Lavinia vergl. Belege RE XII. 1002 (Hülsen)

[67] Die im Nordosten Samniums gelegene Stadt blieb offenbar so wie das benachbarte Bovianum vetus bis zum Bundesgenossenkrieg foederiert, vergl. zur Stadt Nissen II, 792.

[68] Die Stadt war offenbar eine ältere eigenständige Gemeinde: Dafür spricht hier das Vorkommen der Censur bei den nicht romanisierten sabellischen Bergstämmen. (Rosenberg, Staat der alten Italiker, 31, Devoto, Gli antichi Italici, 263. — Anders Suolathi, Roman Censors 21)

die Stadt umgebenden Gebiet, in den Seekolonien Antium und Formiae[69] und in den Territorien, die offenbar schon im dritten Jahrhundert in den damaligen großen Viritanassignationen zum ersten Mal verteilt wurden.

Dazu sind die fruchtbaren und reichen Ebenen von Venafrum[70] und von Bovianum Undecimanorum[71] zu rechnen, ferner vor allem das von den Römern zum Zwecke der Kultivation erst entsumpfte große Territorium von Reate[72], das von ihnen kolonisierte Casinum[73] und wohl auch die in der Nähe der am Ende des vierten Jahrhunderts gegründeten latinischen Kolonien Carsioli und Alba Fucens gelegene res publica Aequiclorum[74].

Bei den übrigen Orten läßt sich die Frage, ob die altertümliche Landaufteilung römischen oder italischen Ursprungs ist, nicht sicher beantworten: Atina war eine alte volskische[75], Anagnia eine hernikische Festung[76], die 293 und 306 v. Chr. erobert worden waren[77]. Hier könnte die Scamnation durchaus älter sein. — Von Nursia in Umbrien und von der kleinen Bergstadt Afile in Latium wird eine partielle Aufteilung in Centurien mitgeteilt, von beiden Städten ferner eine Assignation durch die Gracchen bzw. „lege Sempronia"[78]. Hier liegt die Annahme nahe, daß die ältere vorrömische Aufteilung von der Gracchenkommission assigniert wurde und daß es dabei vereinzelt zur Bildung von Centurien kam. Während die Befestigung der im Nordwesten Samniums gelegenen Festung Aufidena auf das

[69] Nur in diesen beiden Seestädten wird die Aufteilung in lacineae mitgeteilt, häufiger ist in den coloniae maritimae dagegen die Formel, das Land sei „in absoluto relictum", s. u. 53 f.

[70] Venafrum wurde nach den Samnitenkriegen römisch und zu einer privilegierten praefectura (Festus 262, 14 L). So ist die frühe Ansiedlung von Bürgern in dieser reichen am Volturnus gelegenen Ebene wahrscheinlich. Vergl. genauer unten p. 42.

[71] Bovianum vetus liegt auf einer nach drei Seiten fast steil abfallenden Höhe, das Territorium dieser alten Centralfestung der Samniten kann hier nicht gemeint sein. Die Übernahme des Namens in einer zweiten, in einer reichen Ebene gelegenen Siedlung (die später offenbar nochmals an Veteranen der elften Legion verteilt wurde) deutet auf die Anlage durch die Römer nach den Samnitenkriegen hin, als jenes Bollwerk der Samniten gefallen war.

[72] Reate ist schon 268 eine Praefectur mit vollem Bürgerrecht. Zur Aufteilungsmethode vergl. unten p. 41 f.

[73] Liv. 9, 28.

[74] Vergl. Mommsen, C 9, 388. Zur res publica Aequiclorum 9, 4112, 4128. Cic. de off. I, 11, 35.

[75] Einnahme von Atina: Liv. 10, 39—43. Schon 311 war die Stadt von den Samniten zum ersten Mal genommen worden. Liv. 9, 28, 6. Die jetzige Stadt liegt vor der alten, auf einem steil abfallenden Berg gelegenen, mit großen Mauern umgebenen Festung. Dazu E. T. Salmon, Samnium and the Samnites, 26, Anm. 1.

[76] Die Bundesversammlungen der Herniker fanden in Anagnia statt. Liv. 9, 42. RE II, 2024 Hülsen.

[77] Zum Fall Anagnias: Liv. 9, 43. Zu Atina vgl. Anm. 75.

[78] Zu Afile vergl. lib. col. 230, 21. Die Stadt gehört ins Gebiet der Aequer (Nissen II, 618), das Territorium liegt vor der auf einem Hügel gelegenen Ortschaft in einem sich nach Norden und nach Westen erstreckenden Tal. — Zum Streit der Nursianer mit der Gracchenkommssion vergl. Serv. zu Verg. Aen. 7, 715.

sechste oder siebte Jahrhundert zurückgeht[79], läßt es sich nicht sagen, ob die Aufteilung des weiten, ebenen, vor der Stadt gelegenen Tales des Flusses Sangro aus dieser Zeit oder von den Römern stammt, die die Festung in Jahre 298 v. Chr. eingenommen haben[80]. — Bei der alten Volskerhauptstadt Privernum wird vermutlich der in lacineae aufgeteilte Abschnitt der früheren Zeit zuzurechnen sein, während die von den Römern nach der Eroberung der Stadt im Jahre 329 (oder 338) konfiszierten zwei Drittel des Territoriums[81] in dem Teil zu sehen sind, der im liber coloniarum als „in iugeribus" aufgeteilt und als — wenn auch zu einem späteren Zeitpunkt — assigniert beschrieben ist.

b) Allgemeiner Erklärungsversuch

Da uns die Geschichte der italischen Städte gewissermaßen nur aus der Strahlenbrechung im Farbenspektrum der — oft breit geschilderten — römischen Geschichte rekonstruierbar ist, fehlt es an verläßlichen Quellen, um Entstehungszweck und -zeit der Flurteilung in den italischen Städten zu bestimmen. Nur aus allgemeinen Reflexionen lassen sich gewisse Wahrscheinlichkeitslösungen ableiten.

Landaufteilung und Siedlungsform sind stets abhängig von den geographischen und von den politischen Gegebenheiten. Suchen wir nun unter diesen den gemeinsamen Nenner für die italischen Städte zu finden, in denen die Scamnation sicher oder wahrscheinlich unabhängig von römischer Landverteilung entstand, so liegt er in den für Mittelitalien typischen, langgestreckten und nach beiden Uferseiten meist nur sanft ansteigenden äußerst fruchtbaren Flußtälern. — Hier sind die Äcker nicht durch Wasserarmut, sondern eher in Regenzeiten durch das von den Höhen ablaufende Wasser und oft durch die Gefahr der Versumpfung bedroht. Diesen italischen Verhältnissen entspricht die eigenartige Klage des XII. Tafelgesetzes „de aqua pluvia arcenda", die in den anderen italischen Städten eine Entsprechung gehabt haben wird: sie verpflichtet den Eigentümer des niedergelegenen Grundstücks, den Wasserabfluß nicht zu verhindern. — In dieser Landschaft empfiehlt sich die Anlage eines Systems von Wegen, die parallel zum Flußlauf übereinandergelegt in gleichbleibender Höhe verlaufen und zwischen denen die Parzellen herausgeschnitten werden. So bereitet der Transport der Früchte auch vom entfernt gelegenen Grundstück nicht zu große Schwierigkeiten, und neben dem Weg gezogene Gräben können sowohl zur Entwässerung wie zur Irrigation benutzt werden.

Denn der Bauer kann auf seinem Grundstück nicht wohnen. Er ist bedroht von den Hirtenstämmen und Bergvölkern auf der Höhe, die entweder bei der Landnahme verdrängt wurden oder die ins Land kamen, als die fruchtbaren Niederun-

[79] Salmon 43, 133, Anm. 2. — Das Excerpt 259, 17 gleicht im Aufbau denen über die campanischen Städte im ersten lib. col. Es wurde vermutlich im zweiten aufgenommen, weil die Stadt im ersten fehlte. So Thomsen 294 f.

[80] Salmon 45.

[81] Zur Geschichte von Privernum Nissen II, 646 Kriege gegen die Stadt in den acta triumphalia 357 und 329. Ferner 338 (Liv. 8, 1, 13. 19—21.)

gen bereits verteilt worden waren. Zudem besteht zwischen den vielen Stämmen und Stammesgruppen Mittelitaliens vom sechsten bis zum vierten Jahrhundert ein anscheinend fast ständiger Kriegszustand, der zum Zusammenschluß der Städte — die Stammesbünde sind fast durchweg Städtebünde — und zu ihrer Befestigung zwingt: ja die Städte scheinen auf den Höhen geradezu als Fluchtburgen für die Bauern angelegt und durch Mauern geschützt zu sein. Damit findet der allerdings auffällige Umstand seine Erklärung, daß die Städte mit altitalischer Scamnation fast stets in äußerst gesicherter Lage — gewöhnlich auf einer nicht zu hohen Kuppe oberhalb des Flußtales — zu finden und von einer kräftigen im fünften oder vierten Jahrhundert angelegten Mauer umgeben sind:

Bis heute in Resten und oft auch in ihrer imposanten Größe erhalten sind die Mauern von Ardea, Alatrium, Nursia, Ferentinum, Atina und Afidena[82]. Gewiß waren die von den Römern eroberten Städte Casinum, Privernum und Anagnia ursprünglich befestigt, auch wenn sich von den Mauern keine Reste erhalten haben; vielleicht haben die Römer die Mauern schleifen lassen, während sie an anderen Orten die Einwohner nach der Eroberung zwangen, die befestigten Orte zu verlassen und an einem weniger geschützten Platz eine neue Stadt zu gründen. — Afile ist klein und schon durch seine natürliche Lage geschützt, Reste von Laurum Lavinia sind nicht erhalten. — Nur die im Osten Samniums gleichfalls auf einem steil abfallenden Hügel gelegene Stadt Terventum und Histonium an der adriatischen Küste scheinen unbefestigt gewesen zu sein.

Die erhaltenen Mauern gehören dem sogenannten polygonalen Stil an und werden von Lugli ins sechste bis vierte Jahrhundert datiert[83]. Man wird annehmen müssen, daß auch die Landaufteilung in diese Zeit gehört und nicht aus der Zeit der Landnahme stammt. Sie kommt bei allen ethnisch unterschiedlichen Stämmen Mittelitaliens vor, ohne doch bei irgendeinem eindeutig zu dominieren[84]. Nun zeigt

[82] *Ardea:* RE III, 612 (Hülsen) Mauern des opus quadratum, wie in Etrurien und in der Ebene sonst. Lugli, La tecnica edilizia Romana, 1957, 170, Anm. 18.
Alatrium: Lugli 131 ff. *Ferentinum:* RE XXVI, 2, 2208, 42.
Atina: Nissen II, 669. Salmon, 26, Anm. 1. Lugli 70.
Afidena: Lugli 71.

[83] Zur Datierung der Mauern des polygonalen Stiles Lugli, 98 ff. Alte polygonale Mauern weisen unter den Orten mit scamnierten Territorien Atina und Afidena auf, die im sechsten Jahrhundert zum Schutz gegen die Bergvölker befestigt wurden. Ferentinum und Alatrium: 4. Jhdt. — Übrigens entspricht die Ausdehnung der plygonalen Mauern etwa der der Scamnation, sie fehlen gleichfalls in Etrurien, im Norden und im Süden der Halbinsel vom mittleren Samnium an.

[84] Städte der *Latiner:* Ardea, Afile, Laurum Lavinia. *Volsker:* Atina, Privernum. *Samniten:* Afidena, Terventum. *Herniker:* Ferentinum, Alatrium, Anagnia. *Sabiner:* Nursia. *Aequer:* res publica Aquiclorum. *Frentaner:* Histonium. — Gewiß ist es möglich, daß Zufälligkeiten der Überlieferung (so sind die Auszüge des liber coloniarum für Süditalien besonders knapp gehalten, vielleicht sind nur die centuriierten Gebiete genannt) oder auch die Tatsache, daß die in Rom anwesenden Mensoren die Gemeindeterritorien der ersten Region (Latium und Kampanien) besonders häufig assigniert und sich nicht auf die centuriierten Gebiete beschränkt haben, das Bild ein wenig verzerrten. Trotzdem ist auffällig, daß viele Gebiete fehlen: Etrurien, Kampanien, alle südlichen Landschaften, Histonium ist an der Ostküste, Nursia in Umbrien das einzige Beispiel.

gerade die uns etwas besser bekannte Geschichte des latinischen Bundes, daß Städtegründungen als eine gemeinsame Angelegenheit betrachtet wurden und daß die Anlage von befestigten Städten innerhalb des eigenen Stammesgebietes in die Gründung von Grenzfestungen überging. Der Zweck, den Bewohnern Schutz bei einem Überfall durch benachbarte Stämme zu schaffen, war in beiden Fällen der gleiche. Auch die den Latinern benachbarten Stämme der Herniker, Volsker und Sabiner waren in einer ähnlichen Bundesorganisation zusammengeschlossen wie diese. So mag hier wie dort die Gründung dieser großen befestigten Burgstädte in einer verwandten Weise beschlossen und ausgeführt worden sein: Sie wurde als eine militärische Notwendigkeit betrachtet, die aus dem ganzen Stammesverband ausgewählten oder zugelassenen Siedler übernahmen die Befestigung in gemeinsamer Arbeit, das Land wurde nach einem einheitlichen Schema aufgeteilt. Dabei wird man nicht nur an erste Gründungen zu denken haben. So wie es im vierten und dritten Jahrhundert üblich war, in bereits bestehende Orte eine Kolonie zu schikken, d. h. die Stadt zu befestigen und einen Teil des Territoriums den Siedlern zu verteilen, so wird auch die Befestigung und die gleichmäßige Landverteilung in verschiedenen anderen älteren italischen Städten erst zu einem späteren Zeitpunkt und auf Beschluß des betreffenden Städte- und Stammesbundes erfolgt sein.

c) Die geländegebundene vorrömische Scamnation

Hinweise auf die Herkunft der Scamnation scheinen sich in manchen der im liber coloniarum genannten Fälle aus dem modernen Kartenbild und aus den landschaftlichen Gegebenheiten ableiten zu lassen. Wie die vielen Untersuchungen über die centuriierten Territorien ergeben haben, können sich Reste des antiken Wegesystems selbst in Ebenen sehr gut erhalten. Diese Konsistenz müßte noch mehr in den Flußtälern erwartet werden, in denen wegen der Höhenunterschiede die Wegerichtung nicht beliebig geändert werden kann. Man wird deshalb damit rechnen können, daß die Scamnation der Territorien, die sich in der Kaiserzeit bereits seit einigen Jahrhunderten erhalten hatte, wenigstens im Prinzip bis heute zuweilen erkennbar geblieben ist. — Leicht lassen sich zwei Typen unterscheiden: der der geländegebundenen und der der systematischen Aufteilung. In jener folgten die Wege im allgemeinen dem Flußlauf, in dieser verraten sie eine einheitliche Anlage.

Zu Karte 1:

Die Parzellierung des Territoriums von Alatrium ist, soweit es in der Ebene gelegen ist, regelmäßig, aber nicht geometrisch angelegt. (Die Zahlen geben die Höhe über dem Meeresspiegel an.) Die Wege des unterhalb von Alatrium sich nach Süden öffnenden Tales (in der unteren Kartenhälfte) verlaufen nicht genau parallel zueinander und führen nach Norden auf die Stadt zu. Sie entsprechen dem Flußverlauf und bilden die Arterien des Wegenetzes. Die Parzellen liegen zwischen ihnen in ostwestlicher Lage, sie sind nicht genau gleichgerichtet (erkennbar in den eingekreisten Partien). — Der verkleinerte Ausschnitt stammt aus F° 151, II SE, della Carta d'Italia.
Abdruck nach Autorisation Nr. 715 vom 31. 1. 1974 des Istituto geografico militare.

Alatri
Fontna Vecchia
Mte Cellerano
Fontna di Cosciano
M. la Piena
M. S. Angelo
Madonna del Piano
M. Capraia
Abbadia
Cse Cesarilli
Cas. Antonini
Vle Ceccacci
S. Emidio
Osteria di Alatri
S. Marino
C. Pici
C. Frusone
Lago di Tecchiena
Fontna Tazzi
Monte Lena Nuova
Monte Lena Vecchia
Fontana Sistiliana
Fontna Cuione
Colle Cuttrino
Colle del Papa
Vado del Tufo

Karte 1

Ein besonders gutes Beispiel einer solchen geländegebundenen Landaufteilung gibt das bis zu sieben Kilometern nach Süden sich erstreckende, um etwa 150 m unterhalb der Stadt gelegene große Territorium der Hügelstadt Alatrium, das vor allem von mehreren in nordsüdlicher Richtung verlaufenden befestigten und oft durch Mauern begrenzten Feldwegen durchzogen ist. Die Nord-Südrichtung ist durch die Lage der Stadt und durch den Verlauf des Flusses Cosa gegeben, über dem sich der Stadthügel erhebt. Die Richtung der parallelen Wege beschränkt sich auf Alatriums Territorium, sie setzt sich in dem des benachbarten Verulae nicht fort, folgt aber hier auch bisweilen den Richtungsänderungen des Flusses. Die einzelnen Parzellen berühren diese befestigten — offenbar alten — Feldwege fast durchweg mit der Schmalseite, sie erstrecken sich also in ost-westlicher Richtung. Sie sind nicht nach einem einheitlichen oder gar geometrischen Prinzip gebildet worden. Diese Aufteilung dürfte sehr alt und mit der Stadtbefestigung entstanden sein. (Karte Nr. 1)

Eine verwandte ans Gelände gebundene Landaufteilung ist noch bis heute besonders gut im Territorium der alten latinischen Stadt Nepet erkennbar. Dort war 380 v. Chr. eine latinische Kolonie angelegt worden. Das verteilte Territorium der Stadt erstreckt sich vor allem in westnordwestlicher und in nordöstlicher Richtung auf den Kuppen zwischen mehreren tief ins weiche Gestein sich einschneidenden Bächen. Hier haben sich an vielen Stellen die alten Wege und oft sogar die Einteilungen der Parzellen deshalb erhalten, weil die Grenzen aus riesigen alten Tuffquadern gebildet wurden, wie man sie in der gleichen Größe auch als Begrenzung an der längst verfallenen schnurgerade nach Norden führenden Etruskerstraße findet[85]. Besonders häufig begegnet man diesen alten als Parzellengliederung dienenden Mauern in dem Gelände nordöstlich vom der Kolonie Nepet noch zuzurechnenden Castel S. Elia. Sie schließen sich allerdings so unregelmäßig den Geländeunebenheiten an, daß sie später nicht einmal mehr als scamna bezeichnet werden. Trotzdem scheint jedoch in der Kaiserzeit die Assignation möglich gewesen zu sein[86]. Auch diese Aufteilung ist weder geometrisch noch einheitlich. — Vergl. Karte Nr. 2 und Bilder.

Ähnlich wie in Alatrium scheint die Aufteilung in den Flußtälern von Afile und Atina und im Gebiet von Ferentinum durchgeführt worden zu sein. In Aricia, Ardea, Privernum und Suessa Aurunca wird man wohl nur schwer aus dem modernen Kartenbild oder auch in der Landschaft Andeutungen über den Verlauf der alten Flurteilung finden.

[85] Vergl. zu ihrem Verlauf genauer J. B. Ward Perkins, JRS 47, 1957, 142 f. (mit Abbildungen) Die Reste der alten Etruskerstraße befinden sich auf der von der Ostecke der Stadt schnurgerade nach Norden verlaufenden Linie. Ihr Rand wird durch alte Mauern gebildet, es sind aber auch Felsengräber erhalten.

[86] Der liber coloniarum vergleicht seine Aufteilungsform der von Falerii. (217, 15) Zur durch Mauern gekennzeichneten, bis heute erhaltenen singulären Parzelleneinteilung vergl. die Karte nordöstlich von S. Elia und die ebenso eingefaßten Wege, die von Nepet nach Ost und West verlaufen.

TAFELN

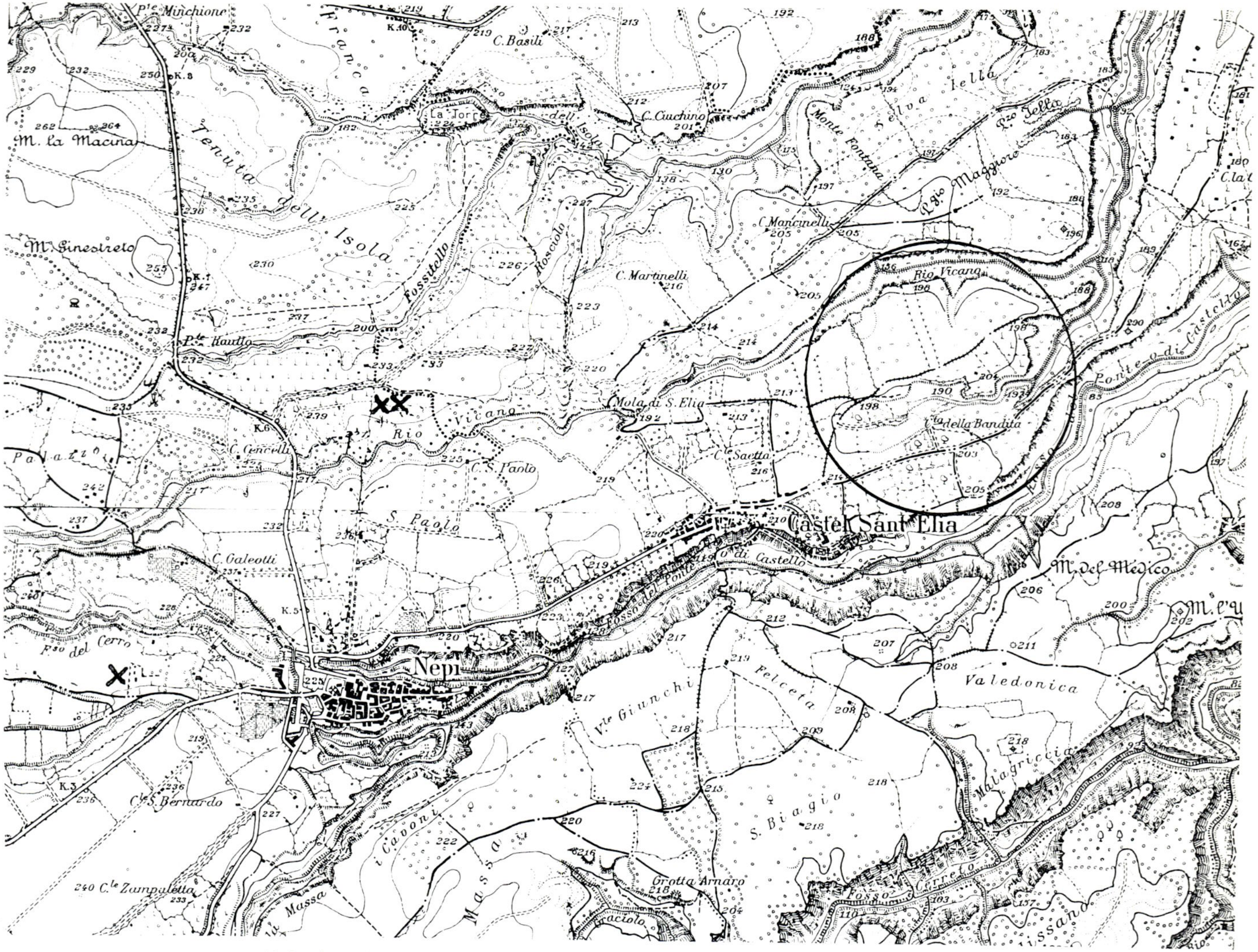

Abdruck nach Autorisation Nr. 715 vom 31. 1. 1974 des Istituto geografico militare.

Abb. (1)

Die gestrichelten Linien bezeichnen Feldwege und Parzellengrenzen der Umgebung von Nepete, die durch große Tuffquadern gecksäumt oder markiert sind. Man trifft sie besonders häufig in dem auf der Karte nordöstlich vom Castel S. Elia eingekreisten Sektor, aus dem auch die Abbildungen 2 und 3 stammen. Abbildung 1 zeigt die gleichen Quader an einem Weg 1 km westlich von Nepi. (Ort durch ein Kreuz bezeichnet) Diese Quader sind nicht gleichmäßig ausgemessen, oft über 1 m lang und 40 bis 60 cm breit und tief. Die gleichen Quader findet man am Rand der verfallenen Etrusberstraße 1 km nördlich von Nepi (**), sie sind also alt. Die Parzellengrenzen der fundi östlich von Castel Sant Elia sind zwar gleichgerichtet und dem Gelände angepaßt, aber weder einheitlich noch geometrisch ausgemessen. Der Ausschnitt stammt aus F° 143 I NE und I SE.

Abb. (2)

Abb. (3)

d) Die gleichmäßige — römische — Scamnation

Ein sehr interessantes Bild bieten die Territorien von drei Städten, deren Parzellierung offenbar im dritten Jahrhundert durch die Römer angelegt worden ist: Reate, Venafrum und Falerii.

M. Curius Dentatus hat durch den berühmten und großartigen Kanaldurchstich am lacus Velinus[87] erst die Voraussetzung für die Fruchtbarkeit der Hochebene von Reate geschaffen, die vordem oft versumpft und zu feucht war[88]. Nach dem Sieg über die Samniten schlug er in seinem Konsulat des Jahres 290 auch noch die Sabiner entscheidend[89], deren gesamtes Land er unterwarf und teilweise zur Assignation an römische Bürger bestimmte[90]. Er beanspruchte bei dieser Landverteilung für sich selbst in einer später oft gerühmten Bescheidenheit kein größeres Landlos, als es seinen Soldaten zugebilligt wurde[91], und auf dies Gebiet im Sabinerland zog er sich im Alter zurück. Daß die Ebene von Reate damals verteilt worden ist, wissen wir zwar aus den Quellen nicht, man wird es aber ohnehin annehmen dürfen, weil sie von ihm durch die Kanalisierung des Velino erst entsumpft wurde und weil die Sabiner schon früh das Bürgerrecht bekamen[92]. Ein entscheidendes Argument aber liefert eben das Kartenbild, weil sich an ihm deutlich erkennen läßt, wie das Gebiet zugleich eingeteilt und entwässert worden ist.

Das Überraschende ist die völlig einheitliche Lage aller Parzellen: Die homogene Orientierung beginnt im engen Flußtal des Turano 4 km südlich von Reate und herrscht ebenso in der weiten vom Turano und vom vielfach gewundenen Velino durchzogenen Ebene westlich der Stadt wie in dem 7 km nördlich von ihr sich erstreckenden weiten Tal vor, sie berücksichtigt nicht die vielen Flußwindungen und oft nicht einmal die Lage der die Parzellen schräg durchschneidenden Straßen[92a].

Allerdings sind leichte Abweichungen festzustellen: Südlich von Reate folgen die Ausrichtungen der Parzellen etwa dem Verlauf der via Salaria — sie erreicht die Stadt von Süden mit einer leichten Abweichung nach Nordosten, dem entspricht die Lage der durchweg längsgelegten Parzellen — die Äcker der großen westlich

[87] Cic. Att. 4, 15, 5. Serv. Aen. VII, 712.

[88] Cic. ebd.: „lacus Velinus a M. Curio emissus interciso monte in Nar defluit. ex quo est illa siccata et umida tamen Rosia." (Der Name der Ebene von Reate)

[89] Liv. epit. 11. Frontin strateg. 1, 4, 8. Florus 1, 15.

[90] Vel. Max. 4, 3, 5. Die Stellen der folgenden Anmerkung. P. A. Brunt Latomus 102, 1969, 123 f.

[91] Columella r. r. I, pr. 14. Val. Max. 4, 3, 6. Frontin strat. 4, 3, 12. Dazu Plin. n. h. 18, 18.

[92] Nach. Vell. Pat. 1, 14 bekamen sie schon 290 die civitas sine suffragio, 268 auch das Stimmrecht. Reate wird neben dem sabinischen Ort Nursia bei Festus 262 (L) als praefectura erwähnt. Vergl. zu dem Problem ausführlicher P. A. Brunt, a.a.O. 121 ff.

[92a] Diesen Zusammenhang zwischen der Parzellierung des Territoriums von Reate und dem Kanaldurchstich bemerkte schon der in Rom lebende Universalgelehrte des Jesuitenordens Athanasius Kircher in der Monographie „Latium" Amsterdam 1671, 229 f. (zu Reate) „et certe ex differentibus canalibus, qui in hunc usque diem ibidem spectantur, mihi Velini Catarractam curiosius exploranti luculenter patuit".

gelegenen Ebene weisen oft eine geringe Richtungsänderung nach Nordnordwest auf. Die Richtung berücksichtigt weder Verlauf noch Windungen der Flüsse. Man hat den Eindruck, daß die bisweilen auftretenden leichten Abweichungen — sie finden sich vor allem in der dichter besiedelten Ebene nordöstlich der Stadt — auf späterer Einwirkung beruhen müssen. Ursprünglich war gewiß ein ganz einheitliches geometrisches Prinzip vorherrschend. Die Erklärung dafür, daß die Parzellierung sich so lange erhielt, liefert das System der vielen das Land durchziehenden kleinen Entwässerungsgräben, die größeren Kanäle verlaufen längs den Straßen: sie entstammen also der divisio primaeva des Dentatus, die eben der Zusammenhang mit der Trockenlegung des Sumpfgebietes kennzechnete. Vgl. Karte Nr. 3.

Warum aber schneiden die größeren die Ebene von Reate im Westen durchlaufenden Straßen die Parzellen nicht rechtwinklig an? Da die größeren Entwässerungskanäle unmittelbar am Wegrand entlang laufen und da die ganze Ebene ein nach Nordwesten gerichtetes sanftes Gefälle aufweist, dem auch der Flußverlauf von Turano und Velino natürlich entspricht, so hat man für die Straßen und Gräben die gleiche Richtung gewählt. Folglich haben nur die östlichen Kanäle einen Abfluß zum Velino, während das Entwässerungssystem der ganzen westlich des Velino sich erstreckenden Ebene an den Turano angeschlossen ist.

Hier haben wir es mit einer Landaufteilung zu tun, die unter der Verwendung von groma und decempeda durchgeführt worden ist, bei der aber die Centurien fehlen. Man scheint Grundstück nach Grundstück ausgemessen zu haben, wobei man die Ausrichtung an den beiden großen Heerstraßen — der via Salaria und der alten Reate nach Norden verlassenden Straße — orientierte. Das Verfahren entspricht also der Verwendung der via principalis als Grundlinie für die darüber gelegten scamna bei der Castrametation.

Das zweite Beispiel einer systematischen, gleichmäßigen und ursprünglich wohl gleichfalls geometrischen Fluraufteilung bietet die große der Stadt Venafrum vorgelagerte fruchtbare Talebene des Volturnus. Venafrum gehörte wie Reate zu den älteren praefecturae, die Stadt wird, da sie an der Grenze Samniums gelegen ist, gleichfalls am Ende der Samnitenkriege römisch geworden sein[93]. Die Ortschaft selbst liegt am Südhang steil abfallender Berge (200 m Meereshöhe, der über 1000 m hohe M. S. Croce ist nur eineinhalb km Luftlinie von der Stadt entfernt), der Volturnus fließt in etwa 5 km Entfernung am gegenüberliegenden Nordwesthang entlang, erst in südwestlicher, dann in südöstlicher Richtung. Er verläuft ziemlich gerade, da das Gefälle innerhalb des Territoriums von Venafrum groß ist (es beträgt fast 40 m). Die von den Bergen im Norden und Westen herabfließenden Bäche sind kanalisiert und werden teils durch die Ebene hindurch, teils um sie herum geleitet. Hier besteht nicht das Entwässerungsproblem, vielmehr könnte die Ebene, deren Fruchtbarkeit schon im Altertum sprichwörtlich war (zwei Ernten jährlich), jederzeit eben durch diese Kanäle mit Wasser versorgt worden sein. (Jetzt besteht eine moderne Irrigation).

Die Landaufteilung ist auffällig homogen. Alle Parzellen sind in nordöstlicher Richtung angelegt, sie stehen senkrecht mit der Schmalseite auf parallelen nord-

[93] Festus 262 (L.) E. T. Salmon, Samnium and the Samnites, 278.

Karte Nr. 3: Ausschnitt aus F° 158 II NE und SE della Carta d'Italia.
Abdruck nach Autorisation Nr. 715 vom 31. 1. 1974 des Istituto geografico militare.

westlich verlaufenden Wegen. Noch einheitlicher scheint sie vor 100 Jahren gewesen zu sein[94]. — Während sich die alte Einteilung der Grundstücke in der näheren Umgebung Venafros wegen des vielen Kleinbesitzes erhalten hat und deutlich erkennbar ist, haben größere Gutsbesitzungen in der Nähe des Volturno sie, wenn sie auch dort vorhanden waren, wieder überdeckt. Eindeutig dürfte sein, daß hier niemals ein Limitationsnetz[95] von kardo und decumanus bestand, sondern lediglich ein System paralleler decumani, nicht unähnlich dem der latinischen Kolonien; nur sind hier nicht einmal oblonge Centurien gebildet worden. Vgl. Karte Nr. 4.

Eine dritte einheitliche, offenbar mit dem agrimensorischen Instrumentarium hergestellte Parzellierung aus der Zeit des dritten Jahrhunderts scheint in der nordwestlich von Falerii veteres — dem heutigen Civita Castellana — gelegenen Ebene feststellbar zu sein.

Falerii hatte nach einem langjährigen Freundschaftsbündnis mit Rom sich 293 und nochmals am Ende des ersten punischen Krieges an Aufständen beteiligt. Damals mußten die Bewohner ihre zwischen drei Flüssen gelegene Bergfestigung verlassen und sich auf dem benachbarten „aequum Faliscum“ ansiedeln lassen[96]. Die Stadt wurde zwar von den Triumvirn als „colonia Iunonia“ wieder besiedelt, doch sagt der liber coloniarum (217, 6) von der damaligen Landaufteilung nur:

> „modus iugerationis est datus. in qua limites intercisivi sunt directi et lege agraria sunt mensurae conlectae“[97]

Ohne die sonst übliche Centuriation wurde also damals bei der Zuteilung des modus iugerationis die Limitation der limites intercisivi wieder verwendet, die aus einer offenbar älteren Aufteilung herrührte. Die Triumvirn haben vermutlich hier die sonst sogar vorgeschriebene Centuriation, für die die Ebene wohl geschaffen war, eben deshalb nicht verwandt, weil bereits eine alte perfekte Limitation vorlag[98].

[94] Die das Gelände durchschneidenden Linien der Eisenbahn und der geraden durch das Volturnotal verlaufenden neuen Autostraße haben den Parzellenverlauf nicht beeinträchtigt. Sie haben lediglich zwei km. südlich der Stadt einen Abschnitt des letzten dieser alten Wege überflüssig gemacht, so daß er jetzt nicht mehr erkennbar ist, doch ist sein alter Verlauf 1 km südlich der Stadt bei einer alten Brücke und wiederum durch die beim Kilometerstein 17,5 sich abspaltende nach Südosten führende Straße noch gut zu bestimmen. Die alte nach Süden führende Straße, die jetzt durch die breite Autostraße ersetzt worden ist, zog sich wahrscheinlich am Osthang des das Tal nach Westen abschließenden Höhenrückens entlang.

[95] Die von Meitzen (p. 320) in Venafrum vermutete Centuriation wird durch das (Meitzen noch nicht bekannte) moderne Kartenbild nicht bestätigt, wohl aber die „limites intercisivi“ des lib. col. 239, 9.

[96] Zonaras VIII, 18, zum Aufstand Polyb. I, 65. Liv. epit. 19. Dazu: Wilh. Deecke, Die Falisker, Straßburg 1888, p. 76 ff.

[97] Im folgenden beschreibt der liber coloniarum die Eigenart dieser späteren Termini und Grenzen.

[98] Die Zweifel Hülsens (RE VI, 1970 f.) an der Verteilung durch die Triumvirn möchte ich nicht teilen, da von ihnen auch die benachbarten Orte Sutrium und Nepete aufgeteilt wurden. Der Titel „colonia“ mag allerdings unrichtig sein. (Hülsen ebd.)

Karte 4: Auszug aus F° 161 III NE und NO della Carta d'Italia.
Abdruck nach Autorisation Nr. 715 vom 31. 1. 1974 des Istituto geografico militare.

Das Kartenbild bestätigt diese Vermutung. Dic Ebene, die sich von Civita Castellana nach Nordwesten und Westen öffnet, ist von einer Vielzahl paralleler, genau nach Norden gerichteter Feldwege und Parzellengrenzen durchzogen. Diese Aufteilung wird im Osten durch die via Flaminia begrenzt, wie vor allem vier Kilometer nördlich von Civita Castellana deutlich zu erkennen ist. Im Westen reicht sie bis Falerii Novi. Das Gelände war für die geometrische Parzellierung geeignet, weil es sanft nach Osten abfällt, im übrigen aber keine Höhenunterschiede aufweist und nur von einem ins Tuffgestein einschneidenden kleinen Fludurchzogen wird, der von Falerii Novi nach Civita Castellana verläuft und dort in die Treia mündet. — Bei dieser Aufteilung bilden die großen Straßen offenbar nicht die Basislinien, überhaupt sind durchlaufende westöstliche Linien kaum zu erkennen, jedenfalls kommen sie weit seltener als die gleichgerichteten nach Norden weisenden limites vor. Natürlich sind im Laufe von 20 Jahrhunderten mancherlei Veränderungen vorgekommen, aber die Rudimente sind zahlreich genug, um das Prinzip hervortreten zu lassen. Vgl. Karte Nr. 5.

7. ERGEBNIS UND ABSCHLUSS

Die Scamnation in den italischen Gemeindeterritorien kann nicht als eine erst von den Römern angewandte spezielle Methode der Limitation betrachtet werden, die man zum Zwecke der Unterscheidung rechtlich inferiorer oder vectigalpflichtiger Gebiete angewandt hätte. Vielmehr werden unter den Begriffen der Aufteilung durch strigae, lacineae, praecisurae und scamna offenbar die Vorformen einer regelmäßigen Landverteilung verstanden, wie sie sich vor der Entstehung der regelmäßigen Centuriation innerhalb und außerhalb des römischen oder des latinischen Einfluß- und Machtbereiches entwickelt haben. — Hier lassen sich aus einer Kombination der Geschichte der einzelnen Orte und des empirischen geographischen Befundes mit den Nachrichten des liber coloniarum drei Entwicklungsstufen der Scamnation deutlich voneinander unterscheiden.

1. Die früheste Form der Scamnation liegt in der gleichmäßigen, aber nicht geometrisch einheitlichen Aufteilung des Geländes vor. Die Wege passen sich durch gleiche Ausrichtung in den verschiedenen Höhen eines langgestreckten Flußtales den Gegebenheiten des Geländes an, sie berücksichtigen Höhenunterschiede und konvergieren ein wenig in der Nähe der Stadt. Die Parzellen werden zwischen den Hauptwegen als Rechtecke herausgeschnitten. Diese Weise der Landaufteilung kommt vor allem in den mittelitalischen, durch Mauern befestigten Städten und in den frühen Kolonien des latinischen Bundes vor (Beispiele: Alatrium, Ferentinum, Nepet). Sie ist nicht auf den latinischen Bund beschränkt und geht nicht auf die erste Landnahme durch die mittelitalischen Stämme zurück. Vielmehr ergibt sie die gleichmäßige Aufteilung des Territoriums in einzelne fest begrenzte fundi, wie man sie bei der — vielleicht als Neugründung betrachteten — Befestigung der Stadt vornahm. Sie schließt übermäßig verkleinerten Streubesitz ebenso aus wie große Besitzungen.

Karte 5: Die Kreise bezeichnen Sektoren mit stets gleichgerichteten nordsüdlichen limites intercisivi, den Rudimenten der alten Parzellierung. Auszug aus F° 143 I NE. Abdruck nach Autorisation Nr. 715 vom 31. 1. 1974 des Istituto geografico militare.

2. Aus dieser regelmäßigen Scamnation ist die Anlage oblonger Centurien in den seit dem späten vierten Jahrhundert unter römischer Führung angelegten latinischen Kolonien entwickelt worden. Hier handelt es sich um streng parallel angelegte decumani, deren Abstand in den einzelnen Territorien wechselte und zwischen denen nicht nur die fundi, sondern auch die teilweise sehr langgestreckten Centurien gebildet wurden. Diese Centurien waren also ursprünglich nicht eine Maßeinheit, sondern sie bezeichneten die Gruppe von 100 Siedlern und das diesen gegebene Land. (Cales, Luceria, Alba Fucens, Cosa.)

3. Schließlich ergeben die Beispiele von Reate, Falerii und Venafrum, daß die großen Viritanassignationen und Landaufteilungen der Römer im dritten Jahrhundert nach einer einheitlichen Gliederung der betreffenden Territorien und in einer äußerst exakten geometrischen Ausrichtung der einzelnen Parzellen durchgeführt wurden. Diese ist auch in größeren Distanzen beibehalten, obwohl die größeren Einheiten fehlen und in Reate die Straßen die Grundstücke nicht einmal rechtwinklig schneiden. Sie ist manchmal an einer Grundlinie (der großen Heerstraße) orientiert und setzt immer die Verwendung der mensorischen Instrumente (groma und decempeda) voraus. Centurien sind bei dieser Methode nicht gebildet worden, deshalb galt auch diese geometrische und einheitliche Aufteilung später als Scamnation.

Offenbar sind alle drei Methoden ohne eine genauere Assignation oder die Aufnahme auf einer forma angewandt worden. Die Technik der maßstabgetreuen Abbildung eines Territoriums und seiner Parzellen hat sich erst nach der regelmäßigen Centuriation und wohl erst im zweiten Jahrhundert entwickelt (vergl. dazu unten Kap. 3). Die Assignation dieser scamnierten Territorien wird also im allgemeinen erst mit der Kaiserzeit eingesetzt haben, als aus administrativen Gründen ein Interesse an einer möglichst weiten Aufnahme von Gemeindegebieten bestand[99].

So erklärt es sich, daß man diese drei an sich recht verschiedenartigen Formen ohne genauere historische oder sachliche Spezifikationen als Limitationen durch scamna, limites intercisivi oder lacineae einordnete. Zudem müssen verschiedene Faktoren dazu beigetragen haben, daß uns im liber coloniarum vielleicht eine nur noch geringe Anzahl der alten Landverteilungen überliefert ist: An vielen Orten kann der inzwischen entstandene Großgrundbesitz die alten Parzellierungen unkenntlich gemacht haben, und noch häufiger werden sie bei späteren Landverteilungen verschwunden sein, die oft die Centuriation des Geländes zur Voraussetzung hatten. — Sodann finden sich auffällig viele scamnierte Territorien im Latium und Campanien betreffenden Auszug (18 und 23 oben auf S. 33 f. angeführten Gebiete). Es ist möglich, daß der Süden Italiens die Scamnation nicht gekannt hat, doch wird man auch die Erklärung nicht ausschließen dürfen, daß die vielen in Rom ansässigen Mensoren in der benachbarten Region häufiger assignierten, während man sch bei entfernteren Gebieten mit den bereits vorhandenen Flurkarten zufrieden gab[100].

[99] Vergl. 124.

[100] So ist z. B. im Etrurien betreffenden Abschnitt Cosa nicht genannt, deren alte Limitation nachgewiesen werden konnte. (Castagnoli, Mem. Amer. Acad. XXIV, 1956, 147 ff.)

Kapitel III:

DIE CENTURIATION UND DIE ASSIGNATION

1. DIE ANFÄNGE

a) Definitionen

Das System der regelmäßigen Centuriation galt in der Zeit der Feldmesser als die übliche Methode der Aufgliederung eines Territoriums zum Zweck der Assignation. Da es in seinen Einzelheiten oft dargestellt ist[1], brauchen hier nur die wichtigsten Merkmale erwähnt zu werden. — Das centuriierte Territorium ist durch das Wegekreuz von kardo und decumanus und weiterhin durch zu diesen parallel in einem Abstand von je 20 actus = 2400 Fuß verlaufende Wege wie ein großes Schachbrett gleichmäßig aufgeteilt, die einzelnen Flächenquadrate enthalten bei einer Seitenlänge von etwa[2] 710 m je 200 iugera. Die Grundeinheit eines solchen Quadrates besteht also in einem kleinen Quadrat von etwa 71 m Seitenlänge, das zwei iugera, dem sogenannten heredium, entspricht, der Name „centuria" bezeichnet 100 heredia. Die einzelnen Centurien werden nach ihrer Lage in der Reihenfolge ihres Abstandes zum kardo und zum decumanus gezählt. Im Unterschied zu nicht quadratischen oder kleineren Aufteilungen gilt diese regelmäßige Centuration allein als typisch, sie hat sich fast überall durchgesetzt. Der römische Staat hat sie bei der Aufteilung zu verkaufender oder zu verpachtender Ländereien ebenso angewandt wie bei Koloniegründungen und bei der Landverteilung an Veteranen und Siedler[3].

Der große Vorteil dieses Systems der Flächengliederung liegt in seiner Kongruenz zum Maßsystem, die Aufteilung kam einer Aufmessung des Geländes und einer Gliederung in kleinere Maßeinheiten gleich. Die Zuteilung der einzelnen Par-

[1] Rudorff, Gromatische Institutionen, 288 ff. 346 ff. Déléage, Le cadastre antique, 73 ff. RE „Centuria" III, 1960 ff. (Kubitschek) „Kataster" X, 2490 ff. (Weiß) Vor allem: „Limitatio" XIII, 672 ff. Fabricius. Weitere Literatur bei Castagnoli, Ricerche 8, Anm. 1.

[2] Castagnoli, Ricerche 22 f., hat vereinzelte Überschreitungen festgestellt: Nola: 718 m. Spelle 720 m. Altinum 722 m.

[3] So liegt bei den agri quaestorii, die in Flächen von je 50 iugera verkauft wurden, gleichfalls die Centuriation zugrunde. (Hygin 115, 15 ff. Dazu 136, 16. 152, 24) Der ager Campanus wurde 168 zum Zweck der Verpachtung centuriiert, die Spuren der Centuriation haben sich erhalten. (Beloch, Campanien,[2] 310 Meitzen, III, 137 ff. Schulten, Die römische Flurteilung und ihre Reste 30 ff.) Die berühmte große Centuriation der Provinz Afrika diente wenigstens zum Teil dem Landverkauf und wurde bei ihm zugrundegelegt. — Assignationen auch bei agri vectigales und agri quaestorii erwähnt Hygin, 125, 19. 131, 11.

zellen und die verbindliche Aufnahme auf der Flurkarte bot keine größeren Schwierigkeiten mehr, weil es sich bei ihnen jeweils nur um Unterteilungen der Centurien handelte. Es brauchte nur die Zahl der den einzelnen Accipienten in den Centurien zugewiesenen iugera festgehalten zu werden. Wegen der einfachen Übersichtlichkeit ist die Centuriation fast stets mit der Assignation verbunden worden, und Hygin beschreibt die agri divisi et assignati geradezu als die assignierten Gebiete[4]. Auf der forma glich das Netz der Wege und Centurien einem großen Koordinatensystem, in dem sich einfach und doch in hinreichender Genauigkeit das Flächenmaß und auch die Lage der einzelnen Grundstücke definieren ließen, das aber zugleich einen Überblick über die Gliederung des gesamten Territoriums ermöglichte.

b) Zur weiteren Kritik an der Erklärung der Feldmesser

Die Feldmesser haben die Ansicht der römischen Antiquare der Kaiserzeit übernommen, daß die Centuriation bereits in den Anfängen Roms erfunden sei. Kardo und Decumanus leiten sie aus der etruskischen Auguraldisziplin ab, die Centurie sei auf das Maß der von Romulus bei der Gründung der Stadt ausgegebenen sortes oder heredia zurückzuführen[5]. — Nun stehen dieser Erklärung sowohl die bei früheren Landverteilungen angewandte Scamnation in ihren verschiedenen Entwicklungsstufen wie auch die Herleitung der Gromatik aus dem militärischen Bereich entgegen[6]. — Immerhin wäre es denkbar, daß die regelmäßige Centuriation gewissermaßen wie ein zweites System der Landverteilung den Römern seit alters geläufig gewesen ist und neben den verschiedenen erwähnten älteren Methoden der Landverteilung seit früher Zeit Verwendung fand.

Um diese Frage zu prüfen, müssen die topographischen Funde und Quellen danach gesichtet werden, ob sich in ihnen Anzeichen einer Centuriation finden, die aus der Zeit des fünften bis dritten Jahrhunderts stammen könnte. Ferner bleibt zu fragen, ob nicht bei der Gründung der coloniae maritimae, die neben den latinischen Kolonien und den Viritanassignationen die dritte Form möglicher Assignationen bilden, die regelmäßige Centuriation vielleicht zuerst verwandt worden ist.

Hinsichtlich der topographischen Funde ist das Ergebnis auffällig negativ. In der seit über 100 Jahren mit viel Sorgfalt und immer verfeinerteren Methoden betriebenen oft erfolgreichen Suche nach Spuren, die die regelmäßige Centuriation im modernen Wegenetz oder im Landschaftsbild hinterlassen hat, bleiben die Schauplätze der älteren römischen Geschichte deutlich ausgespart. Reiche Funde sind in Norditalien vor allem im Bereich der Poebene und in der westlichen Toskana gemacht worden, ferner in Campanien im Gebiet der alten Staatsdomäne sowie in Apulien um den mons Garganus, außerhalb Italiens in Tunesien und an einzelnen

[4] 117, 12 ff. — Frontin 2 ff. führt zutreffender auch die scamnierten Gebiete an.

[5] Varro, r. r. 1, 10, 2. Festus 53. (M) Ebenso Frontin 30, 14. (La) Hyginus grom. 166—169. (La)

[6] Vergl. oben p. 34 ff. und unten 81 ff.

Orten der dalmatinischen Küste[7]. In Latium und in der südlichen Toskana aber fanden sich kaum noch Reste der regelmäßigen Centuriation und nicht einer, bei dem man auf ein hohes Alter schließen müßte[8].

Die zweite Möglichkeit eines Nachweises der frühen Centuriation liegt in einer Prüfung der libri coloniarum[9]. Der besonders gute und sorgfältig hergestellte Etrurien betreffende Auszug ordnet die Territorien geographisch von Süden nach Norden, viele Orte fehlen, Auswahlprinzip war offenbar die Assignation auf der forma. Es werden nicht nur centuriierte Gebiete genannt[10], sondern auch Orte, in denen der „modus iugerationis" die Grundlage der Verteilung abgab; in diesem Fall wurden bereits bestehende Parzellengrenzen offenbar bei einer späteren Landverteilung höchstens geringfügig verändert, durch neu gesetzte Termini auf die Norm der gewöhnlich größeren Einheiten gebracht und so assigniert[11]. — Im Süden Etruriens fehlt die Centuriation, das Gebiet zwischen Vei und dem Tiber scheint einfach insgesamt nach dem Flächeninhalt der einzelnen Grundstücke assigniert zu sein[12].

Sehr reichhaltig[13] ist das Städteverzeichnis der ehemals ersten Region: (Latium und Campanien), in der die Territorien fast aller Orte assigniert sind[14]. Diese Aufnahmen sind in der Hauptsache „jung", sie gehen auf Caesar und die Kaiser zurück. Wenn diese Assignationen auch oft aus dem Anlaß einer Veteranensiedlung erfolgten, so ist doch die Zahl der ohne diesen Grund durchgeführten Geländeaufnahmen auf der „forma" nicht gering[15]. Das mag damit zu erklären sein, daß die in großer Zahl in Rom in der kaiserlichen Verwaltung beschäftigten (beamteten oder freien) Mensoren der frühen Kaiserzeit besonders häufig zur Assignation der unmittelbar benachbarten Gebiete herangezogen wurden. Eine weitere Ursache könnte darin liegen, daß eben das südliche Etrurien und Campanien der urbica

7 Einen Überblick über die Geschichte der Erforschung der Centuriation und über ihre Ergebnisse bietet A. Castagnoli, Ricerche sui resti della centuriazione, Rom 1957, 8 ff. 12 ff. Dazu oben p. 2.

8 Zur Ausnahme Terracina vergl. unten p. 55. Zu unglaubhaften Centuriationsbehauptungen in Latium vergl. Castagnoli, Ricerche 13.

9 Vergl. zum Quellenwert oben p. 31 ff. Ferner Castagnoli, Bull. Com. 70, 49 ff.

10 So Florentia (213, 6) Fida Tuder (214, 3), Volaterra (214, 11), Arretium (215, 3), Ferentinum (216, 3), Luna (223, 14). Die Richtigkeit der Angaben ist für Florentia und Luna durch topographische Funde bestätigt. (Schulten, Flurteilung, 36. Maetzke Florentia, Rom 1941, 30, Castagnoli, Note al liber coloniarum, 54)

11 So wurden die bereits centuriierten Gebiete von Florentia (213, 14) und Arretium (216, 1) von Augustus oder den Triumvirn neu verteilt und assigniert. In der colonia Iunonia Falisca (217, 6) Nepet und Sutri (218, 1) wurden die alten und z. T. sehr stabilen Begrenzungen nicht verändert, aber dem „modus iugerationis" angepaßt.

12 Die regelmäßige Aufteilung der alten colonia maritima Graviscae hat Tiberius auf der forma aufnehmen lassen. (220, 3) Zum Gebiet südlich von Vei 223, 12.

13 Im vergleichbaren Ortsverzeichnis dieser Region führt Plinius, n. h. III, 63 zehn Namen weniger auf.

14 Ausnahmen: Fabrateria (234, 6) Gabii (234, 15) Privernum z. t. (236, 18).

15 So in Antium (229, 19) Atina (230, 4) Ardea (231, 1) Forum Populi (233, 18) Ferentinum (234, 3) Laurum Lavinia (234, 21) Privernum (236, 18) Surrentum (236, 22) Suessa Aurunca (237, 11) Tusculum (238, 10) Trebula (238, 17) Venafrum (239, 7).

dioecesis angehörten[16], Grund genug, die in Streitfällen oft benötigten formae dieses Bereiches besonders sorgfältig zu sammeln. Trotzdem fehlt jeder Hinweis auf eine vor den Gracchen durchgeführte Centuriation, während Bemerkungen übe die gleichfalls alte Scamnation, wie wir gesehen haben, häufiger vorkommen (vergl. p. 33). In dem allerdings weniger wertvollen Picenum betreffenden Auszug sind nicht einmal die Landverteilungen des C. Flaminius erwähnt[17].

Es läßt sich also aus dem liber coloniarum die Existenz einer früheren Centuriation vor dem Jahre 133 in Mittel- und Süditalien nicht mehr erschließen. (Der gewiß im Jahre 168 centuriierte ager Campanus ist von Sulla in dessen Assignation überprüft und zum großen Teil unter Caesar neu verteilt worden, so daß es nicht überrascht, wenn seine erste Centuriation hier nicht genannt ist[18].) Das muß nicht heißen, daß es eine frühere Centuriation dort nicht gegeben haben kann, nur verstärken sich die beiden argumenta e silentio gegenseitig, die sich aus den topographischen Funden und aus dieser wichtigen Quelle zusammen ergeben. Wichtiger noch ist es, daß die libri coloniarum, die sich vornehmlich auf die assignierten Territorien beschränken, auch derartige alte formae nicht zu kennen scheinen.

c. *Die coloniae maritimae.*

Nun bleibt noch die Möglichkeit, daß die regelmäßige Centuriation zuerst in den coloniae marritimae verwandt wurde, die seit dem Latinerkrieg angelegt wurden und sich als rein civile, römische Gründungen von den militärischen, Römern und Bundesgenossen gemeinsamen latinischen Kolonien vielfach und wesentlich unterschieden.

Um diese Frage zu prüfen, müssen die die coloniae maritimae betreffenden Notizen der libri coloniarum miteinander verglichen werden:

Antium	(gegründet 338 v. Chr.) 229, 19: populus deduxit. iter populo non debetur. ager eius in lacineis est adsignatus.

[16] Zur Ausdehnung Mommsen St. R. II, 1085, Anm. 8 und 9.

[17] Das wird damit zu erklären sein, daß das kleine Verzeichnis 225—227 nur die Orte im sogenannten ager Gallicus und an der Küste Picenums aufführt. Diese sind nicht nur von Flaminius, sondern in sehr großem Umfang auch von Octavian verteilt worden. (Die Triumvirn und Augustus sind p. 226 fünfmal erwähnt) — Die Übersicht des zweiten liber coloniarum (252—259, 15) umfaßt die Orte Picenums in dessen späterer, größerer Ausdehnung unter Einschluß Umbriens. Dies Verzeichnis ist (wie das campanische des ersten Buches) alphabetisch geordnet, enthält aber viele offensichtliche Interpolationen. (Von Lachmann durch Kursivdruck bezeichnet) Andere Angaben unbekannter Herkunft sind gut, so die über Reate (257, 26) und Aequiculi (255, 17).

[18] Zur Zerstörung der vom Praetor Lentulus 168 in Rom angebrachten forma durch Sulla s. Granius Licinianus 15 (ed. Bonn). Der liber coloniarum nennt für Capua (232, 1) und für die benachbarten Orte Calatia (232, 4), Suessula (237, 5) und Capitulum (232, 20) sullanische Assignation. Das wird bedeuten, daß Sulla im Zusammenhang mit der Aufteilung der kurz vor dem Jahre 82 von M. Iunius Brutus angelegten Kolonie Capua (Cic. de lege agraria II, 92 f. 98) dort die Assignationen überprüfte. Er hat dort auch einen Tempelbezirk der Diana geschaffen. C. X, 3828, Beloch, Campanien 362 f. Der ager Campanus ist gewiß erst von Caesar verteilt worden.

Terracina	(329 v. Chr.) 238, 12: oppidum, iter populo non debetur: ager eius in absoluto est dimissus.
Minturnae	(296 v. Chr.) 235, 12 muro ducta colonia, deducta[19] a C. Caesare. iter populo non debetur, ager eius pro parte in iugeribus est adsignatus, ceterum in absoluto est relictum.
Sinuessa	(296 v. Chr.) 237, 8. oppidum muro ductum. iter populo non debetur. ager eius in iugeribus limitibus intercisivis est adsignatus.
Sena Gallica	(283 v. Chr.) 226, 11. ager Senogalliensis et Potentinus ... item sunt assignati (d. h. limitibus triumviralibus in centuriis et per ducena adsignatus)
Castrum novum	(264 v. Chr.)
Alsium (?) *Pyrgi* (?) *Fregenae* (?)	alle in Etrurien. Angaben fehlen. (Vergl. dazu unten im Text!)
Puteoli	(191 v. Chr.) 236, 11 colonia Augusta, Augustus deduxit ... ager eius in iugeribus veteranis et tribunis legionariis est adsignatus.
Volturnum	(191 v. Chr.) 239, 4 colonia iussu imp. Caesaris est deducta ... ager eius in nominibus villarum et possessorum est adsignatus.
Liternum	(191 v. Chr.) 235, 1 ... colonia ab Augusto deducta ager eius in iugeribus veteranis est adsignatus
Salernum	(191 v. Chr.) fehlt
Buxentum	(191 v. Chr.) 209, 14 ager Buxentinus alirestertianis[20] est adsignatus in cancellationem limitibus maritimis
Sipontum	(191 v. Chr.) 210, 10. (mit anderen Orten in Apulien südlich und westlich des mons Garganus) centuriis quadratis in iugera n. CC lege Sempronia et Iulia.
Croto	(194 v. Chr.) fehlt
Tempsa	(194 v. Chr.) fehlt
Pisaurum	(184 v. Chr.) 257, 23. Pisaurensis ager finitur rivorum riparum fluminum cursu, terminorum fide, et palis sacrificalibus, sicut in provincia Piceni. — Diese Angabe des zweiten liber coloniarum ist suspekt (Naturgrenzen!), jedenfalls fehlt der Hinweis auf die triumviralen Verteilungen in Pisaurum. (Plut. Antonius 60)
Potentia	(184 v. Chr.) 226, 11. vergl. oben: Sena Gallica
Graviscae	(181 v. Chr.) 220, 1 ab Augusto deduci iussa est. tum ager eius in absoluto tenebatur.

Wie wiederholen gegenüber diesem Material die Fragen nach der Zeit der Assignation und nach der Eigenart der Aufteilung.

Die erste läßt eine eindeutige Antwort zu: Der Überblick zeigt deutlich, daß die Assignation auf der forma nicht zur Zeit der Gründung vorgenommen worden sein kann, sondern entweder überhaupt nicht oder bei einem späteren Anlaß erfolgte. So fehlen in dem Etrurien betreffenden Abschnitt, der nur die assignierten Territorien aufführt, Castrum novum, Pyrgi, Alsium und Fregenae, aus dem gleichen Grund fehlen in Süditalien Croto und Tempsa. Von Graviscae wird gesagt, daß es

19 Das Wort bedeutet (wie oft in diesem Abschnitt, z. B. 229, 16. 21. 230, 7, 16. usw.) nicht eine Koloniededuction, sondern nur die Durchführung der (letzten?) Assignation.

20 Ein unerklärter Terminus. Lachmann vermutet Verderbnis aus „a IIIviris veteranis". Doch die Triumvirn haben in Süditalien in der Nähe Siziliens nicht assigniert. (Appian, b. c. IV, 86, 362). Vielleicht hängt der Begriff mit der fixen Zahl von 300 Siedlern zusammen.

bis zur Assignation des Augustus „in absoluto" gewesen sei, Terracina und Minturnae sind es noch ganz oder teilweise zur Abfassungszeit des liber regionum, aus dem der Campanien betreffende Auszug stammt. Der bei Minturnae gegebene Kommentar zeigt, daß damit das Fehlen einer Assignation gemeint ist. In manchen coloniae wurde die forma bei einer späteren Veteranenansiedlung hergestellt. (Sena Gallica, Puteoli, Liternum, Potentia, Pisaurum.) Die Assignationen Caesars — Minturnae, Volturnum — werden gleichfalls mit einer Landverteilung verbunden gewesen sein — In anderen Fällen aber ist die Assignation anscheinend nur zum Zweck einer besseren Verwaltung oder Übersicht durchgeführt worden. (So in Antium, Sinuessa, Buxentum, Sipontum, Graviscae.) Wahrscheinlich ist auch wenigstens ein Teil der für sich nicht erwähnten Territorien von Pyrgi, Alsium und Fregenae bei der von Hadrian angeordneten generellen Assignation des zwischen Vei und der via Aurelia gelegenen Gebietes mit erfaßt worden[21]. — Von keiner einzigen Kolonie wird eine bereits bei der Gründung vorgenommene Assignation erwähnt, nur in Buxentum und Antium kennen wir den Urheber der (gewiß späteren) Assignation nicht.

Damit ist nicht gesagt, daß nicht bei der Koloniegründung und ersten Landverteilung Verzeichnisse von der Lage und Größe der Grundstücke angefertigt und Urkunden in der Gemeindeverwaltung deponiert oder den Landempfängern ausgehändigt worden wären. Nur hat es die verbindliche Assignation eines bestimmten modus agri auf einer Flurkarte offenbar anfänglich nicht gegeben. Vielmehr wurden die einzelnen fundi den Empfängern anscheinend zugewiesen und nach ihnen benannt[22]. Die für die Koloniededuction gewählten Beamten vollzogen also die Zuteilung nicht durch die Assignation. Bei dem strengen Schutz, den die einmal gezogene Grundstücksgrenze im altrömischen Recht genoß (vergl. p. 174 ff.) und bei der faktischen Unteilbarkeit des fundus in dieser Zeit scheint eine derartige Art der Zuweisung ausgereicht zu haben.

Hinsichtlich der Art und Weise der Aufteilung ist das Bild weniger klar. Aus den Zeugnissen des liber coloniarum läßt sich nicht eindeutig ermitteln, nach welcher Methode in den coloniae maritimae ursprünglich die einzelnen fundi herausgeschnitten wurden. Bei Antium wird von lacineae, bei Sinuessa von limites intercisivi gesprochen, bei Buxentum die cancellatio erwähnt. Offenbar gab es eine den coloniae maritimae eigene Form der Aufteilung des Geländes[23]. Gewiß werden die einzelnen Kolonisten gegebenen Parzellen etwa gleich groß gewesen und auch in einem übersichtlichen System angelegt worden sein, aber diese Ausdrücke sprechen

[21] 221, 14—222, 10.

[22] Das zeigt das Beispiel von Volturnum (239, 4), wo Caesar bei seiner Neuverteilung die von den ersten Accipienten stammenden Namen der einzelnen fundi zugrundelegte. Vergl. zu dieser Methode der Benennung römischer fundi Mommsen, Ges. Schr. V, p. 124.

[23] In Buxentum und im Gebiet von Alsium, Pyrgi und Fregenae (221, 6) werden limites maritimi genannt. Sie treten ferner häufiger im ager Gallicus und in Picenum auf, allerdings hier z. T. in interpolierten oder verdächtigen Stellen. 225, 5 (?) 226, 6. 227, 12. 255, 3 (?). 258, 13, 17, 25. itp: 258, 6, 15. 259, 9. 260, 3. — Der Ausdruck stammt vielleicht aus der Aufteilung der coloniae maritimae, von dort könnte er auf die frühen Landverteilungen in Picenum übertragen worden sein.

gegen die Annahme einer ursprünglichen regelmäßigen Centuriation in Quadraten von 200 iugera. Wo diese erwähnt wird, wie in Sipontum und Sena Gallica, geht sie auf spätere Assignation zurück. — Der Süditalien betreffende Auszug erwähnt Assignation und regelmäßige Centuriation stets, ihre Erwähnung fehlt nur bei der Seekolonie Buxentum und bei der latinischen Kolonie Luceria. — Mit der bei Minturnae, Sinuessa und Liternum genannten Assignation „in iugeribus" wird gemeint sein, daß die fundi einzeln nach ihrem Flächeninhalt und auf der forma eingetragen wurden. Auch variierte die Größe der zugewiesenen Landlose offenbar in den einzelnen Fällen: in Potentia und Pisaurum wurden je sechs, in Graviscae fünf iugera zugeteilt[24]. — Man wird bei der festen Zahl von 300 Kolonisten auch noch annehmen dürfen, daß die Anordnung der Landlose wie bei den latinischen Kolonien dem Decimalsystem entsprechende Unterteilungen aufwies. Nur die später üblich gewordenen quadratischen Centurien von 200 iugera haben die coloniae maritimae offenbar ursprünglich[25] nicht gekannt: das ergibt sich mit großer Wahrscheinlichkeit aus den hier besprochenen Erwähnungen im liber coloniarium.

d) Die Centuriation von Tarracina

Es bleibt nur das Problem, wann die zweifelsfrei nachgewiesene und bereits früh entdeckte Centuriation von Tarracina/Anxur[26] entstanden sein kann. Bei ihr bildet die via Appia, die 16 Jahre nach der Koloniegründung (329 v. Chr.) angelegt wurde, den Decumanus, die Centuriation ist also hier, wie es häufiger vorkommt, nach der Straße ausgerichtet. — Allerdings muß in diesem Fall angenommen werden, daß die Straße, um die soeben angelegten fundi nicht zu zerschneiden, über den bereits bestehenden Decumanus geleitet wurde[27].

Nun ist aber nicht sicher, daß die Centuriation überhaupt mit der Koloniegründung entstand. Castagnoli weist darauf hin, daß mindestens sieben Centurien noch erkennbar sind, während bei der ursprünglichen Zuweisung von zwei iugera an dreihundert Siedler nur drei entstanden sein können[28]. Das spricht für eine spätere Erweiterung der Einteilung. Die via Appia verläuft[29] im Nordwesten der Stadt in schnurgerader Linie über 2,5 km hinweg nach Nordwesten, sie wird in dieser gesamten Ausdehnung bereits die Basislinie der alten Aufteilung gewesen sein. Die damals gebildeten fundi haben sich also nur in einer Tiefe von 300 Metern nach beiden Seiten neben dieser Straße erstreckt. Später wird man aus dem Grundelement der alten Aufteilung, den „heredia" von 2 iugera, die quadratischen Centurien gebildet haben. Aber auch diese Erweiterung gehört gewiß bereits in repu-

[24] Liv. 39, 44, 10. 40, 29. 1.

[25] Anders E. T. Salmon, Roman colonization, 72.

[26] Zuerst anscheinend entdeckt von M. R. de la Blanchère, Paris 1884. Ferner Lugli, Forma Italiae I, 1. (Tarracina) Rom 1926, XIII, 329. Castagnoli, „le formae", 107 ff.

[27] So Beloch, Röm. Gesch. 525. Castagnoli, Ricerche 37.

[28] Ricerche 36.

[29] Vergl. dazu die Karte bei Lugli, Forma Italiae I, 1, Nr. 2.

blikanische Zeit[30]. — Übrigens gab es weder einen kardo maximus — die bestehenden kardines überschreiten nicht einmal die via Appia — noch eine alte Assignation: der liber coloniarum sagt von Terracina: „ager eius in absoluto est dimissus“[31]. Auch scheint Hygin gromaticus die Centuriation von Terracina für jung zu halten, er erwähnt sie im Zusammenhang von mehreren in Italien in jüngerer Zeit angelegten Limitationen[32].

e. Das Entstehen der regelmäßigen Centuriation

Die quadratische regelmäßige Centuriation wurde anscheinend zuerst bei der Kolonisation der Poebene angewandt. Im Gebiet der 218 gegründeten latinischen Kolonie Cremona finden wir die merkwürdige Aufteilung in fast quadratische Rechtecke (20 mal 22 actus = 210 iugera)[33]. Die späteren Kolonien in der Aemilia kennen nur noch die Quadrate mit einer Seitenlänge von 20 actus. Sie wird in den latinischen Kolonien Bononia und Luna ebenso angewandt wie in den Bürgerkolonien Mutina und Parma und in verschiedenen anderen damals an der großen via Aemilia in Norditalien gegründeten Orten. Obwohl vereinzelt noch leichte Abweichungen von der regelmäßigen Centuriation vorkommen — die latinische Kolonie Vibo Valentia in Süditalien weist reckteckige Centurien von 16 mal 25 actus = 200 iugera auf[34] — so hat sich doch die regelmäßige quadratische Centuriation im Anfang des zweiten Jahrhunderts sehr schnell durchgesetzt. Andere Abmessungen — wie die manchmal genannte und nachgewiesene kleine Centurie der Triumvirn von 50 iugera (10 actus im Quadrat)[35] oder die große Centurie von 400 iugera[36] — blieben untypisch und wurden als Abweichung von der Regel aufgefaßt.

Mehrere Ursachen mögen dazu beigetragen haben, daß die Römer dies einfache und übersichtliche System der Landaufteilung an die Stelle der verschiedenartigen bisher angewandten Methoden setzten.

[30] Lugli, ebd. p. 37 erörtert verschiedene Baureste aus z. T. republikanischer Zeit, die an zwei die via Appia in gleicher Distanz rechtwinklig schneidenden Wegen gefunden sind. (Vgl. ihre Lage in Karte Nr. 2)

[31] 238, 12. Zum Ausdruck vergl. 235, 12: Minturnae.: „pro parte in iugeribus est adsignatus, ceterum in absoluto est relictum“ (also nicht assigniert.)

[32] 179, 11—17. — Die in späterer Zeit entstandene italischen Limitationen sind p. 176—179 besprochen, darunter auch die Tarracina verwandte der colonia maritima Minturnae (178, 2—9) oder die triumvirale von Spella (178, 17 — 179, 10)

[33] Vergl. Frontin 30, 19. Hygin grom. 170, 19. — Wahrscheinlich sind hier 10 iugera für die innerhalb der Centurie zwischen den Grundstücken verlaufenden Wege zusätzlich veranschlagt worden.

[34] lib. col. 209, 19. Liv. 34, 53,1. 35, 40,5.

[35] Frontin 30, 20. Nachgewiesen ist diese triumvirale Assignation zu 50 iugera von L. Bosio: La centuriazione del agro di Iulia Concordia. Atti Venezia 124, 1965—1966, 195—260, vor allem 249 ff.

[36] Hygin grom. 171, 1. — Ferner im Kataster Nr. A in Orange. A. Piganiol, Les documents . . ., p. 93 ff.

Die wichtigste Vorbedingung besteht darin, daß sich nun zum ersten Mal wirklich weite Ebenen darboten, die kaum durch frühere Siedlungen gegliedert oder durch ihre Bodenbeschaffenheit hinderlich waren. Die Scamnation entstammte der Aufteilung langgestreckter und breiter Flußtäler, sie paßte sich in ihren Anfängen der Eigenart des Geländes an. Mit den neuen Eroberungen ergab sich die Möglichkeit einer wirklich großflächig angelegten Gliederung. Dazu kam, daß große Heere zu versorgen waren. Leicht war auch nach der stets gleichartigen Aufteilung zu übersehen, wieviel Land dem einzelnen Siedler gegeben werden konnte, das System erleichterte also die Durchführung ganz bedeutend. Man gab nicht mehr Landlos für Landlos aus, sondern jeder Centurie wurde eine bestimmte Siedlerzahl zugewiesen, wobei man den Begriff der Centurie von der Personeneinheit, die in den militärischen latinischen Kolonien in einem großen Rechteck angesiedelt worden war, nun auf das quadratische Flächenmaß übertrug.

Mit dieser Abänderung konnten durch die Centuriation zugleich große Territorien maßstabgetreu auf einer forma aufgenommen und auf ihr jedem Siedler in einer Centurie ein bestimmter modus agri assigniert und damit verbindlich zugesichert werden. Wir sahen, daß die coloniae maritimae die Assignation auf der forma anscheinend noch nicht kannten, sie muß später entstanden sein. So liegt die Annahme nahe, daß eben die Möglichkeit, Territorien in einem Verfahren aufzunehmen, übersichtlich zu gliedern und zu vermessen, dem Centuriationssystem bald die dominierende Stellung verschafft hat. Wegen dieser großen Vorzüge wurde es früh von der Landverteilung auf die Aufmessung steuerbarer Gebiete übertragen: um die ständigen Okkupationen des ager Campanus zu beenden, hat der Stadtpraetor Cornelius Lentulus ihn im Jahre 165 zum Zweck der Verpachtung centuriiert, ihn in kleine fundi aufgeteilt und die forma in Rom am Tempel der Libertas aufgehängt[37]. 146 wurde gar das ganze nicht den freien Städten angehörige Land der Provinz Afrika centuriiert, um die Zahlungen der stipendiarii festzulegen[38].

In technischer Hinsicht stellt die Centuriation auch eine weitere Entfernung von den Methoden der Abmessung dar, die zunächst in enger Anlehnung an die Castrametation entwickelt worden waren. Das Prinzip wurde ein anderes, an die Stelle der auf die Basislinie bezogenen scamna und strigae, die einzeln ausgemessen wurden, trat das Koordinatensystem der quadratischen Centurien. Dieses hatte bei der Castrametation keine Parallele. Vielmehr hat sich der Grundriß des Marschlagers in der Folgezeit von der alten, nur auf eine Straße bezogenen Form zu einer vom Wegekreuz durchzogenen Gestalt verändert. Dies mag umgekehrt mit der Entwicklung der Centuriation zu erklären sein[39].

[37] Granius Licinianus, ed. Flemisch, p. 9. ed. Bonn, p. 15.
[38] Vergl. unten p. 115 f.
[39] Zur Verwandtschaft mit der Castrametation vergl. p. 82 f.

2. DIE ASSIGNATIONEN SEIT DEM JAHRE 133

a) Die Durchführung der Arbeiten der Gracchenkommission

Es hatte sich also in den Jahrzehnten vor 133 gezeigt, daß die Centuriation sich nicht nur zum Zwecke der Landverteilung anwenden ließ, man hatte sie auch bei anderen Gelegenheiten erprobt. Auch die vielen aus eben diesen Jahrzehnten überlieferten Grenzfixierungen römischer Magistrate[40] zeigen ein gewisses Interesse der Nobilitätsmitglieder an Fragen der Bodenorganisation. Beides gehört zu den Voraussetzungen des Antrages des Tiberius Gracchus. Gewiß waren innenpolitische Motive die maßgeblichen Triebfedern seiner Forderungen, die sozialen wurden vor allem betont. Daneben dürfte aber die Verlockung nicht unwichtig gewesen sein, dies mehrfach und z. B. in Afrika in großen Dimensionen verwandte moderne System der Bodenaufnahme nunmehr auf den ganzen privat besessenen ager Romanus zu übertragen.

Die Kommission war eine Assignationskommission[41], ihre Aufgabe bestand in der Überprüfung und in der Assignation des bestehenden Grundbesitzes und in der Zuweisung neuen Landbesitzes an einzelne Siedler[42]. Sie hat sie so zu lösen versucht, daß sie in den einzelnen Territorien des ager Romanus das Limitationsnetz der Centuriation anlegte und dem Altbesitzer wie dem Neusiedler seinen Landbesitz auf der forma eintrug[43]. — Es mag sein, daß dieser Plan sich nicht überall realisieren ließ, teils wegen der Ungunst des Geländes, teils wegen des bald spürbaren und erfolgreichen Widerstandes, den die Bundesgenossen und die geschädigten Altbesitzer den Arbeiten der Kommission entgegensetzten[44]. Auch gab es gewiß Territorien, in denen sich eine Centuriation deshalb erübrigte, weil kein das Limit von 1000 iugera überschreitender Großgrundbesitz vorhanden war. Immerhin haben sich im ager Gallicus, in Campanien, in der Nähe von Benevent und in Lukanien Grenzsteine der Gracchen gefunden[45]. Diese Funde unterstreichen die Glaubwürdigkeit der Angaben des ersten liber coloniarum, der für viele römische Orte Centuriationen und Assignationen der Gracchenkommission mitteilt. Sie beschränken sich auf Orte des damaligen ager Romanus und führen vor allem die nach dem zweiten punischen Krieg römisch gewordenen Gebiete an. Wir stellen sie in einer Übersicht zusammen:

[40] Von den p. 197 ff. angeführten Beispielen einer controversia de loco aus Griechenland und Sardinien stammen sechs aus den Jahren 143—112. Dazu aus der gleichen Zeit C 1² 633, 634, 636. (Ateste und Patavia, Vicetia)

[41] So sagen es ihre Titel: IIIvir a(gris) i(udicandis) a(ssignandis) Degrassi Illrp. Nr. 467—472. und (nach dem Jahre 129) IIIvir a(gris) d(andis) a(ssignandis): z. B. lex agraria, Ll. 1—15.

[42] Vergl. lex agraria 2—14. Dazu Hinrichs, ZSSR 83, 258—267.

[43] ebd. p. 264 f. Anm. 38. Natürlich waren — abgesehen von den auf Grund des Gesetzes vorgenommenen Verteilungen — Umsiedlungen, Flurbereinigung, Besitzkommutationen und dergl. die Folge, über die die geschädigten Altbesitzer und Bundesgenossen lebhaft Klage führten. (Appian b. c. I, 18, 75.)

[44] Cic. de re publica I, 19, 31. III, 29, 41. Appian b. c. I, 21, 86 f.

[45] Degrassi I.l.l.r.p. 467 (Formiae) 468 (Suessula) 469—472 (vier Orte Lukaniens) 473 (südlich von Benevent) 474 (Fanum im ager Gallicus).

In *Lukanien* werden Gracchenassignationen ausdrücklich in Grumentum.: „praefectura Grumentina" (209, 6—9), vorher Centuriationen in einigen weiteren „praefecturae" erwähnt. Dieser Begriff „praefectura" wird hier offenbar in seiner späteren, rein agrimensorischen Bedeutung verwandt[46]. So ist es wahrscheinlich, daß auch die Limitationen der übrigen hier erwähnten praefecturae (Volcei, Paestum, Potentia, Atina, Consilinum, Tegianum) in der Gracchenzeit entstanden sind; jedenfalls hat man in Volcei, Tegianum und Atina Grenzsteine der Gracchen gefunden. — In *Bruttium* (209, 16, 21) sind Centurien zu 200 iugera in Consentia und Clampetia verzeichnet, allerdings führte Augustus die Assignation in Consentia durch. (vergl. dazu Siculus Flaccus 165, 10)

In *Apulien* werden in den nach dem zweiten punischen Krieg abgetretenen Gebieten südlich des mons Garganus Assignationen von Centurien zu 200 iugera „lege Sempronia et Iulia" genannt, ferner im Süden Samniums bei Venusia, Aeclanum und Compsa.

In *Calabrien* (211) sind gracchische Limitationen u. a. für Tarent, das gleichfalls Land hatte abtreten müssen, und für Lupiae verzeichnet.

Etrurien: Die für Arretium (215, 4) genannten limites Graccani sind wieder mit einer Assignation des Augustus verbunden, Arretium war 133 bundesgenössisches Gebiet an einer römischen Straße, die Assignation galt vielleicht auch hier den viasii vicani. Gut möglich ist die in der colonia Ferentinensis (216, 3) und in Tarquinii (219, 1) genannte Assignation lege Sempronia.

In *Campanien* und *Latium* wird eine Assignation lege Sempronia bei Orten genannt, die 133 römisch sind und nicht zur Staatsdomäne gehören: Abellinum im südlichen Campanien (229, 16), Affile in Latium (230, 21) Cales (232, 13) limites Graccani, Assignation durch Augustus) und Cadatia (233, 10) an der via Appia, dazu Velitrae (238, 19). Suessa Aurunca (237, 18) ist dagegen eine alte latinische Kolonie, vielleicht hat sie die Assignation zugelassen. —

(Die Angaben über Corfinium (228, 18) und Sulmo (229, 8) stehen im korrupten Abschnitt des ersten liber coloniarum über die Provinz Valeria, der im Arcerianus fehlt. (Vergl. Mommsen, Feldm. II, 167. Sulmo ist auf Corfinium bezogen, für diese Stadt stehen die besseren Angaben 255, 3 und vielleicht 260, 3)

Der liber coloniarum unterscheidet zwischen „limites graccani", die anscheinend stets regelmäßige quadratische Centurien bildeten, und einer bloßen Assignation „lege Sempronia". Mit jenem Ausdruck können auch Centurien bezeichnet werden, die lediglich aus der alten Zeit der Gracchen stammen, aber nicht mit Assignationen verbunden waren. (So z. B. die Centuriationen in den an Heerstraßen gelegenen Territorien: Consentia, Arretium) Umgekehrt bedeutet die Erwähnung einer Assignation lege Sempronia offenbar in vielen Fällen nicht, daß das betreffende Gebiet in Centurien zerlegt worden ist. Häufig genug scheint sich die Gracchenkommission damit begnügt zu haben, nur den bestehenden Grundbesitz zum Zweck der Ver-

[46] In öffentlichrechtlicher Hinsicht ist der Begriff praefectura in der Kaiserzeit nicht mehr verwendbar, er kommt im liber coloniarum nur an dieser Stelle vor. — Die Feldmesser sprechen von einer praefectura, wenn nur ein Teil eines Territoriums abgetrennt und für sich centuriiert wird. (Frontin 26, 6 ff. 49, 7 ff. 35, 18 ff.) Diese pr. behalten den Namen des alten Ortes, auch wenn sie mit der Centuriation einem benachbarten angeglichen werden. (Hygin grom. 171, 5 ff. Zur Definition ferner Siculus Flaccus 159, 26—160, 7) Um die agrimensorische Bedeutung des Begriffs zu verstehen, kann man sich vorstellen, daß eben die von den lukanischen Gemeinden nach dem zweiten punischen Krieg abgetretenen Gebiete spätestens nach ihrer Aufteilung an die Siedler in der Gracchenzeit als praefecturae unter römische Jurisdiction kamen. (Vergl. zu dem Problem Pais, Storia della colonizzazione 146 ff. Abweichend von unserer Erklärung: Kahrstedt, Historia 8, 1959, 174 ff.)

messung zu terminieren. In diesem Fall wurden vermutlich die großen Besitzungen durch Grenzsteine eingegrenzt, der Flächeninhalt berechnet und das Land abgetrennt, das die zulässige Höchstgrenze überstieg. Manche von der Gracchenkommission gesetzte Termini dürften am ehesten in dieser Weise zu deuten sein. Bei der Anwendung dieser Methode wurden die Härten vermieden, die die Durchführung der Centuriation für die Altbesitzer bedeutete. Die Kommission wird sie vor allem in den Gebieten verwandt haben, die bereits vor dem zweiten punischen Krieg römisch geworden waren und bei denen somit das öffentliche Eigentum als nicht viel mehr denn als eine Fiktion betrachtet werden konnte[47].

b) Erweiterungen der Assignation

Eine Besonderheit der Assignationsarbeiten der Gracchenkommission scheint demnach darin zu liegen, daß auch nicht centuriierte Gebiete assigniert wurden oder daß man sich auf eine nur rohe Anlage des Limitationsnetzes zum Zwecke der Aufmessung beschränkte. Dies wurde offenbar deshalb notwendig, weil die Centuriation der Altbesitzergebiete zu Umsiedlungen oder zu Besitzkommutationen führte, die viel Unzufriedenheit hervorgebracht hatten[48]. Dies Verfahren dürfte die Kommission vor allem bei relativ großen Besitzungen gewählt haben.

Die Absicht des Gracchengesetzes bestand darin, möglichst allen privat besessenen ager Romanus auf der forma zu assignieren. Die lex agraria zeigt, daß diese Assignationen auf der forma als das sichere Kriterium im Falle eines Rechts- oder Grenzstreites betrachtet wurden[49].

Daneben gab es noch verschiedene nicht nominelle Assignationen, die das Land einer bestimmten größeren Gruppe von Siedlern und Kleinbesitzern betraf. Ihnen wurde das Land summarisch zugewiesen. Hierbei handelt es sich einmal um die compascua oder um Gebiete, die von der Kommission zur Occupation freigegeben worden waren: diese Ländereien waren bei der Assignation einzelner Territorien einer bestimmten Gruppe von Eigentümern zugewiesen worden, ohne daß eine Assignation an den einzelnen erfolgen sollte oder konnte. — Zum anderen waren aber auch die Territorien der Straßendörfer der viasii vicanive offenbar summarisch auf der Flurkarte nach ihrem Flächeninhalt eingetragen worden, ohne daß eine nominelle Assignation den einzelnen Siedlern das ihnen zugehörige Grund-

[47] Regelmäßige Centuriation durch limites Graccani vor allem in Süditalien: Apulien, Calabrien, Lukanien und Bruttium. Im Süden Etruriens und in der ersten Region ist das Bild weniger einheitlich. Bloße Assignation ist erwähnt in Tarquinii (219, 1) Abellinum (229, 16) Suessa Aurunca (237, 11) und Velitrae (238, 19).

[48] Appian I, 18, 73 ff. (Dazu oben p. 58 Anm. 43) Die Gracchenkommission scheint sich vor allem in der späteren Phase ihrer Tätigkeit auf die Assignation allein beschränkt zu haben.

[49] L. 15—17. Dazu Hinrichs, a.a.O. 273 ff.

stück zusicherte[50]. Vielleicht wurde in diesem Fall zuerst die später so wichtige Assignation der „agri mensura comprehensi“ angewandt, bei denen nur der Umfang der Territorien auf der forma festgehalten und bei der ihr Flächeninhalt ermittelt wurde — wohl um entsprechend die Lasten der Straßenpflege aufzuteilen. — Dies Verfahren könnte bei den in Italien oft in weiten langgestreckten Tälern verlaufenden Straßen auch aus praktischen Erwägungen heraus gewählt worden sein, weil eine Centuriation oder eine entsprechende forma in so schmalen Territorien nicht leicht herzustellen waren.

c) Weniger Assignationen privaten Landes in den folgenden Jahrzehnten

Wie es wahrscheinlich wenigstens ein Fernziel der Gracchengesetze gewesen ist, allen privat besessenen Boden auch auf den Flurkarten zu assignieren, so ist man auch in keiner Epoche der römischen Geschichte dem Ziel einer umfassenden Aufnahme des ager privatus so nahe gekommen wie in dieser Zeit.

Nun blieb allerdings die Gracchenkommission primär eine Assignationskommission alten Herkommens und zudem Exponent einer bestimmten politischen Richtung, während jenes Ziel eigentlich nur von fest installierten und bevollmächtigten Staatsbeamten hätte ins Auge gefaßt werden können. So sind schon von dieser Kommission die Territorien verschiedener Gruppen römischer Gemeinden nicht assigniert worden: Den Bewohnern der Straßendörfer, denen die Konsuln im Senatsauftrag und in Rivalität zur Gracchenkommission seit dem Jahre 133 öffentliches Land gaben, hat sie die Assignation versagt. Die Gebiete der coloniae maritimae (und vielleicht auch die mancher alten Viritanassignation) sind anscheinend deshalb nicht nochmals assigniert worden, weil Latifundien hier nicht anzutreffen waren. — Überhaupt wird die Kommission ihre Ansiedlungstätigkeit in den Gemeinden als überflüssig betrachtet haben, die keinen Großgrundbesitz kannten, ferner muß man wohl mit einem Erfolg der auf dem Lande vielerorts geleisteten Widerstandes[51] wenigstens in manchen Fällen rechnen.

Das Ziel einer Aufnahme des privat besessenen Bodens auf den Flurkarten wurde aufgegeben, als in den Jahren 90 und 89 allen Italikern das Bürgerrecht zugesprochen wurde. Man begnügte sich damit, die neuen Bürger auf die einzelnen Tribus aufzuteilen — schon diese Aufgabe bot in den folgenden Jahren Konflikt-

[50] Vergl. dazu Hinrichs, Historia 16, 1967, 175 f. — Die kritischen Bemerkungen von Th. Pekary, Untersuchungen zu den römischen Reichsstraßen 117 ff. haben mich nicht überzeugt, zumal die von mir angenommene summarische Assignation sich gut mit der von P. im folgenden (119—135) ausführlich erörterten summarischen Übernahme des Auftrags der Straßenpflege durch Gemeinden vereinen läßt.

[51] So widersetzten sich die Bewohner der Praefectur Nursia. Serv. zu Verg. Aen. VII, 715. — Zum bekannten Widerstand der Latiner und der socii Cic. de re publica I, 31. III, 41. Appian I, 18, 74. Andrerseits haben vielleicht latinische und bundesgenössische Gemeinden die Tätigkeit der Kommission auch auf ihrem Gebiet zugelassen, um so die Voraussetzungen für eine eventuelle spätere Zulassung zur Civität zu schaffen. So wurde z. B. auch das Gebiet der alten latinischen Kolonie Suessa Aurunca von den Gracchen assigniert. (lib. col. 237, 11) Vergl. zu dem Problem ausführlicher Hinrichs, ZSSR 83, 254 ff.

stoff genug —, eine Assignation oder gar eine Limitation der zu römischen Privatland gewordenen Territorien hat man nicht ins Auge gefaßt.

Endgültig wurden die Weichen in dieser Richtung mit den großen Landverteilungen Sullas gestellt. Als er nach der Rückkehr aus dem Osten Italien eroberte und Widerstand vor allem bei den ehemals bundesgenössischen Gemeinden in Lukanien, Samnium, Umbrien und Etrurien fand, machte er seine Soldaten in den Städten ansässig. Ein Teil der Häuser und des Landes wurde ihnen als Belohnung zugeteilt, doch sollten sie als domestizierte Besatzungen zugleich diese Städte bewachen. Um die für diesen Zweck notwendige enge Bindung zwischen der sullanischen „colonia" und den zugehörigen Municipien, deren Territorium nicht assigniert war, zu erhalten, wurde für diese Ansiedlung keine Sonderforma hergestellt[52]. — Damit war für die Zeit der Republik die Entscheidung darüber gefallen, daß eine Assignation der neuen Bürgergemeinden nicht mehr erfolgen würde. Nur von einer Überprüfung der bereits vorhandenen Assignationen der Gracchen ist ein Beispiel bekannt[53]. Nach dem gescheiterten Antrag des Servilius Rullus und nach der rogatio Flavia des Jahres 61 sind dann neue Assignationen nur auf Grund der beiden caesarischen Gesetze des Jahres 59 vorgenommen worden. Diesen lagen hauptsächlich die bereits vorhandenen Centuriationen des ager Campanus zugrunde, doch erwähnt der liber coloniarum daneben verschiedene weitere Assignationen durch die Vviri des caesarischen Gesetzes[54].

3. ZU DEN ASSIGNATIONEN DER 40er JAHRE

Es kann hier nicht angestrebt werden, in einem umfassenden Überblick die große Zahl der Koloniegründungen und Assignationen vor Augen zu führen, die der Dictator Caesar, Antonius und Octavian in den Jahren 45—40 angeordnet und geleitet haben. Sie sind Gegenstand einer ausgedehnten Spezialforschung; uns interessieren vor allem die Prinzipien und Methoden, nach denen die Landverteilungen dieser Jahre vorbereitet und durchgeführt wurden.

a) Die Auswahl der Assignationsorte

Caesar hatte ursprünglich die Absicht gehabt, in den Provinzen vor allem Kolonien, in Italien aber nur kleine und verstreute Siedlungen anzulegen. Er traute

[52] Vergl. dazu den Excurs.

[53] C 1^2, 719 = Degrassi I.l.l.r.p. 474.

[54] Vviri in Venafrum (239, 7) und in Praeneste (236, 14). Hier hatten einzelne Großgrundbesitzer die Landlose der sullanischen Kolonisten aufgekauft. (Cic. de lege agr. II, 78) Für Capua (232, 2 XXviri) und Capitulum (233, 2) wird eine Assignation „lege Iulia" „pro merito" genannt. Das dürfte auf die Gesetze des Jahres 59 zurückzuführen sein, nach denen die Verteilung „extra sortem" (Sueton, Caes. 20) erfolgen sollte. Das bedeutete, daß den Soldaten des Pompeius nach Verdienst, Dienstalter und Rang, den Bürgern nach ihrer Kinderzahl (Sueton ebd.) zugeteilt wurde. — Die übrigen im liber coloniarum genannten Assignationen „lege Iulia" (z. B. 210, 10. 213, 6. 214,3. 220, 8. 223, 14. usw.) sind den Jahren 45/44 oder einer noch späteren Landverteilung angehörig.

nicht — belehrt durch die bösen Erfahrungen, die man zur Zeit Catilinas mit den sullanischen Soldatenansiedlungen gemacht hatte — den dicht zusammenwohnenden Veteranen[55]. Allerdings ist es ihm anscheinend nicht ganz im ursprünglich gewünschten Maß gelungen, seinen Soldaten den beliebten italischen Boden zu versagen[56]. Es läßt sich ein bestimmtes Auswahlprinzip nicht mehr erkennen, da die in Italien angesiedelten oder zur Ansiedlung bestimmten Soldaten nach seinem Tode (als die „evocati") bald von Octavian, Antonius und Pansa wieder angeworben wurden, so daß den Gründungen keine Dauer beschieden blieb. Antonius scheint sich in den beiden Agrargesetzen des Sommers 44 vor allem auf Orte in Campanien und Latium beschränkt zu haben[57].

Als die Triumvirn bei dem Abschluß ihres Bündnisses auch 18 Städte auswählten, um deren Territorien ihren Soldaten nach dem Sieg über Cassius und Brutus zu verteilen, scheinen sie nach einem bestimmten Grundsatz vorgegangen zu sein. Sie haben die latinischen Kolonien jedenfalls bevorzugt und unter diesen vor allem diejenigen ausgewählt, deren Gebiet besonders umfangreich war. Auch die übrigen Orte lagen außerhalb des vor dem Bundesgenossenkrieg privat besessenen ager Romanus[58]. Sieht man von den gewiß wesentlichen geographischen Gegebenheiten einmal ab (Auswahl fruchtbarer Ebenen, die für die vorgeschriebene Anlage der Centuriation besonders geeignet waren), so war hier anscheinend das Fehlen eines Limitationsnetzes und vor allem einer in früherer Zeit von römischen Beamten vollzogenen Assignation der wesentliche Grund der Auswahl[59]. Damit war für die

[55] So sagte er es im Jahre 47 in der Rede vor den meuternden Truppen in Campanien: Dio 42, 54, 1. Dazu Appian II, 94, 395. Auf diese Pläne ist auch zu beziehen Sueton, Caes. 38: „adsignavit et agros, sed non continuos, ne quis possessorum expelleretur". — Die Ansiedlung sollte mit dem Aufbau verfallener Orte gekoppelt werden. Dazu Hinrichs, Historia 18, 1969, p. 531 f.

[56] Von einer großen Ausdehnung der italischen Ansiedlungen Caesars ist die Rede bei Appian, b. c. 2, 140, 586. 141, 588. Ebenso 133, 557. Caesar hatte z. B. geplant, das von Sulla zum öffentlichen Gebiet erklärte, aber nicht verteilte Gebiet von Volaterra, das im Agrargesetz des Jahres 59 bestätigt worden war, nun doch aufteilen zu lassen. (Cic. fam. 13, 4, 1—2. 13, 5, 2.) Tatsächlich ist es jedoch erst im Jahre 41 den Veteranen gegeben worden. (Lib. col. 214, 10)

[57] Cic. Phil. II, 100—102. (Casilinum) Die Assignationen in Leontinoi (Phil. 2, 101. 3, 22. 8, 25 f.) waren anscheinend keine Veteranenansiedlungen. Das zweite Gesetz vom Juni des Jahres 44 galt an sich der (von Caesar geplanten) Austrocknung und Besiedlung der pomptinischen Sümpfe, (Dio Cassius 45, 9, 1. Dazu Sueton Caes. 44, 3.) sollte aber (nach Ciceros Worten Phil. 5, 7) die Handhabe für Landverteilungen überall in Italien bieten. Die Ausführungen begannen sogleich, doch wurden die Assignationen zur Zeit der Schlacht bei Mutina anulliert. (Cic. Phil. 6, 13—15) Natürlich blieb der Beschluß nicht bestehen, und die triumviralen Assignationen in Latium (Ulubrae 239, 1. Aquinum, 229, 13. dazu u. Umst. Signia 237, 20. Setia 237, 23, Interamna 234, 18) sind vielleicht nur Modifikationen der Assignationen des Antonius. Jedenfalls waren diese Orte Latiums für die großen Assignationen der Triumvirn nicht geeignet, doch hatten die VIIviri des Jahres 44 auch bei Tusculum viel Land assigniert. (Cic. Att. 15, 12, 2. 16, 3, 1. Dazu Phil. 12, 20.)

[58] Vergl. dazu die Belege bei Hinrichs, Historia 18, 1969, p. 541 ff.

[59] Ebenso wird es zu erklären sein, daß Decimus Brutus nach der Schlacht bei Mutina erwog, seinen Truppen die — gleichfalls nicht assignierten (dazu unten p. 73) — agri Sullani verteilen zu lassen. Cic. fam. 11, 20, 3.

Veteranen die Gefahr späterer Prozesse mit Altbesitzern, die sich auf die alte Assignation berufen haben könnten, von vornherein umgangen. Als nach dem Sieg bei Philippi diese Gefahr weniger zu fürchten war, haben die Assignationsbeamten allerdings auch häufig altes römisches Gebiet enteignet und nochmals verteilt[60].

b) Die Vorbereitung

Während die sullanischen Soldatensiedlungen sich unmittelbar an die Besetzung der italischen Städte anschlossen und deshalb improvisiert ins Werk gesetzt wurden, hat Caesar schon in einem sehr frühen Stadium des bellum civile die institutionellen Regelungen für die Landversorgung getroffen und bereits im Jahre 46 — also vor dem abschließenden Triumph und vor der Entlassung der Truppen — damit begonnen, die für die Verteilung vorgesehenen Territorien auszumessen[61]. Die vermutlich bereits im Jahre 49 beschlossene lex Aemilia Roscia Peducaea Alliena Fabia gibt Regeln für den Fall, in dem das Centuriationsnetz zeitlich weit vor der eigentlichen Landverteilung angelegt sein sollte[62]. Ebenso die Triumvirn. Sie haben die Centuriation der Territorien der für die spätere Landverteilung vorgesehenen Städte schon im Jahre 43 angeordnet und die Herstellung der Grenzsteine zur Pachtung ausgeboten, dabei wurde die Berechnung der subseciva genau vorgeschrieben[63]. Die Absicht bestand einmal darin, den in der Zeit der Bürgerkriege recht wetterwendischen und auch bisweilen enttäuschten Truppen möglichst konkrete Zusagen zu machen. Zum anderen boten sich so erhebliche organisatorische Vorteile: Da die formae vor der Assignation gesammelt werden konnten, bekam der Leiter der späteren Landverteilung einen genauen Überblick über das insgesamt disponible Land, es war auf diese Weise möglich, die Einweisung der Truppeneinheiten und selbst die Assignation der Landgüter des einzelnen Soldaten in einer Hand zu konzentrieren, schließlich war ein beschleunigtes Verfahren zu erwarten. — In der Tat hat Octavian im Jahre 41 die Landverteilung zentral in Rom anhand der formae gelenkt und auch Einzelheiten geregelt[64]. In wenigen Monaten war die Versorgung des großen Heeres abgeschlossen. Auch wenn die Legionsführer wichtige Maßnahmen der Verteilung später an Ort und Stelle trafen, so blieb Octavian trotzdem der eigentliche „auctor divisionis", dem die

[60] Zur Enteignung der benachbarten Territorien: Appian b. c. 5, 13, 51. 14, 59. Auch Octavian nahm Verteilungen von an sich nicht ausgewählten Territorien vor: Appian 5, 19, 76. Seine Gegner behaupteten, er verteile fast ganz Italien. (Dio Cassius, 48, 6, 3. Appian b. c. 5, 22, 87.) Das bekannteste Opfer dieser zusätzlichen Landverteilungen wurde das Landgut Virgils, als Gebiete von Mantua bei der Verteilung Cremonas von den Veteranen zusätzlich beschlagnahmt wurden. (Belege Schanz, Gesch. der röm. Lit. II, 1, 36 f.) Ein Schwerpunkt der Assignation war Picenum: der liber coloniarum nennt hier 11 von den Triumvirn verteilte Orte (226, 6—14). Ursprünglich war vielleicht nur die latinische Kolonie Firmum ausgewählt.

[61] Cic. fam. 9, 17, 2. (August 46) „Veientem quidem agrum et Capenatem metiuntur".

[62] Vergl. dazu ausführlicher Hinrichs, Historia 18, 1969, p. 529 ff.

[63] lib. col. 211 f. Dazu Hinrichs ebd. p. 537 ff.

[64] Appian b. c. 5, 16, 66.

Veteranen ihr Landlos zu danken hatten. So verbanden sich die politischen mit den organisatorischen Vorteilen, der imperator, der den Soldaten das Land selbst gab, blieb zugleich ihr Schutzherr. Denn bald wurden die authentischen Zweitschriften der formae in Rom im tabularium Caesaris für den Fall einer späteren gerichtlichen Appellation gesammelt, der Kaiser wurde also auch der Garant des assignierten Bodeneigentums für die Zukunft.

c) Zur Durchführung

Es lassen sich verschiedene charakteristische Kennzeichen der großen Landverteilung des Jahres 41 beobachten. — Als Octavian die Gebiete der vorher ausgewählten Städte verteilte, mußte er feststellen, daß sie in Anbetracht der Größe der dem einzelnen Soldaten zuerkannten Landlose nicht ausreichen würden[65]. Deshalb gab er den Legaten und Kolonisationsführern die Erlaubnis, auch benachbarte Territorien für die Verteilung heranzuziehen[66]. Im Gegensatz zu den Einweisungen Sullas wurden in diesem Fall die den Soldaten gegebenen Teilstücke völlig vom Municipium abgetrennt, sie gehörten in Verwaltung und Jurisdiction zur neuen Kolonie, können jedoch auch selbständig geblieben sein. In der Ausrichtung der Centuriation wurde die Abtrennung vom alten Municipium deutlich hervorgehoben[67]. Fälle dieser nachträglichen Ausweitung scheinen sich oft ereignet zu haben, die Feldmesser trafen sie vielerorts in Italien an[68]. Es kam vor, daß Municipien auf diese Weise ihre Territorien bis an die eigene Stadtmauer heran verloren[69].

Die Größe der einzelnen Landlose war auf 50 iugera festgesetzt worden. Angesichts der Soldatenmassen, die Octavian zufriedenstellen mußte, bedeutete dies, daß bei 34 Legionen[70] etwa 20 000 km² fruchtbaren Bodens den Eigentümer zu wechseln hatten. Die ohnmächtige Empörung der Betroffenen entlud sich im bellum Perusinum. Im allgemeinen wurden die Parzellen innerhalb regelmäßiger Centurien abgegeben, und die große Mehrzahl der vor allem in Norditalien wiederentdeckten Centuriationen ist für die Landverteilung der Triumvirn angelegt oder verwendet worden[71].

[65] Appian, 5, 19, 76.

[66] Vergl. oben 64 Anm. 60.

[67] Siculus Placcus 159, 26—160, 11. 164, 3.

[68] Hygin 119, 24 (la) erwähnt mehrere Edikte des Augustus, die die zusätzlichen Assignationen in den einer colonia benachbarten Territorien regelten. — 118, 9 sagt er, daß derartige Fälle oft vorgekommen sind. Ebenso Siculus Flaccus 164, 5.

[69] Hygin 120, 5 (la).

[70] Nach dem Vorwurf des Manius, Appian b. c. 5, 22, 87 verteilte Octavian nicht den 28 bei Philippi siegreichen Legionen, sondern 34 Legionen Land. Bei zu entlassenden Truppen wird man eine Minimalstärke von 4500 Mann annehmen können. (Vor der Schlacht bei Actium betrug die Zahl der Legion etwas über 5000 Mann. Plut. Ant. 61. 68.)

[71] Die kleine triumvirale Centurie erwähnt Frontin 30, 20 (La). Über ihr Vorkommen in Concordia in Venetien vergl. p. 56 Anm. 35.

Die subseciva

Caesar hat offenbar in seinen Kolonien den Altbürgern und Soldaten in einer neuartigen Weise, die auch die Triumvirn und Augustus übernommen haben, Land assigniert. Sueton sagt von ihm: „adsignavit et agros, sed non continuos, ne quis possessorum expelleretur". (Caes. 38) Das erklärt die Regelung der subseciva[72].

Als subseciva wurden die zwischen der Grenzlinie eines Gebietes und der centuriierten „pertica" gelegenen Randabschnitte oder aber die innerhalb der Centurien gelegenen, nicht assignierten und verteilten Teile bezeichnet. Natürlich sind die letztgenannten wichtiger, der Assignationsbeamte konnte sie in jeder Centurie bilden, indem er die 200 iugera nicht ganz verteilte.

Die Rechtsstellung dieser subseciva ist nicht einheitlich gewesen. Sie konnten der Kolonie zur Besteuerung zugewiesen werden („subseciva concessa") oder aber sie blieben im Eigentum des römischen Kaisers bzw. des römischen Staates[73]. Vespasian hat später die subseciva im ganzen Reich erfassen und besteuern lassen[74], seine Maßnahme wird vor allem die subseciva innerhalb der einzelnen Centurien betroffen haben.

Will man aus der Karte von Orange, aus der Bedeutung des Streites um die subseciva zur Zeit Vespasians und aus den vielen Erwähnungen durch die Agrimensoren Rückschlüsse ziehen, so müssen Caesar, die Triumvirn und Augustus oft subseciva gebildet haben[75]. Für dies Land waren zwar der Gemeinde oder dem Staat Steuern zu bezahlen (die freilich im letzten Fall anscheinend nicht eingezogen wurden), außerdem konnte es später noch für eine Verteilung bestimmt werden[76]. Gleichwohl blieb der Zweck anzuerkennen, eine vollständige Depossedierung der alten Besitzer — die noch Sulla nicht gescheut hatte — zu vermeiden, wenn auch in vielen Fällen die Nebenabsicht bestanden hat, der neu geschaffenen Kolonie zugleich erhebliche Steuereinnahmen zu garantieren.

EXCURS: DIE LANDVERTEILUNGEN SULLAS

a) Durchführung und Zweck

Die Veteranenansiedlungen Sullas folgten unmittelbar auf die Eroberung Italiens und begannen noch vor seiner Ernennung zum „dictator legibus scribundis et rei publicae constituendae". (Ende 82)[77] Dem Bericht Appians ist zu entnehmen,

[72] Vergl. zu den subseciva ausführlicher unten p. 31 ff. Zur Definition am besten Frontin 6, 5 ff.

[73] Frontin, 21, 5. Hygin grom. 202, 5.

[74] Dazu unten p. 133 ff.

[75] Dazu p. 132 f. Frontin 54, 5 ff. Bei den Triumvirn 213, 1 ff. Hygin, 118 f. die Besprechung der daraus resultierenden Rechtsfragen.

[76] Hyginus grom. 202, 5.

[77] Die lex Valeria hatte außerdem den wichtigen Inhalt: „ut omnia quaecumque P. Cornelius Sulla *fecisset* essent rata". Sie wurde später als die Ratifikation vieler Landverteilungen Sullas betrachtet. (Cic. de lege agraria III, 5 und 7).

daß Sulla die italischen Städte, die er seit dem Ende des Jahres 83 erobert hatte, ohne Verzug von seinen Legaten und Legionen besetzen ließ, und bald darauf folgte die Verteilung von Häusern und Land an diese Besatzungen, „ ὡς ἔξων φρούρια κατὰ τῆς 'Ιταλίας“[78]. Der Zweck der sullanischen Ansiedlungen war also ein doppelter: Die Soldaten sollten reich belohnt werden und zugleich die aufsässigen Städte bewachen. Die Durchführung scheint im allgemeinen in den Händen der einzelnen Legaten gelegen zu haben, die die Legionen in die italischen Städte führten[79]. Manches Rätsel, das die Überlieferung der sullanischen Landverteilungen stellt, läßt sich leichter lösen, wenn man diesen besonderen Zweck und die damals neuartige Methode der Durchführung im Auge behält.

Der Umfang der Landverteilungen muß außerordentlich gewesen sein. Vertraut man den Angaben Appians, so hat Sulla die Soldaten von 23 Legionen, nicht weniger als 120 000 Veteranen, fast ausschließlich in Italien mit Land versorgt[80].

Trotzdem lassen sich nur sehr wenige der sullanischen Kolonien und Landanweisungen noch ermitteln. Sulla hat nämlich die Anlage selbständiger Kolonien fast stets vermieden und seine Soldaten in die italischen Städte mehr oder weniger fest eingemeindet. Deshalb sind die Kolonien allenthalben bald verschwunden und in den Municipien aufgegangen. Mit Sicherheit können sullanische Ansiedlungen überhaupt nur in folgenden italischen Städten nachgewiesen werden: Arretium, Faesulae, Nola, Pompei, Praeneste. Mit großer Wahrscheinlichkeit ferner in Interamnia Praetuttiorium und in Clusium[81]. Als selbständige Kolonien lassen sich höchstens „Urbana“ in Campanien und Aleria auf Korsika nennen[82].

Nach zwei Methoden ist versucht worden, die übrigen sullanischen Kolonien zu ermitteln. Mommsen[83] hat Rückschlüsse aus den Namen einzelner Orte gezogen (Veneria, Felix) und sullanische Kolonien außerdem in den Orten angenommen, die eine Doppelteilung der Bürgerschaft erkennen und somit auf eine Eingemeindung sullanischer Soldaten schließen lassen. Er hält daneben in Abella, Abelli-

[78] Appian, b. c. 1, 95, 440: Besetzung der Städte nach dem Ende des Krieges in Italien. 96, 448: In den meisten Städten machte Sulla seine Soldaten ansässig, um Stützpunkte in Italien zu haben, und er verteilte ihr Land und ihre Häuser, die er für sie beschlagnahmte.

[79] Erwähnt Appian b. c. 1, 95, 440. Die Ansiedlung der Kolonisten in Pompei geht auf P. Cornelius Sulla, den Neffen des Dictators, zurück (Cic. pro Sulla 60—62). Ob er auch ein Heereskommando besessen hatte, geht aus Ciceros Rede nicht hervor.

[80] Sicher übertrieben ist die Angabe des Liviusepitomators (89) von 47 Legionen. Für Appian spricht vor allem, daß die Zahlen der 23 Legionen (b. c. 1, 100, 470) und der 120 000 Veteranen (104, 489) miteinander in Einklang stehen, denn die Sollstärke einer Legion betrug zur Zeit Sullas noch 6000 Mann. (Veith, Heerwesen und Kriegführung, 387 f.)

[81] *Arretium:* Cicero, Murena 49. de domo 79, Plin. n. h. 3, 52. Dazu aber Cic. Att. 1, 19. 4. — *Clusium* s. u. p. 70 Anm. 102 — *Faesulae,* Cic. Catil. 3, 14. (dazu 2, 20) pro Murena 49. Gran. Lic. 34 (Flemisch) *Interamnia Praetuttiorum*: s. u. p. 69 Anm. 96—98 Nola: C 10, 1273 = D. 6344: decurio adlectus ex veteribus Nola. Nissen, Ital. Ldkd. 2, 785. Beloch, Campanien 389 ff. *Pompei,* Cic. pro Sulla 60—62. *Praeneste* Cicero, Catil. 1, 8. de lege agr. 2, 78. Gellius n. A. 16, 13, 5.

[82] Urbana: Plin. n. h. 14, 62. Aleria, Plin. n. h. 3, 80. Seneca, consolatio ad Helviam 7, 9. Solin 3, 3.

[83] Ges. Schr. 5, 205—210. Danach Kornemann RE IV, 522 f.

num, Allifae, Ardea, Grumentum, Hadria, Paestum und Telesia sullanische Gründungen für möglich. Vor allem in einzelnen Orten Samniums und Lukaniens wird die Vermutung zutreffen.

Bedenklicher ist die Verwendung der Angaben des liber coloniarum über die „limites Sullani" oder ähnlicher Ausdrücke für die Bestimmung sullanischer Kolonien[84]. Sie stehen allein im Auszug aus der ersten Region, genannt werden die Orte: Aricia (230, 10) Bovillae (231, 11) Capua (232, 1) Calatia (232, 4) Capitulum (232, 20) Castrimoenium (233, 3) Gabii (234, 15) Nola (236, 4) Suessula (237, 6) Tusculum (238, 11). Nimmt man die sicher sullanische Kolonie Nola aus, so bleiben in Campanien nur Capua und zwei gleichfalls an der via Appia in seiner Nachbarschaft gelegene Orte: Calatia und Suessula. Die Nachricht wird sich also auf die Aufhebung der erst im Jahre 84 gegründeten Kolonie und auf die Überprüfung der alten Aufteilung der Staatsdomäne beziehen[85]. Die restlichen Orte: Tusculum, Aricia, Bovillae, Capitulum, Castrimoenium und Gabii liegen in der unmittelbaren Nähe Roms. Vermutlich betreffen hier die sullanischen Limitationen nicht Landverteilungen, sondern Landverkäufe als Folge der sullanischen Proscriptionen[86]. So bleibt es bemerkenswert, daß es keine Zeugnisse über Assignationen sullanischer Kolonisten gibt[87].

b) *Zur „Verfassung" der sullanischen Kolonien*

Es wird in der modernen Literatur sehr oft von „Kolonien" Sullas in dem gleichen Sinn gesprochen, den man auch mit den alten republikanischen Kolonien, mit den Kolonien Caesars und des Octavian verbindet[88]. Das ist jedoch weit weniger erlaubt, als man es sich oft deutlich macht. Während eine echte römische Kolonie ein selbständiges Gemeinwesen mit eigenem Territorium, eigener Verwaltung, eigenen Magistraten und eigenem Namen darstellte, ließ Sulla bei seiner Veteranenversorgung in den meisten Fällen keine neuen Städte anlegen. Es sind, wie schon

[84] Verwandt vor allem von Pais, serie cronologica 352—360. Storia della colonizzazione 145 ff. 336 f.

[85] Vergl. oben Anm. 18 p. 52. Dazu C 10, 3828

[86] Von den Orten der Umgebung ist umgekehrt gewiß das hier fehlende Praeneste verteilt worden. (Belege p. 67 Anm. 81. Die Vviri des caesarischen Agrargesetzes haben das Stadtgebiet offenbar aufgekauft und neu verteilt, (genannt lib. col. 236, 14) nachdem es in der Zwischenzeit in der Hand weniger Reicher gewesen war. (Cic. de lege agr. 2,78)

[87] Vergl. dazu unten p. 74 ff.

[88] So besonders von Mommsen, G. S. 5, 205 ff. Kornemann RE IV, 522 f. Pais, serie cronologica 352 ff. Manni, Per la storia dei municipi 205 f. Degrassi, Quattuorviri in colonie romane e in municipi retti da duoviri, Atti Ac. Nazionale dei Lincei, 1949, ser. VIII, vol VII, fasc. IV, 285 ff. Degrassi bemerkt zwar, daß den sullanischen Kolonien in keinem Fall eine lange Dauer beschieden war, rechnet aber trotzdem mit zwei voneinander unabhängigen Gemeinden, Municipium und Kolonie. Das Municipium hätte stets die sullanische Kolonie über kurz oder lang absorbiert. Gewiß ist dem so, aber bei einer richtigen Kolonie scheint mir das nicht gut möglich zu sein. — Die Ansicht, den sullanischen Kolonien hätte eine eigenständige und unabhängige Verwaltung gefehlt, äußern vor allem Beloch, RG 511 f. und (für Arretium) Bormann, C 11, p. 336. Vergl. ferner Hampl. Rh. Museum 95, 1952, 65 f. 69.

gesagt wurde, als eigenständige Kolonien nur Urbana (Campanien) und Aleria (Korsika) bekannt. Beide Orte waren wohl nie sehr groß. In der Hauptsache nahm Sulla vielmehr den widerspenstigen Städten einen Teil der Wohnplätze und des Territoriums und gab ihnen seinen Veteranen. Deren Siedlungen ließ er zwar von denen der alten Gemeinde unterscheiden, vermied aber eine vollständige Trennung. (Im Gegensatz dazu haben die Triumvirn selbst dort, wo sie nur einen Teil des Territoriums für die Kolonisten beschlagnahmten, diesen vom alten Municipium streng getrennt und ihn der benachbarten Kolonie zugeschlagen). Zwar haben sich nur aus wenigen dieser Doppelstädte noch Spuren erhalten. Was aber überliefert ist, zeigt, daß in der Regel keine vollständige Trennung zwischen alter und neuer Stadt entstand.

Über die Verhältnisse in *Pompei* sind wir aus Ciceros Rede für P. Cornelius Sulla besonders gut orientiert. Die Pompeiani, d. h. die Altbesitzer, wurden zwar von der „colonia" unterschieden, doch hatten beide Gemeinwesen dieselben Patrone, die Meinungsverschiedenheiten zwischen beiden Orten schlichteten[89]. Gewisse öffentliche Anlagen standen den Bürgern beider Gemeinden offen[90], vor allen Dingen scheinen die Magistrate für beide Orte nach einem besonders geregelten Wahlmodus bestimmt worden zu sein[91].

In *Arretium* wurden noch in der Kaiserzeit die „Arretini veteres", die Altbesitzer, von den „Arretini Fidentiores", den Bewohnern der sullanischen Siedlung, unterschieden[92]. Hier scheinen sich beide Orte auch getrennt voneinander verwaltet zu haben[93]. Indessen sind Name und Territorium von Arretium, vielleicht auch gewisse Elemente der Verwaltung[94] für Kolonisten und Altbesitzer dieselben geblieben.

In *Faesulae* wurden die Siedlungen der sullanischen Veteranen als castella — also mit einem damals für kleinere Gemeinden innerhalb eines Ortsverbandes üblichen Ausdruck — bezeichnet, aber nicht „colonia" genannt[95].

In *Interamnia Praetuttiorum* liegen die Verhältnisse ähnlich wie in Pompei. Kolonie und Municipium haben dieselben Patrone[96] und gemeinsame Bauten[97]. Da

[89] Cicero, pro Sulla 60: omnis Pompeianorum colonorumque dissensio delata est ad patronos.

[90] Cicero, ebd. 62: Popeiani ... qui ita de ambulatione ac de suffragiis cum colonis dissenserunt ut idem de communi salute sentirent.

[91] Der Streit „de suffragiis" ist nur möglich, wenn Wahlen und Beschlüsse von beiden Gemeinden zusammen gefaßt werden oder doch für beide gültig sind. Ebenso Mommsen, C 10, p. 89.

[92] Plin. n. h. 3, 52.

[93] C 11, 1849 = D. 6608: ...) quinqu(...) decuriones Arretinorum veterum. — Degrassi, a.a.O. p. 285 meint, die Widmung gelte einem Fünf-Jahre-Magistrat der Arretini veteres. Die Annahme hat die größte Wahrscheinlichkeit, doch kann sie auch einem Beamten von ganz Arretium gegolten haben. C 11, 6675, 1, (res) p (ubl) Fid (entiorum)

[94] So nimmt vor allem Bormann CIL XI, 336 an.

[95] Granius Licinianus 34 (Flemisch) Faesulani irruperunt in castella veteranorum Sullanorum.

[96] C $1^2$1904 = D. 6562. Vergl. auch die folgende Anm.

[97] C $1^2$1903 = D. 5671: Q. C. Poppaei Q. f. patroni municipi et coloniae municipibus coloneis incoleis hospitibus adventoribus lavationem in perpetuom de s. p. dant.

die Trennung auf vielen Inschriften dieses Ortes sonst nie hervortritt, darf man annehmen, daß Kolonie und Municipium unter denselben Magistraten standen[98].

In *Nola* gab es die Trennung zwischen den „veteres" und den „coloni"[99]. Leider läßt es sich nicht feststellen, ob ein IIIIvir, der nach dem Zeugnis einer Inschrift den Kolonisten einen besonderen Dienst erwies[100], nur ihr Magistrat[101] oder aber, was nach dem Wortlaut der Inschrift wahrscheinlicher ist, der Beamte der ganzen Gemeinde Nola war.

Für *Clusium* ist ebenso bei Plinius eine Trennung zwischen den „Clusini novi" und den „Clusini veteres", die auf die sullanische Ansiedlung zurückgeht, überliefert[102]. In den Inschriften wird Clusium jedoch stets als eine einheitliche Gemeinde mit einem einzigen Decurionenrat genannt[103].

Hinzu kommen zwei Tatsachen von großer Wichtigkeit: keinem der genannten Orte ist auf Grund der sullanischen Ansiedlung der amtliche Titel „colonia" verliehen worden. Sie gelten in späterer Zeit als Municipien[104]. — In sehr vielen Orten Etruriens und Umbriens und Lukaniens, in denen Sulla seine Soldaten angesiedelt haben muß, hat sich überhaupt keine Spur einer eigenständigen Siedlung erhalten.

Aus diesem Überlieferungsbestand läßt sich mit Vorbehalt eine Folgerung ziehen:

Die Ansiedlung der Veteranen Sullas wurde nach allem Anschein nicht einheitlich geregelt. Neben den unabhängigen Kolonien Aleria und Urbana steht die Siedlung der Kolonisten von Arretium, die sicher in sullanischer Zeit, in der den alten Arretinern das Bürgerrecht genommen war[105], vielleicht aber auch noch in der Kaiserzeit[106] von eigenen Magistraten verwaltet wurde. In den anderen Orten wird die „colonia" der Veteranen in den ersten Jahrzehnten nach der Ansiedlung zwar von den Siedlungen der Altbesitzer unterschieden, sie scheint aber gemeinsam mit der Altbürgergemeinde öffentliche Bauten und Anlagen besessen und benutzt, die Magistrate bestimmt zu haben und von einem gemeinsamen Decurionenrat

[98] Aus der Tatsache, daß aus I. P. IIviri (C 1^2 1905 = D 5393 a dazu 1^2, 1906) und auch VIIIviri bekannt sind (D 5666), möchte ich nicht mit Degrassi, a.a.O. p. 285, auf die Existenz zweier getrennter Verwaltungen schließen. Wahrscheinlicher ist es, daß die Inschriften aus verschiedenen Zeiten stammen, wenn sie überhaupt (was nicht ganz sicher ist) beide nach Interamnia Praetuttiorum gehören.

[99] C 10, 1225 = D. 6344 „ex veteribus Nola", vergl. die folgende Anmerkung.

[100] C 10, 1236 = D. 5392: C. Catius M. f. IIIIvir Campum publice aequandum curavit Genio coloniae et colonorum h. c. quod perpetuo feliciter utantur.

[101] So Degrassi a.a.O. 286 f.

[102] Plin. n. h. III, 52. Die Ansiedlung durch Sulla ist sehr wahrscheinlich: es hatte vor Clusium harte Kämpfe gegeben (Appian b. c. 1, 89, 92. Liv. spit. 88. Vel. Pat. 2, 28) und in der Stadt war eine Ehrenstatue für Sulla errichtet worden. (C 11, 2102)

[103] C 11, 2106: splendidissimus ordo Clusinorum patrono optimo, u. a.

[104] Wohl heißen die Veteranenansiedlungen in Pompei, Nola, Interamnia Praetuttiorum „colonia", aber das ist nicht der amtliche, d. h. der für den ganzen Ort verbindliche Titel. Mommsen a.a.O. 165 ff. hat diesen Tatbestand nicht beachtet bei der Aufstellung seiner Liste sullanischer Kolonien.

[105] Cicero, pro Caecina 97.

[106] C 11, 6675, 1.

verwaltet worden zu sein. Vielleicht lehrt das Beispiel von Pompei, daß die Koloniegründer zu Patronen beider Orte bestellt wurden und als solche Streitigkeiten zwischen Alteinwohnern und Kolonisten zu schlichten hatten. Überhaupt spielen die Patrone in diesen sullanischen Doppelsiedlungen eine besondere — vermutlich vermittelnde — Rolle. Sie werden außer in Pompei auch in Clusium und in Interamnia Praetuttiorum genannt[107].

Beide Siedlungen sind spätestens in der Kaiserzeit in allen Fällen wieder völlig miteinander verschmolzen, indem das Municipium den Ort der Veteranen ganz übernahm[108]. Wenn sich aus vielen anderen Orten überhaupt keine Spur der sullanischen Ansiedlung erhalten hat, so darf daraus gefolgert werden, daß hier die Kolonisten noch schneller — bei einer kleinen Anzahl von Veteranen vielleicht sogar von Anfang an — in die alte Gemeinde aufgenommen und eingegliedert wurden. Der ganze Prozeß wurde beschleunigt durch die zweifelhafte Rechtsstellung und durch den suspekten Charakter des sullanischen Landbesitzes, der die Soldaten zum schnellen Verkauf ihrer Güter trieb.

c) Das Fehlen des Privateigentums

Es gehört zu den Merkwürdigkeiten der Landverteilungen Sullas, daß die Empfänger nicht das private Eigentum „ex iure Quiritium" an ihren Gütern erlangt haben. In der modernen Literatur herrscht zwar die Ansicht vor, die sullanischen Veteranen hätten neu geschaffenes Privatland bekommen[109]. Verschiedene Äußerungen in den Quellen sind jedoch nur unter der Voraussetzung verständlich, daß die Eigentumsrechte der Soldaten am ihnen zugeteilten Land zum mindesten zweifelhaft waren. Anscheinend genoß es lediglich den possessorischen Rechtsschutz. Wir erwähnen kurz die betreffenden Stellen im einzelnen.

[107] Clusium C 11, 2106. „... ordo Clusicorum patrono optimo" Interamna Praetuttiorum C 1^2, 1903 = D. 5671.

[108] Degrassi, a.a.O. 286 f. Ebenso Gabba, Athenaeum 29, 1951, 236.

[109] So spricht Mommsen, RG 2, 350, (4. Aufl.) von „Besatzungen, die mit ihrem Eigentumsrecht zugleich die neue Verfassung schützen würden". Last, CAH 9, 302: „property had been bestowed on Sullas veterans" — Heitland, Rom. Rep. III, 84, glaubt, (ebenso Mommsen R. G. 3, 94) die lex des Servilius Rullus aus dem Jahre 63 hätte lediglich die von Sulla publizierten, aber nicht verteilten Stadtgebiete zu ager privatus erklären sollen. — Gabba, Athenaeum 29, 1951, 238 spricht von der sullanischen „assegnazione di una proprieta agricola" — Der Grund liegt offenbar in der unausgesprochenen Praemisse, die Assignation — welche man bei Sullas Veteranen annimmt —führe automatisch zum Privateigentum. Symptomatisch ist in dieser Hinsicht die Erörterung Kasers, ZSSR 62, 1942, 19: Er hat dort am Beispiel der gracchischen Assignationen dargelegt, daß ein Privateigentum am Boden sehr wohl mit einem bei der Ansiedlung erlassenen Verkäuflichkeitsverbot vereinbar sein könne. Er fährt dann fort: daß „auch die Assignationen Sullas und Caesars (für die auch ein Verkäuflichkeitsverbot erlassen worden war) privates Eigentum verliehen haben" — sei gar nicht zu bezweifeln. — Auf das Fehlen des Privateigentums weisen hin Lange, RA III, 237. Hardy, Some problems in Roman History, 88 f. Ihm folgt Rice-Holmes, The Roman Republic, 243.

Appian b. c. 1, 96, 448 „Die Landverteilungen machten sie (sc. die Veteranen) noch über seinen Tod hinaus ihm gegenüber abhänglich. Denn da sie ihre Besitzungen nicht fest in der Hand haben würden (ὡς γὰρ οὐχ ἕξοντες αὐτὰ βεβαίως), wenn nicht alle Anordnungen Sullas gültig blieben, so kämpften sie für diese auch noch nach seinem Tode". Es waren also Zweifel am Eigentum des Veteranenlandes möglich, deshalb setzten diese sich ein für den Bestand der sullanischen Verfassung.

Im Todesjahr Sullas versuchte der Konsul M. Aemilius Lepidus, mit den sullanischen Gesetzen auch die Landverteilungen rückgängig zu machen, er dachte an eine Restitution der alten Eigentümer. Granius Licinianus nennt seine Forderungen: „exules reducere, res gestas a Sulla (rescindere), in quorum agros milites deduxerat restituere"[110]. Zwar wurde diese Revolte niedergeschlagen. Doch zeigt der Versuch, daß sich die Depossedierung der sullanischen Veteranen fordern ließ.

In den Agrargesetzen und Rogationen der Jahre 63—59 werden immer wieder die agri Sullani genannt. Die Bemerkungen Ciceros zum Gesetzesantrag des Rullus lassen erkennen, daß drei verschiedene genera sullanischen Landes in diesen Gesetzen die Bestätigung erhalten sollten[111].

a) Das Gebiet von Volaterra und z. T. das von Arretium. Es war von Sulla den Bewohnern abgesprochen, aber danach nicht mehr verteilt worden und befand sich noch in der Hand der alten Eigentümer[112]. Es wurde ihnen bestätigt.
b) Das von Sulla verkaufte Land der Proscribierten.
c) Das Land der von Sulla angesiedelten Veteranen.

Es handelt sich hier durchweg um Land der ehemaligen Feinde Sullas, welches vor der Ansiedlung zum öffentlichen Gebiet erklärt worden war[113].

Die beiden zuletzt genannten Gruppen sind die wichtigsten. Daß ihren Besitzern dies Land als Privateigentum erst jetzt zuerkannt werden sollte, ergibt sich aus dem Passus des servilischen Gesetzes, den Cicero zitiert: Rullus hatte beantragt: „Qui post Marium et Carbonem consules agri aedificia lacus stagna loca possessiones publice data adsignata vendita concessa sunt, ea omnia eo iure sint ut quae optimo iure privata sunt"[114]. Marius und Carbo waren die Konsuln des Jahres 82, es handelte sich also hier um eine Bestätigung und Privaterklärung der sullanischen Possessionen. So sagt auch Cicero: „post Marium et Carbinem consules quis adsignavit quis dedit quis concessit praeter Sullam?"

Obwohl Cicero sich in diesen Reden zum servilischen Gesetz gegen die Bestätigung der agri Sullani ausgesprochen hatte, forderte er nach drei Jahren für den Antrag des Flavius den Zusatz, es sollten alle sullanischen Possessionen zu Privat-

[110] p. 34 (Flemisch) Ebenso Appian, b. c. 1, 107, 501.

[111] Vergl. dazu genauer Hardy, Some problems . . ., Oxford 1924, 85 ff.

[112] In den Reden „de lege agraria" findet sich kein unmittelbarer Hinweis auf dies Land. Es war aber durch die Privaterklärung auch betroffen. Die rogatio Flavia nahm eine Klausel zugunsten von Volaterra und Arretium wieder auf. Cic. Att. 1, 19, 4. Caesar bestätigte es in seinem Agrargesetz. (Cic. fam. 13, 4, 1—2. Dazu Hardy 89.)

[113] Darauf ist zu beziehen: Cic. de domo 79 „populus Romanus L. Sulla dictatore ferente comitiis centuriatis municipiis civitatem ademit, ademit eisdem agros." Ferner de lege agraria 3, 12 „agri lege Cornelia publicati"

[114] Cc. du lege agr. III, 7.

land erklärt werden[115]. Ob sodann Caesar neben der Bestätigung des Gebietes von Arretium und Volaterra[116] auch die übrigen agri Sullani in seinem Agrargesetz erwähnte, läßt sich nicht mit Sicherheit sagen[117]. Wenn es geschehen sein sollte, so ist doch trotzdem das Eigentumsrecht dieser Gebiete bei den „Republikanern" umstritten geblieben: vierzig Jahre nach der Ansiedlung der sullanischen Soldaten hat Decimus Brutus für die Entschädigung der senatstreuen Truppen eine Enteignung der agri Sullani gefordert[118]. Vielleicht ist sogar dem Vespasian die umstrittene Rechtsstellung der sullanischen Landlose noch gegenwärtig gewesen[119].

Nun könnte man das Fehlen des Privateigentums bei den agri Sullani für eine politische Selbstverständlichkeit halten, da doch der Streit um die Berechtigung der Landschenkungen eines Dictators in jedem Fall erst nach dessen Tod hätte ausgefochten werden müssen. — So geschah es nach Caesars Tod, als Senat und Volk mit den „acta Caesaris" auch dessen Landanweisungen bestätigten. Zudem war bei Sulla die gesetzliche Basis eher schwächer gewesen, sie bestand allein in dem sehr anfechtbaren Ermächtigungsgesetz der lex Valeria, und die Verteilung hatte nicht bei gesetzlich geforderten und gewählten Beamten gelegen, sondern in der Hand von Offizieren.

Doch man muß einen Schritt weiter gehen. Sulla hat sich anscheinend mit Bedacht nicht einmal um eine legale Bestätigung seiner Landverteilungen bemüht. Cicero sagt von der Privaterklärung der sullanischen Ländereien: „Ad hoc Valeria lex non dicit, Corneliae leges non sanciunt, *Sulla ipse non postulat*". — Zwei Gründe dürften für diese Zurückhaltung wichtig gewesen sein. Den ersten spricht Appian an der bereits erwähnten Stelle (1, 96, 448) aus: Nur wenn die Verfassungsgesetze Sullas unangetastet blieben, brauchten die Inhaber der agri Sullani kein tribunizisches oder populares Agrargesetz zu fürchten, das diesen gesetzlichen Besitz hätte antasten können.

Der zweite Grund ergibt sich aus dem Zweck der Landverteilungen in den Sulla verfeindeten Municipien: Die Soldaten sollten auch fernerhin einen Aufstand dieser italischen Orte verhindern, also mußten sie auch auf ihrem Lande bleiben. So hatte Sulla für 20 Jahre den Landverkauf untersagt[120]. Nun konnte ein bloßes Verbot nur von zweifelhaftem Wert sein. Es war kaum damit zu rechnen, daß die im Osten verwöhnten Soldaten wirklich zu tüchtigen und bodenständigen Bauern werden würden, und Sulla wird das (im Gegensatz zu den Gracchen, die auch ein Verkäuflichkeitsverbot erlassen hatten) auch kaum erwartet oder beabsichtigt

115 Cic. Att. 1, 19, 4. Auf die Inkonsequenz Ciceros weist hin Hardy, a.a.O.

116 Cic. fam. 13, 4, 1—2.

117 So vermutet Hardy 89.

118 Cic. fam. 11, 20, 3. —

119 lib. col. 236, 3. „Nola ... Vespasianus Augustus deduxit ... ager eius limitibus Sullanis militi fuerat adsignatus, postea intercisivis mensuris coloniae et familiae est adiudicatus." — Der Begriff „adiudicare", der in den gromatischen Schriften nur an dieser Stelle auftritt, wird in öffentlich-rechtlicher Beziehung verwendet, wenn vom autorisierten Beamten über den dubiosen oder unklaren Rechts- oder Eigentumstitel von Land entschieden wird. (vergl. p. 202 f.)

120 Cic. de lege agr. 2, 78.

haben. In der Tat hatten sie im Jahre 63 ihre Ländereien auch häufig wieder losgeschlagen[121]. Immerhin mußte es aber den Verkaufswert des Landes mindern, wenn es nicht als Privatland, sondern allein als gesetzlich unbestätigte possessio gelten konnte. So standen in der Folgezeit auch die sullanischen Possessionen nicht hoch im Kurse[122], da sie als geraubtes Gut betrachtet wurden und da die ehemaligen Eigentümer noch immer auf eine Restitution hoffen konnten. So mußte das Fehlen des Eigentumstitels das Verkaufsverbot stützen.

d) Verteilungen ohne Assignation

Vor allem dürfte der Umstand die Erklärung zum Privateigentum erschwert haben, daß die Landlose der sullanischen Veteranen nicht assigniert waren. Wohl wurde das beschlagnahmte Land in einzelne Parzellen aufgeteilt und häufig auch in regelmäßige Centurien zerlegt, doch fand es anscheinend auf der forma keine Aufnahme.

Den Anlaß zu dieser Vermutung gib wiederum der liber coloniarum, der wie erwähnt auf ein Verzeichnis der assignierten Territorien zurückzuführen ist. In ihm fehlt fast jeder Hinweis auf die gewiß sehr umfangreichen Landverteilungen Sullas in Etrurien, Umbrien, Samnium und Lukanien. — Die in ihm genannten sullanischen Assignationen der in der Nähe Roms gelegenen Städte[123] dürften umgekehrt nicht bei Veteranenansiedlungen entstanden sein, sie betreffen anscheinend in der Hauptsache von Sulla verkaufte Gebiete. — Dies nicht unwichtige argumentum e silentio gewinnt noch durch weitere Gründe:

a) Man muß sich die Improvisation vergegenwärtigen, mit der enteignet und neu verteilt wurde. Im Laufe weniger Monate wurden die italischen Festungen eingenommen und die Legionen ihnen als Besatzungen zugeteilt. Nichts konnte — anders als später bei den Verteilungen der Triumvirn — durch vorhergehende Ausmessung vorbereitet werden. Ferner waren die Legionsführer keine Assignationsbeamten, vor allem standen ihnen die civilen Mensoren kaum sofort zur Verfügung, die eine korrekte forma hätten aufstellen können. Die Tribune und Centurionen verstanden sich wohl auf die Verwendung der militärischen Meßinstrumente und auf die Aufteilung des Geländes, die Aufstellung der forma und ihre Interpretation scheint dagegen mehr den civilen Mensoren und dem forensischen Bereich, in dem diese tätig sind, anzugehören. — Zudem wurde das Mandat zur Assignation den gewählten Beamten „agris dandis assignandis“ durch ein Gesetz gegeben, es ließ sich nicht einfach auf die Legionsführer übertragen.

b) Die von Sulla unterworfenen Gemeinden besaßen, wie alle Städte, die seit dem Bundesgenossenkrieg römisch geworden waren, keine forma[124]. Es hätte also

[121] Cic. ebd. Cat. 2, 20. pro Murena 49. Sallust, Catilina 28: „... nonnulli ex Sullanis coloniis, quibus libido ac luxuria ex magnis rapinis nihil reliqui fecerant.“

[122] Cic. de lege agr. 2, 68.

[123] Vergl. oben p. 68. Dazu die folgende Anmerkung.

[124] Damit erklärt sich auch, weshalb der liber coloniarum eine Assignation „lege Sullana“ o. ä. für einzelne Orte der unmittelbaren Umgebung Roms oder um Capua erwähnt.

in den einzelnen besetzten Städten jeweils nur eine Teilforma von den Ländereien der Veteranen hirgestellt werden können, nicht aber eine solche, die das gesamte Territorium der Gemeinde erfaßt hätte[125]. In technischer Hinsicht wäre das wohl möglich gewesen, so waren von der Gracchenkommission in Süditalien auch jeweils nur die von den einzelnen Gemeinden abgetretenen Gebiete als „praefecturae" (im agrimensorischen Sinn) aufgeteilt worden[126], und ähnlich haben später die Triumvirn oft Teile eines Territoriums für Veteranenansiedlungen abgeteilt[127]. Das aber hätte die vollständige Trennung zwischen beiden Gemeinden in Verwaltung und Jurisdiction zur Folge gehabt, und gerade sie wollte Sulla, wie sich an der Eigenart der mit seinen Landverteilungen entstandenen Doppelstädte zeigte, unter allen Umständen vermeiden[128].

Auch hier kam die schnelle Improvisation, zu der Sulla bei der großen Landverteilung gezwungen war, seinen Absichten durchaus entgegen: es hätte eine spätere Privaterklärung der agri Sullani, die er nicht wünschen konnte, jedenfalls erleichtert, wenn ein entsprechender Gesetzesantrag sich auf bereits fertiggestellte formae des assignierten Landes hätte berufen können.

In Campanien gab es gewiß, im alten ager Romanus nach aller Wahrscheinlichkeit aus der Gracchenzeit alte formae. Wollte Sulla die Pächter (im ager Campanus) oder die Käufer (in der Umgebung Roms) vor einer späteren Evinction schützen, so mußte er ihr Land neu assignieren. Voraussetzung dafür waren eben diese Limitationen „lege Sullana".

125 Man muß sich vorstellen, daß die Legionsführer in diesem Fall nicht nur die Aufnahme des Besitzstandes samt der Klärung eventuell schwebender Streitfragen hätten erledigen müssen, sondern auch Neuzuweisungen und partielle Enteignungen im Interesse der Altbesitzer, deren Land den Veteranen gegeben worden war — also eine generelle Neuverteilung, die komplizierter gewesen wäre als die der Gracchenzeit.

126 Vergl. oben 59.

127 Appian, b.c. 5,13,51. 14,59. Dio Cassius 48,6,3. — Siculus Flaccus 159,26. — 160,11. 164,3. zur juristischen Behandlung ausführlich Hygin 118,9—120,6.

128 Vergl. oben p. 71.

Kapitel IV:

AUFGABEN UND STELLUNG DER AGRIMENSOREN IN DER ZEIT DER REPUBLIK

1. DIE UNMITTELBAREN QUELLEN

In den Schriften der römischen Feldmesser und in einer Anzahl von Inschriften der römischen Kaiserzeit werden Agrimensoren hinsichtlich ihrer öffentlichen Stellung in dreierlei Form genannt: Es gab den privaten, unabhängigen Mensor, der als Richter oder als Gutachter tätig war, den beamteten, in der kaiserlichen oder municipalen Verwaltung angestellten Mensor und den im militärischen Dienst. Während hier die Aufgabenbereiche und die Stellung einigermaßen klar zutage treten, fehlt es an direkten Quellenzeugnissen aus der Zeit der Republik fast ganz. Die wissenschaftliche Erörterung umgeht das Problem deshalb im allgemeinen[1]. Trotzdem dürfte es möglich sein, aus Rückschlüssen und Kombinationen in der Frage nach den Funktionen und nach den Anfängen dieses Standes wenigstens zu gewissen Näherungslösungen zu kommen.

Der alte Ausdruck für die Agrimensoren war „finitores". Als solche erwähnt sie Plautus einmal in der Vorrede zu Poenulus im übertragenen Sinn:

„Eius nunc regiones limites confinia
Determinabo, eius rei ego sum factus
finitor" (49 f.   )

regiones, limites, confinia wurden vor der Verteilung eines Gebietes an Kolonisten mit der Anlage des Limitationsnetzes festgelegt. regiones sind die größeren Einheiten, die confinia trennen die einzelnen Parzellen. — Den Begriff „finitor" erklärt Nonius: „finitores dicebantur olim quos nunc agrimensores dicimus, dicti quod fines dividerent"[2], wobei er sich zur Erklärung auf eben diese Plautusstelle bezieht.

Zur Kommission, die Rullus im Jahre 63 beantragte, gehörte auch ein umfangreicher Apparat von Gehilfen und Subalternbeamten. Zu diesen zählten vor allem zweihundert finitores aus dem Ritterstand, zwanzig für jedes Kommissionsmitglied: „finitores ex equestri loco ducentos, vicenos singulorum stipatores corporis constituit, eosdem ministros et satellites potestatis"[3]. Sie waren als Richter in den Quaestionengerichtshöfen und in den iudicia privata tätig, und Cicero unterstellt,

[1] Vergl. die knappen Bemerkungen bei Rudorff, gr. Inst. 320 f. Mommsen, C 8, p. 1337 f. Schulten, RE VII, 1886 f. (Dazu Fabricius RE XV, 1, 956 ff.)

[2] Nonius 5, 6. (Gerlach — Roth)

[3] de lege agr. II, 13, 32.

diese würden in ihrer Arbeitsfähigkeit beeinträchtigt, wenn das Gesetz realisiert werden sollte: „interea dissolvant iudicia publica, e consiliis abducant quos velint.“[4] — Es handelt sich also um Richter aus dem Ritterstand, die sich auf die Feldmeßkunst verstanden. Sie sollten als Einzelrichter in den zu erwartenden Feststellungsprozessen in den Provinzen offenbar Urteile über die Größe und über die rechtliche Qualität der zur venditio zur Verfügung stehenden Grundstücke abgeben[5]. Vermutlich wird man ihnen außerdem die Aufgabe zugedacht haben, Parzellen für die vorgesehene Landverteilung auszumessen und zu limitieren.

Hinzu kommen einige indirekte Hinweise: Die Termination des korinthischen Gebietes zum Zwecke des Verkaufes sollte 111 v. Chr. in einem Werkvertrag ausgeboten werden[6]. Ähnlich wurde die Anlage des Limitationsnetzes, der Centurien und das Setzen der beschrifteten Termini in den von den Triumvirn zur Landverteilung ausersehenen Stadtterritorien an conductores vergeben[7]. In den philippischen Reden erwähnt Cicero mehrmals Decidius Saxa und Cafo, die bei den Landverteilungen des M. Antonius als Mensoren tätig waren[8]. Da sie ihre Karriere im Heer Caesars begonnen hatten und Cicero verhaßt waren, bezeichnete er sie verächtlich als Mensoren, die früher das Lager ausgemessen hätten und die ihre dabei gewonnenen Kenntnisse nun bei der Landverteilung anzuwenden hofften. Schließlich stellt der Praetor im Edikt eine actio gegen den Mensor zur Verfügung, der einer falschen „renuntiatio modi“ beschuldigt wurde. Gewiß ist diese actio in der republikanischen Zeit entstanden, wenn auch die in dem Digestentitel 11, 6 (Si mensor falsum modum dixerit) zusammengestellten Juristenziate späteren Datums sind. Wir werden unten versuchen, aus diesen Zitaten Hinweise auf die Aufgaben des Mensoren in der republikanischen Zeit zu gewinnen.

Nun ist man nicht gezwungen, sich mit diesen wenigen unmittelbaren Zeugnissen zu begnügen. Da sie den Umkreis deutlich genug beschreiben, in dem sich die Tätigkeit der Mensoren in der Zeit der Republik bewegt, lassen sich aus dem Anwachsen und der Eigenart der Landverteilungen oder aus der Geschichte der Bodenprozesse verschiedene Schlüsse ziehen, die ein etwas deutlicheres Bild ergeben. — Merkwürdig problematisch sind dagegen die Vorstellungen, die sich die Feldmesser selbst über den Ursprung ihres Standes gebildet haben. Bekanntlich leiten sie die Herkunft ihrer Disziplin aus etruskischen Priesterüberlieferungen ab. Diese Ansicht muß zunächst geprüft werden.

[4] II, 34.

[5] II, 34: „... quaestionem si velint finitori permittant, ratum sit quod finitor uni illi a quo missus erit renuntiaverit.“ (Nach der Emendation von Ed. Schwartz) — Die renuntiatio, die der Mensor in einem Prozeß oder bei einem formellen Kauf abgibt, bezieht sich auf den modus agri. (Vergl. D. 11, 6, 1 pr. Dazu unten p. 134) Zur Eigenart der hier erwähnten Prozesse vergl. Hinrichs, Hermes 98, 1970, p. 485, Anm. 4.

[6] lex agraria L. 97: .. quem ex h. l. venire oportebit, omnem me(tiun)dum terminosque statui (curato ... opus)que locato eique operei diem deicito u(bei perf) ectum siet facitoque ...

[7] Vergl. das im liber coloniarum p. 211 ff. überlieferte Edikt der Triumvirn (p. 212, 4: ... qui conduxerit facito ...).

[8] Phil. VIII, 26. X, 22. XI, 12. XII, 20. XIII, 27. XIV, 10. Dazu unten p. 92 Anm. 71.

2. DAS PROBLEM DES URSPRUNGS DER GROMATIK

Die Feldmesser zur Zeit Trajans waren der Ansicht, die Centuriation oder doch das Prinzip der Aufteilung der Feldmark durch das Wegekreuz von cardo und decumanus entstamme einer alten Tradition der etruskischen Auguraldisziplin. Die Limitationswege sind nach den Himmelsrichtungen orientiert, die Vierteilung des Territoriums ist gewissermaßen nur eine Projektion der Aufteilung des Himmels, die der Augur im „templum" vorgenommen hat, im „auspicato"[9] ausgewählten geheiligten Mittelpunkt der neu zu gründenden Stadt. So spricht es Frontin aus[10], und Hygin äußert sich in ähnlicher Weise[11]. Frontin beruft sich bei seiner Erklärung auf eine Deutung Varros. Sehr relevant war allerdings diesen Fachschriftstellern der mittleren Kaiserzeit die Frage nach den historischen Anfängen ihrer Kunst nicht, sie weisen selbst darauf hin, daß in den Orientierungen der Centuriation und der Limitation offenbar alle nur möglichen Variationen vorkommen[12]. Obwohl dieser Umstand sie eigentlich zur Kritik an der überkommenen Erklärung hätte mahnen müssen, beruhigen sie sich mit der Annahme, die Orientierung zeige wohl nur den Punkt des Sonnenaufgangs am Tage der Koloniegründung an und sie müsse deshalb nicht den exakten Himmelsrichtungen entsprechen[13]. Doch wissen sie auch Beispiele anzuführen, in denen selbst diese recht gezwungene Erklärung deshalb nicht möglich ist, weil die Richtungen der Limitationswege überhaupt vertauscht sind, so daß der kardo nach Osten und der Decumanus nach Süden weist[14]. Diese Ansicht vom etruskischen Ursprung der Gromatik ist vermutlich erst von römischen Antiquaren in der späten Republik aus einer Kombination von zwei Theorien gebildet worden, die ursprünglich gewiß nur wenig miteinander gemeinsam hatten. Die erste betrifft den Begriff des „templum", die zweite den Ursprung der Centuriation in der frühen Zeit Roms.

Die früheste Verwendung des Begriffes ‚templum' liegt in der alten Augurationsformel vor, die auf der arx in Rom in Gebrauch war und die Varro (L. l. 7, 8 ff.)

[9] Die „colonia, quae esset auspicato deducta", erwähnt schon Cicero Phil. II, 102. Ebenso beschreibt Hyginus gromaticus (La. 170,5) die Gründung der Kolonie: „posita auspicaliter groma, ipso forte conditore praesente ... in utramque partem limites emiserunt." In Wirklichkeit kam es natürlich selten vor, daß sich Kardo und Decumanus im Mittelpunkt der Kolonie trafen. Hyginus gromaticus (La. 180,2) erwähnt als Beispiel Admedera in Afrika. Weitere sucht Nissen, Templum 59 ff. nachzuweisen.

[10] (La. 27,13) „Limitum prima origo, sicut Varro descripsit, a disciplina Etrusca; quod haruspices orbem terrarum in duas partes diviserunt, dextram appellaverunt quae septentrioni subiaceret, sinistram quae ad meridianum terrae esset, ab oriente ad occasum, quod eo sol et luna spectaret ... haruspices altera linea ad septentrionem a meridiano diviserunt terram, et a media ultra antica, citra postica nominaverunt.

[11] La. 166.

[12] Frontin 29, 1. Hyginus grom. 178 f. — Sie zeigen, daß oft ganz pragmatische Gründe die Ursache sind: Wahl einer Straße als Grundlinie (179, 11) oder die Anlage des Decumanus nach der größten Ausdehnung des Gemeindeterritoriums. (29, 1—3. 170, 13)

[13] Hyginus gromaticus 170 f. Frontin 31, 4.

[14] Hyg. grom. ebd. Frontin 29,3. — Im großen Kataster „B" von Orange ist der Decumanus nach Westen und der Kardo nach Norden gerichtet. (So auch Frontin 27, 15)

zitiert und erläutert: der Augur nennt in dieser Formel die Grenzen[15] des für die Himmelsbeobachtung bestimmten freien Bezirke: „templa tescaque me ita sunto quoad ego eas te lingua nuncupavero . . .“ Indem er zu den in der Formel bezeichneten Bäumen, die den freien Raum begrenzten, eine bestimmte Stellung einnahm, bestimmte er die Ausrichtung der Himmelsbeobachtung und damit zugleich das templum. Das Verb contemplari stammt aus diesem alten Begriff des templum[16]. Schon früh hat man mit ihm auch den geheiligten Raum schlechthin bezeichnet, den „Tempel“, den man den einzelnen Göttern baute, ebenso wie den Himmel als den Wohnort der Unsterblichen[17]. Bei der Betrachtung des himmlischen templum aber wurden die vier Himmelsrichtungen unterschieden: „eius templi partes quattuor dicuntur, sinistra ab oriente, dextra ab occasu, antica ad meridiem, postica ad septentrionen“[18]. Aus der Projektion nun der Verteilung des Himmels auf die Erde, so glaubte man, sei das Wegekreuz der Hauptlimitationswege von kardo und decumanus hervorgegangen[19].

Die zweite, von dieser Theorie zunächst wohl ganz unabhängig entstandene Spekulation betrifft den Anfang oder die Gründung der Städte. Mauerbau und Landverteilung betrachtete man hier als die vordringlichen Aufgaben. Sie waren es in der Tat bei den vielen von den Römern und Latinern gegründeten Kolonien, und entsprechend sollte auch der Ahnherr der eigenen Stadt vorgegangen sein: Romulus umgab die Stadt mit einer Mauer und verteilte das Land an die Bürger, indem er die regelmäßige Centuriation erfand, mit der Verwendung der 200 iugera bzw. 100 „heredia“ oder „sortes“[20]. Die bina iugera waren als Quadrat von zwei actus Seitenlänge das Grundelement der Centurie[21]. Diese Herleitung der Limitation war in der späten Republik und vor allem in der Schreckenszeit unter den Triumvirn recht geläufig und stand gewissermaßen unter einem negativen Vorzeichen: Die angusteischen Dichter verwendeten diese Vorstellung geradezu wie einen Topos und sahen es als ein Kennzeichen glücklicher vorstaatlicher Zustände oder der aurea aetas an, daß man in ihnen die Limitation und die „tristis pertica“ nicht gekannt habe[22].

[15] Das templum mußte abgegrenzt sein. Festus 157 M. Serv. Verg. Aen. 4, 200.

[16] Vergl. Festus 38, M.

[17] Varro, LL 7,6. nennt als Beispiel u. a. Ennius, Hecuba (fr. tr. Enn. 163 R) „O magna templa caelitum commixta stellis splendidis.“ — Eine bekannte Verwendung des Begriffs „templum“ = Himmel fener bei Cicero, de re publica VI, 15, und 17.

[18] LL 2, 7.

[19] Hyginus gromaticus 166 scheint sich unmittelbar auf diese varronische Erklärung zu beziehen, wenn er schreibt: „est enim illi (sc. limitum constitutioni) origo caelestis et perpetua continuatio ... constitui enim limites non sine mundi ratione, quoniam decumani secundum solis decursum diriguntur, cardines a poli axe. unde primum haec ratio mensurae constituta ab Etruscorum haruspicum disciplina. (Es folgt die Beschreibung der Vierteilung) . . . ex quo haec constitutio liminibus templorum adscribitur.

[20] Varro r. r. 1, 10. Festus p. 53

[21] Vergl. Frontin 30 (L) „duo iugera iuncta in unum quadratum agrum efficiunt, quod sint in omnes partes actus bini. quidam primum appellatum dicunt sortem et centies ductum centuriam.“

[22] Virgil, Georg. I, 125 ff. Tibull I, 3, 43 f. Ovid, Metam. I, 135 f. Horaz, Carm. III, 24, 11 ff. Seneca Phaedra 527 ff.

Obwohl es sich hier um Spekulationen einer verhältnismäßig späten Zeit handelt, deren Ursachen oder Absichten leicht zu durchschauen und die in ihrem historischen Wahrheitsgehalt nicht sehr wertvoll sind, hat man im neunzehnten Jahrhundert diese theoretische Herleitung des Limitationssystems eher noch verfestigt. Am weitesten ist in ihrem Ausbau H. Nissen in seinem Buch „templum" gegangen. Hier seien drei weitere Argumente angeführt, die er zu ihrer Absicherung vorgebracht hat[23]:

a) Die Weissagung des Vegoia („... cum autem Jupiter terram Etruriae sibi vindicavit constituit iussitque metiri campos signarique agros, sciens hominum avaritiam vel terrarum cupidinem, terminis omnia scita esse voluit ...") 350 f. (La) nur in einer Handschrift des Corpus agrimensorum an interpolationsverdächtiger Stelle tradiert[24], hält er für eine authentische oder doch alte Überlieferung[25]. Nach aller Wahrscheinlichkeit handelt es sich jedoch um ein Mythologem, das wohl frühestens aus der Kaiserzeit stammt.

b) Da in verschiedenen das Auguralrecht betreffenden Stellen gesagt wird, daß das Augurium an jedem Ort innerhalb der „augusto augurio" gegründeten Stadt eingeholt werden könne, folgert Nissen, daß auch „die Stadt als Ganzes ein templum" sei[26]. Darauf gründet sich die Hypothese, daß die im Stadtmittelpunkt sich schneidenden kardo und decumanus unmittelbar aus der Himmelsbeobachtung der Auguren hervorgegangen seien. — Allerdings gibt es unter den alten italischen Städten kaum ein Beispiel einer so idealen Lager des Limitationskreuzes. Der Mittelpunkt liegt im allgemeinen außerhalb der Stadt[27].

c) Hinzu kommt die sprachgeschichtliche Annahme, nach der das Wort „groma" nicht unmittelbar, sondern über eine etruskische Zwischenform vom gleichbedeutenden griechischen Wort *γνώμων* abstammen soll[28]. Allerdings ist diese Zwischenform nicht überliefert.

[23] Es ist nicht erforderlich, hier noch im einzelnen auf die zwar hochinteressanten, aber durch jüngere topographische Untersuchungen weitgehend widerlegten spekulativen Theorien seines Buches „templum" näher einzugehen, zumal in ihrem Mittelpunkt mehr die Struktur von Stadtplänen und die Orientierung von Tempeln steht. Kritisch zu Nissen: Wissowa RE II, 2337 ff. Weinstock RE V, A 485. — C. O. Thulin, Die etruskische Disciplin, III. Die Ritualbücher, Göteborg 1909, 26 ff. übernimmt die Argumente Nissens. — Sein Hinweis auf die Grundrisse von Marzabotto und Capua kann hier unerörtert bleiben, weil er die *Land*aufteilung nicht betrifft.

[24] Im Codex Gudianus p. 153 f. (Sie fehlt im Arcerianus) Die vorangehenden Seiten 150—153 (Im Lachmanntext 347—350) sind unter Verwendung von Angaben des liber coloniarum und von Stellen der klassischen Agrimensoren konzipiert, es folgt ein Abschnitt über die Termination bei der Gründung der Stadt Konstantinopel. Der Zusammenhang spricht also für eine späte Einfügung.

[25] a.a.O. p. 10.

[26] a.a.O. S. 6 Die wichtigste Stelle Cic. de legibus 2, 8, 21: augures ... urbemque et agros templa liberata et ecfata habento" Zur Erklärung Varro, LL 6, 52. Ferner Gellius, n. A. 13, 14. Gegen diese Deutung Wissowa RE II, 2339.

[27] Hyginus 179 erklärt dies zutreffend damit, daß die Städte als Bergfestungen angelegt wurden.

[28] So Schulten, RE VII, 1882, Fabricius, RE XIII, 673. Sollte nicht vielleicht auch eine Zwischenstufe — wenn überhaupt — in einem süditalienischen Dialekt denkbar sein?

Keine dieser Annahmen ist also sehr beweiskräftig, vieles widerspricht ihnen geradezu. Drei zusätzliche allgemeine Bedenken seien angeführt:

a) Die Centuriation ist offenbar jung, eindeutige Relikte aus der Zeit vor dem zweiten punischen Krieg sind nicht überliefert. Der Entstehungsprozeß ist über die Gliederung der Territorien durch parallele Decumani und langgestreckte Centurien in den latinischen Kolonien und weiter zur Aufteilung des Landes in lauter gleiche und gleichgerichtete Parzellen bei der Viritanassignation verlaufen. Die regelmäßige Centuriation bildet anscheinend die jüngste Stufe dieser Entwicklung (Vergl. dazu ausführlich Kapitel II).

b) Die eigenständige Kolonisation der Römer hat sich erst langsam und spät aus den vom latinischen Bund gemeinsam durchgeführten Koloniegründungen gelöst, die latinischen Kolonien blieben bis ins zweite Jahrhundert das wesentliche Element der römischen Landverteilungen (Vergl. dazu ausführlich Kapitel 1). Jene Theorie müßte jedoch eine stets unabhängiggebliebene römische Kolonisation, die ein etruskisches Erbe hätte bewahren können, voraussetzen, und die Kommissionen müßten wegen der Bindung an die Überlieferung des Augurenkollegiums als eine civile stadtrömische Magistratur betrachtet worden sein.

c) Schließlich ist wichtig, daß Rullus offenbar einem alten Herkommen folgte, als er „pullarii“ für seine Kommission forderte[29]. Die pullari sind altitalischen oder latinischen Ursprungs[30]. Sie stehen an sich den Beamten mit „imperium“ zu und dürften vor allem im Heer des Latinerbundes üblich gewesen sein[31]. Die von ihnen bei der Gründung von Kolonien angewandten Methoden der Divination sind nicht etruskischer Herkunft, sie haben wenig mit denen der Auguren und haruspices gemeinsam; Mommsen bestreitet ausdrücklich, daß sie mit den stadtrömischen Staatsauspicien zusammenhängen.

Angesichts dieser Bedenken liegt der Versuch einer pragmatischen Erklärung des Ursprungs der regelmäßigen Centuriation nahe. Jene in der Kaiserzeit üblich gewordene Theorie bringt die Himmelsbeobachtung der Auguren und die Vierteilung der Territorien durch das Limitationskreuz in einen unmittelbaren ursächlichen Zusammenhang. Wir sahen, daß die Scamnation der alten Territorien Italiens, die vor allem eine Vierteilung nicht kannte, dieser Theorie wenig entspricht. Ferner wurde schon erwähnt, daß die Anlage der latinischen Kolonien eine militärische Sicherungsmaßnahme gewesen ist. Die mit der Gründung dieser „propugnacula imperii“ beauftragten Assignationsbeamten waren Inhaber des „imperium“. Es bestehen zudem mehrere Entsprechungen zwischen der Methode der Castrametation und der Landaufteilung in den latinischen Kolonien. Wir betrachten sie im einzelnen.

Zunächst ist die zeitliche Entsprechung von Belang. Zwar ist nicht genau zu fixieren, wann die typische Form des römischen Marschlagers, die sich mit geringen

[29] Cic. de lege agraria II, 32. Vergl. dazu oben p. 16. Die Hühnerauspicia des Tib. Gracchus (Val. Max. 1, 4, 2. Plut. Tib. Gr. 17) werden von Mommsen, St. R. I, 85, Anm. 2 auf die Agrarkommission bezogen.

[30] So ausdrücklich Sil. It. 5, 59 ff.

[31] Mommsen, St. R. I, 84, Anm. 5. vergl. dazu oben p. 16.

Abweichungen bis in die Kaiserzeit erhielt, ausgebildet wurde. Der von Polybios beschriebene grundsätzliche Unterschied zum griechischen Marschlager[32] schließt die Annahme aus, daß etwa erst Pyrrhus hier der Lehrmeister der Griechen gewesen ist. Andrerseits dürfte es das Marschlager vor dem Galliereinfall nicht gegeben haben. Vermutlich wurde es ausgebildet, als Rom sich von den Bindungen an den latinischen Bund befreit (die Trennung zwischen den römischen Soldaten und den Bundesgenossen im Lager ist auffällig) und sich außerdem zu Kriegszügen in Gebieten gezwungen sah, in denen kein Schutz durch eigene oder bundesgenössische Befestigungen gewährt werden konnte: also im späten vierten Jahrhundert in den Samniterkriegen. — In eben diese Zeit gehört aber auch der Anfang der geometrisch regelmäßigen Aufteilung der Territorien der latinischen Kolonien mit mehreren streng parallel verlaufenden decumani und den vermutlich ebenso gleichmäßig in den rechteckigen langgestreckten Centurien ausgemessenen Parzellen. (Cales, Luceria, Alba Fucens, Cosa[33].)

Hinzu kommt die Verwendung des gleichen Instrumentariums. Groma und decempeda werden jedenfalls für den täglichen Gebrauch beim Aufschlagen der — von den Soldaten auf dem Marsch Abend für Abend neu angelegten — castra wenn nicht geschaffen, so doch vor allem verbreitet worden sein. Der Mittelpunkt des Lagers, in dem die via praetoria auf die via principalis traf, nannte sich nach dem in dem Punkt bei der Anlage des Lagers aufgestellten Visierinstrument „groma"[34], und verschiedene Stellen zeigen, daß die Römer die Castrametation als den eigentlichen Anwendungsbereich von groma und decempeda angesehen haben[35]. Die Centurionen, die unter der Leitung eines Militärtribunen das Lager im einzelnen abmaßen, waren in ihrem Gebrauch geschult (erst in der Mitte der Kaiserzeit übernahm ein Mensor ihre Funktion)[36]. Sie werden bei der Anlage der latinischen Kolonien gleichfalls die Aufteilung des Territoriums vorgenommen haben. Wohl wurde das Visierinstrument der groma später von den civilen Feldmessern auch

[32] Polybios VI, 42. Das griechische Marschlager nutzt die Gunst des Geländes aus und kennt deshalb keine feste Form (42, 3) die Römer halten sich dagegen an die festgelegte erprobte Anordnung. (42, 5)

[33] Vergl. p. 29 f.

[34] Hygin, de munit. castr. 12. (Zitiert in der folgenden Anm.) Vom „groma" aus ließen sich also mit der „groma" die drei Tore des Lagers zugleich anvisieren. Zur Rekonstruktion der römischen groma vergl. RE VII, 1884 „groma" (Schulten), M. della Corte, „groma" Mon. Lincei XXVIII, 1922, 1 ff. E. Nowotny, Germania 1923, 22 ff. Klio 24, 1931, 247 ff. (Meßstangen) E. T. Salmon, Roman colonization, Abb. p. 20.

[35] Vergl. Lucilius 100 „viamque degrumabis ut castris mensor facit olim". Cic. Phil 14, 10: „urbs, quam iam peritus metator et callidus decempeda sua Saxa diviserat." Ebenso 11, 12.: „aequissimus agri privati et publici decempedator" — So leitet Hygin, mun. castr. 12 auch geradezu den Namen der Gromatiker vom groma im Lager ab: Er sagt vom gromae locus „posito in eodem loco ferramento groma superponatur, ut portae castrorum in conspectu rigoris stellam efficiant. Et professores eius artis causa supra scripta gromatici sunt cognominati." Zur Funktion der Mensores bei der Castrametation vergl. Vegetius II, 7. Statius, silvae 5, 2, 42 f.

[36] Vergl. dazu Kap. VIII. p. 159 f.

für weitere Zweck benutzt; so haben sie mit ihr eine ungleichmäßig begrenzte Fläche in mehrere rechtwinklige Dreiecke zerlegt, um ihren Inhalt zu messen. Ursprünglich aber hat das Instrumentarium gewiß lediglich zum geometrisch exakten Ausmessen sowohl der Landlose und decumani wie der Quartiere und Straßen des Marschlagers gedient.

Auffallend ist ferner die Verwandtschaft, die zwischen dem Grundriß eines alten Marschlagers und den Prinzipien der regelmäßigen Scamnation besteht. Polybios schildert VI, 41, 2—8 den Aufbau der castra. Die unter der Anleitung eines Militärtribunen fungierenden Centurionen beginnen beim praetorium und bei der Grundlinie der via principalis. Von hier ausgehend werden die einzelnen Quartiere und die parallel zur via principalis verlaufenden weiteren Straßen bezeichnet[37], die einzelnen Quartiere mit verschiedenfarbigen Speeren abgesteckt[38]. Sie gelten ganz offensichtlich beim Durchblick durch die groma als Visierpunkte. — Der Ausbau verläuft von innen nach außen, es liegt ein rechteckiger Grundriß vor, in dem die zwischen den Quartieren verlaufenden Straßen zuerst, danach die Quartiere ausgemessen werden. Es fehlt also im von Polybios dargestellten Marschlager gleichfalls das Wegekreuz, die Straßen des Lagers sind lediglich auf die Dominante der via principalis bezogen[39], der die parallel verlaufende via quintana entspricht (Das gleiche Prinzip wurde bei der Anlage der latinischen Kolonien und z. B. auch bei der alten viritanen Assignation der Territorien von Venafrum und Reate angewendet[40]).

Eine weitere Entsprechung besteht darin, daß sowohl im Lager wie bei der Koloniegründung die Soldaten in größeren Einheiten zusammengefaßt werden. Bei den in rechteckigen strigae und scamna ausgemessenen Quartieren im Marschlager ist dies selbstverständlich und bekannt. Die langgestreckten Centurien der latinischen Kolonien differieren in ihrer Seitenlänge von Kolonie zu Kolonie und können also ursprünglich eine Einheit des Flächenmaßes nicht gewesen sein. Sie waren offenbar Abgrenzungen für eine feste Personengruppe von 100 Siedlern[41]. — Interessant ist in diesem Zusammenhang eine Beobachtung Castagnolis am Grundriß der latinischen Kolonie Aquileia[42]. Er glaubt in den Bezirken des Territoriums die verschiedenen Größen der Landlose der Ritter (140 iugera) der Centurionen (100 iugera) und der Soldaten (50 iugera) noch nachweisen zu können. Die Ausgabe von derart abgestuften Landgrößen wird von mehreren latinischen Kolonien

[37] Vor allem Polybios VI, 41, 3 (Nach dem Bestimmen des praetorium) *τούτων δὲ προκριθέντων διαμετροῦνται τὴν περίστασιν τῆς σκηνῆς, μετὰ δὲ ταῦτα τὴν εὐθεῖαν, ἐφ' ἧς αἱ σκηναὶ τίθενται τῶν χιλιάρχων, ἑξῆς δὲ τὴν ταύτης παράλληλον, ἀφ' ἧς ἄρχεται τὰ στρατόπεδα παρεμβάλλειν.*

[38] 41, 6.

[39] Steinwenter, Bonner Jahrb. 1912, 48 ff. Vor allem 51 f. Ebenso Domaszewski, RE III, 176 ff. Ausführlicher E. Fabricius, JRs 22, 1932, 78 ff. Ferner Abbildung und Beschreibung bei Walbank, I, 709 ff.

[40] Vergl. dazu p. 40 ff.

[41] Erst später wurde sie zum Flächenmaß vereinheitlicht und entwickelte sich zu den „modernen" Centurien von 200 iugera, in die dann die Flächen gegliedert wurden.

[42] Vergl. Bull. comm. LXXV, App. p. 5.

berichtet und dürfte allgemein üblich gewesen sein. — Die Soldaten siedelten also in der Kolonie und biwakierten im Lager getrennt nach Rang und Stand.

Schließlich erklärt sich so die soziale Stellung der späteren civilen „finitores". Nach der erwähnten, hier abgelehnten Theorie müßte der Gründer der Kolonie beim sakralen Akt der Anlage des Limitationskreuzes selbst die Meßinstrumente gehandhabt haben — der Augur wäre zugleich der Mensor gewesen. In der Republik aber stehen die finitores dem Gründungsmagistrat nur als Hilfsbeamte, die dem Ritterstand angehören, zur Seite. Entsprechend wird auch der Bau des Marschlagers von einem Militärtribunen geleitet, den verschiedene Centurionen als Mensoren unterstützen. — Centurionen werden zunächst in der gleichen Weise die Landaufteilung in den latinischen Kolonien vorbereitet haben. Ihre Stelle nahmen dann in den civilen Landverteilungen jene finitores ein, die ihnen auch in ihrem sozialen Rang in etwa vergleichbar waren. — Nach jener Theorie aber wäre noch zu erklären, wann und weshalb die Mensoren aus dem Priesterstand zu dem geringeren Rang degradiert worden sein könnten, in dem wir sie später finden.

3. DIE AUFGABEN DER MENSOREN IN DER JUDIKATION

Einen Beruf oder Beamtenstand der Mensoren hat es in der Zeit der Republik so wenig gegeben wie ein beamteter Juristenstand existiert hat. Die Mensoren galten in dieser Zeit lediglich als Fachleute, denen der Umgang mit groma und decempeda vertraut war und die somit von den Magistraten für jeweils fällige Aufträge herangezogen wurden[43]. — Wir sahen, wie die geometrische Landaufteilung hinsichtlich ihrer Methode in engem Zusammenhang mit der Einteilung des Marschlagers entstanden ist und vermutlich wie jene in den Händen von Centurionen gelegen hat. Erst in dem Maße, in dem sich eine Landverteilung ohne militärischen Charakter dazugesellte, könnten die Ansiedlungsbeamten civile finitores berufen haben. Sicher ist dies freilich nicht, da die Sondermagistrate auch weiterhin das imperium behielten und jedenfalls bei der Landverteilung für entlassene Soldaten auch Centurionen als Mensoren angestellt haben könnten. Indessen ist dieser Unterschied wahrscheinlich deshalb nicht sehr wichtig gewesen, weil auch die civilen finitores ihre Fertigkeiten in der Verwendung des agrimensorischen Instrumentariums eben ihrer Dienstzeit im Bürgerheer verdankten und also oft dort bereits als Centurionen oder Militärtribune den Ansiedlungsmagistraten bekannt geworden sein werden. Da diese gewöhnlich praetorischen, im dritten Jahrhundert sogar konsularischen Ranges waren, ein Heer oder doch jedenfalls eine Legion bereits geführt hatten, brauchten sie also nur ihre ehemaligen Offiziere wieder für die Landverteilung zu berufen.

[43] Dazu ausführlicher unten p. 89 ff. Schon die Plautusstelle Poen. 49 „. . . eius rei sum factus finitor" zeigt, daß man als finitor nur berufen werden, es aber nicht von Beruf sein konnte.

Die Aufgaben der civilen finitores mehrten sich, als sich im zweiten Jahrhundert die Assignation auf der Flurkarte entwickelte. Zwar blieb die das Bodeneigentum verleihende Assignation den Magistraten vorbehalten[44], aber die Herstellung der forma lag gewiß gleichfalls in den Händen der finitores. Aus ihren Reihen wird man auch die Richter genommen haben, von denen mit der Ausdehnung des Formularverfahrens in verschiedenartigen Bodenprozessen agrimensorische Kenntnisse verlangt wurden. Die in den späteren agrimensorischen Schriften von Frontin und Hygin erörterten controversiae agrorum stellen eine Übersicht über die Erscheinungsformen dar, in denen sich Prozesse des Civilrechtes dem Agrimensor, der zu ihrer Beurteilung oder Entscheidung als Gutachter oder iudex bestellt wurde, darbieten konnten.

Am wichtigsten sind unter diesen Klagemöglichkeiten die rei vindicatio bzw. die Besitzinterdikte in der Form der Grenzkontroverse „de loco" und die actio finium regundorum. (Vergl. zu dieser ausführlicher unten p. 192 ff.). Agrimensorische Fähigkeiten des iudex waren vor allem in den Fällen gefordert, in denen diese Grenzklagen in der Form einer controversia de modo auftraten[45]. Die offizielle Maßangabe, die der Mensor dem Gerichtsherrn mitteilte und die oft streitentscheidend gewesen ist, bezeichnete man als „renuntiatio modi", dem durch eine falsche renuntiatio Geschädigten stellte der Praetor im Edikt eine actio „si mensor falsum modum dixerit" zur Verfügung.

Die renuntiatio modi

Mehrfach erklären die Feldmesser die renuntiatio als ihre Aufgabe[46]. Sie ist von der unverbindlichen Modusangabe zu unterscheiden und bezeichnet die amtliche Angabe des Flächeninhaltes, der Begriff ist in dieser Bedeutung mit der renuntiatio des nach der Auszählung der Stimmen als gewählt erklärten Beamten verwandt[47]. Wenn der Praetor gegen den „mensor, qui falsum modum dixerit", eine actio zur

[44] Das Recht zur Assignation ging von den Assignationsbeamten auf den princeps über, dem Agrimensor fehlte es auch in der Kaiserzeit. Der Grundsatz findet sich ei Aggennius urbicus (p. 8, 26 ff. La.) ausgesprochen: „nam agri mensor omnis doctus centurias delimitare potest ac suis redintegrare limitibus, assignare autem nullo modo potest, nisi sacra fuerit praeceptione firmatus" Lachmann hat diese wichtige Stelle später im Text des Aggenius urbicus nicht aufgenommen, die vorangehende (Zeile 18—22 = 111, 3—7 L.) dem Hyginus zugeschrieben, obwohl Frontin als Gewährsmann genannt wird. Doch auch das folgende oben angeführte Zitat beruht gewiß auf einem klassischen Autoren, wenn die Quelle auch nicht, (wie Brugi, dottrine giuridiche, p. 16 meint,) eine unbekannte kaiserliche Konstitution sein muß.

[45] Vergl. über die verschiedenen Ursprünge einer controversia de modo p. 95 ff.

[46] Hygin 122 (La) „Ego autem quotiens egeram mensuram ita renuntiabam: iugera tot, versus tot" (versus galten in Dalmatien). Frontin 31, 7 (an einer korrupten Stelle) „mobile habent spatium et incertam iugerum (r)enuntiationem". Zu 45, 15 „modus ex forma pronuntiatus" (vergl. unten p. 88. Vergl. auch CIL. VI, 10233 „secundum renuntiationem mensoris" (allerdings ein mensor aedificiorum).

[47] So in der lex Malacitana 56, 57. Die zweite Bedeutung von renuntiare: „aufkündigen" „verzichten" bleibt hier außer Betracht.

Verfügung stellte, so galt diese natürlich nur bei einer falschen renuntiatio modi[48]. Schon Cicero ist die Verpflichtung des Mensoren zur renuntiatio so geläufig, daß er sie auch in übertragener, nicht auf den modus bezogener Bedeutung verwendet. Die Bemerkung in der Rede „de lege agraria“: „ratum sit quod finitor uni illi a quo missus erit renuntiaverit“ (II, 34) bezieht sich nur auf die Rechtsstellung des betreffenden Grundstücks, nicht auf seinen Flächeninhalt. Wir müssen also versuchen, den ursprünglichen Anwendungsbereich der renuntiatio modi des Finitoren aus den im Digestentitel 11, 6 zusammengestellten Juristenzitaten zu ermitteln.

Der Inhalt der wichtigsten Urteile und Meinungen ist dieser: Die actio war „in factum concepta“ (1pr), der Mensor war ursprünglich nur „beneficii loco adhibitus“, er stellte also aus freien Stücken gegen ein honorarium seine Dienste zur Verfügung und unterlag nicht der Bindung eines Werkvertrages[49]. Deshalb konnte die actio auch nur bei böswilliger Fehlangabe, nicht aber wegen imperitia gegeben werden[50]. Die renuntiatio modi konnte im Grenzstreit gefordert werden[51], wichtiger aber wird zur Zeit der klassischen Juristen ihre Anwendung im Grundstücksgeschäft gewesen sein[52]. Während nun bei der Übereignung entweder der Käufer oder der Verkäufer dem Mensor den Auftrag zur renuntiatio modi gibt[53], wird im Prozeß der Mensor von dem iudex beauftragt, den Flächeninhalt zu prüfen[54]. Als Bedingung der Möglichkeit der renuntiatio modi scheint es in der Kaiserzeit angesehen worden zu sein, daß der Auftrag einem beamteten Mensor erteilt worden war[55], und Ulpian und Paulus empfehlen deswegen eine analoge Anwendung nicht nur auf andere Mensoren (aedificii, frumenti, vini), sondern überhaupt auf andere Beamte, die eine verwandte Tätigkeit ausüben: Architekt, redemptor, tabularius[56]. In vereinzelten Fällen ist die renuntiatio modi — und damit die Möglichkeit dieser actio — verwandt bzw. angeboten worden, ohne daß der Mensor beauftragt wurde[57].

Von diesen Grundsätzen des Titels 11, 6 haben zwei gewiß zur Zeit der Republik noch nicht bestehen können, sie haben sich erst in der Kaiserzeit entwickelt:

[48] So ausdrücklich 11,6,1,2. Deshalb darf in der Kaiserzeit nur ein beamteter Mensor renuntiieren. (2,1,h.t.) — In der Republik hat vermutlich als renuntiatio nur die Ausführung eines diesbezüglichen von einem Beamten erteilten Auftrages gegolten.

[49] 1 pr.h.t. War dies der Fall, so stand dem Auftraggeber die actio locati zur Verfügung. — Eine renuntiatio modi lag nur dann vor, wenn der Mensor durch den Vertrag nicht „civiliter obligatus“ (1, 1 h.t.) war.

[50] 1,1. 2,1. 3 pr. 3,4. Rudorff, Zeitschr. f. gesch. Rechtswissenschaft X, 422.

[51] 1, pr. 3,4.

[52] 1, pr. 2,4. 3,1—3. 5 pr. 5,1.

[53] 2,1. 3 pr.

[54] 3,4. Auch in diesem Fall müßte der Geschädigte, nicht der beauftragende iudex die Klage erheben. In der Republik dürfte auch im Prozeß der freie Mensor unmittelbar als iudex berufen worden sein.

[55] Vergl. 2, 1. Die Ausnahme 7, 2 (Pomponius) könnte sich auf den freien, nicht beamteten Mensor beziehen, auf den ursprünglich die actio sicher gemünzt war.

[56] 5, 2. 7, 1. 3, 4.

[57] Nach D. 18, 1. 40 pr. (Paulus 4 epit. Alfeni Dig.) darf der Käufer die Flächenangabe des Verkäufers bis zu einem bestimmten Termin korrigieren. Der Begriff ist offenbar gewählt, um dem Verkäufer die Möglichkeit dieser actio für den Fall offenzulassen, in dem der Käufer das Maß zu gering angab.

1. Ursprünglich galt die actio s.m.f.m.d. nur für den ehrenamtlich ausgeübten Auftrag, später bezog man sie auf den beamteten Agrimensoren. Dieser Wandel bildet die Voraussetzung für die von Ulpian vorgeschlagene Erweiterung des Anwendungsbereiches dieser actio auch auf andere Beamte[58].

Ferner wurde der Begriff der renuntiatio modi später vereinzelt in dem Sinn übertragen, daß er einfach die verbindliche Angabe des Flächeninhaltes eines zu verkaufenden Grundstückes bezeichnete, mit der der Käufer die Angabe des Verkäufers innerhalb einer bestimmten Frist korrigieren konnte[59]. Sie wurde also nicht mehr auf den Mensor beschränkt.

Ihren ursprünglichen Anwendungsbereich hat die renuntiatio modi offenbar im Prozeß „finium regundorum" gehabt und ist von hier auf das Grundstücksgeschäft übertragen worden. Denn da die Klage selbst aus republikanischer Zeit stammt, in der es den beamteten Mensor nicht gab, der Begriff der renuntiatio aber die amtliche Bekanntmachung bezeichnet, so muß sich dieser Charakter einer offiziellen Verlautbarung vom Auftraggeber herleiten. Der Magistrat aber trat nur im Prozeß auf, nicht im Geschäft. In der erwähnten Cicerostelle II, 34 bedeutet die renuntiatio die Meldung an den beamteten Gerichtsherrn. („ratum sit quod finitor uni illi a quo missus erit renuntiaverit")

Anscheinend war die Anwendung dieser Klage im Grundstücksgeschäft vor Ulnian und Paulus, die in diesem Titel ausschließlich zitiert werden, nur bedingt zugelassen. So führt Ulpian 3, 2 die Ansicht des Pomponius an, der die Klage gegen den Mensor im Interesse des geschädigten Käufers oder Verkäufers nur zulassen will, wenn die condictio oder die actio empti wegen der Zahlungsunfähigkeit des Kontrahenten nicht zum Ziel führen. Sie war im Grundstücksgeschäft also nur im Ausnahmefall möglich[60].

Auf die wichtige Frage, welche Bedeutung der renuntiatio modi des Mensoren im Grenzprozeß zugemessen wurde, gibt die leider ein wenig korrupt überlieferte Frontinstelle 45, 11—22 eine sehr interessante Antwort. Sie zeigt, daß bei einer Diskrepanz zwischen dem realen und dem assignierten Flächeninhalt der letztere nur unter bestimmten Einschränkungen als maßgeblich galt und einen entsprechenden Klaganspruch begründen konnte.

(Der Text ist offenbar durch einen späteren Abschreiber etwas verdorben worden. Die Verbesserungen Lachmanns scheinen mir nicht ganz den Gedanken, daß hier der controversia de modo eine Klage finium regundorum zugrundeliegt,

58 Der Wandel war vermutlich kaum zu bemerken, da der Begriff „mensor" für den, der seine Tätigkeit ehrenamtlich ausübte, ebenso wie für den beamteten Mensor galt. Greifbar ist er in 7, 2 und umgekehrt in 2, 1: „si ego tibi, *cum esses mensor,* mandaverim ut mensuram ageres et tu Titio id delegaveris ... tu teneberis," d. h. nur der beamtete Mensor ist mit der Klage zu treffen.

59 D. 18, 1, 40 pr. (vergl. Anm. 57). Offenbar entging der Verkäufer auf diese Weise außerdem der actio de modo agri. — Die ganze Konstruktion scheint im Interesse der Makler geschaffen zu sein, die den Flächeninhalt der von ihnen gehandelten entfernten Grundstücke nicht selbst prüfen oder prüfen lassen konnten.

60 Wie die Fortsetzung des Zitats § 4 zeigt, sieht Pomponius als den eigentlichen Regelfall der renuntiatio modi eben ihre Verwendung im Prozeß an.

berücksichtigt zu haben. Ich füge deshalb rechts ein paar weitere Vorschläge an Stelle der von Lachmann gegebenen Lesarten an.

Text	*abweichender Vorschlag*
quom autem in adsignato agro secundum formam modus spectetur, solet tempus inspici et agri cultura. Si iam excessit memoriam abalienationis solet iuris formula (non silenter) intervenire et inhibere mensores, ne tales controversias concipiant, (HS mensores et alii controversiae concipiat) neque quitem tam longae possessionis inrepere sinit. Si et (B: inrepere nisi et) memoria sit recenset iam modus secundum centuriam conveniat et loci natura indicetur (B: inretetur)	solet iuris formula intervenire et inhibere mensores et alii controversiae concepta neque quietem tam longae possessionis inrepere, nisi et memoria sit recens, etiam modus secundum centuriam conveniat et loci natura indicet.
et cultura nihil impediet secundum formas aestimatum petere: lex (B: formas nec est initum deterre lex) enim modum petiti definite praescribit (B: modo petitis definita . . .) cum ante quam mensura agri agatur modus ex forma pronuntiatus cum loco conveniat. hoc in agris adsignatis evenit.	tum et cultura nihil impedit et secundum formas aestimatum petere. lex enim modo petere de fine ita praescribit cum ante quam mensura agri agatur modus ex forma pronuntiatus cum loco conveniat.

Eindeutig geht aus der Stelle hervor: war die Abweichung des realen Modus vom assignierten nicht mehr zu erklären und konnte man sich an die Zeit des Besitzwechsels nicht mehr erinnern, so versagte der Richter eine Formel der Klage „finium regundorum“ mit einem dem Mensor gegebenen Auftrag, im Gelände den assignierten Flächeninhalt nach der forma zu restitutieren. Die Assignation auf der forma war nur dann maßgeblich, wenn man sich noch dessen entsann, daß die Grenze einmal anders verlaufen war und wenn es entsprechende Hinweise im Gelände gab (si et memoria sit recens et loci natura indicet).

Da der Gerichtsherr nun schwerlich „in iure“ die Einzelheiten beurteilen konnte, wurde anscheinend ein Mensor beauftragt, das Gelände sowie den Umfang der Diskrepanz zwischen dem assignierten und dem realen Modus zu prüfen (lex modo petere de fine ita praescribit, cum ante quam mensura agri agatur modus ex forma pronuntiatus cum loco conveniat)[61]. War sie nicht erheblich, so wurde die Klage de fine gegeben, auch wenn eine gewisse Änderung der augenblicklichen Grenzen zu erwarten war (et cultura nihil impedit secundum formas aestimatum petere).

Nach dieser Stelle wurde also die forma vor allem als eine gewisse Eigentumsgarantie betrachtet, man erwartete aber gar nicht, daß sie wie ein Kataster in Ordnung gehalten wurde. Für die Bewahrung des Flächeninhaltes beachtete man vor allem die im Gelände errichteten Grenzen, die Angaben der Flurkarte hatten in

[61] Möglicherweise bezeichnet hier die „pronuntiatio modi ex forma“ die Instruktion des Gerichtsherrn über den assignierten Modus durch den Mensor, während die „renuntiatio modi“ den realen Flächeninhalt betraf. Die pronuntiatio wäre dann der komplementäre Terminus technicus.

einem Grenzkonflikt, jedenfalls in den steuerfreien Gebieten Italiens, für die sich die Agrimensoren vor allem interessierten, nur subsidiäre Bedeutung[62].

4. DIE STELLUNG DER MENSOREN

Wie schon erwähnt wurde, gab es in der Zeit der Republik einen Beruf oder Stand der Mensoren sowenig wie es z. B. einen Juristenstand gab, auch beim Militär ist der Dienstrang des Mensoren erst in der Kaiserzeit nachweisbar. Wo finitores in Erscheinung treten, da handelt es sich um Privatleute, die über agrimensorische Kenntnisse verfügen und gelegentlich als Spezialisten bei der Landverteilung oder in der Judication berufen wurden, oder um Centurionen, die den Auftrag bekamen, eine Landverteilung vorzubereiten.

a) Die Gehilfen der Beamten

Die Tätigkeiten der civilen finitores bei der Landverteilung und im Prozeß entsprachen einander insofern, als sie in beiden Fällen Gehilfen der gewählten Beamten waren. Noch Frontin sieht in der forensischen Funktion der Agrimensoren ihre schwierigste und wichtigste Aufgabe[63].

Es ist auffällig, daß in der späten Republik finitores als Richter nur in beschränkter, kaum ausreichender Zahl zur Verfügung stehen. Wenn Cicero dem Rullus vorwirft, die Verwendung von 200 finitores durch die Kommission mache es unmöglich, die Geschworenenbänke in den quaestiones publicae zu besetzen, und sie erschwere es den Beamten, Civilprozesse zu entscheiden[64], so mag namentlich die Erwähnung der (für die finitores ganz irrelevanten) iudicia publica aus demagogischen Gründen erfolgt[65] und die ganze Behauptung ein wenig übertrieben sein. Gleichwohl hätte Cicero sie nicht öffentlich aufstellen können, wenn sie den Verhältnissen überhaupt nicht entsprochen hätte.

Nun ist der Mangel an finitores bzw. an agrimensorisch geschulten iudices in der späten Republik nicht überraschend. Mit dem Übergang vom Bürgerheer zum

[62] Vergl. auch die von Hygin (131,14) beobachtete Veränderung des Flächeninhaltes der den Veteranen assignierten Gebiete, die diese selbst noch durch Kauf und Tausch untereinander vornahmen. Dazu 195. Zur Bedeutung der Katasterkarten bei Grenzprozessen in den Provinzen vergl. p. 211 ff.

[63] 34, 14—35, 11. (La)

[64] De lege agr. II, 34 dissolvant iudicia publica, e consiliis abducant quos velint.

[65] Seit der lex Aurelia des Jahres 70 waren die Geschworenenbänke zu einem Drittel mit Rittern zu besetzen. Diese Neuordnung der Besetzung galt als ein populärer Erfolg. Daß diesen Gerichtshöfen mit der Entfernung der Ritter aus Rom Gefahr drohte, durfte Cicero natürlich nicht übergehen. Da die Zusammenstellung der Richterliste in der Hand des praetor urbanus lag, (vergl. Kunkel, RE 24, 1, „quaestio" 753 ff.) der für sie vor allem die iudices der iudicia privata ausgewählt haben wird, ist die Behauptung Ciceros indirekt zutreffend, obwohl es keine öffentlichen Quaestionen gab, in denen finitores als Richter hätten tätig werden können.

Söldnerheer ging die Zahl der Personen des Mittelstandes zurück, die im Militärdienst die Vewendung von groma und decempeda gelernt hatten. Ohnehin waren die an den Mensoren gestellten Anforderungen dadurch gestiegen, daß er seit der Ausbreitung der Assignation in Italien auch die Interpretation der z. T. mehr als hundert Jahre alten formae beherrschen mußte, um ein Urteil in einem Prozeß abgeben zu können. Zudem ist zu erwarten, daß im Nobilitätsregiment auch die halbamtlichen Positionen der Gutachter und Richter von Männern einer gehobenen gesellschaftlichen Schicht eingenommen wurden, weil es eine institutionalisierte Verwaltung nicht gab.

b) Die locatio der Centuriation

Die Centuriationen größerer Gebiete sind in der Zeit der späten Republik nicht von den als Gehilfen der Magistrate fungierenden finitores hergestellt werden, sie wurden vielmehr von römischen Beamten — im Auftrag des Senats, der die notwendigen Mittel aus dem aerarium bewilligte — an einzelne Unternehmer ausgeboten. Direkt überliefert ist die Anwendung dieses Verfahrens zwar nur in einem Fall[66], doch ist es wahrscheinlich, daß vor allem die großen Centuriationen des zu verpachtenden oder zu verkaufenden Landes in ager Campanus und in Afrika im Laufe des zweiten vorchristlichen Jahrhunderts auf die gleiche Weise hergestellt worden sind. Umfangreichere Projekte dieser Art ließen sich so am schnellsten erledigen. — Die Triumvirn haben am Ende des Jahres 43 zum gleichen Mittel gegriffen, um die große Termination der für die Landverteilung ausgewählten 16 Landstädte durchzuführen. Nur in diesem Fall hat man diese sonst nur für die Aufteilung von steuerbarem Land gewählte Methode auch bei der Vorbereitung einer Landverteilung angewandt[67].

Wir wissen nicht, wer sich in diesen Fällen als Unternehmer anbot. Wahrscheinlich haben kapitalkräftige Ritter, die auch als finitores tätig waren, sich der Unterstützung ehemaliger Centurionen versichert und für die weiteren umfangreichen Hilfsarbeiten (Wegeanlage, Beschriftung der termini, Bau von Entwässerungsgräben etc.) Handwerker und Tagelöhner angeheuert. Jedenfalls bot sich die Gelegenheit zu derartigen Aufträgen viel zu selten, als daß sich ein ständiger Zusammenschluß von Mensoren und Handwerkern in sodalitates gelohnt hätte.

c) Die Mensoren im militärischen Dienst

Bis in die Zeit der klassischen Republik dürfte die Landverteilung vor allem in den latinischen Kolonien als ein militärisches Unternehmen betrachtet worden sein. Das ist mehrfach oben besprochen worden. — In dem Maße, in dem die Ansied-

[66] Im Gebiet von Korinth. lex agraria L. 97 f. (Zitiert oben p. 77, Anm. 6). Zur Centuriation des ager Campanus Granius Licinianus (Flemisch) p. 9, dazu zuletzt Castagnoli, Richerche, 13, A. 14. (Literatur) Note al liber coloniarum, p. 50 ff.

[67] Feldm. 211—213. Dazu Hinrichs, Historia 18, 1969, p. 537 ff.

lungskomissionen nur noch für die Landversorgung von Bürgern zuständig wurden und sich der civilen Magistratur anglichen, wird man auch ihr Hilfspersonal als ein civiles betrachtet haben. Der Übergang war, da das Heer ein Bügeraufgebot darstellte, vermutlich fließend. Seit der Einführung des Formularprozesses im 2. Jahrhundert ist zudem auch mit ihrer Verwendung in den iudicia privata zu rechnen.

Erst Sulla, der sich in seiner Veteranenversorgung nicht mehr den Beschränkungen einer lex agraria unterwarf, hat auch die auf die Landverteilung bezogene Tätigkeit der Militärtribune und Centurionen erneuert, denn man darf gewiß annehmen, daß die Legaten, die die Legionen Sullas wie Besatzungen in die einzelnen eroberten Städte führten, die Einzelheiten der Landaufteilung ihren Offizieren und Unteroffizieren überließen. Eine wesentliche Folge des militärischen Charakters dieser Aktion bestand darin, daß eine Assignation auf der forma, wie sie die civilen Mensoren entwickelt hatten, in diesem Fall nicht durchgeführt werden konnte[68].

Während Rullus im Personalstab der von ihm beantragten Xvirikommission 200 civile finitores forderte und man in ähnlicher Weise die Kommissionen der von Caesar in seinem ersten Konsulat durchgebrachten Ansiedlungsgesetze ausgerüstet haben wird, gehört der Antagonismus zwischen civilen und militärischem Charakter der Landverteilungen in den 40er Jahren unter die Fakten von besonderer politischer Relevanz. Obwohl Caesar wohl kaum jemals seit dem Beginn der bellum civile die Absicht gehabt hat, sich für die Versorgung seiner Soldaten den Bindungen einer herkömmlichen lex agraria zu unterwerfen, so hat er doch anscheinend zuerst davon absehen wollen, die Vorbereitung der Landverteilung allein den Offizieren und Centurionen zuzuweisen[69]. Nach dem Sieg bei Munda freilich ist er von diesen Grundsätzen abgewichen und hat vor allem in den Provinzen, aber auch in Italien nicht mehr einen civilen Charakter seiner Veteranenansiedlungen vorgetäuscht. Er siedelte geschlossene Truppenteile an[70] oder plante es, so daß Antonius im Frühjahr 44 die Ausführung in die Hand nehmen konnte. Hier fiel die Aufgabe der Limitation und Metation ganz den Centurionen zu. Die oben erwähnten spanischen Offiziere Saxa und Cafo, deren Tätigkeit bei der Land-

[68] Vergl. dazu oben p. 74 ff.

[69] Über Vorbereitungen berichtet der Brief Ciceros fam. 9,17,2. (August 46 in Rom geschrieben: „Veientem quidem agrum et Capenatem metiuntur") Diese Arbeiten lagen in der Hand des „Sekretärs" Caesars, L. Cornelius Balbus. (Cic. ebd. § 1) Ohnehin wurden die Offiziere und Centurionen zu diesem Zeitpunkt in Afrika benötigt. — Daß er im Gegensatz zu Sulla die Grundsätze einer civilen rechtlichen Landverteilung wahren werde, hat Caesar in der von Appian ihm in den Mund gelegten Rede, die er vor den im Jahre 46 meuternden Truppen gehalten hat, gesagt. (II, 94, 395. Ebenso Cassius Dio 42, 54, 1. Darauf ist auch Sueton, Caesar 38, 1 zu beziehen). Vgl. p. 62 f.

[70] So behauptet es Brutus bei Appian (b. c. II, 141, 588) in der vor caesarischen Veteranen gehaltenen Rede. Dasselbe gibt Antonius zu. (b. c. II, 133, 557) vergl. auch II, 119, 501. 120, 507. 125, 523. Der Ausführung dieser von Caesar geplanten großen italischen Assignation galt das dritte der von Antonius nach Caesars Tod durchgebrachten Gesetze vom April 44. (Vergl. Lange, Röm. Alt. III, 492—499. Rice-Holmes, The Architect of the Roman Empire, 190 f.)

verteilung Cicero empört dem Antonius zum Vorwurf macht, waren vermutlich schon von Caesar für diese Aufgabe ausgewählt worden[71].

Dieser Angriff Ciceros zeigt, wie empfindlich die römische Öffentlichkeit in diesen Jahren reagierte, wenn man auch die Durchführung oder die Vorbereitung der Veteranenversorgung dem Militär überließ. So haben sowohl Antonius im Sommer des Jahres 44 wie auch der Senat im Anfang des Jahres 43 nach dem Sieg bei Mutina für die Ansiedlung der Soldaten civile Kommissionen wählen lassen[72], denen man gewiß auch civile finitores beizugeben plante. Wir sahen, daß selbst die Triumvirn noch nach der Besetzung Roms am Ende dieses Jahres die Centuriation der für die Verteilung ausgewählten Stadtterritorien an Unternehmer ausboten, sie wählten also gleichfalls eine Durchführung durch civile Mensoren[73]. Erst nach dem Sieg bei Philippi hat Octavian die Einzelheiten der Landverteilung den Legaten und Tribunen der Legionen überlassen[74]. Auch hier dürften die Centurionen bei der Ausmessung der vielen Territorien angestellt worden sein, die für die Landverteilung erst jetzt hinzugenommen wurden. Dabei wird es auch bei den späteren Veteranenansiedlungen geblieben sein[75].

[71] Der Ansicht von Syme, JRS. 27, 1937, 135 f., nach der Saxa und Cafo als VIIviri zum zweiten Gesetz des Antonius vom Juni des Jahres 44 gehören, möchte ich nur mit Vorbehalt zustimmen. Zwei Stellen in Ciceros philippischen Reden zeigen deutlich, daß sie schon mit dem *ersten* Gesetz (aus dem April 44) in Zusammenhang gebracht werden müssen.

a) Phil II, 101. Dazu Phil. X, 22. XI, 12 f. Schauspieler und Schauspielerinnen, Saxa und Cafo sind auf dem ager Campanus bereits vor dem Juni angesiedelt worden. (Zeitangabe 100)

b) Phil. VIII, 26 Schutz der Besitzungen von Saxa und Cafo wird im Friedensangebot des Antonius gefordert. Das Gesetz der VIIviri vom Juni wird erst nach mehreren Zeilen genannt. Beim ersten Gesetz werden die beiden also bei der Verteilung mitgewirkt haben (vergl. Phil. XIV, 10) und dies bestand nur in einer Ausführung der Siedlungsvorhaben Caesars.

[72] Zur Wahl der Xviri für die Landverteilung im Frühjahr 43 Lange, R. A. III,[2] 541. Gröbe bei Drumann-Gröbe I,[2] 460. Rice-Holmes, The Architect I, 212.

[73] Vergl. oben p. 90 f.

[74] Von den drei lib. col. I. La. 244 genannten durchweg militärischen Agrimensoren hat der erste offenbar im Jahre 41 Land assigniert. Das zeigt die Erwähnung des Lepidus, den die Triumvirn später nicht mehr anführten. Zu den Fehlern dieser Nachricht vergl. Hinrichs, Historia 18 1969, p. 536, Anm. 60 a.

[75] Terminationen, die nicht der Landverteilung dienten, scheint Augustus auch in späterer Zeit noch auf dem Weg der locatio ausgegeben zu haben. Eine solche erwähnt Hyginus grom. 172, 4. Über die in der Kaiserzeit von den Militärs durchgeführten Terminationen vergl. Kap. VI.

Kapitel V:

DAS „MODUS-PRINZIP"

In diesem Kapitel wird der Versuch unternommen, ein paar Folgen und Erscheinungen eines bestimmten langsamen Anschauungswandels zu erfassen. Es handelt sich um das Entstehen und um die Bedeutung des „modus-Prinzips"[1]. Der modus agri bezeichnet den — meist vom Staat zugesicherten oder festgestellten — Flächeninhalt eines Grundstücks. Damit sind einmal die unter Umständen etwas komplizierten Probleme der geometrischen Flächenberechnungsmethoden gestellt. Fast noch interessanter sind die mit dem „modus-Prinzip" verbundenen Rechtsfragen. Der komplementäre Begriff ist der des „locus-Prinzips". Hier ist ein Grundstück durch seine Lage und durch seine Grenzen hinreichend bestimmt, beim „modus-Prinzip" allein durch seinen Flächeninhalt. Dessen Angabe braucht auch beim „locus-Prinzip" nicht zu fehlen, nur kommt ihr keine wichtige, Forderungen oder Klagen begründende Bedeutung zu. Beide Begriffe sind dem Sprachgebrauch der Agrimensoren entlehnt, die mehrere sehr verschiedenartige Auseinandersetzungen im öffentlichen wie im privaten Recht einer controversia de loco und einer controversia de modo zuordneten.

Solange die Verhältnisse des Stadtstaates leicht überschaubar waren und jeder sich von der Lage und von der Qualität der Grundstücke selbst ein Bild machen konnte, solange auch bei Koloniegründungen nur bestimmte, einzeln abgetrennte Parzellen zugewiesen wurden, kam dem Flächeninhalt nur eine sekundäre Bedeutung zu. Entsprechend beruht auch das römische Bodenrecht ganz auf dem „locus-Prinzip". Die rei vindicatio und die Interdikte betreffen den Schutz eines bestimmten Grundstücks. Auch in den privaten Kauf- oder Pachtverträgen, die sich stets auf einen bestimmten fundus, ager, saltus u. dergl. beziehen, spielt der modus agri — neben Bonität, Ertragserwartung und Lage — nur bei der Werteinschätzung eine Rolle. Die Sicherung der Grenze eines fundus ist seit frühester Zeit Zweck von Sanktionen und Gesetzesbestimmungen. — Die Einklagbarkeit und den civilrechtlichen Schutz einer bestimmten Fläche, deren Lage gleichgültig oder erst noch zu ermitteln ist, hat es im römischen Recht nicht gegeben.

Erst in fortgeschrittener Zeit ist das modus-Prinzip wichtig geworden, der Wandel hat sich wohl vor allem im letzten Jahrhundert der Republik vollzogen[2]. Mehrere Iendenzen haben ihn begünstigt.

[1] Der Begriff des modus-Prinzips ist von Max Weber, Römische Agrargeschichte 70 ff. zuerst im weiteren Sinn verwandt worden.

[2] Max Weber hat die Theorie entwickelt, es habe schon zur Zeit der XII Tafeln der Liegenschaftserwerb sich in der Form eines völlig abstrakten Geschäftes vollziehen können, bei der in Rom vordem Prätor durch Mancipation weit entfernte Grundflächen unter

Die Ausdehnung der Centuriation, die praktisch einer Aufmessung großer Territorien gleichkam, erleichterte die Feststellung des Flächeninhaltes von Gütern und Güterkomplexen umgemein. — Bei der Landreform des Tiberius Gracchus, die sich auf den ganzen ager Romanus erstreckte, wurde der Flächeninhalt aller Besitzungen erfaßt.

Das dritte Moment dürfte in der im letzten Jahrhundert der Republik ganz erheblich gestiegenen Mobilität des Grundstücksverkehrs zu suchen sein. Der Prozeß, der auch den Zeitgenossen deutlich vor Augen stand, und seine Beweggründe sind oft beschrieben worden: die kapitalistische Entwicklung Roms mit dem Bestreben der reich gewordenen Senatoren und Ritter, ihr Vermögen im Grundbesitz anzulegen und es durch Sklaven- und Weidewirtschaft weiter zu mehren, führte zur Bildung der „lati fundi“. Das bei den Landverteilungen häufig erlassene Verkaufsverbot bestätigt die Neigung der Siedler, das Landlos als Mittel zum schnellen Gelderwerb, nicht als Basis einer Lebensexistenz zu betrachten. — Der aufwendige Lebensstil und die große politische Unsicherheit, Proscriptionen, Güterkonfiskationen oder die Furcht vor denselben begünstigten zahlreiche überhastete und umfangreiche Landverkäufe, bei denen der Käufer das zu erwerbende Grundstück gewiß oft nicht persönlich in Augenschein nahm, um die Qualität und gemeinsam mit den Nachbarn die Grenzen zu prüfen. Der entscheidende Wertmaßstab dürfte in der Angabe des modus agri gelegen haben.

Typisch ist die veränderte Bezeichnung der Mensoren. Ursprünglich hießen sie nur „finitores“, d. h. sie mußten Gebiete limitieren, Parzellen in ihnen neu bilden und abgrenzen. Die Aufgabe der „agrimensores“ aber besteht in der — beim Landverkauf oder vor Gericht verlangten — renuntiatio modi, in der Feststellung des Flächeninhaltes[3].

Verweis auf forma und Censurregister hätten veräußert werden können. (Röm. Agrargesch. 77 ff. 98 ff.) An den von Weber angeführten Quellenstellen D. 21, 2, 45; 69, 6 und D. 19, 1, 4, 1, zeigt Kaser, Eigentum und Besitz im älteren römischen Recht, p. 275, Anm. 13, daß es sich hier nicht um den Verkauf eines modus agri handelt, sondern daß lediglich beim Verkauf eines bestimmten Grundstücks das Flächenmaß angegeben wurde. — Dieser Gedanke liegt auch bei der im Edikt vorgesehenen alten actio de modo agri zugrunde. (Dazu unten p. 95. Vergl. allgemein kritisch zur These Max Webers Kaser ebd. 273 ff.) — Es sind noch verschiedene weitere Bedenken geltend zu machen. Zunächst ist durchaus fraglich, ob im alten republikanischen Censusregister mehr als der Personenname, die Tribus und die Einordnung in der betreffenden Censusklasse vermerkt war. Genauer waren vermutlich erst die Aufzeichnungen in den provinzialen tabularia der Kaiserzeit. — Vor allem aber scheinen hier wesentliche Züge des modernen Grundbuchs einfach der römischen „forma“ zugesprochen zu werden. Weber glaubt, daß durch die Eintragung auf der forma die Veräußerung vollzogen worden sei. Doch darf die D. 11, 6, 5 erwähnte adsignatio des Verkäufers eines Grundstücks so nicht verstanden werden. — Vielmehr gab dies in Stein geschlagene Dokument nur Auskunft über die Maße und über die Eigentumsverhältnisse zum Zeitpunkt der Assignation selbst, es wurde später nicht mehr verändert oder korrigiert.

[3] Eine weitreichende Wirkung muß schließlich die Durchführung des Census in den Provinzen der Kaiserzeit, bei dem jedes Grundstück in regelmäßigen Zeitabständen nach Fläche und Qualität neu aufgenommen wurde, für die Verbreitung des modus-Prinzips gehabt haben.

1. DIE CONTROVERSIA DE MODO

Dem späten Vordringen und auch der begrenzten Bedeutung des modus-Prinzips entspricht es also, daß es im römischen Privatrecht fast keine Klageform gegeben hat, mit der sich der Anspruch auf eine Grundfläche von bestimmter Ausdehnung durchsetzen ließ. Die Grundformen blieben die Klage finium regundorum und die rei vindicatio sowie die Besitzinterdikte, welche ein bestimmtes fest umgrenztes Grundstück, dessen Flächeninhalt grundsätzlich gleichgültig ist, zum Gegenstand haben. — Gleichwohl könnte diese Behauptung als gewagt erscheinen angesichts der Tatsache, daß es im praetorischen Edikt eine actio de modo agri gegeben hat und daß die Feldmesserschriften außerdem eine von dieser actio weitgehend unabhängige controversia de modo agri erwähnen. Hinzu kommen ferner die im Digestentitel 11, 6 (Si mensor falsum modum dixerit) gesammelten Entscheidungen. Man könnte somit eher der Ansicht zuneigen, die Max Weber auch zu begründen versucht hat, diese ganz verschiedenartigen Erwähnungen seien die Reste einer alten spezifischen Form des Rechtsstreites, deren Gegenstand das amtlich festgestellte Maß einer Grundfläche gewesen sei. Wir betrachten diese Klagen deshalb im einzelnen.

a) Die actio de modo agri

Die Paulussontenzen erwähnen zweimal[4] den Grundsatz, daß ein Verkäufer eines Grundstücks, der dessen Maß zu hoch angibt, zur Zahlung des doppelten Wertes der Differenz zum wirklichen Maß verurteilt werden kann. — Lenel hat in seiner Rekonstruktion des prätorischen Edikts aus wenigen, aber eindeutigen Stellen der Ediktskommentare[5] die Position dieser Klage wieder ausfindig gemacht. Er hält die Klage gewiß zu recht für eine sehr alte civilrechtliche actio, von der nur noch diese wenigen Spuren vorhanden seien. Es bleibt aber festzuhalten, daß diese Klage auch erhoben werden konnte, wenn der betreffende modus nicht assigniert war. Denn es kam natürlich nicht auf die von der Realität vielleicht abweichende Angabe der forma, sondern auf die spätere Kontrolle durch den Käufer an[6]. Ferner stand dem Kläger keinesfalls ein Anspruch auf einen bestimmten modus agri zu, vielmehr war das Ackermaß vom Verkäufer lediglich wegen der Relation zum Kaufpreis angegeben worden.

[4] 2, 17, 4. Distracto fundo si quis de modo mentiatur, in duplum eius quod mentitus est officio iudicis aestimatione facta convenitur. — Ähnlich kürzer I, 19. (Nach Lenel, EP[3] 194, A. 11 ist in dieser zweiten Stelle die am Schluß erwähnte actio de modo agri allerdings interpoliert).

[5] Im 18. Buch des Ediktskommentars Ulpians (D. 19,1,34.21,2,14) im 21. des paulinischen (D. 18,1,51) und im siebten Buch der julianischen Digesten, (D. 18,6,11. 19,1,22.) — Die Klage stand zwischen den auf steuerbare Grundstücke und auf den Nießbrauch bezogenen Forderungsrechten und den agrarischen Noxalklagen. (Si quadrupes pauperiem fecisse dicetur und de pastu pecoris) Die lex Aquilia sowie weitere, die Mensoren besonders betreffende Aktionen wie finium regundorum und die Teilungsklagen sowie die Klage si mensor falsum modum dixerit folgten in unmittelbarer Nähe. (Vergl. Lenel EP XVIII)

[6] Besonders deutlich in D. 18, 6, 11.

Eine weitere Einschränkung scheint hinzuzukommen: Der Verkäufer muß wider besseres Wissen ein Übermaß angegeben haben. Die Stellen sprechen von der absichtlichen Täuschung[7]. Um die Möglichkeit dieser Klage zu haben, konnte also der Käufer sich anscheinend die Richtigkeit der Maßangabe durch ein Versprechen des Verkäufers bestätigen lassen. Aus dem Grunde wird man die knappe Bemerkung Frontins „nam et in ceteris agris (d. h. in agris non adsignatis) de modo fit controversia, quotiens promissioni modus non quadrat“ (14, 6 La) auf diese actio de modo agri zu beziehen haben.

War dieses Versprechen nicht gegeben worden, lag also nur ein Irrtum[8] oder Unwissenheit[9] des Verkäufers vor, so griff anscheinend die einfache actio empti Platz, die für falsche Maßangabe gleichfalls genannt wird, — mit der Wirkung, daß der Verkäufer hier nicht auf das duplum pretii verurteilt werden konnte, sondern nur die Benachteiligung des Käufers nachträglich auszugleichen hatte. — Im übrigen scheint man, um eben der Klage „de modo agri“ und ihrer für den Verkäufer diskriminierenden Verurteilung auszuweichen, sich entweder der Hilfe eines beamteten Mensoren versichert zu haben[10], oder man fand Lösungen, in denen die renuntiatio modi der Klage „si mensor falsum modum dixerit“ auf einen der Partner übertragen wurde[11].

Die actio de modo agri spricht also eher gegen die Ausdehnung des modus-Prinzipis, weil sie die absichtliche Täuschung des Käufers eines bestimmten Grundstücks, das fest begrenzt ist, bestraft. Sie begründet keinen Anspruch auf ein bestimmtes Flächenmaß. Hätte es eine allgemeine amtliche Aufnahme der Grundstücke nach ihrem Flächeninhalt zur Entstehungszeit der Klage bereits gegeben, so wäre dem Verkäufer die Möglichkeit eines derartigen Betruges von vornherein sehr eingeschränkt worden.

b) Die controversia de modo als Klage finium regundorum

Ganz anderer Herkunft als jene auf den Grundstücksverkauf bezogene „actio de modo agri“ ist die unten im Zusammenhang mit der Klage finium regundorum erwähnte Auseinandersetzung „de modo agri“, die in D. 10, 1, 7 genannt ist. (Modestinus 11 pad) „De modo agrorum arbitri dantur et is qui maiorem locum in territorio habere dicitur ceteris qui minorem locum possident integrum locum adsignare compellitur. idque ita rescriptum est.“

Diese auf einem kaiserlichen Reskript beruhende Entscheidung deckt sich mit verschiedenen Äußerungen der Feldmesser in dem Falle, daß man sie auf die Ansiedlungen der Veteranen bezieht, deren acceptae nach Wert und Größe als

[7] D 19,1,34. 19,1,22. Ebenso Paulussentenzen II,17,4. I,19. Die Verurteilung auf das duplum rückt die Klage in die Nähe der lex Aquilia, bei der sie im prätorischen Edikt auch eingeordnet war. (Ulpian erörtert beide Klagen im 18. Buch seines Ediktskommentars).

[8] D. 19, 1, 42 pr. (Paulus 5 quaest.)

[9] D. 19, 1, 4, 1. (Paulus 5 ad Sabinum)

[10] Vergl. oben p. 87. Zur renuntiatio modi der Mensoren im Grundstücksgeschäft.

[11] Vergl. das oben p. 86 f. erörterte Beispiel D. 18, 1, 40 pr.

gleich galten und vor der Verteilung verlost wurden. So sagt es vor allem[12] Frontin 45, 7:

> „de modo controversia frequenter in agris adsignatis exercetur: agitur enim ut secundum acceptam eius veterani, qui in illud solum deductus est, modus restituatur; aut si quando praescriptus est lege aliqua agri modus"

Außer den Veteranen haben also auch die Eigentümer von Landlosen, deren Größe etwa auf einem alten Plebiszit beruhte — sie wurde bei Koloniegründungen und Landverteilungen gesetzlich festgelegt — einen Anspruch auf die Restitution des zugesprochenen Flächeninhaltes.

Aus der Stellung des Modestinzitats im Titel 10, 1 und auch aus der folgenden Erörterung Frontins[13] geht eindeutig hervor, daß Klagen dieser Art als solche „de fine regundo" aufgefaßt und behandelt wurden. Sie galten als ein Streit unter Nachbarn, der an sich das Ziel einer Wiederherstellung der alten Grenze hatte, obwohl in Wirklichkeit vielleicht nur der zustehende modus restituiert werden konnte[14].

Übrigens durfte ein so gearteter Grenzprozeß nur selten anhängig gemacht werden. Die Möglichkeit war in den Territorien, die nur assigniert, aber nicht neu verteilt worden waren, nicht gegeben, und sie bestand nicht einmal in centuriierten Gebieten für die Altbesitzer, denen bei der Verteilung ein Teil ihres Gebietes belassen blieb. Die ausdrückliche gesetzliche oder kaiserliche Zuweisung des betreffenden modus agri war Voraussetzung. Sonst spielte die forma nur eine untergeordnete Rolle, ihre Angaben konnten nicht als Klaggrund verwandt werden, und man durfte sie bei der Entscheidung eines Grenzprozesses zwischen Privatleuten in assignierten Gebieten nur heranziehen, wenn die tatsächlichen Grenzen ihren Angaben im wesentlichen entsprachen[15].

c) Andere Formen der controversia de modo

Eine Anzahl weiterer Auseinandersetzungen boten sich für die als iudices berufenen Mensoren in der Form der controversia de modo dar. So wurden z. B. in Pachtkontrakten die Pachtzahlungen nach der Zahl der ausgegebenen iugera festgesetzt[16]. Daß die Steuern im ager vectigalis nach Flächenmaß und Qualität fest-

[12] Zur Stelle Hygin 131, 16 ff. vergl. p. 195, A. 125. Zur Verlosung der acceptae 113, 1 ff. Zur Einteilung Hygin grom. 199, 11 ff. Ein besonderes Problem der gerechten Aufteilung der acceptae trat dann auf, wenn Flüsse, deren Breite nicht eximiert wurde, die Centurien durchschnitten. (51, 3 ff.)

[13] 45, 11—21. Die etwas verdorbene wichtige Stelle ist oben p. 88 ausführlich besprochen worden. 45, 19 f. ist m. E. nur verständlich mit der Konjektur: lex enim *modum peti de fine ita praescribit,* cum ante quam mensura agri agatur modus ex forma pronuntiatus cum loco conveniat.

[14] So auch Brugi, le dottrine . . ., 318, nach dem die mensorische controversia de modo für die Juristen eine quaestio finalis gewesen ist.

[15] 45, 11—21 (La) Dazu oben p. 88.

[16] Hygin 132, 11: solent verum modum quidam in locationibus agrorum comprehendere atque ita cavere: „fundum illum, iugera tot, in singulis iugeribus tantum."

gesetzt wurden, galt als ein Grundsatz in fast allen Provinzen. Da man diese Steuerfixierungen für längere Zeit als gültig betrachtete und da es vielleicht oft keine weiteren maßgeblichen Grenzmerkmale gab, versuchten die Besitzer oft, ihr Grundstück nachträglich zu vergrößern[17]. So bekamen in den Provinzen die Censusakten und die Mensoren der tabularia auch in Grenzprozessen wachsende Bedeutung[18]. — Umgekehrt konnte sich aber herausstellen, daß der insgesamt berechnete modus nicht mit den Angaben der einzelnen Besitzer zur Deckung zu bringen war[19], was Revisionen der Steuerforderungen zur Folge haben mußte. Auch diese Auseinandersetzungen waren als controversiae de modo anzusehen.

Ferner sind die vielfältigen und oft schwierigen Probleme der Anrechnung oder Nichtanrechnung von öffentlichen oder privaten Wegen, von Flüssen, Gräbern und dergl. in Kaufkontrakten hier anzuführen, sofern in ihnen auch der modus agri angegeben war[20]. Allerdings wurde die Entscheidung des Mensoren in diesen rein juristischen Fragen gewöhnlich nur in quantifizierender Beziehung benötigt.

Schließlich konnten in den Provinzen Streitfragen über die Interpretation der großen formae auftreten, die den Flächeninhalt und die Gestalt der Gemeindegebiete und anderer großer steuerbarer Territorien wiedergaben. Die Parteien dieser großen controversiae de modo waren Personen des öffentlichen Rechts, Gemeindeverwaltungen oder Verwalter von kaiserlichen Domänen[21]. — In diesem besonderen Fall, in dem eine relevante Differenz zwischen dem wirklichen modus und der wirklichen Gestalt eines Territoriums auf der einen und der forma auf der anderen Seite auftrat, konnte es sich als notwendig erweisen, daß eine ganz neue forma, die fortan als Grundlage der Steuererhebungen zu gelten hatte, herzustellen war, wenn auch in der Regel die alten Gemeindegrenzen aufgrund einer Interpretation der alten forma wieder erneuert wurden[22]. Der Mensor mußte diese richtig interpretieren, sie mit den vielleicht unerkennbar gewordenen Geländemerkmalen oder mit der verzeichneten Kulturart in Übereinstimmung zu bringen versuchen, die Verkürzung der Abbildung auf der forma richtig im Gelände wieder aufheben und dergleichen mehr[23]. Gewiß war die Klärung dieser controversiae de modo

[17] 132, 7: „in eis autem qui vectigalibus subiecti sunt fere proximus quisque possessioni suae iunxit. ita ex hoc genere agrorum magnae quaestiones ... (hier bricht der Text ab).

[18] D. 10, 1, 11. Dazu p. 213 ff.

[19] 132, 16—19.

[20] Es ist das Problem des „in modum cedere“ dieser Teile. Dazu D. 18, 6, 7, 1. und 18, 1, 51. (hier verbunden mit der Entscheidung, daß nach dem Verkauf durch alluvio dem fundus zugewachsene Gebiete dem modus nicht zugerechnet werden dürfen).

[21] 46, 13 at si inter res publicas agetur et rem publicam et Caesarem, instrumentis forte veteribus continebitur, ut solet, adaeratio. (adaeratio bedeutet hier die Eintragung in die forma, ins aes, anscheinend ist die spätere Korrektur oder Ergänzung gemeint, so richtig. Th. L.L. I, 562. — Gewiß liegt nicht die in viel spätere Zeit gehörende Bedeutung der Umwandlung von Naturralleistungen in Geldzahlungen vor.)

[22] 47, 21. (La) convenire autem omnino in restitutione formarum omnia debent, ut secundum signa in formis nominata locus quicumque erat restituatur aut artificio signorum loca requirantur ...

[23] So 47, 21—48, 5. Ähnlich die (m. E. ganz echte) Stelle 76, 20—77, 6. Und 46, 21—47, 20.

noch schwieriger als die nicht einfache Assignation der Gemeindeterritorien „per extremitatem“[24].

2. METHODEN DER FLÄCHENBERECHNUNG

Die Agrarschriftsteller haben den Flächenmaßen und -berechnungen mehr und mehr Aufmerksamkeit geschenkt. Cato setzt einfach die üblichen römischen Maße von pes und iugerum voraus. Varro, der allerdings auch ein Werk geometrischen Inhalts verfaßt hatte, erwähnt in „de re rustica“ nur einige außerrömische Flächenmaße wie den campanischen vorsus und die spanischen iuga, ferner das scripulum als die kleinste Unterteilung des iugerum und die Legende vom Ursprung der Centuriation aus der Landverteilung des Romulus[25].

Columella bespricht die verschiedenen Untergruppen des iugerum — sextula, silicus, senuncia, unica usw. — besonders eingehend und erörtert ausführlich die Flächenmaße anderer Völker. Er fügt auch einen geometrischen Excurs an, der die Flächenberechnung von Rechtecken, gleichseitigen Dreiecken, Kreisausschnitten und regelmäßigen Vielecken zum Gegenstand hat[26]. Gewiß muß man Columella eine besondere Vorliebe für mathematisch-technische Probleme zubilligen[27]. Trotzdem zeigt diese Abhandlung, daß man zu seiner Zeit vom Landmann eine gewisse Kenntnis der geometrischen Methoden erwartete, die diesen befähigte, die Maße seiner Ackerflächen selbst in hinreichender Genauigkeit zu ermitteln — auch wenn Columella den Bauern für die genuin agrimensorischen Probleme ausdrücklich für inkompetent erklärt[28]. Die Ursache dieser Entwicklung wird darin zu suchen sein, daß die provinzialen und die italischen Landbesitzer seit Augustus zur Selbsttaxation und zur professio ihres Grundbesitzes beim Provinz- und Gemeindecensus verpflichtet waren.

Für die Agrimensoren blieb die Aufgabe der Flächenaufmessung so lange verhältnismäßig unproblematisch, wie sie sich auf centuriierte oder auf scamnierte und assignierte, in Ebenen gelegene Gebiete beschränkte. (Wenn im centuriierten Land die einzelnen Parzellen weder untereinander gleich noch nach der Zahl ihrer iugera assigniert waren, so ließ sich doch ihr Flächeninhalt leicht ermitteln. Zerlegte man die Centurie in kleine Einheiten, so konnte auch die unregelmäßige Begrenzung mit hinreichender Genauigkeit erfaßt werden. In scamnierten Gebieten war die Auf-

[24] Frontin sagt dazu kurz: „sic erit ut et artis sinceritas servetur et ordo veteris assignationis non praetermittatur“ 48,3. Voraussetzung ist hier die offenbar riesenhaft angelegte, aber nur fragmentarisch durchgeführte Centuriation Afrikas.

[25] r. r. I, 10. Cantor, Vorlesungen zur Geschichte der Mathematik, Heidelberg 1880, I. 460, hält für möglich, daß Columellas Berechnungen zunächst von der Schrift Varros über die Geometrie und über die „mensuralia“ abhängig sind.

[26] Columella r. r. V, 1 f. — Die auffällige Abhängigkeit, die zwischen diesen Flächenberechnungsaufgaben und denen der Geometrumena des Heron von Alexandria besteht, hat Cantor, Die römischen Agrimensoren, Anm. 180, für jede einzelne Aufgabe nachgewiesen. Vergl. auch RE *8*, 1072. („Heron“ Tippel).

[27] Vergl. die Erörterung 11, 13,12.

[28] V, 1 „non agricolae, sed mensoris est officium“ ferner, es sei „opus geometrarum magis quam rusticorum“.

nahme des Flächeninhaltes wegen der stets rechteckigen Parzellenbegrenzung gleichfalls einfach.) Die Schwierigkeiten wuchsen erst, wenn der Flächeninhalt größerer und unregelmäßig begrenzter Grundstücke oder ganzer Gemeindeterritorien festzustellen war oder wenn Flächen — sei es zum Zweck der Centuriation, sei es zur Ermittlung ihres Inhaltes — auf die horizontale Ebene reduziert werden mußten.

Die Feldmesser waren diesen Schwierigkeiten sicher gewachsen. Die Centuriation Nordafrikas schließt Gebirge und Seen ein, die Flurkarten von Orange erfassen gleichfalls Gebirge und Höhenunterschiede von fast vierhundert Metern (auf relativ engem Raum). Es handelt sich dabei, agrimensorisch gesprochen, einmal um das Problem der Aufnahme und der Assignation der „agri per extremitatem comprehensi“, d. h. der Gebiete, die nach ihrer Umfangslinie erfaßt sind. Sie bilden die zweite Gruppe der von Frontin am Beginn seiner Abhandlung erwähnten drei „qualitates agrorum“: „agrorum qualitates sunt tres: una agri divisi et assignati, altera mensura per extremitatem comprehensi, tertia arcifinii qui nulla mensura continetur“. — Zum anderen ist bei der Reduzierung geneigter Flächen auf die horizontale Ebene das Problem der „cultellatio“ gestellt.

Fast nur aus einer einzigen Partie des Corpus agrimensorum läßt sich die Methode wieder erschließen, nach der die römischen Feldmesser den Flächeninhalt von Territorien ausmaßen, die unregelmäßig begrenzt und nicht centuriiert waren. Diese Partie gehört zu den vom sogenannten „Aggennius urbicus“ kommentierten Texten, die Autorschaft Frontins, dem Lachmann diesen Abschnitt in seiner Ausgabe (S. 31, 12—34, 13) zugewiesen hat, ist nicht ganz sicher. Hultsch[29] hat sie ihm aus stilistischen Gründen mit Bestimmtheit abgesprochen. — Die Stelle ist ungemein korrupt überliefert, entstellt durch Mißverständnisse schon der späteren Abschreiber und vielleicht auch durch eingestreute unzutreffende Glossen und Erklärungsversuche. — Diese und das merkwürdige Schweigen zu diesem genuin „agrimensorischen“ Problem erklären sich wohl nur daraus, daß die Aufnahme der Gemeindeterritorien zur Zeit Trajans abgeschlossen war und daß so schwierige Aufgaben von den späteren Agrimensoren nicht mehr verlangt wurden, wohl auch bald nicht mehr gemeistert werden konnten. — Auch Lachmann und Thulin[30] haben in ihren Ausgaben die Ungereimtheiten nicht immer richtig verbessern können.

(Die Abweichungen vom Text Lachmanns sind gekennzeichnet, sie begründen sich oft erst aus der folgenden Darstellung der hier angewandten Methode)

La 31,12. principium artis mensoriae in agendi positum est experimento. exprimi enim locorum aut modi veritas sine rationalibus lineis non potest, quoniam omnium

[29] Realencyklopädie von Ersch und Grüber, „gromatici“ 92, p. 99,105. (zitiert bei Cantor, Agrimensoren, Anm. 191,193, der sich aber selbst Hultschs Ansicht nicht anschließt) Brugi, 13 Anm. 36

[30] La 31,12—34,13 = Th. 15,6—18,11. Ungenügend haben sich beide Herausgeber das Sachproblem verdeutlicht. Thulin hat im Text im allgemeinen Lachmanns Lösungsvorschläge übernommen. Der von ihm herangezogene Florentiner Codex entspricht in den Abweichungen vom Arcerianus im allgemeinen „E“. (Dazu Thulin, die Handschriften des corpus agrimensorum, Berlin 1911, 72 ff. 82.) Stoeber, Die antiken Grundsteuervermessungen, 1877, 120 ff. hat mit seiner Erklärung die Textfehler eher noch deutlicher gemacht.

agrorum extremitas flexuosa et insequalis (a)cluditur finitione, quae propter angulorum dissimilium multitudinem numeris suis manentibus et cohiberi potest et extendi: nam soli(b) mobile habent spatium et incertam iugerum enuntiationem. sed ut omnibus extremitatibus species sua constet et intra clusi modus enuntietur, agrum quo usque loci positio permittet rectis lineis dimetiemur: ex quibus proximam quamque extremitatem obliquam ita(c) per omnes angulos facta normatione complectimur et cohaerentem(d) mensuralibus
La 32 statutis(e)certo procentesimato(f)spatio simile(g) futurae tradimus formae: modum autem intra lineas clusum, rectorum angulorum ratione subducimus; subiectas deinde extremitatium partes ad rectam centesimam(h) nostrarum postulationum suis adaeramus(i) et adscriptis spatio suo finibus ipsam loci reddimus veritatem

Haec ubique una ratione fieri multiplex locorum natura non patitur, oppositis ex alia parte montibus alia flumine aut ripis aut quadam iacentis soli voragine, cum pluribus confragosorum locorum iniquitatibus, saepe et clulturis; propter quae maxime ad artis copian est recurrendum: debet enim minima quaeque pars agri in potestate esse mensoris et habita(k) rectorum angulorum ratione(l) constringi. itaque maxime providere debemus quo usu ferramenti quidquid occurrerit transeamus.

adhibere deinde metiundi diligentiam, quae potius actus(?) incessae imitationis (m) effectum laterum longitudines(n) aeque et ferramento primo ut (o) et omnia indomita perpenso dirigere cuius(p) ex omnibus corniculis extensa ponderibus et inter se comparata fila seu nervias ita perspicere donec proxima consumpto
La 33 alterius visu sola metiantur(q) tunc dictare moetas et easdem transposito interim extrema meta ferramento reprehendere eodem momento quo tenebatur, et coeptum rigorem ad interversuram aut ad finem perducere. omnibus autem interversuris tetrantis locum perpendiculus ostendat.

cuiuscumque loci mensura agenda fuerit, eum circumire ante omnia oportet et ad omnes angulos signa ponere, quae normaliter ex rigore cogantur; posito deinde et perpenso ferramento rigorem secundum maximo lateri(r) dictare et conlocatis respecti(s) in alteram partem rigorem mittere qui cum ad extremum pervenerit parallelon primi rigoris excipiat.

(a) La: inaequali AE: inaequalis.
(b) E: soli A: sol La: sola
(c) AE: extremitatem La: extremitatium
(d) AE coherentem La: cohercitam
(e) AE: atatutis La: moetis
(f) A: procentemato E: proextimato La: praecenturiato
(g) AE La: simili
(h) E: arc A: adrec tangentium La: areas tangentium Scriverius und Salmasius: areas
(i) A: aderamus E: adheramus La: adaeramus. (adaerare bedeutet auch hier einfach: „ius est eintragen", wie adaeratio 46, 15, vgl. p. 98, Anm. 21 nicht „berechnen" (so richtig Th. ll. I. 562 gegen Oxford Latin Dictionary h. v.)
(k) habitura, correxit Salmasius
(l) A, La: sua postulatione. om. E
(m) A: incessae imilitationis E: incensiti imitationis La: incessus limitationis
(n) E: longitudinem La: longitudine
(o) AE: aeque et La: aequet; ferramento primo uti et
(p) La: oculo
(q) AE: proxima ..... sola mentiatur La: proximam ... solam intueatur
(r) La: proximo lateri
(s) E: ereptis La und S: conlocatis metis

Wir besprechen diese Stelle eingehender, weil sie fast allein über die von den Agrimensoren angewandten Verfahren der Flächenmessung Aufschluß gibt. Sie ist wegen ihres verdorbenen Zustandes bisher kaum beachtet worden[31].

Der erste Absatz (31, 19—32, 6) umschreibt das Problem als Ganzes: Dem durch eine „inaequalis et flexuosa finitio" begrenzten Territorium wird zunächst ein unregelmäßiges Vieleck einbeschrieben, dessen gerade Linien genau auszumessen sind. (rectis lineis dimetiemur) Man darf nicht gleich die wirklichen Seiten selbst aufnehmen und abzeichnen, da sich dann leicht Verzerrungen ergeben können. Die wirkliche Grenze ist also gegenüber den Seiten des einbeschriebenen Vielecks verschieden geneigt. An allen Winkeln dieser Grenze ist am Beginn der Vermessung ein Zeichen angebracht worden (33,7—9), so daß sich von der Grundlinie, d. h. von der Seite des einbeschriebenen Vielecks, das Lot auf den Scheitel des Winkels fällen läßt. Das ist mit „per omnes angulos facta normatione" gemeint[32]. Entsprechend sagt Frontin 7,6 in der Aufzählung der verschiedenen Gruppen der subseciva: „nam et reliquarum mensurarum actu (d. h. in den nicht centuriierten Gebieten) quidquid inter normalen lineam et extremitatem interest subsicivum appelamus". Auf diese linea normalis werden von der Umfangslinie aus nach der norma lotrechte Linien gezogen.

Dann wird die Umfangslinie als ein nach den bestimmten Maßeinheiten prozentual[33] verkürztes Abbild auf der forma abgezeichnet. (32,1) Der Flächeninhalt des

[31] Auch Cantor, Die röm. Agrimensoren, 96 f. übergeht die Stelle mit dem Hinweis auf ihre besondere Schwierigkeit schnell. Da er die Abhängigkeit der Agrimensoren von Heron von Alexandria nachweisen will, interessieren ihn mehr die mathematischen Aufgaben des Marcus Iunius Nipsus. — Für eine spätere Entstellung sprechen manche der — handschriftlich eindeutig — überlieferten Barbarismen und Fehler, die Hultsch vielleicht vor allem veranlaßten, dem Frontin die Stelle abzusprechen. So z. B.: 31, 12: experimento, exprimi enim 15: finitio. 17: mobilem(!) habent spatium. 18: enuntiatio — an sich vor allem spätl. — wohl gewählt wegen des folgenden enuntietur. In 32, 7—14 ist vor allem der Schluß: propter quae — constringi interpolationsverdächtig. (13: habitura rectorum angulorum ratione (!)).

[32] Der „Georges" führt unter dem Wort „normatio" die Bedeutung an: Die Richtung oder Abmessung nach dem Winkelmaß. Ähnlich: norma — Winkelmaß. normaliter — nach dem Winkelmaß. normare — mit dem Winkelmaß abmessen. Diese voneinander abhängigen Bedeutungen sind irreführend. „norma" ist nichts anderes als das rechtwinklige Richtscheit. (vergl. vor allem Vitruv 3,5,14. 4,3,5. 3,1,5. 7,3,5. 8,4,1. Ebenso Plin. n.h. 36, 172. Entsprechend heißt normalis bei Manilius 2,289 auch: rechtwinklig. Boethius spricht 415, 19 von einem tetragonus normaliter constitutus. Columella 3,13,12 (ad perpendiculum normata) bezeichnet das Lot. Einen Zusammenhang zwischen ‚norma' (oder einem abgeleiteten Begriff) und der Winkelmessung ergibt keine der im Wörterbuch angegebenen Stellen.

[33] Lachmann hat das Verständnis der Stelle durch seine Konjektur (procentemato in praecenturiato) sehr erschwert. Das „per extremitatem" erfaßte Gebiet wird zwar bisweilen auf der forma wie ein „ager limitatus" eingetragen (vergl. Frontin 5,3), doch hält Frontin diese Methode nicht für richtig, und er erwähnt sie an dieser Stelle auch nicht. (E. Stoeber, Die römischen Grundsteuervermessungen, 123 f. hat sich durch diesen Fehler Lachmanns zu weiteren Konsequenzen (Annahme einer Centuration zum Zwecke späterer Landverteilung usw.) verleiten lassen).

Schon die Kompilatoren, die anscheinend längst nicht mehr in der Lage waren, eine forma herzustellen, haben nicht verstanden, daß hier von der prozentualen Verkürzung bei der Assignation auf der forma die Rede ist. Deshalb die Verschreibung vier Zeilen weiter:

unregelmäßigen Vielecks wird durch dessen Auflösung in Rechtecke und rechtwinklige Dreiecke und durch deren Addition ermittelt. (32, 3) rectorum angulorum ratione subducimus. Der Inhalt der erxtremitatium partes (also der kleinen Trapeze zwischen Grundlinie und Randlinie) wird auf die geforderte prozentuale Verkürzung gebracht (ad rectas centesimas nostrarum postulationum) und dann in seiner nach Füßen (podismis suis) angegebenen Abmessung die Tafel eingetragen, (32,5) schließlich die Grenze abgetragen.

Das von Frontin so kurz geschilderte Verfahren läßt sich in folgender Weise darstellen:

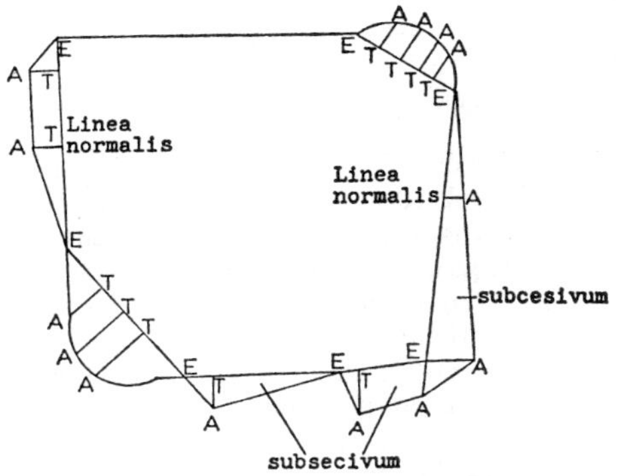

E bezeichnet die Eckpunkte des einbeschriebenen Vielecks, A die Scheitelpunkte der anguli der „extremitas", T die durch einen „tetrans" bezeichneten Punkte, die durchweg auf der linea normalis des einbeschriebenen Vielecks liegen, in denen die von A gezogene Senkrechte diese Linie trifft. (So auch 33, 5: omnibus autem interversuris tetrantis locum perpendiculus ostendat. Man ging also mit dem leicht transportablen Instrument der groma auf der Grundlinie entlang und visierte die Eckpunkte lotrecht an.)

Die Strecken von E zu E und von E zu jedem T werden genau ausgemessen, sodann zunächst der Inhalt des einbeschriebenen Vielecks durch Zerlegung in Rechtecke und rechtwinklige Dreiecke ermittelt. Auch die Berechnung der „extremitatium partes" ist nicht schwierig, wenn die Strecken ET und AT bekannt sind.

Ein in der täglichen Praxis sehr wichtiges Problem stellt sich mit der Frage, ob die Strecke AT stets ausgemessen wurde. Solange man in Ebenen vermaß, wird man es nicht unterlassen haben, sie mit der decempeda abzuschreiten. Viel häufiger wird aber die Vermessung von Territorien erforderlich gewesen sein, in denen die Grenze auf dem oder den Bergrücken verlief, wie es dem italischen oder mediterranen Landschaftsbild entspricht. Um eine exakte Assignation zu ermöglichen, hätte die Messung auch eine Reduzierung der Strecke auf die horizontale Ebene erfordert. Dafür gab es wohl die cultellatio, die jedoch ein wenig umständlich war.

ad rectam gentiam (A) aus ad rectam centesimam. — Lachmann hat den Fehler 47, 16 ähnlich wiederholt. Die Aufzeichnungen der forma stimmen dort mit dem (veränderten) Gelände nicht überein. Die Ursache liegt in der prozentual verkürzten Geländewiedergabe: „specie disconveniente velut ad procenta scripta modus item disconveniat" La: „velut AD pro CA scripta".

Um sie sich zu ersparen, haben sie Mensoren den Punkt A von einem zweiten etwas entfernteren Punkt P der linea normalis aus anvisiert und von einem weiteren auf der Strecke PA gelegenen Punkt F auf die linea normalis das Lot gefällt und gemessen. Dann ergibt sich die Entfernung AT aus den Verhältnissen in ähnlichen rechtwinkligen Dreiecken. — Dies Problem liegt dem folgenden Abschnitt 32, 7—33, 6 zugrunde, hinter dem kurzen und schwer verständlichen Absatz 33, 7—13 verbirgt sich die daraus folgende Aufgabe, zwei benachbarte Strecken AT nach dieser Methode zu messen und dann von der kleineren zur größeren eine Parallele zur Grenzstrecke A—A zu ziehen.

Diese beiden Aufgaben hat auch Hyginus gromaticus (192, 17—193, 15) ausführlich und klar besprochen, ohne allerdings zu erwähnen, daß sie sich vor allem bei der Flächenmessung von Territorien stellen. Aus seiner Erörterung wird der Frontintext gleichfalls verständlich.

> So vero in propinquo sint duo signa, quae ex recta linea normaliter conspici possunt, (— es läßt sich also die senkrechte Linie in dieser durch die signa bezeichneten Richtung festlegen —) ut excussis longitudinibus longiorem lineam ad brevioris longitudinem signo posito aequemus (nach Prüfung der Länge soll die kürzere Strecke auf der längeren abgetragen werden) ex quo ad interversuram brevioris linae rectam lineam iniungamus, quae sit duorum signorum conspectorum linea ordinata, ferramento explicabimus. Sit ergo forma conspectus ABCD. nunc ex linea primum constituta, quae est inter B et D conspiciamus signum quod est in(ter B et) A[34]. prolato exigum per rigorem ferramento normaliter paucas dictabimus metas ex signo E. prolato iterum ferramento in signum F, signum conspiciemus ita ut rigorem ex E missum secet signum G, et quicumque numeri fuerint sic observabimus. quomodo fuerit FE ad EG, si et FB tractabimus, erit longitudo conspectus inter BA. eadem ratione et alteram partem conspiciemus. quanto deinde longior fuerit, signo notabimus H, et ex hoc signo in B rectam lineam iniungemus, quae erit ordinata AC.

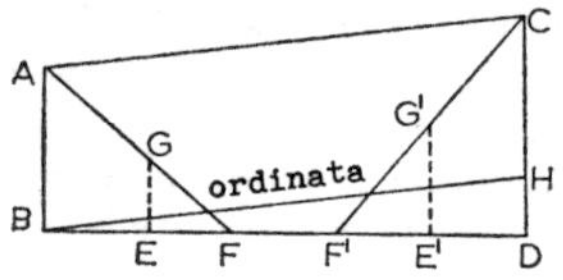

Diese Aufgabe ist also bei Frontin in die der Höhenmessung (32, 7—33, 6) und des Ziehens der Parallele zur Grenzlinie aufgegliedert. Der erste Abschnitt ist anscheinend durch einen wortreichen späteren Kommentar erweitert worden, zugleich ist der entscheidende Satz verdorben: „adhibere deinde metiundi diligentiam, quae potius actus (?) *incessae imitationis* effectum (?) *laterum longitudines aequat*“ (32, 14). Gemeint ist vermutlich, daß man beim Messen der ähnlichen rechtwinkligen Dreiecke (inscessae? imitationis) sorgfältig vorgehen soll, da sich die gesuchte Strecke aus dem Längenverhältnis der Seiten ergibt[35].

[34] Der Sinn dieses nicht bezeichneten und später nicht mehr genannten signum scheint mir darin zu liegen, die Strecke AB genauer zu bezeichnen. (A liegt vielleicht erhöht) — Die beiden im Arcerianus (172 f.) angeführten Figuren zeigen nur, daß man im 5. Jhdt. auch diese einfachen Aufgaben nicht mehr verstand.

[35] Stoeber, a.a.O. kann diese Stelle gar nicht erklären, da er (die Annahme von der vorhergehenden Centuriation voraussetzend) actus hier als Mittelweg in den einzelnen Cen-

Auch die überaus knappen, aber anscheinend echten Anweisungen 33, 7—13 werden vor allem erst auf der Hyginstelle verständlich. Zwischen den Grenzsigna ist eine Linie gezogen, und von ihnen wird auf die Basislinie (des einbeschriebenen Vielecks) das Lot gefällt. (quae normaliter ex rigore cogantur) Nachdem das ferramentum auf der Grundlinie vom tetrans entfernt aufgestellt und eingewogen ist, wird eine Linie zur größeren Seite gezogen, die Zeichen der Zwischenhöhe werden mit dieser Linie in Beziehung gesetzt (conlocatis respectis) und eine Linie auf die andere Seite gerichtet (in alteram partem). Nach der Berechnung kann die Parallele zum Grenzrigor von der größeren zur kleineren Seite gezogen werden (parallelon primi rigoris excipiat).

Die cultellatio

Mußte ein rigor oder ein ganzes Limitationsnetz über ein unübersichtliches Tal oder über ein hügeliges Gelände gelegt werden, so wären die Längen verkürzt und das Centuriationssystem selbst verzerrt worden, wenn man die limites einfach weiter gezogen und sie gemessen hätte. Es war also notwendig, die rigores auf die horizontale Ebene zu reduzieren, um die Berechnung der horizontalen Länge möglich zu machen und um die Schnittpunkte mit den jeweils quer gelegten rigores festzustellen. Das zu diesem Zweck entwickelte Verfahren wird cultellatio genannt, — vermutlich weil es in einem stetigen Zerschneiden der Strecke besteht[36]. Geschildert wird es an zwei Stellen des Abschnittes, den Lachmann dem Frontin zugeschrieben hat. 26, 11—27, 12 und 33, 14—34, 13[37]. Relevant sind jedoch nur die elf Zeilen 33, 19—34, 7.

turien versteht. — Die dann folgende Stelle 32, 18—33, 2 hat H. Schoene (Das Visierinstrument der röm. Feldmesser, Jahrb. Arch. Inst. 1901, 16, 130), so gedeutet, daß die Feldmesser nicht die gegenüber, sondern die nebeneinander hängenden Fäden des Kreuzes auf den rigor der Grundlinie eingestellt hätten. Er übersieht, daß der tetrans, will man Abweichungen vermeiden ‚genau unter der stella liegen muß. Kritisch zu Schoene auch Fabricius, RE „groma".

[36] Rudorff, G. I. 340 schlägt vor: „Die Ähnlichkeit mit einem halb geöffneten Taschenmesser", doch läßt sich dies kaum entnehmen aus Vitruv 10, 5, 2. („tympanon ad perpendiculum collocatum in cultrum") eine Stelle, die auch Lachmanns Konjektur (f) zugrundegelegt ist. („auf die Kante gestellt").

[37] In diesem Abschnitt dürfte 33, 14—18 spätere Interpolation sein. Der Abschnitt 26, 11—27, 12 (Thulin fügt ihn in seiner Ausgabe unmittelbar an La 34, 13 an) scheint desgleichen jüngere Zusätze zu enthalten. (Lachmann hat 27, 3 f. ausgeschieden. Höchstwahrscheinlich ist auch 27, 5—9 (omnis — nascatur) jünger, ein Abschnitt, der die Gedankenführung einfach unterbricht.) Jedenfalls lernt man aus ihm nur das leicht einsichtige Faktum, daß die Eigenart der cultellatio sich bei den am Berghang gepflanzten Baumreihen demonstrieren läßt, die trotz vergrößerter Distanz am Boden untereinander die gleichen Abstände bewahren wie wenn sie in der Ebene gepflanzt worden wären. — Der Schluß des zweiten Abschnitts 34, 8—13 besagt, daß die cultellatio als überflüssig betrachtet werden kann, wenn das Tal eng und leicht übersehbar ist. Die Erwähnung bei Marcus Iunius Nipsus 287, 12 ist untypisch.

(Eine parallele Schilderung bei den anderen Mensoren fehlt; Da Lachmanns Konjekturen auch hier nicht immer überzeugen, ist im folgenden vor allem der Text des Arcerianus zugrundegelegt)

> si fuerit ergo vallis quae conspectum agentis exsuperet, per ipsam metis ad ferramentum adpositis erit descendendum. cuius rigoris incensum (a) ut sescontrario (b) aequemus, (c) affixa (d) linea ad capitulum perticae aequaliter ad perpendiculum cultellare debemus, nam et perpensum (e) rigorem extendere linea in quam cultum locum perpendiculis adsignant (f)
>
> (a) E, La: incessum. (b) A: sisincontrario. E: se in contrario. Lachmanns Änderung trifft hier zu. Der sescontratius ist der rechtwinklig schneidende.
>
> (c) La, E; A: aeque. (d) A: adflectante La: adficta.
>
> (e) La: tum ad permensum (f) La: in cultrum locatam perpendiculus adsignat.

In ein unübersehbares Tal muß also der Mensor herabsteigen, nachdem er mehrere metae in der Nähe der groma (und natürlich in der Linie des rigor) aufgestellt hat. Der sescontrarius ist der rechtwinklig schneidende rigor, beide müssen sich in der Länge entsprechen. — „Capitulum perticae“ kann man kaum anders als mit „Kopf der decempeda“ übersetzen[38]. Dann aber darf auch linea nicht (wie sonst stets bei den Feldmessern) im Sinn von Linie aufgefaßt werden, sie bedeutet die Schnur, die also am Kopf der decempeda befestigt (und gewiß durch ein kleines Gewicht beschwert) wird. Im folgenden Satz kann das überlieferte „nam et perpensum rigorem extendere“ gewiß ohne Änderung stehen bleiben (der rigor perpensus ist der gedachte, waagerechte, gewissermaßen ausgewägte, der auf dem Boden in verlängerter Form abgetragen wird). Der Schluß ist hingegen kaum ganz reparabel, obwohl das Gemeinte deutlich genug wird: der rigor ist stets bis zu dem Punkt zu ziehen, der lotrecht unter der waagerechten decempeda durch linea und perpendiculus angezeigt wird. Dem Sinn nach: quoad in cultrum locatus perpendiculus linea adsignat[39]. Das bedeutet also kurz gesagt, der Feldmesser mißt stets genau in der waagerechten Ebene. — Am Schluß folgt noch die Warnung, man dürfe sich dies umständliche Verfahren niemals ersparen, da andernfalls eine Verzerrung folge[40].

Bei dieser Schilderung fehlt der Hinweis, wie der Verlauf des rigor zunächst im groben festgelegt werden soll. Wahrscheinlich ist dies bereits durch das einleitende „metis ad ferramentum adpositis“ ausgedrückt. Von der genau auf den rigor eingestellten groma, die am Rand des Tales postiert war, ließ sich die Richtung des weiterzuziehenden rigor leicht fixieren.

[38] Diese Bedeutung des Wortes „pertica“ ist bei den Feldmessern an sich schon ganz verschwunden. Nur Balbus (95,5) führt sie noch an. Sonst heißt stets pertica forma oder Assignationsfläche, doch ist diese Bedeutung abgeleitet.

[39] Gegen Lachmanns Ergänzung spricht, daß man die Schnur kaum „in cultrum locare“ kann. „am Rand (sc. der decempeda) aufstellen“. Dies kann wohl mit dem Lotwinkel geschehen, mit dem die herabhängende linea übereinstimmen muß.

[40] nam quotiens sine linea cultellamus conspectum metarum excedimus et festinantes ex eo loco iterum rigorem conspicimus (?) tunc in illa perticarum quamvis exigua conversione non minus fit distendi quam si iacentia quam ... (34, 3—7)

3. DAS VERHÄLTNIS ZUR GRIECHISCHEN GEOMETRIE (HERON VON ALEXANDRIA)

Die Römer haben bekanntlich selbst ihre mathematische Begabung nicht sehr hoch eingeschätzt[41]. Oftmals betonten sie, die Mathematik würde von ihnen nicht um ihrer selbst willen betrieben, sondern nur so weit zur Kenntnis genommen, wie sich ihre Einsichten in der Praxis verwenden ließen[42]. Haben sie nun die eben geschilderten Methoden der Flächenvermessung originär entwickelt oder verdanken sie sie der griechischen Geometrie? Diese alte Frage läßt sich nicht einfach beantworten, es hat unterschiedliche Grade der Abhängigkeit gegeben, die wiederum eine differenzierte Erklärung fordern.

a) Argumente für die Abhängigkeit

Seit man auf die mathematischen Lehrbücher des Heron von Alexandria aufmerksam geworden ist, hat man oft die Verwandtschaft hervorgehoben, die zwischen der „Metrika" und den Aufgaben der „Dioptrik" auf der einen und den entsprechenden Aufgabensammlungen der römischen Feldmesser besteht[43]. Wenn Balbus am Beginn seiner Schrift[44] die Feldmeßkunst lobt, die ihn instandgesetzt habe, Parallelen als Grundlinie für einen Wall zu ziehen, von einem Ufer die Breite eines Flusses oder die Höhe eines Berges zu messen, so erwähnt er damit von Heron besprochene Musteraufgaben[45]. Schon die von Columella erwähnten geometrischen Aufgaben sind von Heron entlehnt[46]. Diese Abhängigkeit steigert sich noch in den späteren agrimensorischen Schriften, sie reicht in der Aufgabensammlung des „Podismos", die unter dem Namen des Marcus Iunius Nipsus überliefert ist, oft bis zur einfachen Übersetzung des griechischen Originals[47]. Im berühmten heronischen Flächensatz über den Inhalt eines spitzwinkligen Dreiecks sind sogar

[41] Erinnert sei nur an die bekannten Verse der Aeneis 6,849 f.

[42] Cic. Tusc. 1,2,5: in summo apud illos honore geometria fuit, itaque nihil mathematicis illustrius. at nos metiendi ratiocinandique utilitate huius artis terminavimus modum.

[43] Bereits Venturi hat in seiner Ausgabe der heronischen Schriften (1814) diese Abhängigkeit hervorgehoben, auch Hultsch hat sie in seinen metrologischen Schriften betont. Vor allem Cantor hat diese These von der Abhängigkeit „der Agrimensoren" gegenüber Heron von Alexandria geradezu ins Zentrum seines Buches „Die römischen Agrimensoren und ihre Stellung in der Geschichte der Feldmeßkunst" gestellt. (Kürzer in „Vorlesungen zur Geschichte der Mathematik", I, Heidelberg 1880, 460 ff.) — Die Thesen Cantors wiederholt Tittel, RE 8, 992—1080, vor allem 1014,1072. — Die im folgenden kurz erwähnten Abhängigkeiten sind von Cantor und Tittel ausführlich erörtert worden.

[44] La 91 ff.

[45] Parallelen = Dioptrik § 10, 22. Flußbreite = § 9 Berghöhe = § 2, 12, 13.

[46] Nachweise bei Cantor, Agrimensoren Anm. 180. Tittel 1072 f. Möglicherweise war Varro in den „mensuralia" und der „Geometrie" der Vermittler heronischen Gedankengutes.

[47] 295 ff. Das zeigt schon der Aufbau der Aufgaben: erst werden die gegebenen Größen genannt, dann folgt die Auflösung: *ποίει οὕτως* = s(ic) q(uaeris). Cantor, Vorlesungen 470, weist auf die große Zahl der Gräzismen in diesen Aufgaben hin: *ἐκβληθεῖσα* = eiectura. hortogonium. kathetus. hypotenusa. basis. parallilon. embadum. podismus. usw.

die gegebenen Zahlen übernommen[48]. — Welche Autorität Heron als Archeget der Mensoren in den Augen der Spätzeit besaß, zeigt die von Cassiodor übernommene und berichtete Legende, Augustus habe die Vermessung seines Reiches in die Hände eines „Heron metricus“ gelegt[49].

Eine direkte Parallele zur von Frontin geschilderten Flächenmessung fehlt zwar in der Dioptrik, immerhin teilt aber Heron zwei Methoden der Berechnung von unregelmäßig begrenzten Flächen mit, die jedenfalls mit dem von Frontin und Hygin angewandten Prinzip identisch sind[50]. — Hinzu kommt schließlich und vor allem, daß Heron auch dem Buch *περὶ διόπτρας* eine polemische Nuance gegeben hat. Er hatte den Diopter entwickelt, ein dem modernen Theodoliten verwandtes äußerst fortschrittliches Visierinstrument, in dem sowohl die Höhen- wie die Seitenwinkel durch Schraubendrehungen eingestellt und abgemessen werden konnten und in dem natürlich auch rechte Winkel leicht einzuvisieren waren. In dieser Aufgabensammlung wird die Verwendung dieses an sich offenbar für astronomische Messungen (Abstand und Höhen von Sternen!) entwickelten Instrumentes im Bereich der Feldmessung an vielen Möglichkeiten gezeigt. Natürlich war es der groma hoch überlegen, und Heron tadelt auch (§ 33) die Fehler dieser „stella“ *(ἀστέρισκος)* welche „manche“ bei der Feldmessung in Gebrauch hätten, da sie schwer in der Waagerechten zu halten und auch im übrigen mangelhaft sei.

Interessanterweise beschränkt sich Heron in seinen Aufgaben auf Streckenmessung und auf das Feststellen rechter Winkel. Die in der Astronomie in Alexandria übliche Winkelmessung wird von ihm nicht auf die ebene Trigonometrie übertragen, obwohl dies bei der Anwendung der Dioptra leicht möglich gewesen wäre. (Hätte Heron es getan, so würde sich wahrscheinlich — eben aus dem ständigen praktischen Gebrauch — bald die Entdeckung der trigonometrischen Winkelfunktionen angeschlossen haben, die nun den arabischen und den europäischen Mathematikern des 15. Jahrhunderts vorbehalten blieb) Diese Einschränkung hatte jedoch den Vorteil und wohl auch den Zweck, daß sein Lehrbuch sich auch von Schülern verwenden ließ, denen nur die einfache groma zur Verfügung stand. — Es scheint, als hätte Heron an eine Verwendung seines Aufgabenbuches oder an eine Tätigkeit seiner Schüler im römischen Bereich gedacht.

b) Argumente gegen die Abhängigkeit

Es ist nicht überraschend, daß die Fülle und das Gewicht der genannten Argumente namentlich die Historiker der Mathematik zu der Ansicht geführt haben, die

[48] La 300, 11.

[49] epist. 52. (507 n. Chr.) „Augusti quidem temporibus orbis Romanus agris divisus censuque descriptus est, ut possessio sua nulli haberetur incerta, quam pro tributorum susceperat quantitate solvenda. Hoc auctor Heron metricus redegit ad dogma conscriptum.“

[50] Im § 23 der Dioptrik legt Heron ein Rechteck in die Mitte der Fläche, im § 24 eine Gerade, bei Frontin handelt es sich um ein unregelmäßiges Vieleck. Beide stimmen in der Methode überein, die Fläche an den Grenzen zur näheren Berechnung in Trapeze zu zerlegen. Das Verfahren, die äußere schräge Begrenzungslinie des Trapezes zum Zweck der Messung an der Basis wieder abzutragen, war praktisch (beim Grenzverlauf auf Höhenzügen) oft wichtig, mathematisch bedeutungslos. Heron erwähnt es nicht.

römischen Feldmesser seien nicht mehr als Schüler der alexandrinischen Mathematiker gewesen, deren Lehren eben Heron ihnen in seinem Lehrbuch nahegebracht hatte[51]. Stellt man sich auf den Standpunkt, daß nur der formulierte und bewiesene Lehrsatz den Erkenntnisgrad bezeichnet, so ist diese Ansicht auch kaum zu widerlegen. Das Bild ändert sich erst, wenn man den Fortschritt am Maß der praktischen Anwendung des Erkannten prüft. Die Römer haben zudem von den Lehren Herons zunächst nur das übernommen, was sich mit ihrem alten System der Assignation vereinen ließ, und auch die ersten Erweiterungen scheinen selbständig gefunden worden zu sein.

Unter den Elementen der römischen Eigenständigkeit ist vor allem die Konsistenz des Instrumentariums zu nennen. Die *δίοπτρα* war gegenüber der groma das bessere Visiergerät, die römischen Architekten verwandten es längst — und zum Nivellieren den noch feineren Chorobates[52] — trotzdem haben die Mensoren sich auch dann noch mit den der Castrametation entstammenden Werkzeugen von groma und decempeda[53] zufrieden gegeben, als sie riesige Gebiete aufzuteilen und ungleichmäßig begrenzte Territorien mit großen Höhenunterschieden auszumessen hatten. Offenbar waren die Agrimensoren auch bei ungemein erweitertem Aufgabenbereich nicht bereit, ihre anscheinend im Anfang des dritten vorchristlichen Jahrhunderts entwickelten Berufstraditionen aufzugeben. Diese Beharrlichkeit verdient alle Bewunderung, wenn man bedenkt, daß mit diesem Instrumentarium z. B. die ganze Provinz Nordafrikas centuriiert und komplizierte Flächenmessungen ausgeführt worden sind.

Als eigenständig ist ferner die Erfindung und Entwicklung der forma und der aus der Centuriation erwachsenen Assignation anzusprechen. Von ihr ist bei Heron nichts zu finden. Sie aber wird seit dem zweiten vorchristlichen Jahrhundert zur Grundlage des Sytems. Aus der Forma, die nur die Centurien abbildet und die Namen der Empfänger enthält, wird durch die Ausweitung auch auf nicht verteiltes Gebiet und durch die Aufnahme von Straßen, Flüssen, Stadtgebieten eine wirkliche Flurkarte. In dem oben (p. 101 ff.) erörterten Frontinabschnitt bildet die Flächenmessung und -berechnung nicht die alleinige Aufgabe, es gilt zugleich eine adaequate Abbildung auf der forma zu finden. Auch diese Methode entstammte der Centuriation: Frontin fordert von den fortgeschrittenen Agrimensoren, sie sollten bei der Assignation der „agri per extremitatem comprehensi" auf das herkömmliche Centuriationsschema verzichten, welches also viele Mensoren gewissermaßen als Hilfskonstruktion auch bei der Assignation der auszumessenden Gemeindeterritorien beibehielten[54].

Ähnlich hat man den Begriff des „subsecivum", der bei der herkömmlichen Centuriation das zwischen der Grenzlinie und den Centurien gelegene Gebiet bezeich-

[51] Vergl. 107, A. 43.

[52] Vitruv 8, 5, 1. Hier spricht er vom Bau der großen Wasserleitungen, der feine Nivellierungen erforderte.

[53] Zwar nannten sie bisweilen die groma auch ferramentum (nach dem eisernen Fußgestell) oder stella, die decempeda auch pertica, doch die Sache blieb die gleiche.

[54] Frontin erwähnt diese Form der Assignation 5,3 etwas mißbilligend, doch käme sie „multis locis" vor.

nete, auf diese Form der Assignation „per extremitatem“ übertragen[55]. Das ist gewiß kein sprachlicher Notbehelf, vielmehr zeigt sich daran gleichfalls, wie die Methode der Assignation und der Flächenmessung „per extremitatem“ unmittelbar aus der gewiß echt römischen Centuriation hervorging. — Dem entspricht es, daß für die Methode der cultellatio, die aus Absicht entstand, die Centuriation im hügeligen Gebiet anzuwenden, bei Heron keine Parallele vorhanden ist[56].

Zur Erklärung muß man daran erinnern, daß nicht nur die im militärischen Dienst tätigen Mensoren bzw. die als solche fungierenden Centurionen, sondern auch die freien finitores der Republik und der frühen Kaiserzeit ganz auf die Aufgaben beschränkt waren, die sich so aus der Centuriation und aus der Assignation ergaben. Sie erwarben ihre Kenntnisse nicht in einem offiziellen Schulunterricht. Dem entspricht es, daß die klassischen Mensoren Frontin und Hygin auch die Flächenmessung nach einer Methode vollziehen, die auf die zwei elementaren Sätze gegründet ist, daß im rechtwinkligen Dreieck die Fläche dem halben Produkt der beiden Katheten entspricht und daß in ähnlichen rechtwinkligen Dreiecken die Seitenverhältnisse gleich sind. — Der erste dieser beiden Sätze versteht sich von selbst, wenn man die Hypotenuse als die halbierende Diagonale eines Rechtecks auffaßt; vom zweiten aber wissen wir aus einer sehr aufschlußreichen Polybiosstelle, daß nicht nur er selbst seine Verwendung bei Entfernungs- und Höhenmessungen von einem Feldherrn erwartete, sondern daß wahrscheinlich auch Marcellus bereits bei der Einnahme von Syrakus — also lange vor Heron aus Alexandria — mit Hilfe eben dieses Satzes die Höhen der entfernten Stadtmauer berechnete und so passende Leitern für den Angriff herstellen lassen konnte. Diese Aufgabe ließ sich mit dem militärischen Instrumentarium von groma und decempeda lösen[57], und Polybios sagt selbst, daß es dafür nur einer gewissen mathematischen und geometrischen Allgemeinbildung bedürfe, die zur Verwendung von Ähnlichkeitssätzen

[55] Frontin 7,6(La) nam reliquarum mensurarum actu quidquid inter normalem lineam et extremitatem interest subsecivum appellamus.

[56] Das bemerkt auch Cantor, Agrimensoren 96 f.

[57] Pol. 8,37,2.: *προσαναλαβὼν ὁ Μάρκος τὸ τεῖχος.* — „*προσαναλαμβάνειν*‘, heißt hier: „aufnehmen“, „die Höhen durch Dreiecksmessungen aus der Ferne festlegen“. Ähnlich werden *λαμβάνειν* und *λῆψις* Pol. 8. 19,8 an einer Stelle verwandt, an der Polybios eben das Verfahren eines Feldherrn, Mauern aus der Ferne zu messen, bespricht. So hat Hultsch, R.E. 5. 710,40 auch diese Lesung näher begründet und belegt. — Eine andere Version dieser Stelle 8,37,2, nach der Marcellus sich nur der Mauerhöhe erinnert hätte, bringt Suidas unter „*προσανανέομαι*“ Ihr folgt Walbank, Comm. II, 113, (ohne auf Hultschs Begründung einzugehen). — Hultsch, R.E. 5, 1073 entnimmt diesen Stellen 8,37,2 und 9,19,8 f., daß hier bereits die Dioptra verwandt worden sei, doch auch das einfachere ältere römische Instrumentarium wäre dafür ausreichend gewesen. Allerdings dürften die Römer mit dem von Walbank II, 147 f. (Versuch, die Schattenlänge heranzuziehen) empfohlenen Verfahren kaum gute Ergebnisse bekommen haben. Das Problem war zu lösen, indem man zunächst die Entfernung der Mauer und dann ihre Höhe berechnete. Die erste Aufgabe kommt der für die Mensoren klassischen Musteraufgabe gleich, die Breite eines Flusses zu messen, Hygin hat sie an der oben p. 104 erörterten Stelle im Prinzip besprochen. Nachdem einmal die Entfernung bekannt war, brauchte vom Beobachtungspunkt nur noch die Mauerzinne über eine am Ende einer ausgemessenen Teilstrecke aufgestellte Meßlatte anvisiert zu werden.

und Analogien befähige[58]. Demnach würde also nicht nur die Centuriation, sondern auch die von den Agrimensoren bei der Flächenmessung verwandte Methode auf vorwiegend praktischen, längst vor Heron im römischen Heer angewandten geometrischen Erfahrungssätzen beruhen.

Lösungsversuch.

Damit ist die Richtung angedeutet, in der die Lösung des Problems zu suchen sein dürfte. Es ist nicht ganz angängig, mit Cantor die Geschichte der Feldmeßkunst wie die einer Wissenschaft zu betrachten. Die endogenen Traditionen von Centuriation und Assignation muß man zugleich im Auge behalten. Sie drücken sich in der ganz eigenen Fachsprache aus[59]. Auch für die Flächenmessung und für die Centuriation komplizierter und unebener Territorien begnügte man sich in der klassischen Zeit mit der Anwendung elementarer und den Römern seit Jahrhunderten bekannter Ähnlichkeitssätze.

Der spätere Wandel dürfte drei Ursachen haben.

a) Cantor hat mit Recht vermutet, daß Herons Dioptrik vor allem der Ausbildung der Mensoren des ptolemäischen Ägypten galt[60]. Die große Anzahl der dort seit alter Zeit in den Ämtern von Dorfkataster, Gaukataster und Zentralkataster tätigen und vom Staat angestellten Mensoren bedurfte einer gewissen Schulung. Wenn irgendwo, so bestand in diesem Land ein Ausbildungsbedarf. Das bereits um 100 v. Chr. verfaßte Lehrbuch des Heron[61] wird zunächst in diesen Mensorenschulen seine Geltung bekommen haben.

Die Kaiser haben anscheinend schon vom Beginn der Kaiserzeit an dieses billige und gut ausgebildete Beamtenpersonal bei der Verwaltung ihrer Domänen und im Dienst ihrer Procuratoren auch in den provinzialen tabularia angestellt, und mit ihm bekamen die geometrischen Lehrsätze des Heron die spätere weite Verbreitung, da die in den römischen Traditionen aufgewachsenen freien Mensoren zurücktraten und von den Kaisern nur noch zu wichtigen außerordentlichen Aufträgen verwandt wurden (Vergl. dazu das Kapitel VII).

b) Wie die Verwendung durch Columella zeigt, waren die heronischen Lehrsätze bereits in der frühen Kaiserzeit im Imperium verbreitet. Es mag sein, daß die

58 Er sagt 9, 20, 1 mit Bezug auf diese Aufgaben: *δεήσει . . . γεγεωμετρηκέναι μὴ τελείως, ἀλλ' ἐπὶ τοσοῦτον ἐφ' ὅσον ἀναλογίας ἔννοιαν ἔχειν καὶ της περὶ τὰς ὁμοιότητας θεωρίας.*

59 Das zeigen Worte wie: decimanus, cardo, rigor, linea normalis, antica, postica, striga, scamnum, decempeda, ferramentum, corniculum, pertica, tetrans. assignatio. subsecivum, trifinium; cultellatio usw.

60 Agrimensoren 30 ff. (Danach ebenso schon Hultsch, Scripta Metrol. I, proleg. p. 15 Anm. 9). Damit könnte es sich erklären, weshalb Heron es mit seinem mathematischen Gewissen vereinbaren konnte, den berüchtigten Flächensatz vom Viereck: $F = \frac{a+c}{2} \times \frac{b+d}{2}$ in seine Sammlung aufzunehmen. (Cantor 31 f.) Der Satz ergibt um so weiter nach oben abweichende Flächenmaße, je verschiedener die jeweils benachbarten Winkel in ihrer Größe sind. Trotzdem war er in offiziellem Gebrauch, die Abweichung kam der staatlichen Abgabenforderung bzw. der des Tempels zugute. (Cantor p. 92 zeigt, wie diese simple Formel, die noch 100 v. Chr. bei der Verpachtung von Tempelland belegt ist, auf der Vereinfachung einer besseren Berechnung des Trapezinhaltes beruht, die bereits 1700 v. Chr. in der Flächenberechnung von Steuerland verwandt wurde.)

61 So nach der herrschenden Meinung zu „heronischen Frage".

mehrfach bei den Feldmessern erwähnten „professores" als Lehrer der Geometrie in Rom tätig waren und die Bücher Herons verwendeten, wenn auch andrerseits zu beachten ist, daß diese offiziell anscheinend nicht für die Ausbildung der freien Mensoren zuständig waren[62].

c) Schließlich ist von Belang, daß sich die klassischen Aufgaben der Agrimensoren, Centuriation und Assignation, allmählich überlebt hatten und daß auch die Aufnahme der Gemeindeterritorien auf den formae bereits in der frühen Kaiserzeit vollzogen war[63]. Der Aufgabenbereich der Mensoren beschränkte sich seitdem vermutlich mehr und mehr auf Flächenmessungen. Zur Assignation waren die beamteten, oft dem Sklavenstand entstammenden Feldmesser wohl auch nicht befugt. Für sie genügte also die „moderne" griechische Schulung, während sie in die mit der Centuriation verbundenen oder aus ihr erwachsenen Methoden nicht mehr eingeführt zu werden brauchten.

[62] Zur Abbildung der Mensoren vergl. unten p. 162 ff. Die bei Frontin 37, 9 und Hygin grom. 181, 11 genannten professores stehen zu den Autoren offenbar nicht in näherer Beziehung. Der von Balbus so gelobte Celsus dagegen (91: notum est omnibus, Celse, penes te studiorum nostrorum manere summam, 92,5 werden die artes liberales genannt) scheint zur Zeit Trajans ein Lehrer der Geometrie gewesen zu sein.

[63] Das ergeben die Anordnungen Vespasians über Grenzrestitutionen „ex formis" und vor allem über die „subseciva" (s. Kap. VII).

Kapitel VI:

DER CENSUS UND DIE ASSIGNATIONEN IM FRÜHEN PRINZIPAT

Eine der wichtigsten und folgenreichsten Reformen des Augustus stellt die Erneuerung der Censur und vor allem die Einführung des Provinzcensus dar, der von Anfang bis zum Ende seiner Regierungszeit immer wieder seine Sorgfalt für lange Zeit beansprucht hat. Am besten sind wir durch viele Inschriften über die Rangordnung und auch über die jeweilige Funktion der den Census durchführenden Beamten ins Bild gesetzt, doch weist Hirschfeld in seiner eben diesen Beamten des Census gewidmeten Darstellung auf die „großen Lücken in unserer Kenntnis dieses wichtigen Verwaltungszweiges" hin, „die auch voraussichtlich in Zukunft nur zum kleineren Teil angefüllt werden dürften"[1].

Augustus hat bei der Trennung des Provinzcensus vom Bürgercensus zwei Aufgaben voneinander geschieden, die (außer vielen anderen) der Censor der klassischen Republik nebeneinander wahrnahm: Die Verpachtung der Steuerquellen an die publicani und die Aufstellung der Bürgerrollen. — Auch das Ziel, das Augustus sich bei der Ordnung der provinzialen Schatzung setzte, war schon von Caesar[2] ins Auge gefaßt worden und ist klar zu erkennen: an die Stelle der unkontrollierbaren und viel mißbrauchten Steuerpacht sollte ein übersichtliches System der direkten Besteuerung treten. — Es ist sicher, daß Augustus dies in den Kaiserprovinzen leichter und schneller erreichen konnte, da er hier die Praerogativen besaß und zudem die Offiziere und vielleicht auch das Personal der in ihnen stationierten Legionen für die wichtigen Arbeiten heranziehen konnte, die auf der unteren Ebene in den einzelnen civitates zu leisten waren[3].

Die von Mommsen aufgestellte Gleichung, die Senatsprovinzen hätten die indirekte Besteuerung, die Kaiserprovinzen die direkte angewandt[4], wird man höch-

[1] O. Hirschfeld, Die kaiserlichen Verwaltungsbeamten bis auf Diocletian. p. 53

[2] Appian, b.c. 5, 4,19. Cassius Dio 42,6

[3] Die Belege für die Beteiligung der Offiziere sind zusammengestellt bei Hirschfeld, 57. — Die Beteiligung des Militärs am Census dürfte es erklären, daß in der frühen Kaiserzeit sehr oft auf einen Provinzcensus ein Aufstand der Bevölkerung folgte. (Braunert, Historia 6,1957,199, Anm. 6. Ähnlich 198, 213.)

[4] St.R.II, 1093. Etwas einschränkender allerdings 1095: „... womit nicht ausgeschlossen ist, daß im Laufe der Zeit auch das Senatsregiment sich an diesem System mehr oder minder beteiligt hat, wie es dann schließlich allgemein geworden ist und das ältere verdrängt hat." — Die Basis dieser Unterscheidung liegt in der bekannten Klassifizierung des Gaius, Inst. 2,21, der die Senatsprovinzen provincia stipendiaria, die kaiserlichen provincia tributaria nennt. Indessen bezeichnet diese Unterscheidung vielleicht mehr den Verwendungs-

stens als eine Hypothese von begrenzter Gültigkeit ansehen dürfen[5]. Bei den Gemeinden lag jedenfalls hier wie dort die eigentliche Steuereinziehung, und im übrigen wird die Methode der Fixierung der Steuern zunächst noch sich mehr nach dem Herkommen der einzelnen Provinzen als nach der neuen administrativen Teilung gerichtet haben.

Die Frage, wie weit und ob überhaupt die Gemeinden von Anfang an eine Personalsteuer einzogen und abliefern mußten, ist in unserem Zusammenhang nicht wichtig. Hier interessiert nur die Grundsteuer als das wohl wesentlichste Element des provinzialen Census. Eine Vermessung der Grundflächen der einzelnen Gemeinden und die Selbstdeklaration als eine Methode zur Ermittlung des individuellen Grundbesitzes waren die Voraussetzungen, mit denen sich die Reform bewerkstelligen ließ. In den neuen Provinzen des Westens hat Augustus mit der provinzialen Schatzung begonnen.

1. ZUM CENSUS IN LUSITANIEN UND GALLIEN

In den gallischen Provinzen leitete Augustus den Census im Jahre 27 persönlich, anschließend besorgte er die gleiche Aufgabe in Spanien[6]. Im Zusammenhang mit der gallischen Schatzung steht die Einteilung des Landes in 60 civitates[7], von denen also der Tribut im Census eingezogen worden sein wird. Die Censuslisten dieser 60 civitates wurden in dem großen Zentraltabularium der drei gallischen Provinzen in Lyon zusammengestellt[8]. Frontin erwähnt auch die Methode, nach der Augustus in Spanien anscheinend die Grundsteuer festlegt: (4, 4)

> ager est mensura comprehensus cuius modus universus civitati est adsignatus, sicut in Lusitania Salmaticensibus aut Hispania citeriore Palatinis et compluribus provinciis tributarium solum per universitatem populis est definitum.

Salmantica und Pallantia sind aneinander angrenzende städtische Mittelpunkte sehr großer Gemeindeterritorien im Nordosten Lusitaniens und im Nordwesten der

zweck der Steuern als die unterschiedliche Art der Eintreibung. Im übrigen weist Mommsen selbst darauf hin, (II, 1095, Anm. 1) daß jene Adjektive bei den übrigen Juristen fast synonym gebraucht werden.

[5] Für die Hypothese spricht, daß die großen reformierenden Schatzungen nur aus einzelnen kaiserlichen Provinzen bekannt sind. (Spanien, Gallien, zu Syrien: Josephant. 18, 1, 1.) Gegen sie spricht der häufigere Wechsel der Administration einzelner Provinzen. — Zur Methode in Afrika vergl. unten Abschnitt b), zu Sardinien C 10, 7951, dazu unten p. 120, A. 40, 41.

[6] Cassius Dio 53, 22, 5. (27 v. Chr.) *ἐς δε δὴ τὰς Γαλατίας ἐλθὼν ἐνταῦθα ἐνδιέτρεψεν . . . καὶ αὐτῶν ἀπογραφὰς ἐποιήσατο . . . κἀντεῦθεν ἔς τε τὴν ᾿Ιβηρίαν ἀφίκετο καὶ κατεσ τήσατο καὶ ἐκείνην.*

[7] Strabo erwähnt 4, 3, 2 die 60 auf dem Austusaltar in Lugdunum eingetragenen civitates. Dazu vgl. 115 u. Anm. 14 — E. Desjardins, Geographie historique et administrative de la Gaule Romaine, Paris 1885, Bd. 3, 154 f. und Jullian, Histoire de la Gaule 4, 319 ff. schließen aus der etwas unpräzisen Notiz bei Tac. ann. 3, 44 (Abfall von 64 gallischen civitas im Jahre 21), daß sich die Zahl später um vier erhöht habe.

[8] Caligula ließ sich dort: *τὰς τῶν Γαλατῶν ἀπογραφὰς* zeigen. (Cassius Dio 59, 22, 3)

Tarraconensis[9]. Während des spanischen Aufenthaltes hat Augustus zugleich in Lusitanien in der Nähe von Salmantica die große Kolonie Emerita gegründet. Sie bekam eine äußerst weitläufige Centuration[10], so daß trotz mehrfacher späterer Assignationen noch Subseciva übrig blieben, die in den Revisionen Vespasians überprüft werden konnten[11]. — Da wir aber außerdem wissen, daß Offiziere bei dem spanischen Census des Augustus tätig waren[12], ist der Schluß erlaubt, daß mit der Centuration der Kolonie Emerita auch die Vermessung „per extremitatem" und die Aufnahme des großen Gemeindeterritoriums Salmantica von den Tribunen und Centurionen der spanischen Legionen ausgeführt worden ist. In Gallien ist die Tätigkeit der Offiziere beim Census bekannt[13]. Nun setzt Frontin ausdrücklich hinzu, mit der Aufnahme des „ager (per extremitatem) mensura comprehensus", — d. h. mit der verkleinerten Abbildung und mit der Vermessung der Gesamtterritorien („per universitatem populis est definitium"), die eben dargestellt wurden — sei in mehreren Provinzen das steuerbare Land der civitates erfaßt worden. Namentlich im mit Spanien gleichzeitig assignierten Gallien wird Augustus demnach die gleiche Methode angewandt haben. Das heißt: es fehlten die Centuriation oder die mensorische Parzellierung, vermutlich auch die Vermessung der einzelnen Grundstücke, die Assignationsbeamten haben in diesen Provinzen nur die Fläche der Gemeinden erfaßt und danach die Steuer festgesetzt[14].

Von diesem frühen Census in den zwei neu gewonnenen Westprovinzen hat die kaiserliche Schatzung auch anderer Provinzen ihren Ausgang genommen. Es bleibt die Frage, wie weit sie am anderen Ort oder in späterer Zeit sich geändert hat.

2. CENTURIATION UND CENSUS IN AFRIKA

Die Limitation der proconsularischen Provinz Afrika darf als das klassische Beispiel einer großflächigen und fast ganz homogenen Centuriation gelten. Die Anlage des großen Centuriationsnetzes dürfte schon in den Jahren unmittelbar nach dem Fall der Stadt Carthago im Jahre 146 in der alten Provinz begonnen

[9] Die Erläuterung des Kommentatoren 4, 26 „Lusitania provinciae nomen est. Salmaticenses enim vicani proprie nuncupantur" zeigt, daß er diese große Stadt nicht kennt.

[10] Vergl. RE 5, 2494 (Hübner). C 2, 656 wird die Grenze zwischen Ucubi und Merida erwähnt. Die Gründung: Cassius Dio 53, 26, 1.

[11] Spätere Assignationen: Tac. hist. I, 78. Frontin 51, 18—52, 10. Hier auch die Revision der subseciva.

[12] C 10, 680. „T Clodio C.(f.) ... Pro(culo) praef. fab(r) tribunus mil. (leg IIII) Scythicae leg(... ab ...) Caesare Aug(... misso pro) censore ad Lus(itanos)" Dazu aber Hirschfeld 57, Anm. 2.

[13] Vergl. oben p. 113, A. 3. In Gallien haben sowohl Drusus (Liv. epit. 138, 139. Dazu aus der Rede des Claudius, Dessau ILS 212, II, 38 f.) wie Germanicus im Jahre 14 n. Chr. (Tac. ann. I. 31, 33) den Provincialcensus als Befehlshaber der germanischen Legionen durchgeführt.

[14] Deshalb werden bei Tac. ann 3, 40, 1 die gallischen civitates, nicht einzelne Grundbesitzer als Steuerschuldner genannt.

worden sein[15]. Es wurde bei der von Gaius Gracchus begonnenen Koloniegründung von Karthago benutzt[16] und vermutlich verfeinert, als man in den Jahren vor dem jugurthinischen Krieg dazu überging, große Strecken afrikanischen Landes in Rom nach der Flurkarte zu verkaufen[17]. Spätestens im Zusammenhang mit diesen Verkäufen wurde das Land Afrika anscheinend in Bonitätsklassen eingeteilt, die aufgrund der lex censoria des Jahres 115 festgelegt und nach der professio der einzelnen Eigentümer und Käufer in die Flurkarten eingetragen wurden[18].

Die Zahl der Ortschaften und Städte hat sich in dem folgenden Jahrhundert sehr vergrößert[19], doch blieb die einmal angelegte Centuriation offenbar deswegen auch in den neuen Gemeindeterritorien erhalten[20], weil sie eine einfache und übersichtliche Grundlage der Steuererhebung abgab.

Caesar fügte die Provinz Africa nova (Numidia) hinzu, die zeitweilig durch einen eigenen Statthalter verwaltet wurde[21]. In dieser Zeit wurde die Centuriation Nordafrikas auch auf das Gebiet der freien Städte ausgedehnt, was nach aller Wahrscheinlichkeit mit der Überprüfung des Census in Nordafrika unter Augustus in Zusammenhang steht[22]. Jedenfalls lag die Durchführung des Census in der pro-

[15] So Barthel, Römische Limitation in der Provinz Afrika, Bonner Jahrb. 120, 1911, 81. R. Chevallier, Mélanges d'Archéologie et d' Histoire 70, 1958, (Essai de chronologie des centuriations Romaines de Tunisie) p. 65 ff.

[16] Chevallier 67 ff. S. 75 die Erörterung der bekannten Legende, (Appian b.c. 1, 24, 105, Orosius 5, 12, 1) Wölfe hätten die von der Kommission vor der Koloniegründung gesetzten Termini umgeworfen. — Zur Orientierung der Centuriation Gsell, H.A.A.N. VII, 61, A.1 daher nicht zutreffend.

[17] Dem in der lex agraria des Jahres 111 erwähnten Verkauf (Dazu Z. Sav. Stiftg. 83, 287 ff.) war bereits ein anderer im Vorjahr oder noch etwas früher vorangegangen. (ebd. 297).

[18] Vergl. die Erwähnung der Bonitätsklassen und das Verbot einer falschen professio in der Linie 90: ... quem a) grum in eo numero agri professus erit, quo in numero eum agrum quem is quoi adsigna (tus est, professus erit, profiteri non oportuit ... Dazu ebd. 290. 295. Die Vectigalia mußten vom verkauften Land bezahlt werden.

[19] Dazu die Übersicht bei Teutsch, Das Städtewesen in Nordafrika, Berlin 1962,5—51. Die meisten römischen Städte lagen allerdings jenseits der alten Provinz in Numidien.

[20] Der große Atlas des Centuriations Romaines de Tunisie, Paris 1954, herausgegeben vom Institut geographique National unter der Leitung von A. Piganiol, zeigt deutlich die Einheitlichkeit der älteren, nördlichen Centuriation. Nur einzelne Stadtgebiete alter civitates liberae sind ausgenommen. — Vergl. über die ausgenommenen Gebiete A. Caillemer — R. Chevallier: „Les centuriations de l'africa vetus" in den Annales économics, sociétés, civilisations, 1954, 433 ff. 451 f. Barthel 82.

[21] Dio Cassius 43, 9, 4. Appian, b.c. 4, 53. Plin. n.h. 5,4, 25. P. Romanelli, Storia delle provincie Romane dell Africa 142 f.

[22] So Barthel 85. — Chevallier, Melanges ..., 70,89 möchte dies bereits auf Caesar zurückführen, doch fehlt für die Annahme das Motiv. Aus der Stadtgeschichte ist schwer abzuleiten, daß die Richtungsabweichung der Centuriation von Acholla in der Nähe der kleinen Syrte, die Chevallier zu erkennen glaubt, auf eine Landverteilung Caesars zurückzuführen ist. (So Chevallier 88. Dazu Teutsch 139 ff.) Jedenfalls aber war Acholla als civitas libera ebenso wie andere nördliche Städte von der alten Centuriation ausgenommen.

consularischen Provinz Afrika in der Hand des Militärs[23], wenn auch Numidien das eigentliche Gebiet der legio III Augusta blieb[24].

Wie man schon früh bemerkt hat, schließt sich im Süden der Provinz Afrika proconsularis eine zweite Centuriation an das alte System an, welche noch um 10° weiter nach Südosten geneigt ist[25]. Die Karten des auf ca. 15 000 Luftaufnahmen basierenden Atlas des Centuriations de Tunisie zeigen den Umfang dieses zweiten Systems an, dessen Zentrum wenn nicht in, so doch jedenfalls in der Nähe Thevestes, der Hauptstadt der dritten Legion, zu suchen ist. Mehrere Termini dieses Systems sind um fast 200 Kilometer vom Kardo maximus entfernt nordwestlich der kleinen Syrte gefunden worden[26]. Sie sind im Jahre 29 n. Chr. von der dritten Legion unter dem Proconsul C. Vibius Marsus gesetzt worden und zeigen die fast unglaubliche Ausdehnung dieses Centuriationssystems, das noch in seinem — bisher allein als ausgeführt nachgewiesenen — südlichen Teil das alte System der prokonsularischen Provinz an Umfang weit übertraf. Vermutlich wurde diese große Aktion durch die Niederlage des Eingeborenenfürsten Tacfarinas veranlaßt, dessen Stamm nach jahrelangem Aufstand nun neue Wohnsitze zugewiesen wurden[27]. Die Frage ist noch ungeklärt, wie weit sich dies System — wenigstens in Bruchstücken, da sich ja Orientierungspunkte überall fixieren ließen — über die ganze Provinz gelegt hat, in deren Mittelpunkt sich das Hauptlimitationskreuz befand[28].

Dies sind die Hauptdaten zur Entstehung der homogenen und fast totalen Centuriation und Assignation der proconsulatischen Provinz Afrika und des südöstlichen Numidien. Die Festsetzung der Grundsteuer ist natürlich von Anfang an das Ziel dieser Aufteilung gewesen, sie wurde spätestens im Jahre 115 v. Chr. nach

23 C 3, 388 Ehrung für einen trib.mil.leg. III. Aug. von den „civitates XXXXIIII ex provincia Africa quae sub eo censae sunt." Vergl. Barthel 86

24 Schulten, Hermes 29, 482, 501 möchte sogar gewissermaßen die ganze Provinz Numidien wie ein territorium legionis betrachten. — Sicher eine Verallgemeinerung, bei der der spezifische Auftrag der legio III Augusta (nicht Grenzsicherung wie bei den anderen Truppen, sondern Einsatz gegen Aufstände in der Provinz) nicht berücksichtigt wird.

25 Die von Chevallier, Annales°..., 1954, 438, 440 angegebenen Neigungswinkel sind 32°, 42°. Barthel (56 f. übernommen von Fabricius RE 13, 699) hatte geringere Werte.

26 C 8, 22786—22789. Merlin, Inscr. Tun. 71—74. Zur Lokalisierung Barthel 89 f.

27 Zum Aufstand des Tacfarinas, der mit Unterbrechungen in den Jahren 17 bis 24 bekämpft wurde, vergl. vor allem Tac. ann. 3, 72—74. 4, 23—26. Die Gefahr des Aufstandes zeigt die zeitweilige Verlegung der neunten Legion (Hispana) aus Pannonien nach Afrika. Vergl. die Belegstellen R.E. IV, A, 1985.

28 Der in Inschriften über Terminationen aus der Zeit Trajans mehrmals erwähnte leg. Aug. pr.pr. L. Minucius Natalis (vergl. Inscr. Lat. d'Algérie, Gsell, Nr. 2828(= 2080) 2978'2988 = C.8, 22348. 22349. 22785) sagt von einer Grenzfestsetzung in Tunesien (C. 8, 22788), er habe die Termini im kaiserlichen Auftrag gesetzt: „secundum formam missam sibi ab eo posuit." D. h. die Flurkarte wurde nicht, wie sonst üblich, nach vollzogener Limitation, sondern vorher angefertigt. Offenbar gab es im kaiserlichen Büro Unterlagen in der Form einer generellen vorläufigen Centuriation mit gewissen ausgemessenen Fixpunkten, die nach Bedarf eine spätere verfeinerte Ausführung ermöglichten. — Das Problem einer derartigen generellen Assignation, bei der die Verbindung zum Gesamtsystem unklar geworden ist, erwähnt auch Frontin 47 (La): hier läßt sich die Lage von 1000 in der forma angegebenen iugera nicht mehr genau ermitteln. (!)

Bonitätsklassen normiert. Auch als der Provinzcensus unter Augustus überprüft wurde, geschah dies vor allem durch die Eneuerung und Ausdehnung der alten Centuriation.

Nur die Provinz Africa weist also eine mit der Steuerfestsetzung verbundene alte, homogene und so gut wie umfassende Centuriation auf[29]. Daraus wird man eine wichtige Folgerung ziehen dürfen. Bekanntlich kennt Africa wie keine andere Provinz den Großgrundbesitz, sowohl in der Form der saltus privati wie in der der kaiserlichen Domänen, die aus von den Kaisern ererbten oder konfiszierten privaten Gütern hervorgegangen waren[30]. Der kaiserliche Grundbesitz war aus dem Manicipalverband eximiert, die saltus wiederum in tractus zusammengefaßt[31]. Doch auch viele saltus privati in Africa standen selbständig den Municipien gegenüber[32]. Von ihnen wurde die Steuer anscheinend nicht durch die Gemeindebehörden erhoben[33], sondern unabhängig erfaßt. Genetisch erklärt sich die Existenz dieser saltus privati natürlich aus dem großen Areal des ager publicus in Afrika, der nicht in Territorien gegliedert und durch den großen Landverkauf im späten zweiten Jahrhundert bereits in die Hände der Privatleute gekommen war. Gemeinden haben sich erst später auf diesem Gebiet ausgebreitet. Sei es nun, daß sie sich gegen die saltus privati nicht durchsetzen konnten oder daß diese sogar Teile aus Gemeindeterritorien wieder heraustrennen konnten, jedenfalls hätte die römische Provinz- und Steuerverwaltung niemals die Unmittelbarkeit und Unabhängigkeit des Privatbesitzes zugestanden, wenn ihr nicht durch die Centuriation und die Assignation die Möglichkeit offengelassen wäre, die Steuern von den saltus privati in gleicher Weise wie von den Municipien einzuziehen.

Bei der nach Centurien vorgenommenen Bonitierung und enstprechenden Fixierung der Steuerquoten wurden die nicht bebauten oder nicht bebaubaren Gebiete auch auf der forma als subseciva, d. h. als nicht assignierte Gebiete ausgegrenzt. Die lex Manciana suchte zur Kultivierung dieser subseciva dadurch zu ermuntern, daß sie für diese einen besonders geringen Steuersatz festlegte. (vergl. dazu unten p. 135 f.)

Die oben erwähnte Hypothese Mommsens, nach der die kaiserlichen Provinzen die direkte, die senatorischen zunächst die indirekte Besteuerung angewandt hätten, ist auf die Provinz Afrika proconsularis wohl nicht anwendbar. Sie widerspricht nicht nur der Existenz der saltus privati. Auch in den Municipien dürfte wegen der

[29] Das betont auch Chevallier, Mélanges... 70, 1958, 126.

[30] Über die Ausdehnung vergl. Schulten, Grundherrschaften 28 ff. Hirschfeld, Der Grundbesitz der röm. Kaiser, Kl. Schr. 556 ff. (= Klio II, 45 ff. 284 ff.)

[31] Hirschfeld 558. De große, den kaiserlichen Procuratoren unterstellte Beamtenapparat des tractus Carthaginiensis läßt sich aus den vielen in Carthago gefundenen Grabinschriften rekonstruieren. Vergl. C 8, 12590 ff. 12876 ff.

[32] Vergl. Frontin 53,5: Africa, ubi saltus non minores habent privati quam res publicae territoria: quin immo multis saltus longe maiores sunt territoriis: habent autem in saltibus privati non exiguum populum plebeuim et vicos circa villam in modum munitionum.

[33] Das zeigt sich daran, daß unter den von Frontin ebd. erwähnten Streitfragen, die unter dem Namen „de iure territorii" die Gemeinden mit den privati führten, die Steuerzahlung nicht genannt wird, sondern nur die munera, die Soldatenstellung — die die saltus für ihre coloni offenbar ablehnten — und die vecturae. (53, 11)

einheitlichen Centuriation und Bonitierung, die einen objektiven Maßstab für die Belastung sowohl des individuellen Grundbesitzes wie der Gemeindeterritorien abgaben, die Steuererhebung sich von einer direkten nicht unterschieden haben. Die Centuriation der Provinz Afrika hat offenbar eine einheitliche und generelle Besteuerung ohne Rücksicht auf die rechtliche Zugehörigkeit möglich gemacht.

3. ZU DEN ÜBRIGEN PROVINZEN

Aus den übrigen Provinzen liegen nicht so gute Zeugnisse vor. Wohl wird verschiedentlich das Vorkommen genauer Parzellenvermessung zum Zweck der Grundsteuerfixierung erwähnt. Bekannt ist die Hyginstelle: (205, 15)

> his omnibus agris (sc. in provinciis) vectigal est per singula iugera constitutum. horum aestimio ne qua usurpatio per falsas professiones fiat, adhibenda est mensuris diligentia, nam et in Phyrgia et tota Asia ex huius modi causis tam frequenter disconvenit quam in Pannonia. propter quod huius agri vectigalis mensuram a certis rigoribus comprehendere oportet ac singula terminis fundari.

Während er nun von der im Jahre 10 n. Chr. von Augustus eingerichteten Provinz Pannonien sagt, sie sei „more colonico" centuriiert[34], dürfte dies bei den eben dort ge nannten älteren Provinzen Asien und Phrygien nicht der Fall sein. Hier waren wohl nur die einzelnen Parzellen ausgemessen. Auch zur Methode der Grundsteuerfixierung beim bekannten Provinzcensus von Syrien[35] läßt sich nichts genaueres feststellen.

Als nicht unwahrscheinlich darf eine Centuriation in Sardinien gelten. Auf einer Inschrift aus dem Jahre 68 n. Chr. wird anläßlich eines zwischen Gemeinden schwebenden Grenzstreites eine früher erhobene Forderung zitiert: „fines ita servandos esse ut in tabula ahenea a M. Metello ordinati essent"[36] Es befand sich eine forma in der Provinz und eine authentische Zweitschrift in Rom in tabularium Caesaris[37]. M. Caecilius Metellus war im Jahre 112 Statthalter. Die Vermessung und Assignation bildete wohl den Abschluß einer Serie von Aufständen, die die Insel hundert Jahre hindurch bis zum Jahre 112 immer wieder beunruhigten[38], und sie wird ähnlich wie die gleichzeitigen Verkäufe in Afrika den Zweck gehabt haben, für die Besteuerung der an Getreide so reichen Insel[39] sichere Berechnungsgrundlagen bereitzustellen. Bei dieser Annahme ist auch zu bedenken, welche Bedeutung man in der zweiten Hälfte des zweiten Jahrhunderts — zur Zeit der

[34] 205, 1—3. Auch hier wird die Centuriation von den dort stationierten Legionen ausgeführt worden sein. — Die Entdeckung der Centuriation von Pannonien nennt Bradford, Landscapes 214 „one of the outstanding tasks".

[35] Jos. ant. 18,1,1. Mommsen St.R.II, 1092,1. Braunert, Historia 6, 1957, 200 ff.

[36] C. 10, 7852, Z. 6.

[37] ebd. Z. 10.

[38] Belege RE I, A, 2, 2491 „Sardinia" (Philipp) zur forma des Metellus: Mommsen, Hermes 2, 107.

[39] Varro, r. r. II, praef. 3. Horaz, Od. I, 31. 4. Plin. n. h. 18, 66.

Gracchengesetze — der Assignation allgemein zumaß. Daß in der Kaiserzeit in Sardinien Centuriationen vorlagen, zeigt die Inschrift C 10, 7951: Marcianus Aug. lib. tabularius pertic(ae) muni(cipi) Turr ... et Tharros[40]. — Ob diese Centuriationen jeweils nach einzelnen Gemeindeterritorien oder großflächiger (wie in Afrika) angelegt waren, läßt sich beim einstweiligen Fehlen empirischen Materials nicht sagen[41]. Die Steuereinziehung scheint jedenfalls eine Aufgabe der civitates stipendiariae gewesen zu sein.

Bei der Durchführung des Provinzialcensus wurde also in allen Provinzen der Flächeninhalt des tributpflichtigen Bodens, der als die Grundlage der Besteuerung angesehen wurde, festgestellt. Die Ermittlungsmethoden scheinen sich jedoch in den einzelnen Provinzen je nach ihrer Geschichte und nach ihrer Stellung —ob Senats- oder Kaiserprovinz — voneinander unterschieden zu haben. In den verhältnismäßig spät unterworfenen Provinzen des Westens hat man sich anscheinend damit begnügt, den Flächeninhalt der einzelnen civitates zu berechnen. Die Territorien galten als „per extremitatem mensura comprehensa".

Daneben stehen die Provinzen, die zur Zeit des Augustus bereits eine Flurteilung und Assignation aufwiesen, Afrika und vielleicht Sardinien. Pannonien dürfte zu seiner Zeit centuriiert worden sein[42]. In einzelnen Fällen scheint man in der frühen Kaiserzeit eine bestehende Centuriation zum Zweck einer übersichtlichen Grundsteuererhebung auf benachbartes Land ausgedehnt zu haben[43].

An dritter Stelle sind die Provinzen zu nennen, in denen das Land der Gemeinde zwar nicht centuriiert, aber nach seinen einzelnen Parzellen in der Fläche erfaßt war. Hier dürfte die gleichmäßige Aufteilung — Hygin nennt Phrygien und ganz Asien — bereits auf vorrömische Zeit zurückzuführen sein. Auch in Dalmatien und Cyrene scheint man die alten Abgrenzungen in den alten Maßen übernommen zu haben[44]. Vollends Aegypten, dessen Katastersystem darzustellen außerhalb des Rahmens dieser Arbeit liegt, hat in der Form der Parzellierung und Bodenaufnahme mit dem Übergang in römische Herrschaft anscheinend keine einschneidenden Reformen erlebt.

[40] Zwar ist der Titel „tabularius perticae" singulär, Mommsen hält ihn (in der Erläuterung zur Inschrift) nicht einmal für echt, doch da „pertica" im übertragenen Sinn das centuriierte Territorium bezeichnet (belegt bei den Feldmessern und in den Alimentartafeln), wird anzunehmen sein, daß dieser tabularius für die Berechnung der nach der Grundfläche zu erhebenden Grundsteuer zuständig war. Mommsen glaubt (ebd.), der Beamte sei im tabularium Caesaris tätig gewesen, d. h. in Rom. Wahrscheinlicher ist wohl das tabularium der Provinz, in der sich auch die einzelnen formae befunden haben werden. (vergl. C. 10, 7852, 6) — Ein tabularius provinciae Sardiniae wird 10, 7584 genannt.

[41] Die beiden in der Inschrift genannten Municipien (Turris im Nordwesten, Tharrai im Westen in der Mitte der Insel) sind in der Luftlinie etwa 170 km voneinander entfernt. Das spricht eher für eine großflächige Centuriation.

[42] Hygin 205, 3. (La.) Barthel, röm. Limitation 83.

[43] So die Erklärung der Erweiterung des (für die Landverteilung angelegten) Katasters B in Orange auf das Gebiet der Tricastini im Kataster A. (unten p. 142 ff.).

[44] Dalmatien: Hygin 121, 26—122, 6. (La.) Cyrene 122, 25—123, 8.

[45] Cic, de lege agraria I, 4 „persequitur in tabulis censoriis totam Siciliam, nullum aedificium, nullos agros relinquit" Der fünfjährige Census hielt sich dort auch am Ende der Republik. Verr. 2, 159. Mommsen, St. R. II, 416, Anm. 2.

Ein eigentlicher Provinzialcensus wird aus der Regierungszeit des Augustus nur aus den kaiserlichen Provinzen Spanien, Gallien und Syrien überliefert[46]. Daß aber auch die Statthalter der senatorischen Provinzen[47] überall die Gebietsaufnahmen überprüft haben, ist wahrscheinlich. — Es läßt sich schwer sagen, welche Modalitäten des Census Augustus im einzelnen für die Provinzschatzung neu geschaffen, welche er aus früherer Zeit übernommen hat und welche sich erst im Laufe der Kaiserzeit herausbildeten. Das Prinzip der Selbstdeklaration bestimmte bereits den republikanischen Census[48], doch galt es nun nicht mehr nur der Einordnung in die einzelnen Censusklassen, sondern der Besteuerung. Gewiß war hier eine größere Genauigkeit als dort erforderlich. Die Klassifizierung des Bodens nach der Bonität ist in Afrika bereits am Ende des zweiten Jahrhunderts nachweisbar und geht auch hier auf eine lex censoria zurück[49]. Jetzt aber bekommt sie steigende Bedeutung, sie scheint später allgemein zu werden[50], auch im Privatrecht sind ihre Konsequenzen nachweisbar[51]. Die Umrechnung auf den Wert der Grundstücke und auf die zu zahlende Steuer scheint dann in den tabularia vorgenommen worden zu sein, sie war nicht Sache des Deklaranten[52]. Der Wechsel vom Personalcensus der Republik zum Besteuerungscensus der Provinzen zeigt sich vielleicht am deutlichsten an der Forderung, daß ein Eigentümer mehrerer fundi diese nicht summarisch an seinem Wohnort bei der eigenen Meldung angeben darf, sondern jedes Grundstück in der betreffenden Gemeinde deklarieren muß[53] — weil das tributum den Gemeinden entsprechend ihrer Grundfläche auferlegt wurde.

Das schwierige Problem, die Selbstdeklarationen zu kontrollieren, stellte sich vor allem in den nicht centuriierten Gemeinden und mußte hier von den Gemeindebehörden gelöst werden. Sie hatten also ein großes Interesse an einer objektiven Aufnahme der einzelnen Parzellen, die oft zu einer genauen Aufmessung geführt

46 Vergl. oben p. 114 f. Zum Fehlen des Provinzialcensus in Cyrene zum Zeitpunkt des Ediktes 7/6 v. Chr. vergl. v. Premerstein ZSS 48,1928,449 f.

47 Daß sie dort die Steuereintreibung leiten, sagt Dio 53,15.

48 Plautus, Trin. 878. Mommsen, St. R. II, 362 f. — Zu den agri censui censendo Cicero, pro Flacco 79 lex agraria L. 8. Mommsen St. R. II, 389.

49 Vergl. oben p. 116, A. 18.

50 Hygin erwähnt 205,13, daß die Einteilung in Bonitätsklassen wie in Pannonien, so auch in anderen Provinzen angewandt würde. Allerdings dient sie zu seiner Zeit — also zur Regierungszeit Trajans — noch oft zur Berechnung der Naturalabgaben. — Die allgemeinere Anwendung der Bonitätsklassen zeigt Ulpian, de censibus, D. 50, 15, 4pr.

51 So ist u. B. im Fall einer Eviction eines Teiles eines Grundstücks unter bestimmten Umständen die Bonität zum Zeitpunkt des Verkaufes zu berücksichtigen. D. 21,2,1. (Ulpian 28 ad Sabinum) ähnlich 21,2,13. — (anders Paulus 21,2,53.)

52 Die Alimentartafeln von Veleia und den Ligures Baebiani, die den auf professiones beruhenden Geldwert der Grundstücke verzeichnen (C 11, 1147. 9, 1455) setzen offenbar solche Berechnungen voraus. Daß durch die forma censualis nur eine Angabe des Flächeninhaltes und der Bonität der Grundstücke gefordert wurde, geht aus D. 50, 15, 4pr. (Ulpian) hervor.

53 D. 50, 15, 4, 2 (Ulpian) mit der Erklärung: agri enim tributum in eam civitatem debet levare in cuius territorio possidetur.

haben wird[54]. — Die harten Strafen, mit denen in der Zeit der späteren Militärherrschaft die unterlassene oder falsche professio belegt wird[55], dürfte kaum in die Zeit des frühen Prinzipats zurückdatiert werden[56].

Es bleibt zu erwähnen, daß diese Bodenaufnahmen und Assignationen allein in dem Bereich der Finanzverwaltung und zum Zweck der Steuerfixierung entstanden sind. Ob es sich um kaiserliche Domänen, das Land der Kaiserprovinzen oder oft auch um das der Senatsprovinzen handelte, und so unterschiedlich in ihrer Praecision die einzelnen Aufnahmen auch gewesen sein mögen, gesammelt wurden sie stets in den tabularia, und sie wurden dort von den Procuratoren und den ihnen unterstellten Mensoren verwaltet. — Allerdings war es nur natürlich, daß diese Verwaltungen bald ihr eigenes Schwergewicht bekamen und auch in der Jurisdiction — nachdem sie hier einmal Verwendung gefunden hatten — eigene Vollmachten beanspruchten. Davon wird noch zu sprechen sein.

4. ASSIGNATIONEN IN ITALIEN

Da in Italien bereits seit dem zweiten Jahrhundert v. Chr. kein tributum mehr eingezogen wurde, bestand auch nicht die Notwendigkeit, die Größe der einzelnen Grundstücke offiziell festzustellen. Der von Augustus und auch von den folgenden Kaisern durchgeführte Bürgercensus galt in Italien und im Imperium mehr der personalen Bestandsaufnahme als der Kontrolle des Vermögens. Aus dem Grunde haben die Gemeinden der Halbinsel eine generelle Assignation nicht erlebt. Trotzdem ist aber in vielen Gemeinden eine Assignation oder doch eine objektive Aufnahme der einzelnen Parzellen im Laufe der frühen Kaiserzeit durchgeführt worden.

Am wichtigsten scheint unter den Ursachen der Gemeindecensus gewesen zu sein. Die quinquennales sind in vielen Gemeinden in dieser Zeit nachweisbar, man wird also mit einem unabhängig vom kaiserlichen Bürgercensus bestehenden Gemeindecensus in Italien überall rechnen dürfen[57], auch wenn die wichtigere Aufgabe der

[54] So nennt Frontin (La. 3) die Assignation per strigas et scamna, bei der man die Fläche der einzelnen Grundstücke genau ermittelte, eine: „qua in provinciis arva publica coluntur", und Hyginus gromaticus betont an der schon erwähnten Stelle 205, 17 gleichfalls: „horum aestimio ne qua usurpatio per falsas professiones fiat, adhibenda est mensuris diligentia ... propter quod huius agri vectigalis mensuram a certis rigoribus comprehendere oportet."

[55] D. 50, 15, 4, 8: vincula censualia (bei unterlassener professio eines inquilinus oder colonus) C 4, 61, 3 (Severus) „ob omissas professiones poena commissi ..."

[56] Verwandter ist wahrscheinlich der für die Zeit Ciceros belegte Gebrauch, daß die Gemeinde ihrerseits bei unterlassener professio eine — vermutlich ungünstigere — Einschätzung vornimmt. Cic. Att. I, 18, 8. Dazu Mommsen, St. R. II, 367, Anm. 3.

[57] Die Unabhängigkeit zeigt sich schon daran, daß die italischen Municipien voneinander abweichende Zählungen der Quinquennalitätsjahre haben. Mommsen, CIL I, 5405. (Aquinum hatte quinquennales in den Jahren, die auf 3 und 8 enden, Nola und Puteoli in denen auf 1 und 6, Pompei auf 0 und 5 usw.). Dazu ausführlicher J. Neumann: de quinquennalibus coloniarum et municipiorum, Diss. Leipzig 1892, 71 ff.

quinquennales in der Kontrolle der örtlichen Vectigalia und des Gemeindehaushaltes bestand. — Ein Argument für diese Annahme möchte ich in einer Notiz des Cassius Dio sehen, nach der Augustus anläßlich des Streites um die Einführung der XXhereditatum überallhin Beamte ausschickte, die den Vermögensstand der italischen Gemeinden und der einzelnen Bürger feststellten, um den Widerstand mit der Furcht vor der Einführung eines — dem Provinzcensus analogen — tributum zu brechen[58]. Schwerlich können diese ad hoc beauftragten kaiserlichen Kontrolleure eine Schatzung selbst vorgenommen, wohl aber Einsicht in die Gemeindebücher genommen haben.

Ferner sind die außerordentlich detaillierten Angaben über den Wert der Grundstücke in den Alimentartafeln zu beachten[59]. Es besteht Einigkeit darüber, daß die in Veleia und bei den Ligures Baebiani gesammelten sorgfältigen professiones der Grundstücke nicht bei der Einführung der Alimentationen gefordert sein können, sondern daß sie in den Gemeindeverwaltungen bereits vorlagen und nur für die Berechnung der aufzuwendenden Beträge zusammengestellt wurden[60]. Wahrscheinlicher als die mehrfach geäußerte Annahme, sie seien beim Bürgercensus des Augustus[61] oder eines späteren als Censor fungierenden Kaisers eingefordert worden, scheint mir die Erklärung mit einem durch die Gemeinden selbst vorgenommenen Census zu sein[62].

Nun konnte allerdings die Aufgabe der Gemeindebehörden nur darin bestehen, die Selbstdeklarationen der Bürger entgegenzunehmen. Gewiß waren die Möglichkeiten einer Kontrolle und noch mehr die einer strafrechtlichen Verfolgung bei falscher professio begrenzt oder nicht vorhanden[63], und selbständig eine Assignation durchführen zu lassen, waren die Gemeindebehörden gleichfalls nicht befugt[64]. Wahrscheinlich ist hier die Antwort auf die alte Rätselfrage zu suchen, weshalb auch die ohnehin vom staatlichen Tribut befreiten Municipien Italiens so großen

[58] Cassius Dio 56,28,6. — Vielleicht hat allerdings diese im Jahr 13 n. Chr. mitgeteilte Auseinandersetzung bereits im Jahr 6 n. Chr. (Datum der Einführung der vicesima hereditatum, Cassius Dio 55, 25, 4—6. Hirschfeld, Verw. Beamte 96 f.) stattgefunden und der Streit ist nur im Jahr 13 n. Chr. neu entfacht worden.

[59] C. 11,1147 (Bormann) 9,1455 (Mommsen). Dazu Henzen, Annali dell Instituto, 16, 1844, 65. Mommsen, Ges. Schr. V, 123 ff. — Zu den Tafeln der Ligures Baebiani P. Veyne, Mélanges d' Archéologie et d'Histoire 69,1957,81 ff. 70, 177 ff.

[60] So schon Henzen, a.a.O. 65: „ita factum quidem censeo, ut aestimatio fundorum libris censualibus perscripta in obligatione alimentaria pro norma adhiberetur". — Kniep, societas publicanorum, 413 ff. Veyne 70, 180 ff.

[61] So Huschke, Census p. 76. (Zitiert nach Kniep, 418, Anm. 4) ebenso Veyne 70, 182.

[62] So auch Kniep, 418.

[63] Wohl sind in den Gemeindeverwaltungen Mensoren bekannt. (vergl. unten p. 161 f.). Doch bei diesen handelt es sich meist um angestellte Gemeindesklaven, die kaum vor Gericht zur verantwortlichen renuntiatio modi zugelassen worden sind.

[64] Für sie gilt noch mehr, was Aggennius urbicus (nach einer wohl älteren Quelle) vom Agrimensoren sagt: (La 8, 26) „nam agrimensor omnis doctus centurias delimitare potest ac suis redintegrare limitibus, assignare autem nullo modo potest, nisi sacra fuerit praeceptione firmatus." Vergl. zu der Stelle Brugi, le dottrine . . ., 16. — Der liber coloniarum nennt auch bei bloßen Assignationen von Gemeindeterritorien den leitenden Kaiser, von dem der Auftrag kam.

Wert auf die Erhebung zur Kolonie legten: mit ihr war die Anlage des Limitationsnetzes verbunden, das neben dem Vorteil der Grenzsicherung auch den der objektiven Flächenkontrolle bot[65].

In der frühen Kaiserzeit haben viele Gemeinden eine Assignation ihres Territoriums unabhängig von einer Landverteilung erlebt. Oft ist sie nicht einmal mit einer Centuriation verbunden worden, man hat auch Gebiete mit regelmäßiger Flurteilung erfaßt. Die Beispiele, die der liber coloniarum anführt, finden sich vor allem in der ersten Region, d. h. in Latium und Campanien, ferner im südlichen Etrurien[66]. Es handelt sich um die Territorien der näheren Umgebung Roms. Wahrscheinlich[67] ist dies darauf zurückzuführen, daß namentlich die julisch-claudischen Kaiser dieser Region ihre besondere Sorgfalt zuwandten. Deshalb wurden im zweiten Jahrhundert Campanien und das südliche Etrurien nicht den Gerichtssprengeln zugeteilt, sondern unterstanden als urbica dioecesis weiterhin der städtischen Gerichtsbarkeit[68]. Es ist also nicht verwunderlich, wenn die Kaiser, die über eine große Zahl beamteter Mensoren verfügten und auch den freien oft Aufträge erteilten, sich der Assignation gerade der Gemeinden ihrer Umgebung annahmen.

In einer geringen Anzahl sind auch Gemeindeterritorien außerhalb dieses Gebietes assigniert worden, ohne daß mit der Assignation eine Landverteilung verbunden war. Die Voraussetzung dürfte auch hier darin gelegen haben, daß eine regelmäßige Landaufteilung bereits vorhanden war[69]. Vespasian scheint eine systematische Assignation oder doch Vermessung der süditalischen Gemeindeterritorien angeordnet zu haben, offenbar um den Gemeindecensus zu erleichtern. (vergl. dazu unten p. 129 ff.)

Am Beginn der Prinzipatszeit zeigt also Italien hinsichtlich der Bodenaufnahme und -assignation ein sehr vielfältiges Bild. Neben den seit der Gracchenzeit bei den verschiedenen Landverteilungen centuriierten Territorien, deren alte formae noch vorhanden waren, stehen die Gemeinden, die eine regelmäßige ältere Aufteilung aufweisen und die nun oft eine Assignation durchführen lassen konnten. Viele Orte

[65] Max Weber, Röm. Agrargesch. p. 63 ff. Dazu Mommsen, GS 5, 113 ff. Zur Sache Hygin grom. 178, 14. 203, 8. — Als den Vorteil der Assignatiaon lobt er an anderer Stelle: „omnis limitum conexio rectis angulis continetur, extremitas mensuraliter obligata est, nihil res publica nihil possessor de finibus quaeritur, constat illis ratio mensurae.“ 181,14.

[66] Belege oben p. 51, Anm. 15 und 33 f. Zur späteren Assignation der coloniae maritimae 53 f. Besonders auffällig sind die reichen Angaben im südlichen Teil Etruriens. (217,15—223,13) Dies Gebiet ist fast ganz erfaßt, während im übrigen Etrurien nur wenige Orte genannt werden.

[67] Gewiß ist die Möglichkeit nicht auszuschließen, daß manche assignierte Territorien im liber coloniarum nicht erfaßt sind.

[68] Ulpian, Vat. fragm. 205, 232, 214. Mommsen, Feldm. II, 193 f. Zur Ausdehnung genauer St. R. II, 1085, Anm. 9.

[69] So im ersten lib. col. Buxentum (209,14. vgl. dazu oben). Im zweiten Reate (257, 26) Nursia (257, 5) res publica Aequiculorum (255,17) und Histonium (260,10). In Histonium erwähnt die Inschrift C 9,2827 (= FIRA, negotia 164) eine terminatio durch Q. Coelius Gallus in augusteischer Zeit.

in Etrurien, Umbrien, Samnium und in Süditalien aber kennen weder eine regelmäßige Aufteilung noch eine Assignation, ihr Gebiet gilt agrimensorisch gesprochen als ager arcifinius[70].

Ein Vergleich mit den Provinzen ergibt zwei wesentliche Unterschiede: Erstens sind nur in den Provinzen die einzelnen Gemeindeterritorien nach ihrem Flächeninhalt erfaßt, in Italien bestand die fiskalische Notwendigkeit einer solchen Aufmessung „per extremitatem“ nicht. Zweitens waren die Grundsätze der regionalen Zentralisierung der Bodenverwaltung unterschiedlich. Wohl faßte man die formae der assignierten Territorien Italiens im sanctuarium Caesaris[71] ebenso zusammen wie die Karten und die Censusangaben der einzelnen Gemeinden in den Provinztabularia. Aber die Sammlung wurde in den Provinzen vor allem für die Steuererhebung, in Italien dagegen für die Bodenrechtsprechung verwandt. Sie war hier mit der Absicht angelegt worden, die in enteigneten Territorien angesiedelten Veteranen zu schützen[72]. Im übrigen aber blieben die italischen Gemeinden durchaus autonom. Als Augustus, wie oben erwähnt, bei der Einführung der vicesima hereditatum die einzelnen Besitzungen musterte, hat dies in Italien weder zu regionalen tabularia noch zur Konzentration der lokalen Censusakten geführt[73], und erst im zweiten Jahrhundert scheint über das Alimentarinstitut Nervas und Trajans eine gewisse umfassende Kontrolle des Bodeneigentums durch die nach größeren Bezirken von den Kaisern eingesetzten Curatoren begonnen zu haben. — Den nächsten Schritt bildete die Aufteilung Italiens in mehrere Jurisdictionsbezirke unter Hadrian, mit der vermutlich die im sanctuarium Caesaris gesammelten Flurkarten nun den Büros der einzelnen Bezirke zugeteilt worden sind[74].

5. ZUM „REICHSCENSUS“ UND ZUR „REICHSVERMESSUNG“

Es ist schon mehrfach erörtert worden, wie bereits die spätantiken Autoren nicht nur die Angabe aus Luk. 2, 1—2 über einen allgemeinen Reichscensus des Augustus übernahmen, sondern sie auch zur Theorie von einer allgemeinen, von Augustus

[70] Seine Wichtigkeit für die italischen Mensoren erhellt aus der ausführlichen Besprechung des Siculus Flaccus (138—152), der auch die alten formae gründlich behandelt. (154—158).

[71] „omnium enim agrorum et divisorum et assignatorum formas, sed et divisionem et commentarios, et principatus in sancturario habet“ Siculus Flaccus 154, 24.

[72] Vergl. oben p. 64 f. Hinrichs, Historia 18, 1969, 543.

[73] Die XXhereditatum wurde in Italien im ersten Jahrhundert von Publicanen eingezogen. Hirschfeld, Verw. Beamte 98 f.

[74] Zur Einteilung der Distrikte, nach denen die Alimentationen verwaltet wurden, vergl. de Ruggiero, Diz. epigr. I, 405 f. Kubitschek RE I, 1485 ff. — Zur wechselnden Einteilung der Jurisdictionsbezirke Mommsen, St. R. II, 1085, Anm. 8. Feldm. II, 192 ff. — Mit diesen Distriktseinteilungen Italiens muß die Verschiedenheit der Quellen zusammenhängen, aus denen die vier großen Auszüge des liber coloniarum zusammengestellt sind. (209,1—211,11. 211,22—225,2. 225,14—228,2. 229,12—39.13.) Vergl. 31 Anm. 52.

angeordneten Vermessung des Reiches ausdehnten[75]. Wie weit den Behauptungen der geographi minores Wert zuzumessen ist, er habe vom Beginn seiner Herrschaft an vier Griechen die sukzessive Ausmessung des Reiches übertragen, steht dahin[76]. Keinesfalls dürfen sie aber mit der Behauptung der gromatischen Epitomatoren über den Mensor Balbus zusammengebracht werden, „qui temporibus Augusti omnium provinciarum et formas civitatium et mensuras compertas in commentariis contulit et legen agrariam per diversitates provinciarum distinxit ac declaravit"[77]. In welcher Weise sich später der lukanische Bericht vom Reichscensus mit der Vorstellung einer allgemeinen Reichsvermessung und einer ebenso allgemeinen Assignation verband, zeigt deutlich der Brief Cassiodors, Varia III, 52: „Augusti temporibus orbis Romanus agris divisus censuque descriptus est, ut possessio sua nulli haberetur incerta, quam pro tributorum susceperat quantitate solvenda"[78].

Welches sind nun die gesicherten Vorgänge? — Es darf wohl als geklärt gelten, daß hier ganz verschiedene Maßnahmen des Augustus, die getrennten Bereichen angehören, zusammengefügt und außerdem noch in einer übertriebenen Weise ausgemalt sind. Fassen wir kurz zusammen, was als historisch gesicherter Kern dieser Legendenbildung anzusehen ist:

a) Einen „Reichscensus" des Augustus gab es nicht, sondern nur verschiedene Schatzungen in den kaiserlichen Provinzen — eine von diesen war der Census des Quirinius im Jahre 8 n. Chr. in Syrien — und davon unabhängig mehrmals einen allgemeinen Bürgercensus.

b) Die Sammlung der formae im tabularium Caesaris geht auf ältere Bestände[79] zurück und ist von Octavian schon bei den Landverteilungen nach der Schlacht bei Philippi erweitert worden[80].

c) Agrippa hat auf die Aufforderung des Augustus in einer porticus die Orte und Provinzen des Reichs auf einer Karte abgebildet und diese durch commentaria erläutert[81].

[75] Noch ganz unkritisch sind Huschke, Über den zur Zeit Jesu Christi gehaltenen Census, Breslau 1840, und F. A. Ritschl, Rh. Mus. 1, 1842. — Übernommen sind diese Theorien auch noch von Cantor, Die römischen Agrimensoren, 83 ff. Vorl. zur Gesch. d. Mathematik, I, 458. — Die ersten kritischen Bemerkungen stehen bei Mommsen, Feldm. II, 176 f. — Die spätere Erörterung ist zusammengefaßt bei E. Schürer, Gesch. des jüdischen Volkes, I, 5. Aufl. 522 ff. 543. Dazu jetzt H. Braunert, Historia 6, 1957, 192 ff.

[76] So Iulius Honorius I, 1. (geographi minores, ed Riese) Ferner in der Cosmographia (früher dem Aetius zugeschrieben) I, 2.

[77] 239, 15 (La) am Ende des die erste Region betreffenden Auszugs.

[78] Im folgenden empfiehlt Cassiodor dem Theoderich, ein „agrimensor peritissimus" solle eine Übersicht möglicher Grenzarten aufstellen (vielleicht der Anlaß zu den merkwürdigen „casae literarum" 310—338 La), nach denen sich die Besitzungen klassifizieren ließen. Ebd. schreibt er die Reichsvermessung gleich dem Schulhaupt der spätantiken Geometrie, dem Heron Metricus, zu. Kritisch dazu Mommsen II, 177.

[79] Der Epitomator übertreibt ihre Bedeutung (239,11) außerdem lebte Balbus (s. La, 90—108) unter Trajan. (93, 7).

[80] Historia 18, 1969, 543 f.

[81] Plin. n.h. III, 17, der diese Quelle ständig benutzte.

Hier sind nun zwei Bemerkungen anzufügen. — Barthel[82] hat in seiner ideenreichen Darstellung der römischen Limitation in Afrika wahrscheinlich machen können, daß Agrippa die forma des großen nördlichen (alten) Centuriationssystems der prokonsularischen Provinz für seine Kartendarstellung übernahm. Denn Ptolemaeus, dessen Angaben auf die Karte des Agrippa zurückzuführen sind, gibt die Lage der nordafrikanischen Städte in einer auffälligen Verzerrung wieder, während die gegenseitigen Distanzen genau zutreffen. Barthel erklärt dies einleuchtend damit, daß Agrippa das Koordinatensystem der ihm vorliegenden forma einfach in die Waagerechte verlegt, es also falsch orientiert habe. — Ähnlich könnte Agrippa sich häufiger der tabulae censoriae oder der provinzialen tabularia — soweit es diese zu seiner Zeit bereits gab — bedient haben.

Die zweite Bemerkung betrifft den für die spätere Legendenbildung so folgenreichen Satz des Lukas (2, 1), Augustus habe den Auftrag gegeben zum „ *ἀπογϱάφεσθαι πᾶσαν τὴν οἰκουμένην*“. Wenn es einen solchen Reichscensus unter Augustus nicht gegeben haben kann, so bleibt doch die Frage, weshalb Lukas ihn so arglos erwähnte. (Wir sehen einmal ganz von der vielerörterten Diskrepanz ab, die zwischen dem wahrscheinlichen Geburtsdatum Jesu — 6—4 v. Chr. — und dem ersten syrischen Provinzcensus besteht. 8 n. Chr.) Gewiß wollte er die Geburt des Nazareners in der Stadt Davids erklären. Aber anscheinend waren auch ihm und den Lesern seines nach dem Jahre 69 geschriebenen Evangeliums derartige alle Provinzen umfassende kaiserliche Schatzungen und andere censorische Maßnahmen vertraut. (Vielleicht wollte er sie durch den Hinweis auf Augustus rechtfertigen, da die Steuererhöhungen Vespasians unbeliebt waren?) In der Tat enthalten nicht nur die beim Census Vespasians aufgestellten Bürgerlisten Namen auch aus den Provinzen[83], auch im übrigen sind die Maßnahmen seiner Censur in allen Provinzen spürbar gewesen.

[82] a.a.O. 117—121.
[83] Phlegon, Fr. g. H. II, B, 37, p. 1185 ff. vergl. dazu unten p. 129, A. 6.

Kapitel VII:

DIE GRUNDSTEUERREVISIONEN VESPASIANS

Unter Augustus waren also die Schatzungen der einzelnen Provinzen vom Bürgercensus getrennt. Wir sahen, wie Augustus in Verbindung mit diesem Bürgercensus nur Aufnahmen des italischen Grundbesitzes anscheinend zu dem Zweck durchführen ließ, die Einnahmen aus der vicesima hereditatum zu kontrollieren. Unter den übrigen Kaisern des julisch-claudischen Herrscherhauses hat allein Claudius die Censur innegehabt.

Das Verhältnis der Kaiser zu diesem Amt änderte sich erst mit den Flaviern. Vespasian war vom Jahre 74 bis zu seinem Tode gemeinsam mit Titus Censor[1], auch vom Kaiser Titus ist der Titel überliefert[2], und Domitian hat dies Amt ohne Unterbrechung als „censor perpetuus" bekleidet[3]. So dürftig unsere Kenntnis von der Geschichte dieses Herrscherhauses auch ist, es scheint, daß seine großen Leistungen im Aufbau des Reiches gerade einer Interpretation der staatsrechtlichen Möglichkeiten dieses Amtes zuzuschreiben sind. Das entspricht dem Charakter der Zeit und der Herrscher. Der Wunsch wenn nicht nach einer Rückkehr der Republik, so doch danach, sich neu an ihrem Vorbild zu orientieren, war eine allgemeine Erscheinung, er wurde vom Senat geteilt und vom Kaiser jedenfalls als Regulativ akzeptiert. So wird man das Wiederaufleben der Censur und das auffällige neue Verständnis dieses Amtes verstehen müssen: Wie der republikanische Censor baute und erneuerte auch Vespasian Tempel in Stadt und Reich[4], und die Sorge für die Straßen des Imperiums übernahm er wie jener. In einer außerordentlich großen Anzahl sind uns Inschriften aus Italien und aus allen — auch aus den senatorischen — Provinzen erhalten, die die Wiederherstellung der Reichsstraßen unter Vespasian mitteilen, und sie gehören fast ausnahmslos in die Zeit der Censur[5].

[1] Belege Dessau SIL III, p. 266. 73 ist Vespasian censor designatus. (D. 8903) 74—79 censor. Dazu Sueton, Vespasian 8.

[2] D. 267 (79 n. Chr.) D. 8796 (80 n. Chr.).

[3] D. 5034. Weitere Belege III, p. 267.

[4] Sueton, Vespasian 8 „suscepit et censuram ac per totum imperii tempus nihil habuit antiquius quam prope afflictam nutantemque rem publicam stabilire primo, deinde et ornare". H. C. Newton, The epigraphical evidence for the reigns of Vespasian and Titus, Ithaka N. Y. 1901, stellt Nr. 89—109 21 Inschriften aus der Regierungszeit Vespasians zusammen, die dessen Tempelbauten in Rom, Italien und den Provinzen rühmen.

[5] Newton, ebd. sammelt 37 solcher Inschriften über Erneuerungen von Reichsstraßen und Bauten von Straßenbrücken (ohne die Meilensteine!) aus den Jahren 75—80. 10 aus Italien, 3 aus Sardinien, aus Germania superior, Baetica, Gallaecia-Asturia (7) Tarraconensis, Afrika (3) Kleinasien (3) Bithynien, Galatien, Armenien, Cypern, Moesien, Dalmatien. Schweigend übergeht Th. Pekary, Die römischen Reichsstraßen, p. 75 f. dies auffällig reich-

Natürlich ließ Vespasian als Censor die Bürgerrollen neu aufstellen[6], wie es Augustus getan hatte, doch beschränkte er sich nicht auf die Personenbestandsaufnahme. So wie die Censoren der Republik daneben den Staatshaushalt aufzustellen und auszugleichen hatten, so hat auch Vespasian für die eben erwähnten großen Aufgaben neue Geldquellen zu erschließen verstanden. Seine Sparsamkeit, seine „pecuniae cupido" war sprichwörtlich, in den Provinzen vermehrte, ja verdoppelte er bisweilen die Tribute[7]. Man hat allen Grund anzunehmen, daß diese Steuererhöhung sowohl die kaiserlichen Provinzen als auch die Senatsprovinzen einbezog, so wie gleichfalls die erwähnte großzügige Erneuerung der Reichsstraßen in allen Provinzen festzustellen ist. Gewiß griff Vespasian damit in die Rechte des Senates ein, doch bot beidem die Censur, für die er die Weite ihrer alten Kompetenzen wieder herstellte und sich auf diese Weise Prärogativen in allen Provinzen sicherte, das staatsrechtliche Fundament. Es sind seine Zeitgenossen, denen die bei Lukas erwähnte Vorstellung von einem die ganze Ökumene umfassenden kaiserlichen Schatzungsgebot vertraut ist[8].

In diesen Rahmen gehören die verschiedenartigen Maßnahmen Vespasians, mit denen er in Italien und in den Provinzen steuerbaren Boden gewann, abgrenzte oder neu als solchen definierte und assignierte. Es liegen mehrere derartige Nachrichten aus Süditalien vor: Hygin nennt Assignationen von Veteranen Vespasians in Samnium[9], ihr Land wird er bei den Überprüfungen gewonnen oder aufgekauft haben. In Nola lagen alte Landverteilungen Sullas vor; bei deren ungeklärter Rechtsstellung hat Vespasian es den Besitzern als Eigentum zugesprochen[10], vielleicht auch dort eigene Verteilungen vorgenommen[11]. Vom Forum Popili (populi) wird mitgeteilt: „imperator Vespasianus lege sua agrum censiri iussit"[12]. In Calabrien hat Vespasian gleichfalls große okkupierte Gebiete bei dieser Zensierung

haltige Material, das seiner m. E. auch aus anderen Gründen unwahrscheinlichen These, der Censor sei für den Straßenbau nicht kompetent gewesen, zum mindesten nicht entspricht.

6 Plin. n. h. 7, 159, 162. Phlegon, F. gr. H. II B, 37, S. 1185 ff. In Italien wurde der Census sicher primär durch die Quinquennalen in den Municipien durchgeführt. Eine Sammlung dieser Listen nach Regionen vermuten Mommsen, St. R. II, 370, 3 und H. Braunert, Historia 6, 1957, 194 und Anm. 5.

7 Cassius Dio 65, 8, 2 f. (Alexandria) Allgemeiner zu den Provinzen Cassius Dio, 65, 8, 4. Sueton, Vespasian 16.

8 Zur historischen Glaubwürdigkeit von Luk. 2, 2 vergl. vor allem Mommsens z. T. sarkastische Kritik. (St. R II, 417, Mon. Anc.² 175. Feldm. II, 176 ff.) Nach Mommsen sind von Luk. abhängig Cassiodor, Varia 3, 52 und auch Suidas, „ἀπογραφή" (mit der Behauptung, 20 Beamte hätten den Census durchgeführt.) Mommsen berücksichtigt nicht, daß Lukas primär vom Besitzcensus, nicht vom Bürgercensus spricht, auch nicht Ed. Meyer, Ursprünge und Anfänge des Christentums, 51, der hier zuerst und allein Luk. 2, 2 richtig als eine Rückspiegelung des vespasianischen Reichscensus versteht.

9 131, 6 (La) hoc comperi in Samnio, uti, quos agros divus Vespasianus adsignaverat, eos iam ab ipsis, quibus adsignati erant, aliter possideri.

10 236, 3. Dazu oben p. 73, A. 119.

11 Die Ausdrücke „deducere" „deducta" bezeichnen im lib. col nur die letzte Assignation, es brauchen nicht unbedingt Landverteilungen darunter verstanden zu werden.

12 243, 11.

erfaßt und assigniert[13]. Diese Feststellung wurde anscheinend zusammen mit einer genaueren Musterung der hier gelegenen kaiserlichen saltus getroffen[14], zwischen denen offenbar private Grundstücke lagen, die vielleicht keiner Gemeinde angehörten und deshalb bisher im Census nicht erfaßt worden waren. Ob eine ähnliche Censierung Vespasians in Apulien stattfand, muß zwar offen bleiben[15], doch hat Vespasian jedenfalls in Cannae eine Überprüfung der öffentlichen Gebiete des Municipium anhand der Flurkarten vornehmen lassen[16]. Dasselbe steht in einer Inschrift aus Salerno[17], und in Pompei werden gleichfalls Restitutionen öffentlicher Gebiete erwähnt, die ein Militärtribun im Auftrag Vespasians nach einer Vermessung ausführte[18]. Auch die Restitutionen der dem Tempel der Diana am Berg Tifata schon von Sulla zugesprochenen und von Augustus auf einer forma assignierten Gebiete gehört in diesen Zusammenhang[19]. Bei diesen Censierungen, Überprüfungen und Restitutionen wurden die Gebiete offenbar vermessen und assigniert oder es wurden die formae alter Assignationen zugrundegelegt.

Die Annahme eines generellen Planes liegt angesichts der zahlreichen Nachrichten nahe. Möglicherweise hat Vespasian alle süditalischen Municipien überprüfen lassen, um als Censor mit Hilfe seiner Mensoren und mensorisch geschulter Offiziere den Gemeindefinanzen aufzuhelfen. Unmittelbare fiskalische Interessen scheinen nicht im Spiel gewesen zu sein, vielleicht hat der Reatiner Vespasian nur die etwas einseitige administrative Begünstigung Latiums und Campaniens durch die julisch-claudischen Kaiser ein wenig ausgleichen wollen.

Während Augustus bei den in den kaiserlichen Provinzen für die Berechnung der tributa erforderlichen Vermessungen militärische Beamte heranzog, scheint Vespasian neben den beamteten auch freie Mensoren im Staatsauftrag beschäftigt zu haben[20].

[13] 211, 1 provincia Calabria. (es werden centuriierte Gemeinden erwähnt) ... et cetera loca vel territoria in saltibus sunt assignata, ... cetera autem prout quis occupavit posteriore tempore censita sunt et ei possidenti adsignata Vespasiani censitione. (So P. A: ab imp. Vespasiano censita ex iussione.)

[14] Zur Ausdehnung der kaiserlichen saltus in Calabrien vergl. Hirschfeld, Kl. Schr. 547. Verwaltung: procurator regionis Calabriae, C. 10, 1795.

[15] 261, 21 „quando terminavimus provinciam Apuliam et Calabriam secundum constitutionem et legem divi Vespasiani" (es folgen aus 211, 3—7 interpolierte Partien) kann schwerlich als authentische Formulierung gelten.

[16] Imp. Caes. Vespasianus Aug. cos VII fines agrorum public. (m(unicipi) C(annensis) ex ... (f)or(mis ... i(,) restituit. Ann. epigr. 1945, 85. Dazu F. Castagnoli, Riv. di filol. 1948, 280.

[17] A(gros) p(ublicos) S(alernitanos) restitutit. Ann. epigr. 1951, 200.

[18] C 10, 1018 = D. 5942. Ex auctoritate imp. Caesaris Vespasiani Aug. loca publica a privatis possessa T. Suedius Clemens tribunus causis cognitis et mensuris factis rei publicae Pompeianorum restituit.

[19] C 10, 3828 = D. 251. (ähnlich D. 3240) imp. Caes. Vespasianus cos. VIII fines agrorum dicatorum Dianae Tifat. a Cornelio Sulla ex forma divi Aug. restituit. Dazu Vell. Pat 2, 25, 4.

[20] C 6, 198 = D. 6052 (unter Vespasian) ein „C. Iulius Hermes mensor bis hon(ore) in curat(ione) functus". — Auch der nach C 10, 8038 (= FIRA I, 72) 12 ff. zusammen mit einem procurator nach Corsica geschickte Mensor dürfte, da es sich um einen Grenzstreit zwischen Gemeinden handelt, ein freier Mensor gewesen sein.

Zeugnisse über derartige Revisionen in den Provinzen besitzen wir vor allem aus Cyrene[21]. Die sorgfältig vorgenommene und oft erwähnte Grenzziehung zwischen der alten und der neuen Provinz Afrika längs der alten fossa regia wirkte sich natürlich auf die Erhebung der vectigalia aus, auch wenn sie nicht mit Sicherheit als eine eigentlich censorische Maßnahme betrachtet werden kann[22]. Ferner begrenzte Vespasian die so wichtige Überprüfung der subseciva nicht auf die italischen Kolonien, sie ist z. B. ebenso für die ausgusteische Kolonie Emerita in Lustanien bevorzugt[23], und mit ihr erklärt sich erst die Eigenart der Katasterkarten von Orange[24]. Davon ist im folgenden ausführlicher zu sprechen.

1. DIE PRÜFUNG DER SUBSECIVA

Vespasian hat eine allgemeine Requisition der subseciva angeordnet und durchführen lassen. Will man sich von der Eigenart dieser oft mißverstandenen Maßnahme ein genaueres Bild machen, so müssen zunächst einige Vorfragen geklärt werden: Was meint der Ausdruck „subsecivum" in technischer Hinsicht, was kennzeichnet die rechtliche Eigenart der „subseciva", aus welchem Grunde wurden sie gebildet? — Für die Agrimensoren spielen sie eine große Rolle und werden von ihnen entsprechend oft erwähnt. Deshalb lassen sich diese Fragen verhältnismäßig eindeutig beantworten.

Das Wort ‚subsecivum' entstand vermutlich bereits mit der Centuriation, jedenfalls ist es früh belegt[25]. Als agrimensorisch-technischer Begriff wird es in dreierlei Hinsicht gebraucht[26]. Erstens bezeichnet es die zwischen dem centuriierten Territorium und der Grenzlinie gelegenen Gebiete[27]. Zweitens werden die innerhalb einer

[21] Hygin 122 erwähnt die Existenz von Inschriften Vespasians in Cyrene: OCCUPATI A PRIVATIS FINES. P. R. RESTITUIT. — Zur längeren Vorgeschichte der Auseinandersetzung vergl. Tac. ann. 14, 18. (vergl. 162, A. 24) Die von Bleicken, Senatsgericht und Kaisergerichtsbarkeit, 153 vertretenen Annahmen, bei dem Grenzstreit in Cyrene liege ein unmittelbares kaiserliches und fiskalisches Interesse vor, er sei als ein Symptom der „baldigen Zentralisierung von Kron- und Staatsdomänen in der Hand des Kaisers" zu verstehen, scheinen mir unbegründet zu sein. Noch Hygin schreibt diese Güter eindeutig dem Aerar zu. (P. R. restituit) Daß die Appellation an den Kaiser Claudius gerichtet und der Auftrag zur Grenzziehung dem kaiserlichen legatus pr. pr. gegeben wurde, ist ganz natürlich, da der Statthalter hier als unparteiischer Richter nicht gelten konnte. Zudem stand offenbar nur der Grenzverlauf, nicht die Zugehörigkeit der Domänen in Frage.

[22] Vergl. Merlin, Inscr. Lat. Tun. 623 (= 624. 1293) — Über die wahrscheinlich in diese ersten Jahre Vespasians zu datierende wichtige lex Manciana vergl. Rostowzeff, Kolonat, 326 ff. 336. Ferner unten p. 135 f.

[23] Frontin 51, 18—52, 10. Auch hier lag die requisitio subsecivorum in den Händen des praeses provinciae (52, 6), wie in Orange.

[24] Vergl. dazu die Erklärung der großen Inschrift aus dem tabularium von Orange. Piganiol, Les documents 84 ff. Ch. Saumagne Journ. Sav. 1965, 78 f. Dazu unten p. 137 f.

[25] Die lex agraria erwähnt bereits die subseciva in Afrika L. (44) 66. (68) — vergl. auch Hygin 121, 16.

[26] Am deutlichsten unterschieden von Frontin, 6, 7—7, 8.

[27] Frontin 6, 7. 8, 1—9. 30, 21. Hygin 121, 16 erwähnt, daß die Alten den modus dieser subseciva berechnet und in den formae vermerkt hätten.

Centurie durch eine — auch auf der forma einzutragende — Linie abgetrennten Gebietsteile subseciva genannt[28]. Drittens beschreibt der Begriff in den „agri per extremitatem comprehensi" das zwischen der linea normalis und der linea finitima gelegene Gebiet[29]. Daß es sich in diesem Fall um eine analoge Verwendung der ersten Bedeutung, eigentlich um eine bloße Begriffsübertragung handelt, leuchtet ohne weiteres ein. — In allen drei Fällen wurden die subseciva nach ihrem Flächeninhalt ausgemessen und auf der forma assigniert[30]. Leider ist es nicht immer zu entscheiden, ob mit den in einem bestimmten Fall erwähnten subseciva nun „Randsubseciva" oder solche innerhalb der Centurien gemeint sind, und bei diesen wäre wiederum zu klären, ob es sich um unbebaubare Gebiete (felsiges Land, ein Flußbett o. ä.), um exemptes Land (z. B. loca religiosa) oder um bei der Verteilung nicht verwandtes Land handelt. Alle diese Fälle werden erwähnt[31].

In rechtlicher Hinsicht waren die subseciva nicht immer eindeutig definiert und die „controversiae de subsecivis" entsprechend häufig. Aus ihnen hat sich geradezu ein „ius subsecivorum" entwickelt, das auch auf verwandte Probleme — auf die „loca relicta et extra clusa" — Anwendung fand [32]. Stets lag die Frage zugrunde, wer als Eigentümer anzusehen sei. Hier gab es vier mögliche Antworten: Der auctor divisionis oder sein Rechtsnachfolger, d. h. der Caesar konnte behaupten, die subseciva seien noch in seinem Eigentum verblieben, er könne sie nutzen oder für eine spätere Verteilung reservieren[33]. Oder die subseciva waren der Kolonie zugestanden als „subseciva concessa coloniae[34]. Drittens kamen Fälle vor, in denen die subseciva einzelnen Personen schon bei der Verteilung des Landes zugewiesen bzw. überlassen blieben: es wird sich um privilegierte Leute gehandelt haben, die bei der Enteignung geschont werden sollten[35]. Schließlich gab es eine schwierige, aber

[28] Frontin 7, 1—6. Hygin 133, 1. Siculus Flaccus 155, 28—156, 3.

[29] Frontin 7, 6—8. Vergl. zur für Rechnungszwecke gezogenen ‚linea normalis' genauer oben p. 102. Einen Sonderfall erwähnt Hygin 171, 10—14.: „praefecturae" d. h. innerhalb centuriierter Gebiete gelegene Territorien mit eigener, anders orientierter Centuriation kennzeichneten ihre Grenze bisweilen durch einen 120 Fuß breiten, nicht centuriierten Randstreifen, der auch „subsecivum" genannt wurde.

[30] Hygin 121, 16—18. Er kritisiert zugleich, daß gewöhnlich nicht die Lage der subseciva in den formae mitbeschrieben werde, und lobt einen militärischen Mensoren, der in Pannonien auch die Grenzlinien der acceptae ausgemessen und auf den formae eingetragen habe, so daß auch die loca subsecivorum — und nicht nur ihr modus — aus ihnen erkennbar sei. (Übrigens sind im Kataster A von Orange (fragm. 4 und 5, les documents ..., 104 ff.) die subseciva gleichfalls abgetrennt, im Kataster B (fragm. 170, p. 202, 213, p. 251) jedoch nicht.)

[31] unbebaubares Land: 52,5. 133,1. 156,1. exemptes Land: 8,4. Nicht verwendetes Land: 51 f. 53, 17 ff.

[32] Frontin 8, 5. 22, 2 f.

[33] Dieser Fall liegt z. B. in Emerita vor, wo mehrere Assignationen aufeinander folgten. (Frontin 52, 1—4) Ebenso erwähnt von Hyginus gromaticus 202, 5. Hygin 133, 4.

[34] Erwähnt 21, 5. 53, 20. 133, 4 f. 162, 20. 202, 7—10.

[35] Der Ausdruck lautet: „subseciva concessa certis personis" So Hygin 133,5: „Haec ergo subseciva auctor divisionis ... aliquibus concessit aut rebus publicis aut privatis personis" Ebenso 133,10. Zu Fällen dieser Art wird z. B. die Exemption senatorischen Landes oder der Gebiete alter Veteranen zu zählen sein, die Octavian 41 verfügte. Cassius Dio 48, 8, 5.

anscheinend nicht seltene Kontroverse, wenn — wie es bei den Landverteilungen der Triumviralzeit oft vorgekommen war — die Centuriation in ein fremdes Territorium hineinragte und hier subseciva entstanden waren. In diesem Fall mußte geklärt werden, ob der auctor divisionis nur Land für die Verteilung beansprucht oder expressis verbis die Grenzen der Kolonie erweitert hatte. War dies nicht ausgesprochen worden, so entstand die komplizierte Situation, daß die subseciva der alten Gemeinde, die Klonistengebiete dagegen der Kolonie in der Jurisdiction unterstanden[36]. Zwischen der triumviralen Kolonie Firmum und dem benachbarten Falerio ist noch 120 Jahre nach der Verteilung eine so gelagerte controversia de subsecivis ausgefochten und von Domitian zugunsten der Altbesitzer von Falerio entschieden worden[37].

War nun die Kolonie Eigentümerin der subseciva concessa geworden, so gab es für sie verschiedene Nutzungsmöglichkeiten: sie konnte die subseciva verkaufen, sie den benachbarten Besitzern gegen Steuerzahlung überlassen, sie über kürzere oder längere Frist verpachten[38]. Waren aber der Kolonie die subseciva bei der Gründung nicht zugesprochen worden, so konnte der Kaiser behaupten, ihm stünde das Verfügungsrecht noch zu.

An diesem Punkt hat Vespasian mit der Requisition der subseciva den Hebel angesetzt. Er beanspruchte alle nicht ausdrücklich den Kolonien zugesprochenen subseciva für den Fiscus[39]. Natürlich kam dies für die Besitzer einer erheblichen Härte gleich, und von vielen Seiten wurden Einsprüche oder doch Klagen erhoben. Erst Domitian hat ihnen nachgegeben. Den Gang der Auseinandersetzung stellt Frontin ausführlich dar: „pecuniam etiam quarundam coloniarum imperator Vespasianus exegit quae non haberent subsiciva concessa: non enim fieri poterat ut solum illud, quod nemini erat adsignatum, alterius esse posset quam qui poterat ad-

[36] So ausführlich erörtert von Hygin 118,5—119,19. In diesen Fällen durften also die alten Eigentümer, welche die subseciva des fremden Territoriums noch in Besitz hatten, von der Kolonie nicht zu Steuerlasten herangezogen werden. (119,15—19)

[37] In der Inschrift C 9,5420 teilt Domitian den Decurionen von Falerio das Urteil mit (... quid constituerim de subsecivis cognita causa inter vor et Firmanos ...) „Et vetustas litis quae post tot annos retractatur a Firmanis adversus Falerienses vehementer me movet cum possessorum securitati vel minus multi anni sufficere possint et divi Augusti ... epistula qua admonuit (quartanos) ut omnia subseciva sua colligerent et venderent quos tam salubri admonitioni paruisse non dubito propter quae possessorum ius confirmo."
Mommsen nimmt in der Erklärung an, daß nach der Kolonisation von Firmum (41 n. Chr.) auch Falerio (30/29 n. Chr.) assigniert worden sei. Die subseciva dieser Assignation seien gemeint. Überliefert ist die zweite Verteilung nicht. (Der liber coloniarum nennt für Firmum triumvirale Centuriation, 226, 9 in Falerio alte Limitation!) Mommsen übersieht m. E., daß die Firmani im Falerischen Gebiet subseciva beanspruchen. Domitian bestreitet den Anspruch mit dem Hinweis, sie hätten diese subseciva bereits zur Zeit des Augustus verkauft. Er bezieht also die Weisung des Augustus auf die außerhalb des eigentlichen Kolonieterritoriums gelegenen subseciva. (Nur unter dieser Voraussetzung ist m. E. ein Streit zwischen beiden Gemeinden möglich. Vergl. die Hyginstelle der vorigen Anmerkung.)

[38] Diese vier Möglichkeiten werden von Siculus Flaccus 162, 20 ff. aufgezählt. Ebenso Hygin 133, 5 „quae subsiciva quidam vendiderunt, quidam vectigalibus certo tempore locant" Ähnlich Frontin 54, 1.

[39] Vergl. neben der im Text zitierten Frontinstelle auch Hygin 133, 9—16.

signare. non enim exiguum pecuniae fisco contulit venditis subsecivis. sed postquam legationum miseratione commotus est, quia quassabatur universus Italiae possessor, intermisit, non concessit. aeque et Titus imperator aliqua subsiciva in Italia recollegit. praestantissimus postea Domitianus ad hoc beneficium procurrit et uno edicto totius Italiae metum liberavit" (54, 2—13). Von diesem Edikt Domitians sagt Hygin genauer: „Domitianus per totam Italiam subsiciva possidentibus donavit" (133, 13). — Während also Vespasian und Titus das Eigentum der nicht den Kolonien Italiens konzedierten subseciva für den Fiscus beanspruchten, hat Domitian diese den — gewiß oft langjährigen — possessores zum Eigentum geschenkt.

Es bleiben zwei wichtige Fragen:

1. Welche Gruppe der subseciva war gemeint? Der Terminus bezeichnet wie gesagt sowohl die „Randsubseciva" wie nicht voll oder überhaupt nicht assignierte Centurien. Man darf gewiß keine der beiden Gruppen ausschließen, da die Absicht Vespasians nicht nur in einer fiskalischen Nutzung, sondern zugleich in einer generellen Bereinigung ungeklärter Eigentumsfragen gelegen zu haben scheint[40]. Auch würde eine Konfiskation der verhältnismäßig belanglosen und geringfügigen Randsubseciva kaum ein derartiges Echo gefunden haben. — Vielmehr muß man damit rechnen, daß Caesar, die Triumvirn und Octavian, deren Kolonien von der Kontroverse vor allem betroffen gewesen sein dürften, weder in Italien noch in den Provinzen total depossedierten. Es mag dies nun geschehen sein, um die Altbesitzer zu schonen, um der Kolonie, deren Kolonisten einen Anspruch auf steuerfreies Land hatten, Einkünfte zu sichern, oder um Raum für eventuelle spätere Verteilungen zu lassen. Jedenfalls zeigt die Katasterkarte von Orange, daß zwar den Kolonisten nur gutes Land gegeben wurde, es ist aber unter den steuerpflichtigen Ländereien neben allem unkultivierten Gebiet auch viel bebautes aufgeführt.

2. Beschränkte sich Vespasians Requisition der subseciva auf Italien? — Wohl wurden Klagen nur im steuerfreien Italien vorgebracht, da Ansprüche der Kaiser oder des Staates hier als besondere Härte angesehen wurden. Die Musterung der subseciva dürfte jedoch in allen Kolonien stattgefunden haben, sie scheint in den Provinzen nur deshalb nicht als ungewöhnlich empfunden worden zu sein, weil die Steuerbarkeit des Provinzlandes ohnehin nicht in Frage stand.

Aus Emerita in Lusitanien wird eine solche requisitio subsecivorum mitgeteilt: Frontin erwähnt sie im Zusammenhang mit dem Problem der Berechnung der Breite eines Flußbettes (51, 18—52, 13.) Viel Land sei trotz mehrerer Landverteilungen nicht assigniert worden. „in his agris cum subseciva requirentur, impetraverunt possessores a praeside provinciae eius, ut aliquam latitudinem Anae flumini daret. quoniam subsiciva quae quis occupaverat redimere cogebatur, iniquum iudicatum est ut quisquam amnem publicum emeret . . . usw." — Eine doppelte Parallele zwischen dieser Musterung der subseciva und dem Kataster von Orange ist augenfällig: Hier wie dort muß der Besitzer der subseciva diese pachten. (In Orange wird die Pachtsumme in den einzelnen Centurien vermerkt) In

[40] Das zeigen die große Inschrift von Orange und die oben p. 129 ff. erwähnten Terminationen Vespasians.

beiden Fällen liegt die Requisition in der Hand des Provinzstatthalters. Da sie in Orange zur Zeit Vespasians unter dessen Censur durchgeführt wurde, wird es in Emerita nicht anders gewesen sein.

Die vielen oben erwähnten Grenz- und Grundsteuerprüfungen Vespasians stehen also sachlich in einem engen Zusammenhang mit der requisitio subsecivorum in allen Kolonien. Damit ist zugleich der Umkreis des Bereiches bezeichnet, in den die Fragmente der drei Katasterkarten aus Orange hineingehören.

Vespasian scheint in Italien den Verkauf der subseciva statt der Besteuerung gewählt zu haben, weil diese im tributfreien Land den Aufbau einer besonderen Verwaltung erforderlich gemacht hätte. An sich gab es hier nur die von den Gemeinden für ihre eigenen Zwecke erhobenen vectigalia. Obwohl er durch diesen Verkauf für den Fiskus einen großen Gewinn herauswirtschaftete („non enim exiguum pecuniae fisco contulit venditis subsecivis"), hat sich seine Musterung ebenso auf die den Kolonien zugesprochenen erstreckt. In diesem Fall kam sie mehr den kolonialen Gemeindefinanzen zugute, für die Vespasian gleichfalls Sorge trug[41]. Ohnehin wird in den nicht völlig immunen provinzialen Veteranenkolonien sich die Erhebung des tributum mit der der kolonialen Vectigalia auf irgendeine Weise verbunden haben.

Nun ist es kein Wunder, daß der Verkauf der solange gefahrlos besessenen subseciva Italiens bei der allgemeinen Steuerfreiheit der Halbinsel Überraschung und Entsetzen bewirkte, so wenig sich auch an der rechtlichen Autorisierung des Kaisers zweifeln ließ. Gleichwohl muß die um ein Jahrhundert verspätete Vollendung der grausamen triumviralen Landverteilungen den Bittstellern, die ihr Schicksal mit dem der verschonten benachbarten Territorien verglichen, als äußerst ungerecht erschienen sein. Deshalb haben Vespasian und Titus trotz weiterer Musterung der subseciva den Verkauf eingestellt. Erst das wichtige Edikt Domitians hat durch deren Übereignung an die possessores eine neue Rechtslage geschaffen[42].

In der Erörterung des alten Problems der Herkunft und Bedeutung des „ius Italicum" scheint mir dieses Edikt etwas vernachlässigt worden zu sein. Vepasian hätte niemals mit dem Verkauf der „subseciva" Italiens auch nur beginnen dürfen, wenn es zu seiner Zeit bereits den strikten Begriff des „ius Italicum" gegeben hätte. Vermutlich ist er erst auf dem Hintergrund der lebhaften Empörung über seine Maßnahme und in der Folge des von Domitian zum Schutz der italischen Besitzer erlassenen Ediktes ausgebildet worden. (Vergl. dazu ausführlicher den Excurs.)

Schließlich und vor allem gehört auch die berühmte lex Manciana nach aller Wahrscheinlichkeit zu dieser offenbar alle centuriierten Gebiete erfassenden Requisition der subseciva[43]. Bekanntlich erwähnt die Bittschrift der Kolonen der villa

[41] Eine indirekte Folge dieser allgemeinen Prüfung scheint es zu sein, daß die Kolonie Firmum von der Nachbargemeinde in dieser Zeit auch von sich aus die subseciva zurückforderte. (C. 9, 5420. Dazu oben Anm. 37)

[42] Frontin 54, 11. Hygin 133, 13. Ferner Sueton, Domitian 9, 3 „subsiciva quae divisis per veteranos agris carptim superfuerunt veteribus possessoribus ut usu capta concessit." Dazu der Schluß von C 9,5420: „propter quae possessorum ius confirmo".

[43] Eine Zusammenstellung der Literatur steht bei Bruns, Fontes[7], Nr. 114. (Zur lex Manciana und zur Inschrift von Henchir Mettich) Hinweise auf jüngere Erörterungen bei Haywood, Ec. Surv. IV, 99.

magna (Inschrift von Henchir Mettich) mehrmals diese lex Manciana, die unter anderem die Bebauung der — offenbar bisher als Ödland nicht angewiesenen und von der Steuerzahlung eximierten — subseciva Afrikas freigibt und dem Okkupanten nur eine jeweils geringe Naturalabgabe vorschreibt[44]. Sie muß für die Provinz Afrika gewiß auch aus anderen Gründen — sie enthielt daneben Angaben über die Steuern bereits bebauter Gebiete[45] — eine sehr große Bedeutung gehabt haben, sie wird im zweiten Jahrhundert mehrfach direkt oder indirekt genannt, und noch die Albertinischen Tafeln, die vor allem Kaufverträge aus dem späten fünften Jahrhundert enthalten, sprechen häufig von einer cultura Manciana[46]. Damit ist höchstwahrscheinlich ein Grundstück gemeint, das in der Weise steuerbegünstigt ist, wie es die lex Manciana für die freigegebenen subseciva vorschrieb. Diese offenbar wichtigste Bestimmung, die eine Nutzung der brachliegenden subseciva zu erreichen suchte, verbindet die lex Manciana mit den überall im imperium erkennbaren Spuren der von Vespasian angeordneten Requisition dieser Gebiete[47]. Vor allem Rostowzeff hatte die lex Manciana als eine offizielle, die ganze Provinz Afrika betreffende Verordnung aus der Regierungszeit Vespasians erklärt[48]. Es mag sein, daß sie auf einen Provinzstatthalter Afrikas aus dem Beginn der Regierungszeit Vespasians zurückzuführen ist[49]. Jedenfalls aber bekommt die These Rostowzeffs wohl erst aus diesem Zusammenhang ihre beste Stütze.

2. ZUM KATASTER VON ORANGE

Wer einmal mit den in Orange 1949—1952 gefundenen Katasterfragmenten gearbeitet hat, wird die sorgfältige, in langjähriger Arbeit von A. Piganiol und seinen Mitarbeitern hergestellte Edition bewundern[50]. Die Lesungen sind genau

[44] C. 8, 25902, I, 9 ff. Qui eorum intra fundos villae Magne Variani, id est Mappalia Siga eis agros, qui subseciva sunt, excolere permittitur lege Manciana ita ut eas qui excoluerit usum proprium habeat, ex fructibus, qui eo loco nati erunt, dominis aut conductoribus vilicisve eius fundi partes e lege Manciana prestare debebunt hac condicione: coloni fructus cuiusque culture, quos ad aream deportare et terere debebunt, summas deferant arbitratu suo conductoribus . . .

[45] Ebd. I, 21. II, 29.

[46] Erwähnt wird die lex Manciana ferner in der Inschrift von Ain-El-Djemala, C 8, 25943 I, 1—8 (Bitte der Kolonen, verlassenes Land zum Anbau von Oliven „lege Manciana condicione" zugewiesen zu bekommen. Ähnlich IV,9) — Merlin, Inscr. de la Tunisie 629: Mancianae cultor.

Tablettes Albertini, Paris 1952, (Courtois, Lesli, Perrat, Saumagne) der Index p. 324 nennt in 14 Verträgen Erwähnungen der cultura Manciana.

[47] Vergl. dazu vor allem (— mit allerdings nicht immer zutreffenden Folgerungen und Parallelen — Ch. Saumagne. Tabelettes Albertini, 116 ff.

[48] Kolonat, 322 ff. — Häufig wird die lex M. auch als eine von dem Großgrundbesitzer T. Curtilius Mancia erlassene private Anordnung gedeutet (so zuletzt von T. Frank, Am. J. Phil. 47, 1926, 153 ff.), eine Annahme, die nach dem Fund der Albertinischen Tafeln unwahrscheinlich geworden ist.

[49] Groag, PIR II, p. 392, Nr. 1605. Saumagne a.a.O. 140.

[50] A. Piganiol, Les documents cadastraux de la colonie Romaine d'Orange. XVIe supplément à Gallia, 1962.

und anhand der scharfen Photographien leicht zu kontrollieren, das schwierige Puzzlespiel der Kombination von vielen hundert Bruchstücken wird mit Geduld und Akribie beherrscht, die Auflösungen der zahlreichen Abkürzungen überzeugen meistens. Wohl bleiben noch Fragen offen[51], doch sind jedenfalls mit diesem Fund und mit der von Piganiol gegebenen Interpretation die Deutungen überholt, die man früher auf spärliche Katasterfragmente stützte[52]. — Erst seit dieser Ausgabe weiß man sicher, daß im tabularium von Orange nicht ein, sondern drei verschiedene Katasterkarten vorhanden gewesen sind, die große Hauptinschrift[53] zeigt, daß sie nicht vor der Zeit Vespasians aufgesetzt und also auch mit den bei der Anlage der Kolonie Iulia Secundanorum erstellten formae nicht identisch sein können. Wohl haben die alten formae mit der entsprechenden Centuriation die Basis für die erhaltenen jüngeren Katasterkarten abgegeben, diese sind jedoch nicht mehr zum Zweck der Garantie des den Veteranen assignierten Grundbesitzes hergestellt worden, sondern aus fiskalischen Absichten.

Es lassen sich noch einige Korrekturen an der von Piganiol vorgelegten Erklärung vertreten[54]. Mir scheint vor allem bisher nicht beachtet worden zu sein, daß die in den Katasterkarten offenbar werdende Überprüfung der öffentlichen Gebiete in den Zusammenhang der soeben besprochenen großen von Vespasian angeordneten Revision der subseciva im Bereich der alten caesarischen und augustäischen Veteranenkolonien gehört. Ferner sind vor allem Zweck und Lokalisierung des Katasters A problematisch.

Die Inschrift Vespasians

Die große, etwas über 4 m lange Inschrift Vespasians enthält drei Zeilen, Breite und Höhe der Buchstaben verjüngen sich jeweils nach unten. Die Ergänzung Piganiols lautet:

IMP CAE)SAR VE(SPASIANUS A(UG PO(NTIF) MAX TRIB POTESTATE VIII IM(P XVIII) P P COS VIII CENSOR
AD REST PUBL)ICA QU(AE DIVUS AUGUSTUS MILIT)LEG II GALLICAE DEDERAT PO(SSESSA A PRIVA)TIS PER ALIQUOD ANNOS
FORMAM PROP)ONI (IUSSIT ADNOTAT)O IN SIN(GUL CENTUR) ANNUO VECTIGALI AGENTE CURAM V(ALERIO UM)MIDIO BASSO PROCOS PROVI(NC NARB.

51 Es wäre schön, wenn die nach dem Tode von Joseph Sautel sistierten Ausgrabungen im Zentrum der Stadt Orange einmal wieder aufgenommen werden könnten. Vor allem die im folgenden nur hypothetisch beantworteten Fragen nach Datierung und Zweck der Kataster A und C würden sich erst dann mit letzter Sicherheit klären lassen.

52 Zusammengestellt bei Piganiol, documents 11 ff.

53 documents 79 ff.

54 Abweichende Erklärungsversuche sind seither von Ch. Saumagne, Journ. Savants 1965, 73 ff. und von D. van Berchem, Museum Helveticum 23, 1966, 58 ff. vorgelegt worden.

Zwei Korrekturen hat Saumagne[55] in der letzten Zeile vorgeschlagen. Er liest: *ex formis*prop)oni (iussit adnotat)o in sin *(gulis iugeribus)* annuo vectigali ... Die erste Ergänzung berücksichtigt die Tatsache, daß der vorliegende Kataster nur eine im Sinne der folgenden Anweisung veränderte Kopie der ursprünglichen Flurkarte darstellt. Der Raum für zwei zusätzliche Buchstaben ist am Zeilenbeginn vorhanden. Die zweite trifft ebenso ein wichtiges Kennzeichen der vorliegenden Katasterinschriften, nur ist natürlich — aus grammatischen und aus Raumgründen — der Akkusativ vorzuziehen: „in singula iugera" (nach den einzelnen Jugera). In der Tat führen die vielen Katasterinschriften jeweils genau die Zahl der steuerpflichtigen iugera an.

Der Anfang des Textes in der zweiten Zeile (ad rest(ituenda) publ)ica qu(ae ... dürfte in dieser Form schwerlich zutreffend sein. Gewiß gibt es Beispiele vespasianischer Restitutionen öffentlicher Gebiete des Staates oder der Gemeinden[56], doch hier handelt es sich um eine centuriierte Veteranenkolonie. Auch muß man ein im Akkusativ mit „ad" verbundenes substantiviertes Gerundivum für einen unglücklichen Satzanfang halten. Vor allem: es fehlt das Objekt, das wohl an dieser Stelle stehen müßte. Deshalb scheint mir die Ergänzung SUBSICIVA PUB)LICA zutreffender zu sein. Die Fortsetzung „quae divus Augustus militibus leg. II dederat" zeigt, daß es sich um die sogenannten „subseciva concessa" handelt[57], die bei der Gründung vieler Veteranenkolonien den Gemeindeverwaltungen zur Nutzung überlassen blieben. Die Erweiterung um zwei Buchstaben entspricht der der folgenden Zeile am Satzanfang: „ex formis" statt „formam". Es wäre also vor dem ersten Bruchstück zu schreiben:

IMP CAE)SAR VE(SPASIANUS ...
SUBSICIVA PUBL)ICA QU(AE ...
EX FORMIS PROP)ONI (IUSSIT ...

Es wurde bereits erwähnt, daß sich die Revision Vespasians auch auf die Provinzkolonien und auf die diesen Kolonien zugesprochenen subseciva erstreckte. In der senatorischen Provinz Narbonensis scheint Vespasian das Recht zum Befehlen dieser Maßnahme aus dem in der Inschrift erwähnten Censortitel abgeleitet zu haben. Wie in Emerita[58] lag auch in Orange die Prüfung in der Hand des Provinzstatthalters. (Ummidius Bassus)

Diese Ergänzung enthält zugleich den Kern der Erklärung, die wir im Zweck der Katasterkarten und der Hauptinschrift sehen. — Es muß daran erinnert werden, daß die agrimensorischen Schriften einen engeren technischen Begriff des subsecivum im Sinne des Randsubsecivum und einen weiteren — den nicht verteilten

[55] J. S. 1965, 78 f.

[56] Gesammelt von Piganiol 86 ff. — Saumagne, a.a.O. 78 f. wendet gegen Piganiol ein, daß das dort restitutierte Land stets mit dem — hier fehlenden — Dativ des Begünstigten verbunden sei. Der Einwand trifft nicht zu. (Vergl. Dessau 3240. Ann. epigr. 1945, 85.) Deshalb und aus Raumgründen ist Saumagnes Vorschlag „ad ordinanda publica" nicht als Verbesserung anzusehen.

[57] Vergl. dazu oben p. 133.

[58] Frontin 52, 5.

und assignierten Teil einer Centurie — nebeneinander verwenden[59]. Die in den Katasterkarten selbst genannten subseciva sind derartige Randsubseciva. Sie werden längs des Verlaufs der Rhone im (späteren) Kataster B[60] und aus einem nicht mehr erkennbaren Grunde im Kataster A[61] erwähnt, in diesen Fällen enthalten die betreffenden Centurien nicht die volle Zahl von 200 bzw. 400 Iugera. Es handelt sich also bei ihnen um weder bei der Verteilung noch bei der Besteuerung erfaßte oder auch nur erfaßbare Gebietssteile. — Wahrscheinlich hat Piganiol wegen dieser ausdrücklichen Erwähnung der — im agrimensorisch technischen Sinn aufgefaßten — subseciva in den Katasterkarten nicht die Stellen zu Rate gezogen, in denen die Agrimensoren die Überprüfung der bei der Koloniegründung nicht verteilten Gebiete gleichfalls auf die subseciva beziehen. Sie sprechen von ihrer Besteuerung und von ihrem öffentlichen Eigentum, von ihrem Charakter als „publica"[62].

Auf diese subseciva im weiteren Sinn aber kam es bei der Überprüfung an. Das zeigen die Katasterinschriften deutlich. Ihr gemeinsames Merkmal besteht darin, daß sie das den Kolonisten namentlich assignierte Gebiet nur als ager extr(ibutarius) anführen, die Besitzer bzw. Pächter des bei der Verteilung übrig gebliebenen Landes namentlich mit der ihnen auferlegten Grundsteuer in jeder Centurie erwähnen. Diese Gebiete werden freilich nach der Revision nun in den Karten nicht mehr als subseciva bezeichnet, da mit ihr auch die bisher nicht assignierten Centurienabschnitte erfaßt und die Besitzer gleichfalls namentlich auf der forma aufgeführt sind.

Zur Lokalisierung

Die Lage des großen Katasters B darf als gesichert angesehen werden. Piganiol zählt eine Anzahl geographischer und anderer konstanter Faktoren auf[63] — wie Flußläufe, eine Brücke, die nach ihrem Verlauf noch bekannte Straße des Agrippa — die im Netz der Centurien eingezeichnet sind und also seinen genauen Ort noch ermitteln lassen. Hinzu kommt die oft homogene, der Ausrichtung der Centuriation z. T. noch heute entsprechende Parzellierung[64].

[59] Vergl. dazu oben p. 132.
[60] Vergl. vor allem die Fragmente 206—218.
[61] Vergl. die Fragmente 4 und 5.
[62] Die wichtigsten Stellen sind Frontin 20,3: De subsecivis controversis est quotiens aliqua pars centuriae sive tota non est adignata et possidetur. und 53,17 ff.: cum enim adsignatio in agro adsignato fieret, non potuit omnis modus intra IIIIlimites veteranis adsignari. in his subsecivis quidam iterum miserunt quibus agri adsignarentur, quidam et subseciva coloniis concesserunt. ideoque semper hoc genus controversiae a rebus publicis exercetur. per longum enim tempus attigui possessores vacantia loca quasi invitante otiosi soli opportunitate invaserunt et per longum tempus impune commalleaverunt. (Ihrem Eigentum zuschreiben. vergl. 204, 6) horum subsecivorum multae res publicae etiamsi sero mensuram repetierunt, non minimum aerario publico contulerunt." — Hier werden also die auch in der vespasianischen Hauptinschrift erwähnte Occupation durch die privati sowie Prüfung und erneute Besteuerung durch die Gemeinden genannt. In Emerita wandte man den Grundsatz an: subseciva quae quis occupaverat redimere cogebatur. (52,7)
[63] 139 f.
[64] Vergl. die Karten und Luftaufnahmen im Anhang: Pl XL—LVII.

Es ist erlaubt, noch einen Schritt weiter zu gehen. Obwohl die Katasterkarte B. vielleicht erst zur Zeit Trajans, frühestens aber unter Vespasian aufgesetzt worden ist[65], so darf doch die Anlage ihres Centuriationsnetzes als die ursprüngliche betrachtet werden. Es muß so bereits bei der Ansiedlung der Veteranen angelegt worden sein. Schwerlich wird man in einer bestehenden Veteranenkolonie die Limitationsrichtung nachträglich geändert haben[66]. Zugleich erklärt sich damit die auffällige Beschränkung der Tricastini auf den durch die Hauptlimitationswege gebildeten nordöstlichen Sektor[67] (DD CK). Neben den in diesem Gebiet der Soldaten assignierten tributfreien Ländereien blieb den alten Einwohnern hier fast[68] alles Land überlassen, während sie die übrigen drei Sektoren aufzugeben und vielleicht auch zu räumen hatten. Für die Kolonieverwaltung bedeutete dies, daß der nordöstliche Sektor keine Gemeindesteuern einbringen konnte. Der Vermutung Piganiols, den Tricastini sei dies Gebiet am Ende des ersten Jahrhunderts oder gar erst unter Trajan zurückgegeben worden[69], steht entgegen, daß sowohl für eine Vertreibung der römischen oder doch kolonialen Besitzer wie für eine um über hundert Jahre verspätete Restitution einfach die Gründe uneinsichtig bleiben müssen. Die übliche pauschale Angabe „Tric(astinis) reddita culta et inculta" — es folgt die Zahl der iugera — wird vielmehr aus der ursprünglichen Flurkarte übertragen worden sein[70].

Beachtlich ist die überlegte Orientierung des m. E. primären Limitationskreuzes: der kardo durchmißt über eine Länge von ca. 50 Kilometern das Rhonetal, er ist so gelegt, daß er den von der Rhone bei Chateauneuf du Rhone durchbrochenen Höhenzug an dessen tiefster Stelle überquert, der Decumanus durchzieht zwei gegenüberliegende weite und breite Täler, die von Nebenflüssen der Rhone gebildet werden.

65 Genau ist die Frage m. E. nicht zu klären. Piganiol (p. 403 übernommen von van Berchem, 63) glaubt in der Buchstabenform eine gewisse Verwandtschaft zur Alimentartafel von Veleia erkennen zu können. (Ähnlich schon Mommsen, G. S. V, p. 108) Für diese Annahme sprechen auch die fragm. 209 (SDI UK IX) und 213 (DD XXIX UKV) neben den alten subseciva erwähnten „subseciva nova". Sie deuten auf eine neue spätere Requisition hin. (Dazu unten p. 146)

66 So nimmt van Beerchen (p. 59 f.) an, der in A ein Relikt des abweichend von B orientierten, aber auf dem gleichen Territorium angelegten ursprünglichen Verteilungsnetzes sehen möchte.

67 Vergl. die Übersicht Piganiol 142.

68 Eine Ausnahme machen nur die Besitzungen eines Iulius Florus in vier an der Straße des Agrippa gelegenen Centurien unmittelbar östlich des Kardo (Nr. 196) und die des Licinius Afer. (Nr. 190) Die Tricastini mußten sich anscheinend rechts der Straße halten.

69 p. 55. 403. Die Ursache der falschen Vermutung Piganiols liegt in der Annahme, das im Kataster A — der sich in diesem Sektor mit B überschneidet — mehrmals erwähnte R(ei) P(ublicae) CCCC sei als Ausdruck für das dominiale Eigentum des römischen Staates zu erklären. — Auch van Berchem, 61 hat diesen Irrtum übernommen. (vergl. dazu unten Anm. 90, 91).

70 Ein weiteres Argument liegt in der von Piganiol aus den Größenangaben der tributfreien Gebiete statistisch erschlossenen mutmaßlichen Größe der ursprünglichen Landlose. (p. 138. sie variiert zwischen 30 und 40 iugera.) Bei einer späteren Drehung des Limitationsnetzes hätte sich vor allem diese völlig verändern müssen.

Diese Faktoren zeigen, daß das System des Katasters B nicht aus A abgeleitet sein kann, wie es Piganiol annimmt, sondern vielmehr das der ursprünglichen ersten Limitation gewesen sein muß.

Nicht exakt lösbar ist das Lokalisierungsproblem von A und C, jedoch dürften die Vermutungen Piganiols im wesentlichen zutreffen. Aus dem Kataster C sind vor allem Fragmente der zwischen Avignon und Orange gelegenen Rhoneinseln — der dort sogenannten insulae Furianae — erhalten[71]. Ihre Lage hat sich im Laufe der Jahrhunderte nach Westen verschoben, wenn auch vielleicht nicht ganz in dem von Piganiol angenommenen Maße. Beachtet man ferner die auf der modernen Karte dominierende Richtung der Parzellierung, so wird man lieber eine etwas stärkere Drehung des Limitationskreuzes nach Westen annehmen[72].

Hinzu kommt die Lage der parallel zum Kardo in der ersten jenseitigen Centurie verlaufenden, den Decumanus überquerenden Straße, die bei der hier angenommenen Richtungsänderung auf Carpentorate zulaufen würde[73]. Jedenfalls wird man die gegenüber dem Kataster B abweichende Orientierung damit zu erklären haben, daß das Limitationsnetz C der latinischen Kolonie Carpentorate zugehört und also die den Veteranen nicht zugeteilten Gebiete dieser Kolonie steuerpflichtig waren[74]. — Soweit das spärliche Material einen Schluß erlaubt, scheinen im Kataster C die steuerfreien Gebiete wesentlich seltener gewesen zu sein[75]. Das ist nicht überraschend, da die Veteranen natürlich hauptsächlich im Territorium ihrer Stammkolonie Arausio ansässig gemacht wurden.

Für die Lokalisierung des Katasters A hat Piganiol eine originelle und wohl im Prinzip wahrscheinliche Lösung vorgeschlagen: Das Fragment 7 zeigt unmittelbar oberhalb des Hauptwegekreuzes einen von zwei Straßen flankierten Fluß. Daß es sich um die l'Aigues handeln muß, ist wahrscheinlich, da in den Fragmenten 37 und 40, die vielleicht DD, sicher aber CK anzusetzen sind, ein großer Fluß erscheint, der nur die Rhone selbst sein kann. Sie verläuft auf dem Fragment in südlicher oder in südöstlicher, der Fluß beim Hauptkreuz in nordöstlicher und in südwestlicher Richtung. Neben der Aigues ziehen sich auch heute an beiden Seiten Straßen entlang, da das Tal nach Nordosten schmäler wird, während die größeren Straßen

71 Vergl. die Karten und die Erklärung 268—272. Dazu die Fragmente 351—357. (Pl. XXVII)

72 Vergl. die Karte 269 f.

73 Vergl. Fragment 301 Pl. XXV und die Karte 270. Ein weiteres Argument könnte das in seiner Lesung allerdings sehr unsichere Fragment 321 bieten. (p. 289) Wenn „U)K XXII SD...“ (Piganiol) und die Ergänzung „aquaII“ richtig ist, dann müßte das Netz weiter in westliche Richtung gedreht werden, um die Reihe UK XXII in der Nähe der Rhone zu halten.

74 Carpentorate, bei Plin. n. h. 3, 36 noch ein oppidum Latinum genannt, dürfte schon damals den Status einer latinischen Kolonie besessen haben. (C. 12, 1159: „genio coloniae“ 1239 „col(onia) Iul(ia) Mem(inorum)“. Dazu Ptolemaeus 2, 10, 16.) Der Kataster würde Hirschfelds Hinweis auf den geringen Umfang des Territorium (C. 12, p. 147) bestätigen: größte Entfernung: 22 Centurien.

75 In C zähle ich 25 ganz oder teilweise steuerfreie Centurien, 13 sind insgesamt der Kolonie steuerpflichtig. Demgegenüber zeigt die Karte p. 144 im großen Kataster B nur elf total steuerpflichtige Centurien, gegenüber mehr als 200 den Veteranen assignierten. (p. 143)

zur Rhone im weiteren Abstand verlaufen. — Piganiol nimmt nun eine Identität der Decumani der beiden Kataster A und B an, wobei allerdings der Decumanus in B. nach Westen, der des Katasters A nach Osten gerichtet ist. Der Kataster A enthält große Centurien zu 400 iugera, die zwei nebeneinandergelegten normalen Centurien entsprechen[76]. Wenn auch Rätsel offen bleiben[77], so hat diese Lösung prinzipiell die größte Wahrscheinlichkeit für sich. Wohl mag das System unter Umständen weiter nach Nordosten zu verschieben und das Limitationskreuz weiter am Oberlauf der Aigues zu suchen sein[78], aber die grundsätzliche Identität der Centurieneinteilung von A und B wird man — trotz ihrer zweifachen Zählung — am besten beibehalten. (Andernfalls müßte man ein zeitliches Nacheinander verschieden orientierter Limitationssysteme, die auf dem gleichen Territorium angelegt sind, voraussetzen[79], da der riesige Kataster B bereits die Ebene und die östlichen Höhen des Rhonetales von Orange bis hin nach Montélimar bedeckt.) Sie scheint sich auch am besten der Erklärung des Katasters A einzufügen. —

Erklärung

Ursprung und Zweck der Katasterkarten A und B versteht Piganiol so[80]: A sei wahrscheinlich zusammen mit der großen Hauptinschrift des Jahres 77 entstanden, doch dürfte die Centuriation auf Augustus zurückzuführen sein, der auch in Emerita in Lusitanien große Centurien von 400 Jugera (als zwei nebeneinandergelegte normale Centurien) verwandte[81]. In diesem Kataster sind häufiger ganze Centurien mit der Inschrift RP CCCC versehen[82]. Wie schon erwähnt, hält Piganiol sie für von Augustus für den römischen Staat zurückbehaltene Dominialländereien, an denen Vespasian nun bei der Revision neu das Eigentum des römischen Staates betont habe, welches eben durch R(ei) P(ublicae) ausgedrückt sei.

Wie nun Domitian in Italien die subseciva den Besitzern zusprach, so hätte er auch — bei der nach Piganiol in der Flavierzeit anzusetzenden Gründung einer „colonia Flavia Augusta Tricastinorum" — diese dem römischen Staat gehörenden Centurien den Tricastini, denen sie bereits vor dem Jahre 35 v. Chr. gehört hätten, zurückgegeben. Erst nach diesen Veränderungen sei etwa zur Zeit Trajans der Kataster B aufgesetzt und die neue Centuriation auf der Basis des gleichen Decumanus im Rhonetal angelegt worden, auf der Karte habe man die kürzlich durchgeführte Rückgabe des Landes an die Tricastini vermerkt[83].

[76] Piganiol 93 f.

[77] Dazu gehören vor allem die Subseciva in A 4 und 5. Da ein Fluß dort nicht eingezeichnet ist, bleibt die Möglichkeit, daß die Höhenzüge des südlichen Ufers der Aigues eximiert sind. Oder dort liegt die Grenze des Territoriums von Vasio.

[78] Dafür spricht, daß sich die agri extributarii beider Systeme z. T. inkongruent bleiben.

[79] So van Berchem 61 ff.

[80] Vergl. vor allem 401 ff.

[81] Hygin grom. 171, 1. (La.)

[82] Fragmente Nr. 1, 9, 11, 12, 29, (35?) (36?).

[83] Vergl. ferner p. 54 f.

Diese Erklärung des Herausgebers weckt aus mehreren Gründen Zweifel. Abgesehen davon, daß der Kolonietitel von Augusta Tricastinorum zum mindesten nicht gesichert ist[84], scheint mir Piganiol außerdem drei Faktoren nicht hinlänglich berücksichtigt zu haben.

a) Bei der Verteilung des Landes an die Veteranen wurde die forma vor allem zu dem Zweck angelegt, das Eigentum der einzelnen Accipienten zu sichern. Ihr Name und die Größe des Landloses wurden eingetragen[85]. War nicht die ganze Centurie verteilt worden, so wurde die Kolonie nur als Eigentümerin vermerkt, doch interessierte bei der ersten Assignation weder der Name des Besitzers der restlichen Ländereien noch die Höhe seiner eventuellen Steuerleistung. Die üblichen Inschriften auf den formae waren in diesem Fall: „CONCESSA COLONIAE" „SUBSECIVA CONCESSA" „C V P ET REI PUBLICAE" (concessa veteri possessori)[86]. Alle drei Katasterinschriften von Organe aber enthalten nicht diese Angaben, das Kolonistenland wird als ager extributarius kurz erwähnt, die Besitzer der nicht assignierten Gebiete werden hingegen mit der Höhe ihrer Steuerleistung namentlich in den einzelnen Centurien angeführt. Alle drei zu Steuerzwecken angelegten Katasterkarten setzen also die Existenz einer älteren forma — und damit auch einer älteren Aufteilung — bereits voraus[87]. Aus der Datierung dieser im tabularium aufgehängten Steuerformae darf also kein Rückschluß auf die Zeit der Verteilung oder der Anlage der Limitation gezogen werden.

b) Als besonders verhängnisvoll hat sich die Interpretation des „R P CCCC" verschiedener Fragmente des Katasters A im Sinne des Eigentums des römischen Staates als Dominalland ausgewirkt[88]. Öffentliches Eigentum wird jedoch als „res populi Romani"[89], kaiserliches als „res Caesaris" oder „res privata" bezeichnet. „Res publica" wird dagegen namentlich in der frühen Kaiserzeit geradezu als terminus technicus für die Vermögensverwaltung der einzelnen Gemeinden ge-

[84] Gewiß ist nur, daß die Tricastini in dem Gebiet östlich der Rhone zwischen Valentia und Arausio ansässig waren. Plinius 3,36 nennt ein oppidum Latinum Augusta Tricastinorum — wahrscheinlich das heutige Aouste nordöstlich von Montélimar —, das von Ptolemaeus II, 10, 13 als Stadt der Tricastini erwähnte Νοιόμαγος dürfte dem heutigen Nyons entsprechen. Welche der beiden Städte mit der civitas Tricastinorum (C 12, 1913 erwähnt) gemeint ist, läßt sich nicht ausmachen. (Vergl. im einzelnen: Herzog, Gallia Narbonensis 93, 143 f. Jullian, Hist. de la Gaule IV, 73, 5. Hirschfeld, C 12, p. 205. Zuletzt Scherling, RE VII, A, 1, 80 f. mit Lit.) Der Kataster A, der (im Gegensatz zu B und C) den Kolonietitel niemals nennt, bildet nach unserer Annahme das Gebiet der Tricastini mit dem Mittelpunkt Nyons ab.

[85] So am deutlichsten beschrieben von Hyginus gromaticus 201 f.

[86] 202, 8 f. 203, 14.

[87] Saumagne hat deshalb zu recht in der Hauptinschrift Vespasians „ex formis proponi iussit" statt „formam proponi iussit" ergänzt. Vergl. oben p. 138.

[88] Auch van Berchen hat diese Ansicht Piganiols übernommen (61 f.), er nimmt an, die so bezeichneten Centurien seien für spätere Assignationen reserviert worden.

[89] Vergl. Frontin 20 7—21, 3.

braucht[90]. Den Gromatikern ist diese Verwendung des Begriffs ganz geläufig[91]. Auch ohne dies ist die Annahme nicht sehr wahrscheinlich, Augustus habe sich oder dem römischen Staat jeweils wahllos im Gelände verstreute einzelne Centurien reserviert. Die Inschrift „R(ei) P(ublicae)CCCC" bedeutet vielmehr einfach, daß die ganze Centurie von der Gemeindeverwaltung genutzt und besteuert werden kann, während im übrigen oft Centurienabschnitte als ager extributarius immun sind. In dem Fall wird die Steuerleistung des Restgebietes genau aufgeführt.

c) Schließlich ist die ungemein wichtige Tatsache nicht beachtet worden, daß die Existenz von drei verschieden gelagerten oder doch wenigstens entgegengesetzt orientierten Limitationssystemen nur bedeuten kann, daß diese eben drei verschiedenen Gemeinden angehören. So werden in Afrika aus dem großen Centuriationsnetz die Territorien einzelner Kolonien durch eine anders ausgerichtete Limitation gekennzeichnet[92]. Für die Gromatiker gilt der Grundsatz, daß jede Kolonie ihre eigene „pertica", ihr eigenes Centuriationssystem haben müsse[93]. Man vereinte die Katasterkarten deshalb im tabularium von Arausio, weil sich die Landanweisungen der Veteranen, wie es bei den triumviralen Assignationen geradezu die Regel war[94], über das Territorium der Kolonie hinaus erstreckten. Gleichwohl gehörten alle angesiedelten Soldaten nach der Jurisdiction zur Kolonie Arausio Augusta Secundanorum[95]. Deshalb befanden sich in ihrem tabularium die ursprünglichen Assignationsurkunden, aus denen die drei erhaltenen Katasterkarten abgeleitet waren.

Wir fassen den Versuch, der Erklärung Piganiols eine andere entgegenzustellen, in vier Punkten zusammen.

1. Die Inschriften „Tric(astinis) Redd(ita)" bezeichnen wie erwähnt fast alles nicht den Soldaten verteilte Land, soweit es östlich vom kardo und nördlich vom Decumanus des Katasters B gelegen ist. Diese Rückgabe zugunsten der Tricastini muß aber keineswegs in die Zeit Vespasians oder gar Trajans datiert werden, als der Kataster B aufgesetzt wurde. „Reddere" ist der terminus technicus für die bei der Assignation ausgesprochene Überlassung der in den Centurien gelegenen nicht verteilten Gebiete[96]. Er ist also aus der ursprünglichen forma in diese Steuerforma übernommen worden. Da die Tricastini weder jurisdictionell noch fiskalisch der Kolonieverwaltung von Arausio unterstanden, brauchte die Höhe der in jeder

[90] So vor allem in Italien. Mommsen, CIL 3, 1195 sagt zu dem Ausdruck: „meliore aetate patrimonium colonorum municipumve ibique fere usurpatur, ubi colonia municipiumve aut adquirit sibi aut erogat." (15 Belege) ebenso 9, 787. — Auch in der Narbonensis ist diese Verwendung des Begriffs häufig: C 12, 697, 701 (Arelate) 3311 (Nemausus) 1282, 1375 (Vasio) 1893 (Vienna).

[91] Frontin 21: nam et coloniarum aut municipiorum similis est cindicio, quotiens loca quae *rei publicae data* adsignata fuerint ab aliis obtinebuntur. Ebenso 202, 8. 203, 14. Übrigens nennt B in zwei Fällen (fragm. 108, 3 und 4) ganz der Kolonie zugehörige Centurien einfach „PUBLICA". (Sonst COL) was etwa dem „R P" von A entspricht.

[92] Ein Beispiel: Barthel, Röm. Limitation ... 100 f. (Ammaedara)

[93] Vergl. das Beispiel 171, 10—13.

[94] Vergl. dazu oben p. 64 f.

[95] So klärt Hygin 117, 23—119, 19 ausführlich die Zugehörigkeit.

[96] Vergl. vor allem Siculus Flaccus 155, 15—22. 156, 18—157, 6. In der Regel wurde beim „REDDITUM SUUM" der Name des Altbesitzers nicht mit aufgeführt.

Centurie zu zahlenden Steuerbeträge auf dieser eben für die Grundsteuern der Kolonie Arausio aufgesetzten Katasterkarte B auch nicht vermerkt zu werden. Ihre Beschränkung auf den nordwestlichen Sektor der pertica gehörte offenbar zu den Maßnahmen der Koloniegründung selbst.

Die Regelung ist nicht ungewöhnlich. Die ungemein ausgedehnten Territorien der von Augustus gegründeten spanischen Kolonien umfaßten sogar oft mehrere Alteinwohnergemeinden, die durch die Landverteilung nur in ihrem Besitz eingeschränkt worden waren[97]. Das Gebiet der Kolonie Arausio im Kataster B erstreckt sich über 50 km, es ist 14—18 km breit, umfaßt etwa 700 km^2 Fläche. Unter den vier Sektoren enthält der den Soldaten und den Tricastini gegebene mehr Raum als die übrigen insgesamt[98]. (Er besteht allerdings in der Hauptsache aus Gebirgsland) Die Tricastini dürften also eine im Kolonieterritorium ansässige civitas stipendiarie gewesen sein.

2. Die Eigenart aller drei Katasterkarten entspricht der von Vespasian in den Kolonien Italiens und der Provinzen durchgeführten Requisition der subseciva und läßt sich eigentlich nur mit ihr erklären. Alle drei Fragmente sind aus den ursprünglichen formae abgeleitet. Zwar bezieht sich die große Hauptinschrift Vespasians nur auf die der Kolonie zugesprochenen Gebiete („. . . publica quae divus Augustus militibus leg. II Gallicae dederat"), also auf den Kataster B, doch wird die Revision auch die Centurien erfaßt haben, deren subseciva der latinischen Kolonie Carpentorate (Kataster C) oder der civitas Tricastinorum (Kataster A) angehörten und also letztlich der Provinzverwaltung steuerpflichtig waren. Gerade der Kataster A, der von Piganiol in die gleiche Zeit wie die große Inschrift Vespasians datiert wird und nach allem Anschein früher als die beiden Kataster B und C aufgesetzt worden ist[99], macht diese Absicht deutlich: in ihm sind nur die Steuerleistungen der partiell nicht verteilten Centurien, also der subseciva, angegeben, während die ganz freigebliebenen Centurien auf der Inschrift pauschal und ohne genaueren Steuervermerk der Gemeindeverwaltung („R P CCCC") zugeschrieben worden sind[100]. Und wie in Emerita die Besitzer der subseciva bei der Rquisition zur Pachtung derselben veranlaßt wurden, so wird auch hier nach den Namen der Besitzer und mit der jährlichen Grundsteuer ein „vendita" oder ein „emit" angegeben[101].

[97] Plinius nennt z. B. III, 25 zwei civitates aus der Kolonie Acci, vier aus der Kolonie Salaria. Hyginus gromaticus erwähnt 171, 5, daß sich auf dem Gebiet der Kolonie Emerita mehrere praefecturae (d. h. Gemeinden mit eigener Limitation) befanden.

[98] Vergl. dazu die Karten 141 f.

[99] Piganiol weist 98 ausdrücklich darauf hin, daß B und C jedenfalls nicht von der gleichen Hand geschrieben sind wie A. Zur Datierung in die Regierungszeit Vespasians p. 402. Zum Fundort der Hauptinschrift p. 16 und Comptes rendues des inscr. 1951, 237 ff. im sogenannten „nid des marbres", allerdings zusammen mit Fragmenten von B und C.

[100] So in den Fragmenten 9, 11, 12, 29, 35, 36. Eine Ausnahme bildet vielleicht der rechte Teil des (nicht sicher lokalisierbaren) Fragmentes 13.: S(D . . .
EI . . . . .
R(P (?) . . .

[101] emit: 7, 9, 10, 12, 22, vendita: 3. 7 (sd II, uk I) 8. solvet: 6 vorher steht bisweilen ein REL(iqua) 9, 12, (13), 14, (16).

3. Damit wird eine hypothetische Erklärung des Katasters A möglich. Piganiol nimmt wohl zu recht eine Kongruenz mit dem Netz des Katasters B wenigstens in der Weise an, daß zwei Centurien von B einer großen Centurie von A entsprechen. Dagegen können wir seinem Vorschlag nicht beipflichten, der Kataster B entstamme einer späteren Erweiterung von A[102]. Das Verhältnis scheint uns umgekehrt zu sein: das das Rhonetal beherrschende Limitationskreuz des Territoriums von Arausio mit dem bis nach Montélimar ausgedehnten Kardo ist das ursprüngliche. — Dann aber werden wir im Kataster A die forma der Gemeinde der Tricastini zu sehen haben. Durch die andersartige Zählung und mit der doppelten Größe der Centurien wurde die Differenz zum ursprünglichen Kataster B hinreichend ausgedrückt. Wohl mag man, da das Limitationskreuz weit nach Osten verschoben ist, mit einer Ausweitung des bestehenden Netzes rechnen. Wenn Nyons als die Zentralstadt dieses Katasters anzusehen und zur Flavierzeit in den Rang einer Kolonie erhoben sein sollte[103], so dürfte die Ausweitung und zugleich die veränderte Zählung der Centurien des alten ursprünglichen Limitationsnetzes des Rhonetales dafür die Voraussetzung abgegeben haben[104]. Jedenfalls muß die Requisition der subseciva für die Gemeinde der Tricastini zugleich den Erwerb einer eigenen pertica bedeutet haben, die ihr die Erhebung der an die Provinzverwaltung zu zahlenden Steuern gewiß erleichterte.

4. Auch wenn B und C, wie Piganiol annimmt, erst in der Zeit Trajans aufgesetzt sein sollten, so würde das dieser These nicht widersprechen. Durch die große Hauptinschrift ist hinreichend bezeugt, daß zur Zeit Vepasians im Bereich der Kolonie Überprüfungen stattfanden. Natürlich mußten die damals fixierten Grundsteuerverpflichtungen wegen Besitzwechsel und Geldentwertung nach einer gewissen Zeit neu festgelegt werden. Damit würde sich jedenfalls auch der Umstand aufklären, daß B und C im Gegensatz zur älteren Inschrift A auch die Steuerleistungen bei Centurien ohne tributfreies Land angeben[105]. Man hat also mit der Erneuerung der Katasterkarten, die unter Vespasian nur für die Erfassung der subseciva aufgesetzt worden waren, auch die Steuern der freien Centurien eingetragen. Erst damit waren die Kopien der alten formae endgültig zu Dokumenten geworden, welche die von der Kolonie eingezogenen Grundsteuern vollständig enthielten.

[102] Vielleicht hat Piganiol sich durch den Umstand irritieren lassen, daß das Limitationskreuz von B nach Westen orientiert ist. Wie Frontin sagt, kam aber diese Ausrichtung in älterer Zeit vor (27,15—28,4. Dazu C. Thulin, Die etruskische Disziplin, II,26 ff.), wenn auch zur Zeit der Feldmesser die Ostorientierung üblich war.

[103] Vergl. oben 143 Anm. 84. Die Annahme Piganiols (55,402 f.), die Inschrift und der Kataster A bewiesen die Gründung der colonia Flavia Tricastinorum, ist etwas gewagt, zumal A (im Gegensatz zu B und C) niemals das Wort COL (oniae) enthält. (A 47 ist ein Opistograph und beweist also nichts, betrifft außerdem zwei Centurien zu 200 Jugera, wie sie A nicht aufweist.)

[104] Limitation und Assignation im Fall der Ernennung eines Municipium zur Kolonie: Hygin. grom. 178, 14—16. 202, 8—10.

[105] So in B Fragmente 104 (2 Centurien) 107,108 (unten zwei Centurien) Publica. 206 (rechte untere Centurie), Centurien in 209 und 210. — Relativ sehr häufig im Kataster C: 312, 313, 317, 318. (meist mehrere Centurien) Nur 311 ohne Angabe der Steuerhöhe.

EXCURS „IUS ITALICUM“

(Ein Beitrag zum Problem der Entstehungszeit des Begriffs.)

Die Bemühungen, den Inhalt des Begriffs „ius Italicum“ genauer zu erfassen, werden seit Savignys berühmten Aufsatz[106] fortgesetzt, sie haben das Problem zu einer zeitweise besonders beliebten Streitfrage werden lassen[107]. — Das italische Recht wurde bekanntlich einzelnen provinzialen Bürgerkolonien und vereinzelt auch Municipien verliehen. Man glaubt stets, daß es seit dem Beginn der Kaiserzeit existiert habe. Savigny unterschied drei Kennzeichen desselben: 1. Das Recht freier Verfassung. 2. Steuerfreiheit. 3. Die Fähigkeit des Bodens, im römischen Eigentum zu stehen.

Nun darf unter diesen drei Qualitäten die zweite als ganz zweifelsfrei betrachtet werden. Das „ius Italicum“ wird in verschiedenen Excerpten des Digestentitels 50, 15 „de censibus“ als ein durch die Kaiser verliehenes Privileg mehrerer Ortschaften aufgeführt, welches die Immunität sowohl von der Kopf- wie von der Grundsteuer einschloß. Auch weist Savigny selbst darauf hin, daß diese fiskalische Auffassung des ius Italicum jedenfalls die allein herrschende blieb: der Begriff hatte Bestand, noch als Italien wie die Provinzen Steuern zu zahlen hatte. — Nicht so sicher ist dagegen die Gültigkeit der beiden anderen Merkmale. Wohl haben alle mit ius Italicum ausgezeichneten Kolonien auch eine unabhängige Iurisdiction ausgeübt, aber es ist fraglich, ob dies nicht vielmehr ohnehin ein Privileg aller provinzialen Bürgerkolonien war. — Die Annahme, mit dem ius Italicum würde auch die Fähigkeit des Bodens verliehen, im römischen quiritarischen Eigentum zu stehen, hängt offenbar mit der Theorie des „dominium populi Romani vel Caesaris in solo provinciali“ zusammen, die vor allem Gaius in den Institutionen formulierte.

Während die deutschen späteren Romanisten[108] mehr noch als Savigny und Niebuhr[109] diesem Grundsatz ein hohes Alter zuzusprechen geneigt waren, hat T. Frank die öffentlichen Gebiete in den Provinzen einer pragmatischen Untersuchung unterzogen mit dem Ergebnis, daß die Theorie vom Staatseigentum am Provinzboden frühestens in der Zeit des Kaisers Claudius entstanden sein könne.

[106] Zeitschr. f. gesch. Rechtswissenschaft, 5, 1825, 242—267.

[107] Vergl. vor allem die Literaturübersicht bei v. Premerstein, RE X, 1238 ff. Dazu Last, CAH XI, 455 f., Vittinghoff, ZSS 68, 1951, 465 ff. weitere Literatur bei Kaser, Röm. Priv. Recht 402, Anm. 11. — Wichtig ist der Aufsatz von T. Frank, JRS 17, 1927, 141—161, wegen einer pragmatischen Kritik an der Theorie vom dominium in solo provinciali.

[108] Mommsen (vor allem St. R. III, 731 ff.) meint, Gracchus habe mit den Gesetzesanträgen über die Steuern der Provinz Asien die Theorie begründet. Klingmüller, Philogus 23, 1910, 71 ff. glaubt, sie sei entstanden, sobald Rom vor das Problem gestellt wurde, „nach welchem System stammfremde Länder dem römischen Reich eingegliedert“ werden sollten.

[109] Vergl. Röm. Gesch. II. 1. Aufl. 175 f. F. K. v. Savigny, Vermischte Schriften, II, 104: Das ins Italicum sei „eine zur Erklärung der Grundsteuer aufgestellte publizistische Hypothese“.

Dies Resultat ermuntert dazu, nun auch der Frage näher zu treten, seit wann es den Begriff des „ius Italicum" zweifelsfrei gibt. Sollte sich bei dieser Datierungsfrage das gleiche Ergebnis herausstellen, so ist allerdings die Konsequenz nicht zu umgehen, daß sowohl die unabhängige Jurisdiction wie das quiritarische Bodeneigentum in den provinzialen Kolonien römischer Bürger mit dem ius Italicum jedenfalls nicht in einem unmittelbaren Zusammenhang stehen können, da sie diese Qualitäten schon seit Beginn der Kaiserzeit aufweisen. Dann wäre in der Tat der Begriff des „ius Italicum" stets nur ein fiskalischer gewesen. — Es seien also im folgenden einige m. E. nicht genügend oder überhaupt noch nicht beachtete Argumente zum wichtigen und primären Datierungsproblem zusammengestellt, an die sich einige Überlegungen zum Bedeutungsinhalt des „ius Italicum" anknüpfen lassen.

1. Schon die unbefangene Lektüre der Juristenziate des Digestentitels 50, 15, die die mit ius Italicum ausgezeichneten Städte aufzählen, muß eine späte Datierung wahrscheinlich machen. Unter den Kaisern, die das Privileg verleihen, werden die Adoptivkaiser und Severer mehrfach genannt[110]. Von den Flaviern heißt es, daß Vespasian der Kolonie Caesarea nur die Kopfsteuer erlassen, Titus aber die Befreiung von der Grundsteuer hinzugefügt und damit die vollständige Immunität verliehen habe[111]. Eine ganze Anzahl von dort aufgeführten Kolonien sind Gründungen Caesars oder des Augustus[112], und man wird annehmen dürfen, daß sie, jedenfalls soweit sie Bürgerkolonien waren, ihre Privilegien oft von Anfang an besaßen[113]. Trotzdem werden Augustus oder Caesar an keiner Stelle als Urheber des ius Italicum dieser Orte bezeichnet. Wir wissen nicht, ob die Listen vollständig sind, aber sehr wahrscheinlich ist es nicht. Gewiß kann man annehmen, daß die hier nicht aufgeführten Bürgerkolonien der frühen Prinzipatszeit, deren Immunität aus anderer Quelle bezeugt ist, dieses Vorrecht zur Severerzeit nicht mehr besaßen[114].

[110] *Trajan:* (1,8): In Dacia quoque Zernensium colonia a divo Trajano deducta iuris Italici est. Zarmizigetusa quoque eiusdem iuris est. — (1,11) Traianopolis

Antoninus Pius: Antiochia. (8,5)

Septimius Severus: Tyros (1 pr.) Heliopolis (1,2) Laodicea (1,3) Sebastena (1,7) vicus Patavissensium (1,9)

Alexander Severus: Emissa (1,4. 8,6)

[111] 8,7.

[112] *Caesar:* Sinope (1,10) Apamea (1,10) Lugdunum (8,1)

Augustus: Berytos (1,1) Apamea (1,10). Erneuerung der Kolonie. Pax Iulia, Emerita, Ilici, Barcino (8 pr.) Dyrrhachium, Dium, Cassandrea, Philippi (8,8) Troas, Parium (8,9) Antiochia in Pisidien (8,10) — Zusammenfassend Vittinghoff ZSS 68, 467. Belege in: Kolonisation und Bürgerrechtspolitik, passim.

[113] So Vittinghoff ZSS 68,471. (Etwas einschränkender 467) Ebenso T. Frank, 155, dessen Annahme wohl zutrifft, alle Veteranenkolonien des Augustus hätten das gleiche Immunitätsprivileg bekommen, das man später als i.I. bezeichnete. — Ein Sonderfall liegt nur bei Karthago vor. Es bekam im dritten Jhdt. das ius Italicum. Das aerarium militare war in dieser Zeit mit dem fiscus vereinigt, der Kaiser also zur Minderung seiner Einkünfte um die Steuern dieser in der Senatsprovinz gelegenen Stadt befugt.

[114] So Vittinghoff 466. Ähnlich Heisterbergk, „Ius Italicum" 155.

Näher liegt aber die Vermutung, daß Ulpian und Paulus nur eine Auswahl aus der Liste der immunen Kolonien geben wollten[115].

2. Sodann muß die Art und Weise zu denken geben, in der der ältere Plinius das „ius Italiae" oder „ius Italicum" erwähnt. Es handelt sich um die Stellen: n. h. III, 25 und 139.

n.h. III, 139: conventum Scardonitanum petunt Iapydes et Liburnorum civitates XIV, e quibus Lacinienses, Stlupinos, Burnistas, Olbonenses nominare non pigeat. Ius Italicum habent eo conventu Alutae, Flanates, a quibus sinus nominatur, Lopsí, Varvarini immunesque Assesiates, et ex insulis Fertinates, Curictae, Ceterum per oram oppida a Nesactio Alvona, Flanona . . . usw.

Die Alutrenses, Assesiates und Varvarini führt Plinius auch in Venetien an. (n. h. III, 130) — Schon diese offenbar nicht ganz eindeutige Zugehörigkeit mancher Orte in der äußersten Nordostecke Italiens legt die Vermutung nahe, daß Plinius hier den Begriff „ius Italicum" gebraucht, um einfach die geographisch begründete jurisdictionelle Gleichstellung dieser Orte mit denen der übrigen Gallia Cisalpina auszudrücken. Für diese Vermutung spricht ferner, daß die „immunesque Assesiates" mit aufgezählt werden, woraus doch wohl zu schließen ist, daß die übrigen mit ius Italicum begabten Stämme des conventus Scardonitanus eben nicht immun sind. Die fiskalische Bedeutung des Begriffs ius Italicum liegt hier offenbar nicht vor.

Sodann ist an eine ganz entsprechende Erscheinung im Westen der Gallia Cisalpina zu erinnern[116]. Obwohl Antipolis westlich von Nizza liegt, das dem Territorium von Massilia und damit der Narbonensis angehört, wird es nach den Worten Strabos „*τῶν Ἰταλιωτίδων ἐξετάζεται* "[117]. Beide Fälle sind nach allem Anschein auf die gleiche Art zu erklären: Die Stämme Histriens haben bereits vor dem Jahre 170 einen Deditionsvertrag mit Rom abgeschlossen, längst bevor Illyrien zur römischen Provinz gemacht wurde[118]. Diese deditio schloß sich unmittelbar an die Eroberung der nördlichen Cisalpina an. — Da Massilia in der alten Provinz Narbonensis zunächst seine Unabhängigkeit bewahren konnte, wird sich das von seinem großen Territorium umschlossene Antipolis natürlich bis zum Jahre 49 nicht der Provinz, sondern Ligurien zugerechnet haben. — Das aber bedeutete, daß die wahrscheinlich ins Jahr 49 zu datierende lex Rubria de Gallia Cisalpina, die auch

[115] Ulpian und Paulus zählen die mit ius Italicum ausgezeichneten östlichen Kolonien mit sichtbarer Vorliebe auf, während diese Juristen der Severerzeit aus ganz Spanien nur drei Kolonien erwähnen. —

[116] Diese Parallele hat Mommsen, St. R. III, 631, A. 2 und 4 teilweise gesehen. Zwar berücksichtigt er nicht die in beiden Fällen ganz auffällige Lage unmittelbar an der Grenze Italiens, aber er sagt doch: „in beiden Fällen ist das gewöhnliche mit dem Kolonialprivilegium verbundene ius Italicum ausgeschlossen."

[117] Strabo 4, 1, 9.

[118] In den Jahren 177—170 (also unmittelbar nach der Gründung des benachbarten Aquileia) werden die Histrer mehrmals erwähnt. 177: deditio (Liv. 41, 10—11. vor allem 11, 9.) 171: Bedrohung Aquileias durch (vermutlich entferntere) Histrer (Liv. 43, 1) 170: Beschwerde der Histrer in Rom, ihr Gebiet werde wie Feindesland verwüstet. (43, 5, 4.) In dieser Zeit muß spätestens der Vertrag vorgelegen haben.

den kleinsten Ortschaften[119] die partielle eigene Jurisdiction verlieh und die sich in ihrer Anordnung eng an das mittlerweile für ganz Italien gültig gewordene Edikt des Stadtpraetoren anschloß[120], auch in diesen Ortschaften publiziert und für gültig erklärt worden sein muß. Natürlich durfte diese caesarische Verleihung der von Plinius kurz als „ius Italicum" bezeichneten partiellen eigenen Gerichtsbarkeit nicht rückgängig gemacht werden, als die Provinzgrenzen von Augustus neu nach geographischen Gegebenheiten festgelegt und dabei Histrien der Provinz Illyrien/Dalmatien, Antipolis der Narbonensis zugeschlagen wurde. Es ist also nur natürlich, daß Plinius bei der Erwähnung des conventus Scardonitanus die besondere rechtliche Situation seiner Orte anführte, die vom Statthalter bei der Judication in diesem conventus zu beachten und deshalb im Gemeindekatalog des Agrippa — der Quelle des Plinius — vermerkt war.

Hinzu kommt, daß alle erwähnten Stämme des conventus natürlich nicht Kolonien sind[121], denen an sich allein das fiskalische „ius Italicum" verliehen werden kann. Auch aus dem Grunde wird es hier nicht gemeint sein.

Ähnlich dürfte die Stelle III, 25 zu erklären sein. Plinius erwähnt hier die Gemeinden, für die im conventus Neukarthago Recht gesprochen wird.

> Carthaginem conveniunt populi LXV exceptis insularum incolis, ex colonia Accitana Gemellenses et Libisosa cognomine Foroaugustana, quibus duabus ius Italiae datum, ex colonia Salariense oppidani, Latii veteris Castulonenses, qui Caesaris venales appellantur, Saetabitani qui Augustani, Valerienses. stipendiariorum autem Alabanenses ... usw.

Zunächst ist auf den Umstand hinzuweisen, daß mit den Einwohnern von Gemella und Libisosa jedenfalls nicht die Bürger einer jurisdictionell doch unabhängigen Kolonie gemeint sein können[122]. Es wird sich vielmehr um Bewohner des kolonialen Territoriums handeln, die zwar das römische Bürgerrecht haben[123], jurisdictionell aber der Kolonie nicht angehören[124] — ähnlich wie die gleich darauf genann-

[119] Genannt werden „oppidum municipium colonia praefectura forum vicus conciliabulum castellum territoriumve. II, 2 f. 26. 53. Zur Datierung: fragmentum Atestinum L. 13. Mommsen GS I, 184.

[120] Obwohl die Gallia Cisalpina bis 41 von einem Statthalter verwaltet wurde. Vergl. Mommsen GS I, 186.

[121] Mommsen, St. R. III, 631, Anm. 4.

[122] Münzer, RE IV, 1195, weist darauf hin: der conventus ist nur als ein Surrogat für die Rechtsprechung der nicht in einer kolonialen oder municipalen Gemeinde zusammengefaßten Bürger zu betrachten. Die Coloniae werden III, 18—26 für sich genannt. Plinius beachtet den Unterschied im Spanien betreffenden Abschnitt genau und nennt nie eine Kolonie unter den Gemeinden eines conventus.

[123] Das ergibt die von Plinius hier angewandte Aufzählungsmethode. Er nennt in jedem conventus erst die oppida civium Romanorum, dann die mit ius Latii vetus, dann die civitates stipendiariae. So erläutert er es in III, 18 und führt es ebenso in III, 23 (Tarraco) und in III, 24 (Caesaraugusta) durch.

[124] Dies wird in der Literatur nicht beachtet, in der — wegen des hier erwähnten „ius Italiae" — stets von den Kolonien Acci und Libisosa gesprochen wird; (unter den „Gemellenses" versteht man offenbar einen Zusatztitel zur Kolonie Acci. Dazu die folgende Anm.) so Mommsen, St, R. III, 801, Anm. Kornemann, RE IV, 580. Vittinghoff ZSS 68, 466, Anm. 98. Röm. Kolonisation 107, Anm. 7 und 8. — In D. 50, 15, unserer einzigen Quelle, die Orte mit ius Italicum nennt, werden weder Acci noch die Gemellenses oder Libisosa erwähnt.

ten oppidani der Kolonie Salaria. In beiden Fällen werden die bei der Gründung der Militärkolonie ausgegrenzten Alteinwohner gemeint sein[125].

Wie aber ist dann das offensichtlich für die statthalterliche Judication im conventus erhebliche „ius Italiae“ zu verstehen, das Plinius den Gemellenses und Libisosa zuspricht? Ich sehe nur zwei Möglichkeiten. (a) Wahrscheinlich hat Augustus die partiell selbständige Judication, die zu seiner Zeit den Municipien und auch den kleineren conciliabula Italiens zugestanden worden war[126], auch den Alteinwohnern der Kolonie Acci (den Gemellenses) zuerkannt. Wie der Beiname der Ortschaft Libisosa verrät, scheint Augustus sie einem italischen „forum“ gleichgestellt zu haben. — (b) Da die Römer seit dem späten dritten Jahrhundert im Gebiet von Neukarthago ansässig und seit dieser Zeit die verschiedensten Privilegierungen von Gruppen der eingeborenen Bevölkerung überliefert sind[127], darf wohl auch die Annahme nicht ganz ausgeschlossen werden, es sei mit dem Begriff „ius Italiae“ auf ein altes foedus aequum angespielt, wie Rom es damals mit frei auf seine Seite getretenen italischen Städten, aber auch in den Provinzen abschloß[128]. — Jedenfalls gab es zur Zeit des Augustus in Spanien neben den Veteranenkolonien viele größere und kleinere Gemeinwesen mit römischem Bürgerrecht[129]. Da liegt also der Schluß nahe, Augustus habe die bei der Gründung seiner großen Kolonie Acci betroffenen Bürger und Alteinwohner mit der als „ius Italiae“ bezeichneten partiellen Autonomie privatrechtlicher Judication entweder entschädigt oder sie ihnen belassen.

Das gleiche ergibt die Gegenprobe: Daß Plinius den Begriff „ius Italicum“ nicht im fiskalischen Sinn versteht, zeigt sich daran, daß er eine Anzahl spanischer Veteranen- und Bürgerkolonien „immunes“ nennt, darunter auch das von Paulus D. 50, 15, 8 pr. als Kolonie mit ius Italicum erwähnte Ilici. (III, 19)

Wir kommen also bei den oft behandelten Stellen Plin. III, 25 und 139 zu dem Ergebnis: Plinius hat den Begriff des „ius Italicum“ nicht in dem später üblichen Sinn verwandt. Vom „ius Italiae“ oder „ius Italicum“ spricht er in beiden Fällen

125 Der volle Name der meist nur Acci genannten Kolonie (Plin ebd. Ptol. II, 6, 61) lautete „colonia Iulia Gemella Acci“ (C 2, 3391, 3393). Zwei Legionen waren auf ihrem Territorium angesiedelt worden, (RE I, 139. Hübner) es muß also groß gewesen sein.

126 Vergl. über die Eigenart der italischen municipalen Jurisdiction Mommsen St. R. III, 815 ff. — Dazu auch Liebenam, Städteverwaltung 484 ff. Karlowa, RRG I, 564. — Die Existenz partieller Jurisdiction auch der fora und conciliabula ist aus der Gemeindeaufzählung der lex Rubria und aus den Zeilen 116—119 der „lex Iulia municipalis“ zu entnehmen.

127 Einige Beispiele sind die Gründung von Italica durch Scipio (RE X, 2283 f. Hübner), die Ansiedlung der servi Hastensium unter M. Aemilius Lepidus (C 2, 5041 = Degrassi I. 1. 1. r. p. 514) die Gründung von Corduba durch Marcellus (Strabo 3, 2. 1). Weitere Beispiele sind zusammengestellt von van Nordstrand, Ec. Surv. III, 133 ff. 143 f.

128 Beloch, Ital. Bd. 196 ff. (Dem alten Muster entsprach z. B. auch der Vertrag von Astypalaia (IGRR IV, 1028.) Deshalb nennt noch Plinius (n. h. 4, 71) die Stadt eine libera civitas.) Mommsen, St. R. III, 595, Anm. 2 führt weitere verwandte Verträge an, u. a. auch einen ähnlichen alten, der mit Gades geschlossen worden war. (Cic. pro Balbo 33 ff.)

129 Plinius führt aus dem Städtekatalog des Agrippa neben den caesarischen und augusteischen Veteranenkolonien 10 Municipien mit Bürgerrecht in der Baetica an (3, 7) in der Tarraconensis 13 (3, 18) in Lusitanien eines (4, 117).

bei kleinen Gemeinden, die noch unterhalb der municipalen Ebene stehen, und er meint hier die bei der statthalterlichen Rechtsprechung zu beachtende, in Italien übliche partielle Unabhängigkeit der Judication eben dieser kleinen Orte. — Die Steuerfreiheit der römischen Kolonie, die später als ius Italicum bezeichnet und auch Kolonien unter diesem Titel neu verliehen wurde, bezeichnet er dagegen mit dem Adjektiv „immunis".

In diesem Zusammenhang sei noch an zwei andere Tatsachen erinnert. Claudius spricht in der vor dem Senat gehaltenen Rede davon, daß Vienna zu seiner Zeit als Kolonie das „solidum civitatis Romanae beneficium" bekommen habe, womit nach allem Anschein die Steuerfreiheit gemeint ist. Paulus nennt Vienna unter den Orten mit „ius Italicum", Claudius aber verwendet hier den Begriff nicht[130]. Zwar nur ein argumentum e silentio, aber doch beachtlich.

Eine Stelle Frontins war durch eine Konjektur Rudorffs so verändert worden, daß in ihr das „ius Italicum" erwähnt zu sein schien. Thulin, sonst gegenüber dem von Lachmann hergestellten Text mit Änderungen zurückhaltend, hat ihm in diesem Fall eine der einzigen Überlieferung der Handschrift B entsprechende Version gegeben, wonach Frontin das ius Italicum nicht kennt:

La 35, 17—36, 2. (Vorher sind Orte Italiens erwähnt)	Thulin 23, 9—15
At si ad provincias respiciamus habent agros colonicos eiusdem iuris, habent et colonicos qui sunt immunes, habent et colonicos stipendiarios. habent autem provinciae et municipales agros aut civitatium peregrinarum.	At si ad provincias respiciamus habent agros colonici quidem iuris, qui sunt immunes, habent(em) et coloni(co)s stipendiarios, habent autem provinciae et ... usw.

3. Schließlich und vor allem muß ein Argument bedacht werden, welches in der um das ius Italicum geführten Diskussion noch nie ins Feld geführt worden ist, obwohl ihm sicher für die Datierungsfrage, darüber hinaus vielleicht auch für die Entstehung des Begriffs überhaupt Bedeutung zukommt. Es betrifft den Streit um die subseciva.

Vespasian hatte wie erwähnt in den italischen und provincialen Bürgerkolonien ihre Überprüfung angeordnet. Umfangreiche Gebiete wurden so erfaßt. — Wir erwähnten, wie bei den riesenhaften Landverteilungen Caesars, der Triumvirn und des Augustus die Soldaten selten die vollen Centurien erhielten[131]. Man überließ sie zu einem Teil oder auch ganz unter Eigentumsvorbehalt den Altbesitzern, wobei diese subseciva bisweilen der Kolonie ausdrücklich zur Besteuerung zugesprochen wurden („subseciva concessa"). War dies aber nicht geschehen, so sprach oft erst die spätere Theorie von einer Reservierung für den „auctor divisionis" und seine Rechtsnachfolger. Namentlich in Italien scheint bei den großen und überaus einschneidenden triumviralen Assignationen die Härte der Enteignung dadurch gemildert worden zu sein, daß man den Altbesitzern in den ja fast durchweg alten und territorial umfangreichen Gemeinden subseciva in den Centurien steuerfrei

[130] Vergl. Dessau 212, II, 16. D. 50, 15, 8, 1.
[131] Vergl. oben p. 66.

überließ[132]. Diese offenbar stillschweigend den Altbesitzern überlassenen subseciva hat Vespasian beansprucht und einen Teil von ihnen auch kurzerhand verkauft[133]. Die Erregung über diese Maßnahme scheint recht lebhaft gewesen zu sein, so daß der Kaiser und sein Sohn Titus zwar die Überprüfung fortsetzten, aber den Verkauf doch einstellten.

Warum aber wurde dieser Protest vor allem in Italien geäußert, obwohl doch die Überprüfung auch die provinzialen Kolonien betraf[134]? Gewiß, die Altbesitzer wollten die um hundert Jahre verspätete Vollendung der ohnehin harten triumviralen Enteignungen um so weniger hinnehmen, als viele Nachbargemeinden ganz unbelastet davon kamen. Aber: wenn es den Begriff des „ius Italicum“ zur Zeit Vespasians bereits gegeben hätte und unter diesem Namen bereits seit Augustus — wie es die herrschende Meinung annimmt — vielen provinzialen Kolonien die absolute Immunität verliehen worden wäre, dann hätte Vespasian niemals mit der Beschlagnahme italischer subseciva auch nur beginnen dürfen[135]. Seine Maßnahme schließt m. E. die Existenz eines „ius Italicum“ aus.

Wahrscheinlichkeit hat vielmehr die umgekehrte Schlußfolgerung. Das große von Frontin und Hygin erwähnte Edikt Domitians erstreckte sich auf ganz Italien und verordnete ausdrücklich, die subseciva seien den Besitzern geschenkt. Nach einer Bemerkung Suetons scheint Domitian sie als bereits vollzogene usucapio definiert zu haben[136]. Da die römischen Juristen jedenfalls in der Kaiserzeit sich nach dem Grundsatz verhielten, der ager vectigalis oder tributarius der Provinzen ermangele der Fähigkeit, im vollen quiritarischen Eigentum zu stehen[137], darf man umgekehrt folgern, daß erst dies berühmte Edikt Domitians die Voraussetzung dafür geschaffen hat, daß die als Rechtsqualität verstandene steuerliche Immunität provinzialer Bürgerkolonien mit der geographischen Abstraktion des „ius Italicum“ überhaupt bezeichnet werden konnte. — Erst mit diesem Edikt wurde definitiv das Fehlen fiskalischen öffentlichen Eigentums am Boden Italiens ausgesprochen[138]. Und Trajan ist in der Tat der Erste, von dem wir wissen, daß er das ius Italicum verliehen hat.

132 Ein großer Teil der italischen subseciva scheint sich in dieser rechtlich ungeklärten Lage befunden zu haben: Frontin (54, 9 ff.) sagt von den wegen des Verkaufs der nicht den Gemeinden konzedierten subseciva erhobenen Beschwerden: „quassabatur universus Italiae possessor“ — Hygin vom Edikt Domitians: „Domitianus per totam Italiam subsiciva possidentibus donavit edictoque hoc notum universis fecit“ 133, 12.

133 Frontin 54, 3—7. dazu oben p. 135.

134 ebd. 8—11.

135 Hygin 133, 11 verwendet den Ausdruck „vindicare“. „Cum divus Vespasianus subsiciva omnia quae non veniissent aut aliquibus personis concessa essent sibi vindicasset...“ — Klingmüller, Philologus 23, 1910, 100 Anm. 84 mißversteht diese für seine These vom grundsätzlichen Gegensatz zwischen dem Staatseigentum am Provinzialland und dem Privateigentum am Boden Italiens bedrohliche Stelle und hält diese — doch in Kolonialgebieten gelegenen (!) — subseciva für kaiserliche Domänen.

136 Hygin 54, 12. Hygin 133,14. Sueton, Domitian 9, 3.

137 Am deutlichsten Frontin 36, 3—8. — Die frühere Anschauung zeigt der Verkauf großer Gebiete Afrikas vor dem Jahre 111 als ager privatus vectigalisque.

138 Eine Ausnahme machten nur öffentliche Gebiete, die noch aus ganz alten republikanischen Landverteilungen herrührten. Hygin 136,20: „postquam ergo maiores regiones ex

Ein weiteres Indiz für das Entstehen des Begriffs „ius Italicum“ am Ende der Flavierzeit kann man vielleicht auch in dem von Nerva inaugurierten und von Trajan ausgeführten großen Projekt des ganz Italien erfassenden Alimentarinstituts sehen. Die etwas komplizierte Konstruktion einer gleichmäßigen Beleihung des italischen Grundbesitzes durch den kaiserlichen Fiscus, die jenen zu stetigen Abgaben verpflichtet, beruht doch zu allererst auf dem Grundsatz, daß an sich eine einfache Besteuerung des italischen Bodens weder vom Kaiser noch von den Gemeindebehörden angeordnet werden darf.

Wir fassen die Argumente zusammen: 1. Das ius Italicum wird nach dem Digestentitel „de censibus“ (50, 15) nicht vor Trajan einer römischen Provinzkolonie bzw. einem municipium als Immunitätsprivileg verliehen. 2. Das von Plinius bei *kleinen* Gemeinden in zwei Fällen erwähnte ius Italicum bzw. ius Italiae kann mit diesem fiskalischen Begriff nicht gemeint sein, dessen Bedeutung Plinius noch unbekannt gewesen ist: er meint mit dem „ius Italiae“ die partielle Unabhängigkeit der Judication, für die Steuerfreiheit der Kolonien und Gemeinden verwendet er das Adjektiv „immunis“. 3. Wenn es das Privileg des ius Italicum bereits zur Zeit Vespasians gegeben hätte, dann hätte dieser Kaiser niemals die Konfiskation der italischen subseciva anordnen dürfen. Die Entstehung des Begriffs scheint vielmehr eine direkte Folge des bekannten Edikts Domitians zu sein, der den bestehenden Anspruch auf die italischen subseciva — nicht auf die provinzialen — definitiv aufgab.

An dies Ergebnis können noch einige allgemeinere Begründungen und Betrachtungen geknüpft werden.

Eingangs wurden die drei von Savigny als Kennzeichen des ius Italicum bezeichneten Eigenschaften erwähnt: Das Recht freier Verfassung. Die Steuerfreiheit. Die Fähigkeit des Bodens, im römischen Eigentum zu stehen. — Es versteht sich von selbst, daß diese Qualitäten die römischen provinzialen Bürgerkolonien in den meisten Fällen bereits seit der frühen Kaiserzeit auszeichneten. Sie besaßen eine lex data als Gründungsgesetz, eine vom Statthalter unabhängige Jurisdiction der für die Rechtsprechung bestellten Magistrate, und ihr steuerfreier, den Veteranen assignierter Boden war des quiritarischen Eigentums, der usucapio und der Mancipation fähig. Man muß also ein wenig genauer definieren. Jede einzelne dieser Qualitäten und auch alle drei zusammen treten bei provinzialen Kolonien auf, bevor der Begriff des ius Italicum sie bezeichnet. Gleichwohl trifft es zu, daß das Immunitätsprivileg als ius Italicum nur jurisdictionell unabhängigen Ortschaften römischer Civität verliehen wurde (im allgemeinen Kolonien.). Man darf aber hinzufügen, daß der Begriff wohl nie mehr als dieses Immunitätsprivileg bezeichnet hat: nur so

hoste captas vacare coeperunt, alios agros diviserunt adsignaverunt: alii ita remanserunt, ut tamen populi Romani essent; *ut est in Piceno et in regione Reatina*, in quibus regionibus montes Romani appellantur. nam sunt populi Romani, quorum vectigal ad aerarium pertinet.“ (Vespasian hatte als der Rechtsnachfolger der Triumvirn die subseciva für den fiscus beansprucht.) Die hier erwähnten „montes Romani“ scheinen jedoch noch aus den Landverteilungen des M. Curius Dentatus (Reate) und des C. Flaminius (Picenum) zu stammen, die auch nach dem Edikt Domitians (da ein ihm entsprechendes Senatsconsult für die öffentlichen Gebiete Italiens fehlte) dem aerarium steuerpflichtig blieben.

wird er im Digestentitel 50, 15 verwandt, diese Bedeutung behielt er nach der constitutio Antoniniana, mit der alle rechtlichen Privilegien ohnehin eingeebnet wurden, und noch im Jahre 421 bezeichnet man die Steuerfreiheit Constantinopels als ius Italicum (CJ 11, 21).

Während man bei älteren Kolonien also die bestehenden Vorrechte später als ius Italicum definierte, scheint der eigentliche Vorteil der Verleihung des ius Italicum, der vor allem östlichen Provinzstädten zuteil wurde, hauptsächlich darin gelegen zu haben, daß bodenrechtliche oder fiskalische Konsequenzen auch dann nicht auftraten, wenn Provinziale ohne römisches Bürgerrecht zu einem späteren Zeitpunkt in der so ausgezeichneten Stadt als Bürger aufgenommen oder als Grundbesitzer zugelassen wurden. Man wird annehmen können, daß diese Möglichkeit in einer provinzialen Veteranenkolonie der frühen Kaiserzeit nicht bestand und vielleicht nicht einmal vorgesehen war.

Hinsichtlich des Bodenrechtes ist der Begriff des ius Italicum kaum besonders exakt. Er beruht auf der Verbindung von drei heterogenen Rechtsqualitäten, nämlich der personalen eines römischen Bürgers, der Fähigkeit des Bodens in einem bestimmten Gebiet, Eigentum dieses Bürgers zu sein, und einer etwas willkürlichen geographischen Abstraktion: es lag eigentlich nur an politischen Zufälligkeiten der Triumviralzeit, daß die Insel Sizilien, der Caesar noch die volle Civität zugedacht hatte, unter Augustus doch nur eine Provinz blieb, während die in viel jüngerer Zeit romanisierte Cisalpina Italien zugeschlagen wurde.

Das eigentliche Korrelat zum „ius Italicum" besteht in der bekannten, vor allem von Gaius dargelegten Theorie vom „dominium populi Romani vel Caesaris in provinciis"[139]. Zusätzlich zu der bereits erwähnten Kritik, die T. Frank[140] an der Annahme übte, diese Theorie sei bereits zur Zeit der Republik gültig gewesen, lassen sich noch allgemeinere rechtshistorische Bedenken gegen sie ins Feld führen[141].

a) Die Provinzverwaltung hat in einzelnen Fällen mehrfach zwischen Caesar und dem Senat gewechselt. Der Grund der Aufteilung bestand in militärischen Erwägungen, der Wechsel wurde nicht als Eigentumsübertragung betrachtet, wenn auch die Steuern entweder dem Fiskus und den Legionen oder aber dem aerarium zugute kamen.

b) Als das Kennzeichen dieses staatlichen dominium wurde später die Grundsteuer betrachtet. Sie hat sich aber erst unter der kaiserlichen Verwaltung ausgebreitet. Die ursprünglichen Besteuerungsmethoden waren bekanntlich vielfältig, sie bestanden in der Steuerpacht, der pauschalen gegenüber den Gemeinden erhobenen Tributforderung, der Naturalabgabe. Caesar und Augustus haben die gleichmäßige Grundsteuer eingeführt, um die Härten der früheren Eintreibungsmethoden zu

139 Vor allem Inst. II, 21. Ähnlich II, 7. II, 31 (mancipatio und in iure cessio in praediis Italicis) II, 46 (usucapio) II, 63 (alienatio des praedium dotale).

140 JRS 17, 1927. 141 ff. Frank zeigt ausführlich, daß öffentliches Eigentum in den (der Reihe nach besprochenen) Provinzen zur Zeit der späten Republik noch von nur wenigen Ländereien behauptet werden konnte.

141 Vergl. auch die etwas zurückhaltenden Betrachtungen Kasers SZ 62, 74 ff.

beseitigen. Die Theorie vom Staatseigentum am Boden war dagegen schwerlich für die Neuerung maßgeblich.

c) Bei den tributfreien provinzialen Veteranenkolonien läßt sich angesichts der privilegierten Rechtsstellung der Neusiedler nur ein Primat des personalen Prinzips gegenüber dem territorialen feststellen. Gaius hat die provinzialen Bürgerkolonien gar nicht erwähnt, sonst hätte er vom dominium Caesaris vel populi Romani vel coloniarum sprechen müssen. In den großen Kolonieterritorien sind die Besitzverhältnisse ost ein wenig verwickelt. Der tributfreie Kolonistenboden ist, wie die Karten von Orange und die Ortsverzeichnisse Spaniens zeigen, mit Gebieten, die der Kolonie steuerpflichtig sind, und mit dem Land stipendiärer Gemeinden auf das dichteste durchsetzt. Die Ursache lag natürlich in der unterschiedlichen Rechtsstellung der Besitzer. Die Steuerbefreiung des Bodens bzw. seine Belastung mit der vermutlich geringeren Gemeindesteuer kann also nur eine Folge der Assignation gewesen sein, die Exemption des Bodens ging ihr nicht vorweg.

d) Auch im Fall einer Verleihung der personalen Immunität konnte das Prinzip des an der allgemeinen Grundsteuer erkennbaren öffentlichen Eigentums am Provinzboden leicht durchbrochen werden, denn die Befreiung galt auch für den nach der Verleihung erworbenen Grundbesitz. Es mag sein, daß man, auch um Komplikationen dieser Art zu vermeiden, später den Senatoren den Landerwerb in Italien zur Verpflichtung machte.

Wegen dieser mannigfachen historischen und allgemeinen Bedenken überrascht es nicht, daß Gaius mit der Distinktion zwischen dem „fundus Italicus" und dem „dominium Caesaris vel populi Romani in solo provinciali" so gut wie allein dasteht[142]. Die übrigen Juristen bestätigen oder erweitern sogar die von Gaius genannten Beschränkungen für den ager tributarius, stipendiarius, vectigalis[143], sie haben sie aber nicht mit der Unterscheidung des italischen und des provinzialen Bodens vermengt.

Wie ist dann die scheinbar so klare, in Wirklichkeit aber etwas oberflächlich vereinfachende Theorie des Gaius zu erklären? Mir scheint auch hier eine unten erwähnte Tendenz dieses Autors erkennbar zu sein: Im Kapitel über die Klage finium regundorum wird gezeigt, wie Gaius die den Teilungsklagen eigentümliche adiudicatio auf diese Klage übertrug, um die in den Provinzen bestehenden Kontrollrechte der Steuer- und Finanzbeamten zu begründen. Ähnlich scheint es sich hier zu verhalten. Der Versuch, für die seit Domitian ausdrücklich formulierte

[142] Epit. Ulpiani XIX. 1 ist von Gaius abhängig. Ebenso offensichtlich Justinian in C 5, 13, 15, Inst. 2, 8 pr. (zu Gaius Inst. II, 63) und in C 7, 40, 1, pr. 7, 31, 1, pr. (Gaius II, 46).

[143] Die Ausdrücke werden weitgehend synonym gebraucht, (Stellen bei Mommsen, St. R. II, 1095, Anm. 1) meistens sprechen die Juristen vom ager vectigalis. Die actiones in personam sind in ihnen wohl zugestanden (de fine regundo D. 10, 1, 4, 9. Ähnlich auch Frontin 36, 6: „vindicant inter se non minus fines ac si privatorum agrorum" auch hier ist der Grenzstreit gemeint, nicht, wie Partsch, Schriftformel 106 f. Klingmüller, a.a.O. 109 meinen, die rei vindicatio. aquae pluviae arcendae D. 39, 3, 23, 1.) Die usucapio verboten. D. 6, 2, 12, 2. Die Verpfändung zugestanden. (D. 13, 7, 6, 2.) u. Umst. auch die actio in rem. (D. 6, 3, 1, 1—3) Frontin 36, 2 ff. spricht nur von den agri stipendiarii der Provinzen „qui nexum non habent", d. h. von den Gebieten der civitates stipendiariae, zu denen aber z. B. die oppida civium Romanorum nicht zählen. S. Plin. n. h. III, 18.

fiskalische Privilegierung Italiens (die faktisch natürlich längst bestand) rechtliche Grundlagen zu finden oder sie als einen Rechtsgrundsatz zu betrachten, scheint einem verwandten Denken zu entspringen.

Mag Gaius nun, wie Mommsen ihn bezeichnete, ein „Provinzialjurist“ gewesen sein oder nicht, sein Interesse am Provinzialrecht ist gewiß. Neben dem Kommentar zum Provinzialedikt dienten wohl auch seine Institutionen dem Zweck, nicht nur provinziale Schüler im römischen Recht zu schulen, sondern auch die ihnen vertrauten Einrichtungen der Rechtsprechung und Finanzverwaltung durch vereinfachte, nur scheinbar urrömische Maximen zu interpretieren. In Wiklichkeit handelt es sich bei der Theorie vom dominium Caesaris vel populi Romani in solo provinciali wie beim Immunitätsprivileg des „ius Italicum“ um ein zu seiner Zeit junges Prinzip, das mehr fiskalische als rechtliche Bedeutung besaß[144].

[144] So hatte es schon Niebuhr, Röm. Gesch. II, 176. (1. Aufl.) gesehen: „Der Unterschied zwischen diesen (= agri privati in den Provinzen) und dem Landeigentum italischen Rechtes war nur, daß jene Steuern entrichteten, Steuerfreiheit zum Wesen der letzten gehörte.“

Kapitel VIII:

DIE MENSOREN DER KAISERZEIT

Stellung und Aufgaben der Mensoren der Kaiserzeit sind noch selten untersucht worden[1]. In den Grabinschriften der Mensoren liegt zwar ein quantitativ nicht unbeträchtliches Material vor, doch sind die allgemeinen Tendenzen nur zu erkennen, wenn auch die unterschiedlichen Arbeitsbereiche der Mensoren im Auge behalten werden. Nur nach und nach haben sich die aus der Republik überlieferten Aufgaben der Mensoren in der Kaiserzeit erweitert und verändert.

1. DIE INSCHRIFTEN

Nach den den oder von Mensoren gewidmeten Grabinschriften der Kaiserzeit lassen sich vier Gruppen unterscheiden: a) die Mensoren im militärischen Dienst. b) Die in den tabularia oder im Dienst des Kaisers beschäftigten Mensoren. c) Die Mensoren der italischen Gemeindeverwaltungen. d) Mensoren, die frei sind bzw. deren öffentliche Stellung nicht genau zu bestimmen ist.

a) Die Mensoren im militärischen Dienst

C 3,3343. Ein Mensor der Legion II adiutrix aus Aquincum (Pannonia inferior) 2. Jhdt. oder später[2].

C 3,8112 Elf Mensoren der Legion VII Claudia p.f. aus Viminiacum, 228 n. Chr.[3]

C 3,10976 Ein dem „genius mensorum" gewidmeter Altar, frühes drittes Jahrhundert. (Brigetio)[4]

[1] Lit.: Rudorff, grom. Inst. 320 ff. Mommsen, C. 8, p. 1337. vor allem RE VII, 1886 ff. „gromatici" (Schulten) „mensores" RE XV, 957 ff. (Fabricius) Dieser spätere Artikel bringt Ergänzungen und Berichtigungen zum früheren Artikel Schultens. Doch abgesehen davon, daß dessen Materialsammlung nicht ganz vollständig ist, werden in ihm auch die im Laufe der Jahrhunderte variierenden Aufgaben und Positionen zu wenig unterschieden. Ferner fehlt in ihm die Differenzierung zwischen den im Dienst der Kaiser beamteten und den „freien" Mensoren.

[2] Erst seit 103 n. Chr. hat die leg. II. adi. dort ihr Standlager. Ritterling, RE XII, 1437 ff.

[3] Domaszewski nimmt (im Kommentar) an, daß in jeder Kohorte ein Mensor, nur in der ersten zwei vorhanden gewesen seien. Ihre Aufgabe war vermutlich die Abgrenzung des territorium legionis gegenüber der Kolonie Viminiacum.

[4] Zur Datierung Ritterling 1394, 6.

C 5, 7368 Ein in Dertona von einem Mensor der Leg. V. mac. seiner Gattin gesetzter Grabstein, wahrscheinlich spätes drittes Jahrhundert[5].

(C 6,3606) (via Labicana) „miles leg I adi.mesor agrari(us)" Da die Legion stets in Pannonien stationiert war, handelt es sich hier wahrscheinlich um einen nach der Entlassung frei tätigen Mensoren[6].

C 6, 2692 Mensor der 9. Praetorianercohorte.

C 6,32536 b Große Ehreninschrift, gesetzt auf Betreiben des signifer und „Nonio Proculo disc(ente) mens(orum)" Frühes drittes Jahrhundert[7] 4. Praetorianercohorte.

C 6, 2754 mens(or) lib(rator) der 10. Praetorianercohorte. 2. oder 3. Jdt.[8]

C 8, 2564, 9. 2856/7. 2935. 2946. 3028. 3074. Inschriften von Mensoren der leg. III aus Lambaesis, dem Standort dieser afrikanischen Legion seit 129. —

C 8,11428 ein mensor geometra der leg. XV in der Byzacena

C 13,6538 „mensor coh(. . .)" aus Oehringen.

Auffälligerweise gehören die Inschriften, soweit sie sich überhaupt datieren lassen, nicht in frühere Zeit als ins 2. Jhdt. Das wird schwerlich ein Zufall sein. Während der Republik werden beim Militär die Funktionen der Mensoren von den Centurionen wahrgenommen, und so scheint es auch in der frühen Kaiserzeit geblieben zu sein. Soweit ein Legat oder ein Staatthalter in dieser Zeit Grenzstreitigkeiten beilegt, werden als seine Gehilfen oder als iudices Centurionen[9] oder als Mensoren tätige evocati Augusti genannt[10]. Auch die der Zeit des Antoninus angehörenden „nomina mensorum, qui in officio limitabant" (La, 244, 8—17) nennen einen Soldaten und einen Centurionen. Man wird also annehmen dürfen, daß der Mannschaftsdienstgrad des militärischen Mensoren sich erst in der zweiten Hälfte des zweiten Jahrhunderts herausgebildet hat[11]. Obwohl er unterhalb der Centurio-

[5] Ritterling, RE XII, 1581, 16. (aus der Zeit stammen auch andere Grabinschriften der V mac. in Norditalien.)

[6] So Fabricius, RE 15, 957. Dafür spricht auch der Titel mesor agrarius. Beim Militär lautet er sonst einfach „mensor".

[7] Datierung von Huelsen. (ebd.)

[8] Beinamen der Cohorten (hier „Scipionis") erst vom Ende des 2. Jhdt. an (RE XXII, 1614.)

[9] So vor allem häufig in Dalmatien. C 3, 9832, 9864. (Centurionen als „iudices dati" in einem Grenzstreit.) 2883 (Grenzstreit vor 69 v. Chr. 2 Centurionen) 9973 (Grenzstreit 14 n. Chr. ein centurio und ein hastatus) ebenso 9860. 3163. 12794: „termini recogniti et restituti a legato per centurionem".

[10] So auch Hygin 121, 7 „nuper quidam evocatus Augusti, vir militaris disciplinae, professionis quoque nostrae capacissimus". (Er hat in Pannonien eine besonders sorgfältige Assignationsmethode gewählt). — C 3, 586 im Grenzstreit zwischen Lamia und Hypatha aus der Zeit Hadrians ist im vom Statthalter verwandten Ausdruck „adhibito a me Iulio Victore evocato Augusti mensore" dieser Begriff praedicativ zu verstehen.

[11] Die bei Frontin strat. 2, 7, 12 und Vegetius 2, 7 genannten, bei der Lagerabmessung tätigen „metatores" haben diesen spezifischen Dienstgrad noch nicht, es sind detachierte Soldaten. Die Annahme Schultens, 1889, bereits die augusteische Heeresordnung habe eigene militärische Mensoren an die Stelle der Centurionen gesetzt, entspricht den Quellen nicht. Auffällig ist der Wechsel bei den „nomina mensorum" (La 244, 7—17) aus der Zeit des Antoninus Pius. Die zwei hier genannten Terminationen werden von einem Tribun und

nen eingeordnet ist, zeigt die Inschrift des „discens mens(orum)" (C 6, 32536b) und der dem „genius mensorum" geweihte Altar ein gewisses Selbstbewußtsein, zumal es in jeder Cohorte offenbar nur einen Mensor gab[12].

b) Mensoren im Dienst der kaiserlichen tabularia

C 3, 2124 „C. Iulius Aprilis mensor"
2128 „. . . Saturnino Aug. n. vern(ae) mensori . . ."
Beide Inschriften stammen aus Salona. Die Stadt ist bereits vor 27 Kolonie und später zugleich Sitz der Administration der Provinz Dalmatien. In dieser dürfte jedenfalls der zweite, ein kaiserlicher Sklave, tätig gewesen sein, vom ersten ist das gleiche immerhin möglich[13].

C 5, 8319 „Epaphrodito geometrae hospiti Cornelia Helpis." (Aquileia) Der Name und die Bezeichnung weisen auf die Herkunft aus östlichen Provinzen, in denen der griechische Mensor angestellt gewesen sein dürfte.

C 6, 8912/13 Unter den officiales ex familia Augusta werden ein „Elegans Aug. l. mensor" und ein „Ti Iulius Aug(usti) et Aug(ustae) 2. Pelagius mensor" genannt. Jedenfalls der letzte gehört, da auch Livia als Patronin erwähnt ist, in die Zeit des Tiberius[14].

C 6, 9619 —9621 Aus der Reihe der officiales in Rom drei Mensoren, der letzte ist ein Sklave.

C 8, 12636 —12639, 12912/13, 24690. Sieben Inschriften von Mensoren aus dem Grab der im tabularium des kaiserlichen tractus Carthaginiensis angestellten Beamten. 12637, 12912, 12913 sind kaiserliche Sklaven, 12639 ein Aug. l. Sie alle gehören der in Karthago befindlichen Zentralverwaltung des afrikanischen kaiserlichen Dominialbesitzes an, die Inschriften werden ins Ende des 1. Jhdts. datiert.

C 8, 25988 15 Cippi zur Begrenzung kaiserlichen Besitzes in der Provinz Afrika, gesetzt von einem „Tiberinus Aug. l. praepositus mensorum"[15]

C 7, 420. „men(s) ex CC imp". Die Inschrift stammt aus Piersbridge (Yorkshire), der Mensor gehört wahrscheinlich dem tabularium des kaiser-

einem Centurio der 6. und 7. Praetorianercohorte geleitet; im ersten Fall wird die Mitarbeit eines namentlich genannten Soldaten der 3. Cohorte mitgeteilt, im zweiten ein „mensoribus intervenientibus" hinzugefügt. 251 folgt die Abschrift eines Grenzsteines aus der Antoninus-Zeit: . . . determinante Blesio Taurino mil. coh. VI pr. mesore agrario." Hier fehlt die Erwähnung der Offiziere.

[12] C 3, 8112. (mit Komm.) 6, 32536 b. 13, 6538.

[13] Zur Centuriation von Salona vergl. Bradford, Landscapes 173 ff. Der Mensor 2124 könnte also auch als freier Mensor der Bürgerkolonie fungiert haben. Über Salona als Sitz der Provinzverwaltung und des procurator provinciae vergl. C 3, p. 304 f. (Mommsen)

[14] So Chantraine, Die Freigelassenen . . ., p. 217. 221 f. — Die Ansicht Schultens, R. E. VII, 1889 der erste staatlich angestellte Mensor sei unter Vespasian nachzuweisen, trifft also nicht zu.

[15] Auf der Vorderseite steht CAES N(ostri) S(altus) F(undi) R G. Rückseite: civit. Thugg. T(ermini) p(ositi) per tiberino Aug. lib. praeposito mesorum. Nr. 2, 7, 12.

lichen procurator provinciae Britanniae an, der in der Gehaltsklasse der Ducenarii eingestuft ist[16].

C 12, 4490 wird ein „Eutyches Aug. lib. mensor" genannt, er stand also im kaiserlichen Dienst.

Ferner werden Mensoren als dem kaiserlichen Procurator unterstehende Beamte mehrmals genannt[17].

In einem anderen uns bekannten Fall eines älteren Grenzstreites in Korsika hat Vespasian zur Schlichtung zwischen den Gemeinden einen Procuratoren beauftragt und ihm einen Mensor geschickt[18].

c) Mensoren im Dienst der Gemeinden

Die Städte Italiens und auch die jurisdictionell unabhängigen Kolonien in den Provinzen kennen in ihrer Verwaltung tätige Mensoren. Wir treffen sie in der Stellung von Gemeindesklaven oder auch in einer freien Position unterhalb der Gemeindemagistrate, — ähnlich wie es im römischen Staat freie und beamtete bzw. staatlich angestellte subalterne Mensoren gegeben hat.

C 3, 6041 (Berytos) „L. Varronius Rufinus geometra." — Im großen Territorium von Berytos[19] hatte Agrippa zwei Legionen angesiedelt. Dies und der lateinische Name machen wahrscheinlich, daß er in der Kolonie Berytos selbst als freier Mensor, nicht als kaiserlicher oder von der Gemeinde beschäftigter Beamter tätig war.

C 4, 5405, 5407. (Pompei) Mensoren (Agilis und Primus) vermutlich im Gemeindedienst.

C 5, 5315 (Comum) „Caesennius Eugenius mensor publicus"

C 5, 6786 (Eporedia) „mensor VIvir." Die Stellung als VIvir Augustalis und die abgebildete groma[20] zeigen ihn als angesehenen freien Mensor.

16 Zu den Ducenarii Hirschfeld, V. B. 433 f. — Pflaum, Les carrières ..., Index p. 1095 stellt die Belege für die britischen Procuratoren als ducenarii zusammen. Vergl. vor allem Pflaum, Nr. 237. (Sex. Varius Marcellus) — Abzulehnen ist die Erklärung bei Schulten, 1892, 17 f. — mit CC sei der über zwei Centurien befehlende Centurio gemeint. (Es fehlt die übliche Angabe der militärischen Einheit, „ex CC imp." kann das militärische Amt schwerlich bezeichnen.)

17 So ist C 8, 8812 ein Agrimensor vom Procuratoren zur Assignation abgeordnet, 3, 355 richtet der Legatus Aug. pr. pr. von Galatien im Auftrag Trajans an den kaiserlichen Procuratoren die Bitte, er möge geeignete Mensoren schicken, die die in der Umgebung eines neu aufzuteilenden vectigalpflichtigen Tempelgebietes übliche Größe der Kleroi feststellen sollen. Vergl. unter den vier Inschriften die erste, 10 ff.

18 C 10, 8038 „... de controversia finium quam habetis cum Marianis ... ut finiret Claudius Clemens procurator meus scripsi ei et mensoren misi" — Es ist nicht zu entscheiden, ob hier ein Mensor aus der Reihe der Officiales in Rom oder ob ein freier Mensor geschickt wurde. Wegen des Gewichtes des Streites dürfte die zweite Annahme wahrscheinlicher sein.

19 Strabo 16, 2, 19. 756 C. Das der Kolonie gegebene Gebiet reichte bis zu den Quellen des Orontes.

20 Dazu H. Schoens, Jahrb. des Arch. Inst. 1901, 128, Tafel II.

C 9, 699 (Sipontum) „Augurinus mensor rei publ. serv. verna."
C 9, 821 (Luceria) „Felici s(ervo) p(ublico) mensori"[21]
Tafeln von Herculaneum LXXIX „L. Opsius Hermes"[22].

d) freie Mensoren

C 2, 1598 (Baetica) „Q. Iunius P. f. Gal. Rufus agrimensor."
C 3, 1220 (Dacia, Carlsburg) „ Aur. Maximilia(. . .) mensor."
C 6, 198 Mensor C. Iulius Hermes, „bis honore in curat(ione) functus" (unter Vespasian)
C 14,23 (= I^2, 1109) weiht ein Mensor in Ostia (vielleicht vor der Ausfahrt) dem Iupiter einen Altar.
IGR I, 709, 8: *ὅροι Χορτοκοπίων φυλῆς Ῥοδοπήιδος τεθέντες ὑπὸ Φλ. Σκέλητος κριτοῦ καὶ ὁροθέτου*

Nur diese wenigen Mensoren, denen vielleicht noch zwei der in Gruppe c) genannten hinzugefügt werden könnten[23], wird man als freie Mensoren ansprechen dürfen. Ihre Bedeutung war gewiß weit größer als dieser statistische Befund ausweist. Vermutlich hat der freie unabhängige finitor oder Agrimensor, je mehr er den gehobenen Schichten angehörte, die Berufsbezeichnung desto seltener geführt[24], ähnlich wie auch der Centurio oder der Militärtribun in der frühen Kaiserzeit mensorische Funktionen ausübte, ohne daß dies besonders hervorgehoben wurde.

2. ZUR AUSBILDUNG DER MENSOREN

Bei der verschiedenartigen Stellung und Herkunft dieser soeben in vier Gruppen eingeteilten Mensoren kann natürlich auch ihre Ausbildung nicht einheitlich gewesen sein. Die militärischen Mensoren bzw. die als Mensoren tätigen Soldaten und Centurionen verdankten ihre Kenntnisse natürlich einer legionsinternen Ausbildungstradition, die neben der Castrametation auch die Aufteilung eines größeren Gebietes und deren Assignation lehrte[25]. Hygin hat einmal ausdrücklich die Befä-

[21] Der in Neapel (C 10, 1930) erwähnte „mensor eidem sacomarius" scheint kein Agrimensor zu sein.

[22] Parola del passato 1955, 10, p. 453. — Der Name zeigt die griechische Herkunft, wahrscheinlich ein Freigelassener, in Herculaneum tätig und nun vom arbiter ex compromisso herangezogen.

[23] C 3, 6041. C 5, 6786.

[24] Erinnert sei daran, wie oft Mitglieder der Nobilität im „arbitrium ex compromisso" Grenzstreitigkeiten beigelegt haben, ohne daß sie sich als Agrimensoren bezeichneten. Ein Quaestor Q. Paconius Agrippinus, der später als Legat in Cyrene die bekannten Terminationen im Auftrag Vespasians ausführt, ohne den Titel zu führen (Ann. epigr. 1919, 91—93) nennt sich zur Zeit des Claudius in Kreta noch ὁροθέτης (Inscr. Creticae III, 1942, 25—29) Vergl. H. G. Pflaum, Latomus 58, 1962, 1237. Pekary, Reichsstraßen 81 f.

[25] Die Annahme Schultens, 1889, die Feldmesser seien „zuerst auf militärischem Gebiet in den Staatsdienst getreten", scheint mir die Rolle der internen militärischen Ausbildung nicht zu berücksichtigen.

higung eines militärisch ausgebildeten Feldmessers gelobt[26], die Statthalter haben deshalb in den Provinzen Centurionen oft zur Schlichtung von Grenzstreitigkeiten herangezogen[27].

Während in der Zeit des Bürgerheeres der Republik auch die Kenntnisse der civilen finitores zunächst im Militärdienst erworben wurden, sind die beiden Bereiche — trotz steigender Emanzipation und obwohl die spezifischen Aufgaben der civilen Mensoren gewiß zunahmen — eng verbunden geblieben: Balbus schreibt seinem civilen Lehrer Celsus vom Zug Trajans in Dacien[28], und Hygin hat bekanntlich ein teilweise erhaltenes Werk „de munitionibus castrorum" verfaßt. Natürlich bildete sich aber in der Kaiserzeit mit der Dislocation der Legionen und infolge ihrer Wandlung zum reinen Berufsheer eine eigene civile Lehrtradition der Agrimensoren heraus.

Die formale Natur dieser Ausbildung der freien, civilen, vor allem in Rom und in den Gemeinden Italiens tätigen Agrimensoren ist uns unbekannt[29], sie dürfte aber der relativ unabhängigen Stellung der Schüler entsprochen haben. Ihren Inhalt kennen wir dagegen recht gut, denn die Schriften der klassischen Autoren des Corpus agrimensorum sind offenbar als Lehr- oder besser als Instruktionsbücher für die freien Mensoren verfaßt worden.

Es seien einige Kennzeichen angeführt, die diesen Zweck offenkundig machen. Der Stil Hygins und des Hyginus gromaticus (sofern sie überhaupt zwei verschiedene Autoren sind) sowie des Siculus Flaccus zeigt eine deutliche Vorliebe für Aufforderungen, die als Gerundivum (z. B.: „ergo omnium coloniarum municipiorumque leges semper respiciendae erunt" 118, 5) oder als adhortativer Konjunktiv der 1. Person Plur. (z. B.: „sed videamus ne forte postea iussu principis alicui datus sit" 111,3) oder in der Verbindung mit „debemus" (z. B. 201, 8. 202, 5. 204, 17 usw.) auftreten. Diese Eigenart der genannten Autoren ist so auffällig, daß sich ausführlichere Belege erübrigen[30].

[26] 121, 7.

[27] Vergl. oben 159, A. 10.

[28] Vergl. 91—93 (La).

[29] Frontin 37,9 und Hygin. grom. 181,11 erwähnen Theorien agrimensorischer „professores", die die controversiae agrorum und die Benennung der limites zum Gegenstand haben. Daß es indessen einen staatlich konzessionierten oder überwachten regelrechten Ausbildungsgang gegeben hat, scheint mir bei den freien Mensoren der Kaiserzeit nicht glaublich. Die für diese Meinung von Schulten 1890,36 angeführten Belege betreffen nur die zweifellos geregelte Ausbildung der Mensoren des vierten Jahrhunderts. (Die Stelle im Kommentar zu Frontin, 8, 26—29 darf nicht auf die Ausbildung bezogen werden, sie betrifft nur das Vorrecht des mit der Assignation beauftragten Beamten.) Zutreffender sind die Bemerkungen M. Fuhrmanns, Das systematische Lehrbuch, 181, über die ungebundenen Lehrtraditionen der Agrimensoren, die bis in die Kaiserzeit — wie in der Jurisprudenz — eng auf die Praxis bezogen waren.

[30] Zur Disposition des Lehrbuches von Frontin vergl. M. Fuhrmann, Das systematische Lehrbuch, Göttingen 1960, 98 ff., der allerdings ebd. (102 f.) dem Siculus Flaccus und Hyginus gromaticus wohl nicht ganz zu recht die geordnete Systematik ihrer Lehrbücher bestreitet.

Während Frontin sein Werk als ein hochgestellter, den freien Mensoren übergeordneter Beamter verfaßte, sprechen die übrigen von „professio nostra“[31]. D. h. sie schrieben ihr Lehrbuch als tätige Praktiker, wobei namentlich Hygin mehrmals eigene Beobachtungen einstreut, die er bei seiner Tätigkeit als von der Regierung in verschiedenen Provinzen eingesetzter Mensor sammeln konnte[32]. Auch hat er außerdem in einem kleinen Werk die für die Feldmesser wichtigen kaiserlichen Edikte und Konstitutionen zusammengestellt[33].

Die von Frontin und Hygin gegebenen ausführlichen Erörterungen der controversiae agrorum waren nur für die freien Mensoren von Wichtigkeit: denn nur sie konnten als arbitri oder als iudices in einem privatrechtlichen Streit berufen werden[34]. Die Centurionen wurden hier überhaupt nicht eingesetzt, die subalternen beamteten Mensoren der tabularia nur als Gutachter vom iudex herangezogen[35]. Diese controversiae agrorum haben sich offenbar in einer längeren Lehrtradition herausgebildet[36]; sie sind nicht mit den Actionen des Civilrechts identisch und auch nicht auf dieses beschränkt — es gibt auch controversiae aus dem öffentlichen Recht —, sondern sie bilden die möglichen Erscheinungsformen eines Rechtsstreites für den als iudex berufenen Mensor[37].

Ein weiteres Merkmal dafür, daß die klassischen Schriften des corpus agrimensorum als Lehrschriften für die freien civilen Mensoren verfaßt worden sind, liegt in ihrer ganz auffälligen Beschränkung auf die Bodenverfassung Italiens und auf die Centuration der Veteranenkolonien. Die Probleme des Census, der Grundsteuerberechnung und der Dominialverwaltung scheinen für sie fast nicht existent zu sein, daß Mensoren als Untergebene kaiserlicher Procuratoren bei der Verwaltung des kaiserlichen Grundbesitzes und in den Provinztabularia des Imperium angestellt und dort ganz spezifischen heterogenen Aufgaben konfrontiert werden, läßt sich aus den Schriften Hygins und des Siculus Flaccus kaum ahnen[38]. Von ganz

[31] Balbus: „res ad professionem nostram pertinentes“ (93, 13) Hygin „nuper ecce quidam evocatus Augusti ... professionis quoque nostrae capacissimus“ (121, 8. Ähnlich 129, 9. 130, 10) Siculus Flaccus: „remotis a professione nostra hominibus notum est“ (134, 17) Hyginus gromaticus: „nec tam anguste professio nostra concluditur“ (205, 7).

[32] 121, 25: non praetermittam quod plerisque locis inveni. (Dalmatien, Narbonensis, Spanien) 122, 15: neque hoc praetermittam quod in provincia Cyrenensium comperi. 131, 12: namque hoc comperi in Samnio.

[33] 133, 14.

[34] Vergl. darüber vor allem Frontin 34, 20—35, 9.

[35] Vergl. oben p. 86, A. 54.

[36] Vergl. Frontin 37, 9 „quamquam non ignorem inter professores immodice controversiarum quaestionem frequenter agitatam“.

[37] Der IGR I, 709, 8 genannte *κριτὴς καὶ ὁροθέτης* (= finitor) ist von der Gemeinde berufen. Der Begriff des *ὁροθέτης* bezeichnet offenbar den Gegensatz zum beamteten *γεωμέτρης*, während sich im Lateinischen der Begriff agrimensor sowohl für den freien wie für den beamteten Mensor durchgesetzt hat. Zur Berufung der „finitores“ in den iudicia vergl. Cic. de lege agraria II, 32, 34. D. 11, 6, 1. Dazu oben p. 84 ff.

[38] Noch auffälliger ist es, daß die Autoren ihr Augenmerk auf jeweils verschiedene Teilbereiche richten. Da sie offenbar Zeitgenossen sind, liegt die Erklärung nahe, daß die Arbeitsteilung abgesprochen und die Vereinigung der Schriften, die im öffentlichen Auftrag verfaßt wurden, von Anfang an geplant war.

vereinzelten Erwähnungen abgesehen[39] beschränken sie sich auf das steuerfreie Bürgergebiet der Halbinsel. Ausführlich werden die „condiciones agrorum", die natürlichen und alten Begrenzungen, die formae der assignierten Gebiete Italiens und der Veteranenkolonien dargestellt, aber die für die Provinzen typische enge Verbindung von Bodenassignation und Grundsteuererhebung bleibt in diesen Schriften fast unerwähnt: die Eigenart der aus den alten formae abgeleiteten fiskalischen Katasterkarten, wie wir sie in Orange vorfinden, läßt sich aus den Bemerkungen der Agrimensoren kaum verstehen, die Funktionen der beamteten Mensoren sind für sie uninteressant.

Es bleibt die Frage, wo diese schon seit der frühen Kaiserzeit nachweisbaren[40] beamteten Mensoren ihre Ausbildung erhielten. Da sie oft kaiserliche Sklaven oder Freigelassene sind und meist griechische Namen tragen[41], liegt die Annahme nahe, sie könnten ihre Kenntnisse, denen sie ihre Stellung verdanken, im geometrischen Schulbetrieb Alexandrias erworben haben. In dieser seiner Provinz hatte der Kaiser wie sonst nirgendwo die Möglichkeit, die Schüler in seinen Dienst zu übernehmen. Die Existenz eines in Alexandria bestehenden eigenen geometrischen und feldmesserischen Schulbetriebs, der ursprünglich vielleicht für die Ausbildung der aegyptischen Mensoren von den Ptolemaeern gefördert worden war, ist uns aus dem Lehrbuch Herons bekannt geworden, der in ihm sogar an den Methoden der römischen Feldmesser Kritik übte[42]. — Wenn die Lehren und Methoden Herons von Alexandria sich in späterer Zeit auch bei den römischen Feldmessern ausbreiteten[43], und zugleich im Laufe der Kaiserzeit die Bedeutung der beamteten Mensoren stieg, während die freien Mensoren mehr und mehr in den Hintergrund traten, so sprechen diese Faktoren für die Annahme einer eigenen, vielleicht in Alexandria heimischen geometrischen Ausbildung der kaiserlichen beamteten Mensoren, die von der der freien Mensoren grundsätzlich geschieden war.

In der späten Kaiserzeit werden dann die Geometrae im Zusammenhang mit den Lehrern erwähnt, „qui ius civile docent"[44], ähnlich wie die Mensoren während der Spätzeit in der staatlichen Gerichtsbarkeit als untergeordnete arbitri galten[45].

39 Vergl. vor allem Frontin 46 f. (Ein kompliziertes Assignationsproblem aus dem riesigen centuriierten Gebiet Afrikas) und die bekannte kurze Behandlung des steuerbaren Provinzbodens am Ende der Abhandlung des Hyginus gromaticus 204 ff. am Ende der Abhandlung des Hyginus gromaticus 204 ff. Wie ausführlich bespricht derselbe Autor die Limitation der Kolonien! (170—182. 194—196. Assignationen 196—204).

40 C 6, 8913. Dazu oben p. 160 A. 14.

41 Epaphroditus 5, 8319. Pelagius 6, 8913, Aristo 9619. Helix 9620. Pelagius 9621. Didymus 8, 12637. Hermes, tab. Herc. LXXIX. — Bei einer weiteren Anzahl von Sklaven ist die Umbenennung offenbar: 9, 12912 Felix Aug. serv. 12913 Victor Caes. n. ser(vus). s. a. Romanus Aug. mensor agrarius, 8, 24690.

42 Vergl. oben p. 107 ff. Zur Kritik am Instrument der groma Heron, Dioptrik 33.

43 Vergl. oben ebd.

44 fragm. Vat. 150. (dazu D. 27, 1, 22.)

45 Vergl. dazu 190 f.

3. ÜBER AUFGABEN UND POSITIONEN DER MENSOREN

a) Die militärischen Mensoren

Da es den militärischen Dienstrang der Mensoren erst seit dem zweiten Jahrhundert gibt, sind vor allem Aufgaben zu erwähnen, die die bei der Castrametation mit dem mensorischen Instrumentarium geschulten Centurionen und Militärtribune außerdem wahrgenommen haben.

Octavian ließ zwar die Limitationen vor der großen triumviralen Landverteilung in Italien an private Unternehmer verpachten[46], doch darf daraus noch nicht geschlossen werden, daß auch die späteren Centuriationen der provinzialen Veteranenkolonien in der gleichen Weise ausgegeben worden seien. Jedenfalls ist die riesenhafte Centuriation der Provinz Afrika, soweit sie unter Augustus und Tiberius erneuert und erweitert wurde, ein Werk der afrikanischen 3. legio Augusta[47], Landverteilungen für die Soldaten der Praetorianercohorten in Italien und für die Veteranen in Pannonien im zweiten Jahrhundert wurden ebenfalls von militärischen Mensoren vorbereitet[48]. Limitationen verschiedener Art in den Territoria legionis kamen hinzu[49]. — Andrerseits lassen aber die genauen Erläuterungen der Agrimensoren daran keinen Zweifel zu, daß auch die civilen freien Mensoren oft mit Centuriationen und mit der Vorbereitung von Assignationen betraut worden sind[50].

Wie Augustus sich anscheinend bei den Schatzungen der kaiserlichen Provinzen der mensorischen Kenntnisse der Offiziere und Centurionen der in ihnen stationierten Legionen bediente, wurde ebenso bereits erörtert[51]. Obwohl im einzelnen kaum festzustellen ist, wie später die Kontrollen der Censusdeklarationen zwischen den Beamten der kaiserlichen Procuratoren und den Gemeindebehörden aufgeteilt wurden, darf doch jedenfalls hier ein Zurücktreten des Militärs schon in der auf Augustus folgenden Zeit als sicher gelten.

Besonders zahlreich sind uns Grenzstreitigkeiten öffentlichrechtlicher Natur überliefert. Sie wurden häufig vom Kaiser oder vom Statthalter einem legatus pro praetore überwiesen, der die Detailentscheidungen an Ort und Stelle einem Militärtribunen oder einem Centurio vertraute[52]. Allerdings kommen in den sogearte-

[46] La. 211—213, 5. Verpachtung der Limitationen durch Augustus Hygin grom. 172, 4.
[47] Vergl. oben p. 117 ff.
[48] Hygin 121, 9. 244, 7—17. 251 (La.).
[49] Vergl. dazu den ausführlichen Aufsatz von Schulten, Hermes 29, 1894, p. 481 ff.
[50] Vergl. vor allem Hygin grom. 194—201, 6. Ferner Hygin 111, 16—113, 18.
[51] Vergl. p. 113 ff.
[52] Feste Regeln lassen sich für die Zuständigkeiten hier, soweit ich sehe, nicht aufstellen. Wohl wurden die Grenzklagen der Gemeinden vor allem vor den Statthalter (Mommsen St. R. II, 995, Anm. 1) oder vor den Kaiser selbst gebracht, doch diese beauftragten dann entweder einen leg. pr. pr. oder einen procurator oder gar beide gemeinsam. Beispiele für die Leitung durch leg. pr. pr. mit Erwähnung der Centurionen: C 3, 2883, 9832, 9864, 9973, 12794. Ohne Centurionen: D. 5955, C. 12, 113. C 3, 8472, C 8, 4676, 16692 D. 5958 b. u. a. — D. 5955 zwei leg. pr. pr. (Provinzgrenze) — OGIS 538 und Ann. epigr. 1939, 178 leg. pr. pr. und procurator gemeinsam.

ten Grenzklagen auch Beauftragungen von Procuratoren vor, ohne daß ein rechtlicher Unterschied zu den den Legaten überwiesenen erkennbar wäre[53]. Die Procuratoren werden sich in diesen Fällen der ihnen unterstellten Mensoren bedient haben, wenn sie ihre Mithilfe auch im allgemeinen nicht erwähnen.

b) die civilen freien Mensoren

Der Stand der früher sogenannten „finitores“ mit seinen spezifischen Aufgaben im Bereich der Judication und der Limitation hatte sich bereits in der Zeit der späten Republik herausgebildet. (vergl. oben Kap. IV) Es müssen aber verschiedene Faktoren dazu beigetragen haben, daß sich sein Arbeitsbereich im ersten Jahrhundert der Kaiserzeit sehr erweiterte, so daß eine Vergrößerung der Zahl der Mensoren, die auch nicht mehr wie zur Zeit Ciceros gewöhnlich dem Ritterstand angehört haben werden, angenommen werden kann.

Die Schriften der Agrimensoren geben über ihre Funktionen einen so guten Überblick, daß hier eine einfache Erwähnung genügen dürfte. Die Verwendung der freien Mensoren in der civilen Judication, von der die agrimensorische Lehre der „controversiae agrorum“ Zeugnis gibt, dehnte sich über ganz Italien aus. Für diese Bagatellsachen scheinen die auch außerhalb von Rom nachweisbaren freien Mensoren[54] der lokalen Judication zur Verfügung gestanden zu haben. Zu diesem Zweck mußten die Agrimensoren die verschiedenen in Italien vorkommenden Eigenarten der lokalen Begrenzung — die z. B. Siculus Flaccus gründlich lehrte und die auch im liber coloniarum für die einzelnen italischen Gemeinden offenbar zur Erleichterung der Rechtsprechung zusammengestellt sind — kennen und die Interpretation der oft hundert bis zweihundert Jahre alten Flurkarten beherrschen. Wurde ein Municipium in den Rang einer Kolonie erhoben, so bekamen die Agrimensoren den Auftrag, das Territorium zu centuriieren[55]. Die auffällige Tatsache, daß die Orte der näheren Umgebung Roms anscheinend besonders sorgfältig assigniert worden sind, haben wir damit zu erklären versucht[56], daß den Kaisern in der Hauptstadt eine besondes große Zahl sowohl freier wie beamteter Mensoren für diese Zwecke zur Verfügung stand.

Für größere Vermessungsaufgaben in den Provinzen scheinen die Kaiser im ersten Jahrhundert außer den Centurionen der Legionen vor allem[57] die höher gestellten freien Mensoren verwandt zu haben: Hygin war in mehreren Provinzen im kaiserlichen Auftrag als agrimensor tätig[58], ein Mensor hat in Ostia vor der Ausreise einen Altar gewidmet[59], ein anderer teilt mit, daß er zur Zeit Vespasians zweimal

[53] So u. a. C 3, 13250. 183. C. 8, 8369, 8812, 21663. C 10, 8038.

[54] Vergl. die oben 161 f. angeführten Beispiele.

[55] Hygin. grom. 178, 14. 203, 8.

[56] Vergl. oben p. 51 f.

[57] Der C 8, 25988 genannte „Aug. lib. praepositus mesorum“ —also ein beamteter Mensor — hat den Auftrag zur Termination der kaiserlichen res privata.

[58] Vergl. oben p. 164, A. 32.

[59] C 14, 23.

einen öffentlichen Vermessungsauftrag ausgeführt habe[60]. Einen solchen hat Q. Paconius Agrippinus (zugleich ein hoher Beamter) in Kreta und Cyrene als ὁροθέτης ausgeführt[61]. Die von Plinius als Statthalter in der Provinz Bithynien -Pontos an den Kaiser Trajan gerichtete Bitte, er möge ihm im Interesse einer günstigeren Besteuerungsberechnung Mensoren schicken, da es in der Provinz keine gäbe, betrifft zwar nur mensores aedificiorum[62], sie ist aber trotzdem als ein Beispiel für die Verwendung auch der freien Agrimensoren dienlich[63]. Namentlich die große Grundsteuerrevision Vespasians wird in den Senatsprovinzen — also z. B. auch in Orange in der Gallia Narbonensis — wo die Statthalter sich der militärischen Hilfen wahrscheinlich nicht bedienen konnten[64], bei den beauftragten freien Mensoren gelegen haben. Allerdings beschränkte sich dieser Auftrag vermutlich auf jeweils singuläre Limitationen, Assignationen und Grenzfestsetzungen, für die regelmäßige statthalterliche Judication dürften sie weniger herangezogen worden sein.

c) Die beamteten Mensoren

Die abhängige Position der den kaiserlichen Procuratoren unterstellten sowie der Gruppe der römischen officiales angehörigen Mensoren wird oft schon aus ihrem Personenstand deutlich: sie sind servi Augusti, liberti Augusti (oder auch servi publici als Gemeindesklaven)[65] und sie scheinen vor allem den Provinztabularia sowie der Verwaltung der kaiserlichen saltus zugeordnet gewesen zu sein. Die eigenständige Judication unter Bürgern, das den freien Mensoren eigentümliche Arbeitsgebiet, blieb ihnen zunächst gewiß verschlossen oder sie wurden in ihr doch nur indirekt als Gutachter herangezogen[66].

Zuständig waren sie gewiß vor allem für reine Vermessungsaufgaben, vermutlich mußten sie vor allem die Censusdeklarationen kontrollieren, und bei privaten Veräußerungen konnten sie mit der renuntiatio modi beauftragt werden[67]. Teil-

[60] C 6, 198.

[61] Vergl. oben 162, A. 24.

[62] Plin. ep. X, 17, 13, 2. Antwort Trajans 18, 3.

[63] So weist Sherwin-White im Kommentar zu dieser Stelle (p. 584) auf die C 10, 8038 erwähnte Abordnung eines Mensoren durch Vespasian hin, bei der es sich vermutlich um die Abordnung eines freien Mensoren handelt. (Vergl. oben p. 161, A. 18).

[64] Aus Pompei ist das Beispiel der Verwendung eines Tribunen bekannt, der vom Kaiser zur Termination öffentlicher Gebiete herangezogen wird. (C 10, 1018) Diese Möglichkeiten hatten die Statthalter senatorischer Provinzen vermutlich nicht.

[65] C 9, 699, 821.

[66] So erwähnt Pomponius 11, 6, 3, 4 (Ulpian) neben dem „mensor propter iudicium adhibitus" — d. h. dem als iudex berufenen mensor — auch den „mensor a judice adhibitus". Auch tab. herc. LXXIX, a.a.O. 453, ist der „griechische" Mensor vom arbiter ex compromisso herangezogen worden. — Zur Verwendung der freien finitores als iudices vergl. oben Kap. IV p. 84 ff.

[67] Ulpian D. 11, 6, 7, 3 überträgt die actio „si mensor falsum modun dixerit" auch auf den beamteten „tabularius, qui in computatione fefellit". Es war also zu seiner Zeit üblich, die renuntiatio modi nicht nur vom freien, sondern auch vom beamteten Mensor zu verlangen. Vergl. oben p. 86 f.

weise sind im Osten allerdings auch weitgehende Aufgaben wie die neue Abmessung eines Grundstücks von bestimmter Fläche[68] oder die Aufteilung einer größeren steuerpflichtigen Grundfläche in Landlose von einer bestimmten Größe bezeugt[69]. Limitation und Assignation von Bürgergebieten stand ihnen schwerlich zu, aber das in der Praxis sehr wichtige Problem, das Gelände nach seiner Übereinstimmung mit den Angaben der vorhandenen formae ständig zu überprüfen, insbesondere verschwundene Grenzsteine nach der Flurkarte neu zu setzen, wird zu ihren Obliegenheiten gehört haben[70].

Wir haben oben vermutet, daß diese abhängigen Mensoren ihre Ausbildung dem im Osten schon seit der frühen Kaiserzeit betriebenen Geometrieunterricht verdanken. Das Lehrbuch Herons zur Dioptrik zeigt, wie dieser Unterricht durchaus auf die Praxis der Feldmesser bezogen war, sie enthalten Aufgaben der Flächenmessung, des Wiederauffindens verlorener Steine nach der Karte, sie lehren Gebrauch und Konstruktion der Dioptra usw.[71]. Wenn in den späteren Partien der agrimensorischen Schriften diese und andere heronische Probleme und Aufgaben wieder auftauchen[72], so zeigt dies vielleicht auch, wie sich die Grenzen zwischen den freien und den abhängigen Mensoren verwischten oder wie die letzteren wichtigere Rollen übernahmen.

Hinzu kommt ein Faktor, der die Annahme einer im Laufe der Kaiserzeit steigenden Bedeutung der beamteten Mensoren bzw. vor allem der ihnen übergeordneten Procuratoren weiter begründet. Die Ausdehnung des kaiserlichen Grundbesitzes nahm zu[73], und auch außerhalb desselben beanspruchte die provinziale Census- und Finanzbürokratie mehr Macht und mehr Kompetenzen. Zwar hatten die Procuratoren des caesarischen Grundbesitzes bereits unter Claudius in fiskalischen Angelegenheiten die Judication zugesprochen bekommen[74]. Vorher konnten sie gegen Steuerverweigerung nur auf dem Prozeßwege die staatlichen Tributforderungen durchsetzen, wobei wahrscheinlich zunächst das praetorische Recht für diese Klagen gegen die Provinzialen eine analoge Anwendung fand[75]. — Nach

[68] So IG IX, 1, 61 (Daulis) Dazu p. 196, A. 130.

[69] So in den vier Dokumenten C III, 355. Beauftragung der beamteten Mensoren durch den Procurator wird vom legatus pro praetore erbeten (A 10) Methode zur Ermittlung der Größe der auszugebenden Landlose vergl. B 5—7 und C 5.

[70] C 8, 25988.

[71] Konstruktion des Diopters 3—5. Höhenmessung 13. Flächenmessung 23—24. Wiederauffinden der Punkte verschwundener Grenzsteine 25.

[72] Vergl. dazu oben p. 107 f.

[73] Hirschfeld, Kl. Schriften 516 ff.

[74] Tac. Anm. 12, 60, 2. Dazu Fergus Millar, Historia 13, 1964, 180 ff.

[75] Nur hypothetisch läßt sich oft die Frage nach der Art der Rechtsfindung in den Provinzen des frühen Prinzipats beantworten. Dazu eine kleine Notiz: Frontin, La 36, 3—13 sagt, den Provinzialen sei der Besitz des im Prinzip öffentlichen Landes nur „quasi fructus tollendi causa et praestandi tributi condicione" zugestanden worden, ferner gäbe es legale Verkäufe, wenn auch in diesem Gebiet die Mancipation unmöglich sei. Auch die Grenzklage, die an sich eine alte Civilklage war, sei hier zugestanden: „vindicant tamen inter se non minus fines ex aequo ac si privatorum agrorum" (sc.: fines vindicarent) „Sie streiten untereinander ebenso um die Grenze aufgrund der aequitas, wie wenn sie um die Grenze privater Besitzungen streiten würden" Der Ausdruck „ex aequo" wird also bei der

und nach müssen sich diese Grenzen erweitert haben[76], weil die bodenrechtliche Judication von dem Aktenmaterial immer abhängiger wurde, das sich mit den ständigen Censuskontrollen in den tabularia der Provinzen anhäufte[77]. — Doch auch in den Fällen, in denen die Judication beim Provinzstatthalter blieb, mußte er sich bei ihr des in den tabularia vorhandenen Materials bedienen. In dieser auf das Censusmaterial bezogenen bodenrechtlichen Judication selbst müssen auch die in den tabularia angestellten beamteten Mensoren eine wenn auch bescheidene Aufgabe übernommen haben.

Diese Annahme erklärt einen auffälligen Wandel: In den Quellen des vierten Jahrhunderts sind die freien, hochgestellten Mensoren der frühen Kaiserzeit verschwunden, die Mensoren nehmen nun als „arbitri" in der Beamtenhierarchie die Position untergeordneter subalterner Richter ein[78]. Die „Ahnherren" dieser späteren iudizierenden Mensoren wird man nicht in den freien Mensoren sehen dürfen, — denen als iudices vom Praetor noch wichtige Entscheidungen zugewiesen werden konnten — sondern in den untergeordneten Mensoren der von den Procuratoren geleiteten Finanzverwaltung.

berechtigten Übertragung civiler Klageformen auf weitere Bereiche verwandt. (So richtig Rudorff, grom. Inst. 447) — Damit klärt sich auch der Sinn einer Bemerkung bei Cassius Dio 57, 23,5.: Tiberius hatte die Anklage gegen Lucilius Capito, den procurator Asiae, zugestanden, „quod si vim praetoris usurpasset manibusque militum usus foret, spreta in eo mandata sua". Er hatte also anscheinend wie ein Praetor fungiert, vielleicht gar judiziert, und Soldaten eingesetzt. (Tac. Ann. 4,15,2.) Cassius Dio berichtet 57,23,4 f. den gleichen Fall und bemerkt allgemein dazu: Damals standen den kaiserlichen Finanzprokuratoren nicht mehr Rechte zu, als die festgelegten Einkünfte einzutreiben und im Streitfall auf dem forum (d. h. in Rom vor dem Praetor) nach den bestehenden Gesetzen (d. h. nach den gegebenen Actionen) ex aequo gegen die Privatleute zu klagen: » . . . *κατὰ τοὺς νόμους ἐξ ἴσου τοῖς ἰδιώταις δικάζεσθαι.*« *δικάζομαί τινι* heißt: „gegen jemanden Klage erheben". Das *ἐξ ἴσου* steht absolut und ergänzt hier: *κατὰ τοὺς νόμους*, es scheint hier ebenso verwandt zu sein wie das ex aequo bei Frontin 36,9. — Nicht ganz anschließen kann ich mich deshalb der Deutung P. A. Brunts, Latomus 25, 66,464. die Procuratoren „. . . were expected only . . . to submit disputes to the ordinary courts on an equality with private persons".

[76] So zutreffend P. A. Brunt, ebd. 476.

[77] Das zeigt vor allem die auf die Provinzen bezogene Feststellung Papinians D. 10, 1,11. (Dazu unten 212 f.) die die alten Katasterurkunden und die ständigen Censusprofessionen anführt. Diese sind auch Hygin grom. 205,16 erwähnt.

[78] Vergl. dazu p. 190.

Kapitel IX:

DIE GESCHICHTE DER KLAGE „FINUM REGUNDORUM"

1. VORBEMERKUNG

Die actio finium regundorum spielt unter allen Klagen des römischen Civilrechtes für die römische Bodenverwaltung und für das römische Bodenrecht eine besonders wichtige Rolle. Solange es in Rom Agrimensoren gab, wurde sie diesen zur Entscheidung überwiesen, oder es wurden doch agrimensorische Kenntnisse beim beauftragten iudex vorausgesetzt. Somit kann eine ausführlichere Darstellung dieser actio im Zusammenhang der vorliegenden Arbeit als gerechtfertigt gelten.

Nun verbietet sich allerdings eine Betrachtungsweise, die, der Gliederung der übrigen Untersuchung entsprechend, die Geschichte der Klage „finium regundorum" in Zeitabschnitte aufteilen würde. Das erscheint nicht nur wegen der relativ geringen Zahl verläßlicher Quellen, die zudem fast über ein Jahrtausend hin verstreut sind und die deshalb oft zu Rückschlüssen oder zu Kombinationen zwingen, nicht als geboten. Vor allem zwingt auch hier die Konsistenz römischer privatrechtlicher Institutionen zur zusammenhängenden Monographie.

Gleichwohl ist die Absicht dieser Darstellung eine historische, und man wird einräumen, daß gerade angesichts der actio finium regundorum die historische gegenüber der rechtsdogmatischen Betrachtung die reicheren Ergebnisse erwarten läßt: es können doch die politischen und die sozialen Zustände auch auf die Eigenart dieser Klage gar nicht ohne Wirkung geblieben sein, und sie muß ihren Charakter und ihren Zweck gewandelt haben, je nachdem, ob sie in dem durch Ständekämpfe und sakralrechtliche Judikation gekennzeichneten frühen Stadtstaat, in den Zeiten der Landverteilungen und Besitzumwälzungen der späten Republik, in einer zum Zweck der Besteuerung genau nach Bodenfläche und Bodenqualität erfaßten Provinz der besten Kaiserzeit oder in den zu primitiveren Formen des Landbesitzes zurücksinkenden Zuständen des späten Reiches vorgebracht wurde. Ferner wird zwischen der Absicht, aus der heraus man diese Klage schuf, und der Methode ihrer prozessualen Erledigung jedenfalls in den Anfängen eine enge Korrespondenz bestanden haben, und die Wandlungen, die der römische Civilprozeß im Laufe eines Jahrtausends erlebte, dürften auch im Wesen dieser Klage selbst ihre Spuren hinterlassen haben. Die Geschichte der römischen Bodenverfassung und die des für diese Klage jeweils vorgesehenen Verfahrens geben also den Hintergrund unserer Darstellung ab.

Auch ein Blick auf die der Grenzscheidungsklage gewidmeten Spezialabhandlungen rechtfertigt das Unterfangen einer genetischen Monographie. Die an Gedanken und Quellenmaterial besonders reiche Darstellung Rudorffs[1] aus dem Jahre 1840 galt noch der gesamten Geschichte dieser Klage. Nach einer aus der Kritik an diesem Aufsatz hervorgegangenen systematischen Arbeit Karlowas[2] scheinen die weiteren historischen Absichten Rudorffs auf der Seite der mit dem Problem allein befaßten Romanisten — die Althistoriker haben es kaum gesehen — etwas vergessen worden zu sein. Nur die dogmatische Betrachtung blieb, und sie hat sich zudem auf den materiellen Inhalt der Klage oder gar nur auf ein Teilproblem wie das der adiudicatio beschränkt[3]. Nun haben sich vielleicht seit Rudorffs Zeiten die Vorstellungen vor allem von der Geschichte und der Eigenart der römischen Bodenverfassung ein wenig geläutert, und man darf hoffen, daß eine historisch ausgerichtete Darstellung zur Lösung mancher Antinomie beitragen kann, zu denen die Kombination heterogener Quellen bei der systematischen Betrachtungsweise geführt hat.

2. ANFÄNGE UND VERWANDTE KLAGEN

a) Die Anfänge

Die XII Tafeln haben offenbar in einer recht großen Zahl Bestimmungen enthalten, die die Sicherung der Grenze von Landgrundstücken sowie die Rechte und Pflichten der Nachbarn an diesen Grenzen betrafen. Ein Grenzstreifen von 5 Fuß Breite sollte eine Grenzveränderung verhindern oder doch erschweren, er mußte auch dann gebildet werden, wenn Steine, bezeichnete Bäume oder Gräben die Grenze markierten. Das Gesetz verbot ausdrücklich die usucapio dieses sogenannten confinium, die Übertretung des Verbotes konne durch die actio finium regundorum festgestellt werden[4]. Es ermächtigte den Nachbarn, überhängende Zweige bis zu einer Höhe von 15 Fuß abzuschneiden[5]. Ins Land des Nachbarn gefallene Früchte durfte der Eigentümer aufsammeln[6], nach einem späteren prätorischen

[1] Zeitschrift für geschichtliche Rechtswissenschaft, X, 1840, 343—437.

[2] Beiträge zum römischen Civilprozeßrecht, 141—162. Karlowas Kritik liegt vor allem eine gute Darstellung vom Charakter der Klage in der spät- und nachklassischen Zeit zugrunde.

[3] B. Brugi, Le dottrine giuridische degli agrimensori Romani (311 ff. 381 ff.) hat in seiner gründlichen Darstellung der controversiae agrorum die Grenzscheidungsklage ein wenig zurücktreten lassen. (Vergl. 218)

V. Arangio-Ruiz, Bulletino 32, 1922, 5—50 „In tema di adiudicatio".

W. W. Buckland, Rev. hist. de Droit francais et étranger, IV, 15, 1936, 741 ff.

Broggini, „Regolamento" di confini, (In Nov. Dig. It. XV unter dem Stichwort).

M. Kaser, „adiudicare" bei der actio finium regundorum und bei den Vindicationen, Symbolae Martino David, 1968, I, 87—103.

[4] Cicero, de legibus I, 55 ... „quoniam usus capionem XII tabulae intra quinque pedes esse noluerunt".

[5] D. 43, 27, 1, 8. (Ulpian 71 ed.) Ein späteres praetorisches Interdikt beschränkte dies Recht für den Fall, daß der Eigentümer sich weigerte, die Zweige zu entfernen. (D. 43, 27, 1, 7. Ulpian ebd.)

[6] Plinius, n. h. 16, 5, 15. Cautum est lege XII tabularum ut glandem in alienum fundum procidentem liceret colligere.

Interdikt allerdings nur „tertio quoque die“[7]. Der Nachbar konnte die Entfernung eines Baumes verlangen, der vom Winde gebeugt („vento inclinata“) in sein Grundstück hineinragte[8]. Schließlich scheint es in den XII Tafeln auch eine nicht näher bekannte Klagemöglichkeit „de pastu pecoris“ für den Fall gegeben zu haben, daß jemand sein Vieh im fremden Grundstück hatte weiden lassen[9]. — Man sieht also aus der Vielzahl der uns noch bekannten Bestimmungen, daß eine eingehende Formulierung des Nachbarrechts auf ländlichen Grundstücken ein besonders wichtiges Anliegen der frührepublikanischen Gesetzschöpfung gewesen ist. Der Zweck liegt im allgemeinen darin, eine Beeinträchtigung des Grundeigentümers, die durch eine Verwischung oder Vernachlässigung der Grenze entstehen könnte, zu vermeiden.

Eine Besonderheit besteht in der weitgehenden Trennung von Landgrundstücken und Stadtgrundstücken. Schon in der späten Republik stand man dieser Trennung ein wenig verständnislos gegenüber, behielt sie aber bei[10]. Sie erklärt sich aus den politisch gefährlichen und beengten Lebensbedingungen Roms — und der latinischen Städte überhaupt — im fünften Jahrhundert und der früheren Zeit. Dem Bauern war wegen der ständigen Kriegszüge der einander feindlich gegenüberstehenden Städte und Städtebünde das Wohnen auf dem eigenen fundus nur in kleinen „tuguria“ möglich[11], der eigentliche Wohnsitz befand sich innerhalb des Mauerrings in der Stadt. — Städtische Grundstücke, zu denen auch die in der Stadt gelegenen horti und vielleicht sogar die kleinen heredia in ihrer unmittelbaren Nähe gehört haben[12], wurden in den Modalitäten der Fixierung und Sicherung der Grenze von den Landgrundstücken unterschieden[13]. — Diese Trennung galt in

[7] D. 43, 28, 1 pr. (Ulpian 71 ed.).

[8] D. 43, 27, 2 (Pomponius 34 ad Sab.) Si arbor ex vicino fundo vento inclinata in tuum fundum sit ex lege XII tabularum de adimenda ea recte agere potes ius ei non esse ita arborem habere.

[9] D. 19, 5, 14, 3. (Ulpian 49 ad Sab.) Aristo bestreitet die Möglichkeit dieser Klage des Zwölf-Tafelgesetzes für den Fall, daß das Vieh vom Baume des Klägers ins nachbarliche Grundstück herabgefallene glandes gefressen habe, — „quia non in tuo pascitur“.

[10] Vergl. p. 174 A. 14.

[11] Valerius Messala im Kommentar zu den XII Tafeln bei Festus, „tuguria‘ 355 M. Dazu die Definition des Pomponius D. 50, 16, 180: „tugurii appellatione omne aedificium, quod rusticae custodiae magis convenit quam urbanis aedibus, significatur“.

[12] Plin. n. h. 19, 4, 50: In XII tabulis nusquam nominatur villa, semper in significatione ea hortus, in horti vero heredium. Das ländliche Grundstück heißt ‚fundus‘, unter dessen verschiedenen Definitionen in D. 50, 16 scheint uns die Ulpians in 60 pr. „fundus“ integrum aliquid est — und in 60, 2 „fundus suos habet fines. „locus“ vero latere potest quatenus determinetur et definiatur“ den ursprünglichen Charakter am besten zu beschreiben. (Ferner 115, 211 h. t.)

Die Zurechnung der horti zu den praedia urbana wurde später nicht mehr streng eingehalten. (D. 10, 1, 4, 10. Paulus 23 ed.) Anders war es noch zur Zeit Ciceros, der die Möglichkeit der Klage „de fine“ im Stadtgebiet bestreitet. (Top. 10, 43)

[13] Das confinium mußte 5 Fuß betragen, der ambitus zwischen den praedia urbana die Hälfte. (Varro, l. L. 5, 22. Festus M. 16 „ambitus“) Die Klage finium regundorum beschränkt sich auf Landgrundstücke: D. 10, 1, 2 pr. 10, 1, 4, 10. Dazu die vorige Anmerkung.

Ulpian D. 43, 27, 1, 6—9 (71 ed.) bespricht zwei analoge praetorische Interdikte, nach dem alten Recht offenbar in einem sehr weiten Bereich, wir finden sie wieder in der Unterscheidung von städtischen und ländlichen Grunddienstbarkeiten, in der Festlegung der Fristen für die Ersitzung[14], in der Beschränkung der Klage „de aqua pluvia arcenda" auf ländliche Grundstücke[15]. Die alte actio „finium regundorum" betraf wie gesagt nur das „confinium", nicht den auf dessen halbe Breite begrenzten „ambitus" zwischen städtischen Grundstücken[16].

b) Die Klage „de termino moto"

Zu den ältesten und fundamentalen Anschauungen des römischen Bodenrechtes gehört der Respekt vor der einmal festgelegten, durch einen Grenzstein oder ein vergleichbares Merkmal markierten Grenze. Eine fast numinose Scheu vor ihrer Verrückung und ihre — nicht nur nach moderner Anschauung, sondern auch im Vergleich zum griechischen Recht (etwa im ptolemäischen Aegypten) — unverhältnismäßig harte Bestrafung haben sich aus der Königszeit bis in die Spätantike erhalten. Wie wir noch sehen werden, lassen sich nur aus der Eigenart dieser Klage „de termino moto" und auf ihrem Hintergrund die typischen Züge der weit gemäßigteren „finium regundorum" richtig verstehen.

Am Fest der Terminalia wurde dem Jupiter geopfert[17], Opfer wurden ferner vor allem dann abgehalten, wenn die Nachbarn gemeinsam eine Grenze festlegten: an Ort und Stelle wurde die Zeremonie veranstaltet und die Überreste zusammen mit der Asche unter dem Grenzstein aufbewahrt. Dabei handelte es sich nicht nur um einen Brauch der alten Vorzeit: noch Siculus Flaccus schildert ihn in seinen an die Feldmesser gerichteten Anweisungen und erklärt eben diese Relikte des Opfers

denen man auf dem Lande nur die Entfernung überhängender Zweige bis zur Höhe von 15 Fuß erreichen konnte, in der Stadt aber die Entfernung der Bäume überhaupt, sofern sie über die Grenze des (bebauten) Grundstücks des Nachbarn hinausragten. Da vom ersten Interdikt ausdrücklich gesagt wird, daß es auf eine Bestimmung der XII Tafeln gegründet sei, wird man entsprechendes vom andern annehmen können. (Vergl. 172, A. 5)

[14] Cicero bestätigt zweimal, daß die zweijährige Ersitzungsfrist (genannt: usus auctoritas) in den XII Tafeln sich auf den fundus beschränkt habe, während für alle anderen Dinge, zu denen auch die Häuser zählen müßten, die einjährige Ersitzungsfrist gelte. (Top. 4. Caec. 19) Cicero selbst hält — in einer Zeit, in der die strenge Trennung städtischer und ländlicher Grundstücke nicht mehr aktuell war — die Anordnung für unbillig; tatsächlich hat sich auch der Rechtsbrauch entsprechend geändert, Gaius glaubt bereits, die zweijährige Ersitzungsfrist für *alle* Grundstücke sei in den XII Tafeln festgelegt worden. (usucapio mobilium quidem rerum anno completur, fundi vero et aedium biennio et ita lege XII tabularum cautum est. II, 42). Vergl. dazu Th. Mayer-Maly, ZS 1961, 278 ff., Wieacker, Berichte der Hardt-foundation, 1967, 307 f.

[15] Cicero, Top. 10, 43: si aqua pluvia in urbe nocet, quoniam rest magis agrorum est, aquae pluviae arcendae adigere arbitrum non possis. Ebenso D. 39, 3, 1, 17 und 19.

[16] Cicero ebd: si in urbe de finibus controversia est, quia fines magis agrorum videntur esse quam urbis, finibus regendis adigere arbitrum non possis. (Den erklärenden Zusatz „quia ... urbis" hat der Herausgeber Friedrich, Leipzig (Teubner) 1891, fälschlich als späteres Glossem eingeklammert.)

[17] Latte, Religionsgeschichte der Römer, 64 f.

zu Merkmalen der Authentizität eines umstrittenen Grenzsteines[18]. An manchen Orten scheint sich also bis in die Kaiserzeit hinein die Vorstellung erhalten zu haben, daß man für den Schutz der privat festgelegten Grenze auf die göttliche Hilfe nicht verzichten könne oder dürfe.

Von entsprechender Härte waren die alten Gesetze, die die Entfernung eines einmal gesetzten Grenzsteines betrafen. Sie galten nach den Angaben von Festus und Dionys seit der Königszeit. Den Bauern, der einen Terminus umpflügte, und auch seine Ochsen traf die sakrale Ächtung („Jovi sacer esto"), nach Dionys war jedermann die Tötung des „homo sacer" erlaubt[19]. Strabo berichtet, daß die pontifices an einem Ort „Festi", der sich zwischen dem 5. und 6. Meilenstein befand, und an verschiedenen anderen Plätzen alter Termini Opfer abhielten[20], nach einer Notiz des liber coloniarum wurden im Bereich der alten römischen Feldmark manche Termini als „pali sacrificales" von Jahr zu Jahr erneuert[21]. Wenn also, wie allgemein angenommen wird, dieses durch die Sakralbeamten ausgeführte Opfer alt ist, dann galt es ursprünglich, als die Judication noch weitgehend sakralrechtlichen Charakter hatte, vermutlich zugleich einer Kontrolle eventueller Grenzverrückungen. Man mag es wohl glauben, daß die harte Bestrafung und der religiöse Schutz der Grenze in der Zeit vor und am Beginn der Ständekämpfe auch durch die Sorge um gentilizische Besitzprärogativen gestützt wurden.

In den Einzelheiten läßt sich nicht mehr erkennen, in welcher Weise in der Zeit der Republik an die Stelle der sakralrechtlichen Verfolgung die kriminalrechtliche getreten ist, gewiß aber galt die böswillige Verrückung eines Grenzsteines auch weiterhin als ein Verbrechen, für das die Klage „finium regundorum" nicht zuständig war[22]. Noch in der Kaiserzeit wurde es hart bedroht. Hadrian hat in einem Rescript[23] die längere oder (bei älteren Personen) die kürzere Verbannung als Strafe festgesetzt, selbst auf argloser Entfernung eines Terminus stand die Bestrafung durch Rutenschläge, andere Bestimmungen lauteten noch ärger[24].

18 Siculus Flaccus, 141 ff. (La.)

19 Festus, 368 M. („termino sacra faciebant ...") Dionys Hal. 2, 74, 3. Dazu Wissowa, Religion und Kultus der Römer, 2. A. 137. Vor allem Latte, a.a.O. 64 f.

20 Strabo 5, 230 C. Dazu Plut. Numa 16. Dion. Hal. 2, 74, 3. Strabo identifiziert diesen Umgang der pontifices mit den Ambarvalien. Kritisch dazu Latte, a.a.O. 65. Weitere Stellen und Lit. RE 5A, 284 (Marbach).

21 lib. col. 222, 14—223, 2.

22 D. 10, 1, 4, 4 (Paulus 23 ed) „Si dicantur termini deiecti vel exarati, iudex qui de crimine cognoscit etiam de finibus cognoscere potest." — Entsprechend notieren die Paulussentenzen die Ausnahme unter dem Titel „finium regundorum": „in eum qui per vim terminos deiecerit vel amoverit extra ordinem animadvertitur. (I. 16) — Auch Iuvenal, Sat. XVI, 36—39 ist vom crimen „de termino moto" die Rede, („improbus ... vicinus ... sacrum effodit de limite saxum") nicht von der actio finium regundorum. Anders Okko Behrends, Die römische Geschworenenverfassung, Göttingen 1970, 33 f.

23 Mitgeteilt von Callistratus 3. cogn. (D. 47, 21, 2) Eine andere Version bietet die auf Ulpians Buch „de officio proconsulis" fußende collatio legum Mos. et Rom. XIII, 3. Sie ist analysiert von Wieacker, Textstufen 404 f.

24 Vergl. z. B. D. 47, 21, 1. C. 9, 2, 1. Paulussentenzen V, 22, 2 b: „Qui terminos effodiunt vel exarant arboresve finales vel terminales evertunt, si quidem servi ex sua sponte fecerunt, in metallum damnabuntur, humiliores in opus publicum, honestiores in insulam amissa tertia portione bonorum relegantur."

Eine Besonderheit bildete demgegenüber die Behandlung der Klage in dem Gesetz, das Caesar für seine großen Koloniegründungen erließ. Hier wurde eine durch eine actio popularis einzuklagende Geldstrafe für die Entfernung eines Terminus festgesetzt, was gewiß als eine besondere Milde angesehen werden konnte und sich deswegen nicht erhielt[25]. — Die Bestimmung ist in der sogenannten lex Mamilia Roscia Peducaea Alliena Fabria formuliert worden samt der Beschreibung eines singulären, sicher nicht stets anwendbaren Verfahrens: werden die neu gesetzten Termini vor der eigentlichen Koloniededuction oder der „Konstitution" der Gemeinde entfernt, so setzt der Leiter der Koloniegründung ein schnell entscheidendes Rekuperatorenverfahren ein, später urteilen die von dem Gemeindemagistrat, „qui iure dicundo praeerit", eingesetzten iudices, die Strafsumme fällt zur Hälfte an die Gemeindekasse, die andere Hälfte bekommt der Kläger[26]. Die Milde Caesars ist hier besonders leicht zu erklären: Den Landanweisungen waren Enteignungen vorausgegangen, und es wäre schwerlich geraten gewesen, den betroffenen Altbesitzer, der Widerstand leistend vielleicht im zornigen Affekt die Termini entfernte, zusätzlich in seiner Ehre zu treffen. Das hätte die Solidarität der Geschädigten nur gekräftigt, während umgekehrt die hohe Belohnung des Klägers sie leicht zerstören konnte. Es mag sein, daß diese Bestimmung in die Gemeindeterritorien der neu gegründeten Städte einging[27], gehalten hat sie sich kaum. (Vergl. A. 25) Als in der Kaiserzeit die Besitzverhältnisse wieder als stabilisierter angesehen werden konnten, setzte sich die strafrechtliche Ahndung dieses Deliktes „ex condicione personae" wieder durch[28].

Die actio „finium regundorum" und die „de termino moto" werden in den Institutionen Justinians als eine und dieselbe behandelt: (4, 17,6b) „eo quoque nomine (sc. finium regundorum) damnandus est quisque hoc iudicio, quod forte circa fines malitiose aliquid commisit, verbi gratia quia lapides finales furatus est aut arbores finales cecidit". — Diese Vereinigung der beiden Klagen könnte sich jedoch schon früher wenigstens vorbereitet haben. Bereits Konstantin gibt dem Richter in einer

[25] So stellt Modestinus fest: „Terminorum avulsorum non multa pecuniaria est, sed pro condicione admittentium coercitione transigendum." (D. 47, 21, 1.)

[26] Kl V. Erhalten ebenso in D. 47, 21, 3, doch hier ohne Hinweis auf das Verfahren und auf die Klägerbelohnung.

[27] Die Bestimmung KL IV der Lex Mamilia Roscia erscheint auch in der lex Coloniae Genetivae Juliae CIIII, eine ähnliche Abhängigkeit könnte bei der folgenden vorliegen, wenn auch ein entsprechendes Kapitel in den erhaltenen Bruchstücken des Gemeindegesetzes fehlt. — RE 5A, 785 (Taubenschlag)

[28] Vergl. 175 die Anm. 22. — Mommsen, Strafrecht 822 f. scheint die Klage „de termino moto" auf vom Staat gesetzte Grenzsteine begrenzen zu wollen. Das dürfte jedoch selbst dann nur bedingt zutreffen, wenn man das Aufstellen der Termini nicht auf Landverteilungen und auf von staatlichen Beamten durchgeführte Limitationen, Centuriationen und Assignationen beschränkt, wie es Mommsen offenbar annimmt, sondern darunter z. B. ebenso die Grenzsteine begriffen sieht, die ein Judex bei Veräußerung oder Erbteilung aufstellen ließ. (So bei der in den Rechtsquellen häufig genannten „divisio regionibus") — Der Tenor der juristischen Meinungen der Kaiserzeit richtet sich auf den Schutz der Grenze überhaupt (vergl. das erwähnte Rescript Hadrians D. 47, 21, 2 „non dubie occupandorum alienorum finium causa ademisse"), während umgekehrt das Gesetz Caesars die Ausnahme bildet.

Grenzscheidungsklage eine gewisse Strafkompetenz[29], und Aggennius Urbicus, der um 400 n. Chr. schreibende Kommentator Frontins, versteht offenbar nicht mehr, weshalb dieser neben die controversia „de fine" noch eine besondere „de positione terminorum" stellte[30].

Die Ursache dürfte darin zu suchen sein, daß das Kognitionsverfahren für die Grenzklage eine wichtige Neuerung mit sich brachte: nun unterschied man deutlich zwischen einem Kläger und einem Beklagten, während die alte und die klassische actio „finium regundorum" gerade diese Trennung nicht kannte[31]. Es wird noch eingehend zu erörtern sein, wie die Entstehung der Klage und die eigenartigen privaten schiedsgerichtlichen Seiten ihres Verfahrens in der Gesetzgebung der XII Tafeln zu erklären ist aus dem Widerstand gegen die harte Bestrafung der Grenzverletzung. — Hinzu kam, daß für die Verwaltung der spätantiken Provinzen, bei der alle Klagen „de fine" vorzubringen waren, die Frage nach der Ursache der Grenzverwirrung unerheblich war. — Die Vermengung beider Klagen wird zu einer Milderung der Strafen des alten Delikts „de termino moto" geführt haben[32].

c) Die Klage aquae pluviae arcendae

Eng war die Grenzklage ursprünglich ferner mit der gleichfalls in den Zwölf Tafeln geregelten[33] Klage aquae pluviae arcendae verbunden: die Gräben, in denen das Wasser gesammelt und abgeleitet wurde, bildeten sogar oft als fossae limitales die Grenze des fundus. Die böswillige oder fahrlässige Verstopfung oder Sperrung dieser Abflußgräben oder ihre mangelnde Säuberung, die die Überflutung oder Versumpfung des höher gelegenen Grundstücks zur Folge hatte, war der Verletzung des Grenzstreifens insofern verwandt, als in beiden Fällen Verpflichtungen gegenüber dem Grenznachbarn versäumt oder zu dessen Schaden mißachtet wurden. — So nennt Cicero die Klage aquae pluviae arcendae sogar nur gewissermaßen eine besondere Spezies der Grenzklage[34]. Für die caesarischen Kolonien regelt die lex Mamilia Roscia P. A. F. beide Klagen wie eine einzige in einem Kapitel, welches in die neuen Ortsverfassungen übernommen wurde[35].

[29] CT 2, 26, 2 = C. 3, 39, 4. Dazu unten p. 215 ähnlich 2,26,1.

[30] Aggennius urbicus 65 f. (La.) mit der Feststellung am Schluß: ... et si querella eius ad solum descendit, desinit esse controversia de positione terminorum, finis enim incipit esse aut loci.

[31] Vergl. unten p. 206.

[32] Im Codex Just. fehlt ein Titel „de termino moto", nur ein (später abgeschwächtes?) Rescript des Alexander Severus (C 9, 2, 1) erwähnt das Delikt, die Institutionen subsumieren es wie erwähnt unter der Klage „finium regundorum".

[33] D. 40, 7, 21 pr. 43, 8, 5.

[34] Cic. top. 4, 23: „quod in re maiore valet, valet in minore, ut, si fines in urbe non reguntur, nec aqua in urbe arceatur." Beide Klagen entschied ein arbiter. (top. 9, 39. de leg. I, 55)

[35] Lex Mamilia Roscia KL IV = lex Ursonensis CIIII: qui limites decumanique hac lege deducti erunt quaecumque fossae limitales in eo agro erunt, qui ager hac lege datus adsignatus erit, ne quis eos limites decumanosque obsaeptos neve quid in eis molitum neve quid obsaeptum habeto neve eos arato neve quis (eas) fossas opturato neve obsaepito quominus suo itinere aqua ire fluere possit.

Sofern die Grenze durch einen Entwässerungs- und Abzugsgraben gebildet wurde, waren die Nachbarn zur Reinigung ihrer Seite verpflichtet. In diesem Fall, der gewiß beträchtliche Bedeutung hatte und oft vorkam[36], konnte es sogar zu einer Konkurrenz zwischen der Grenzklage und der Klage de aqua pluvia arcenda kommen[37].

Im prätorischen Edikt, spätestens im Edictum perpetuum sind beide Klagen voneinander getrennt. In ihm sind sie nach übergeordneten systematischen Gesichtspunkten eingegliedert, die Klage aquae pluviae arcendae beim damnum infectum, die Grenzklage bei den Teilungsklagen. Die Gründe und die Folgen dieser Einordnung werden noch zu erörtern sein. Sie läßt aber auch leicht vergessen, daß beide Klagen ihren gemeinsamen Ursprung in den nachbarrechtlichen Bestimmungen des XIITafelgesetzes haben[38]. Dementsprechend wird man es als wahrscheinlich ansehen können, daß ursprünglich für beide Klagen ein gleiches oder ähnliches Verfahren vorgesehen war — jedenfalls wurden beide durch ein arbitrium entschieden[39]. Der Ablauf der Grenzscheidungsklage, dem wir uns nun zuwenden, könnte dem jener Klage in den Anfängen verwandt gewesen sein, doch kann dies hier nur vermutet, nicht eingehender geprüft werden.

[36] Vergl. dazu Hygin, 128 (La.) Siculus Flaccus 147 f. (La.) Das System der bei der Flurteilung angelegten Abzugsgräben hat oft noch mehr als die limites zur Bewahrung der alten Flurgrenzen bis in die heutige Zeit beigetragen. (Dazu oben p. 42)

[37] D. 39, 3, 2, 2. (Paulus 49 ed.) „si inconfinio fossa sit neque purgari vicinus patiatur eam partem quae tibi accedat, posse te magis aquae pluviae arcendae Labeo ait". Mommsen möchte hinter „magis" ein „in rem agere quam" ergänzen, denn die actio aquae pluviae arcendae war eine actio in personam. (6, 5 h. t.) In der Tat deutet das ‚magis' hin auf eine Verkürzung des Textes, es fehlt ja die Klage, mit der verglichen wird. Gemeint ist gewiß die actio finium regundorum, da der Graben sich „in confinio" befindet. Auch die Ursache des Streites ist leicht zu vermuten, der Nachbar befürchtete offenbar eine — in der Grenzklage zu unterbindende — usucapio des confinium in dem Fall, daß der andere den Graben an seiner Seite zu säubern versuchte. — Offenbar dringt die actio aquae pluviae arcendae gegenüber jener Vorschrift durch. (Das zeigt auch der Zusammenhang des Paulusexcerptes: 2, 1 erwähnt einen anderen Fall, in dem diese Klage gleichfalls sich durchsetzt, es folgt 2, 2 diese Ansicht mit einem einleitenden „praeterea si", während in 2, 3 mit „Cassius autem scribit" die Ansicht angefügt wird, in der die Klage keinen Erfolg hat.) Der Text ist also nicht sinnentstellend verkürzt worden, wie es das Einschiebsel Mommsens ergeben würde, sondern Paulus hat sich lediglich knapp gefaßt. Gemeint ist offenbar dies: ... posse te magis (actione) aquae pluviae arcendae (quam ille finium regundorum) Labeo ait. — Nicht auszuschließen ist allerdings auch, daß der Text erst später (ein wenig ungeschickt, da man das ursprünglich Gemeinte noch leicht erraten kann) verkürzt worden ist, weil das Usucapionsverbot des confinium 385 n. Chr. aufgehoben wurde, (vgl. dazu unten p. 215) man es somit hier im Zusammenhang mit der Grenzklage nicht erwähnt sehen wollte.

[38] Die drei in den XII Tafeln begründeten Klagen „arborum furtim acaesarum", „aquae pluviae arcendae" und „finium regundorum" erwähnt Paulus D. 47, 7, 5, 2 (9 ad. Sab.) gemeinsam mit dem Hinweis, daß sie auch im ager vectigalis möglich seien. Das bedeutete, in den Provinzen. Alle drei Klagen sind solche „in personam" und deshalb frei von der Rücksicht auf die Rechtsqualität des betroffenen Landes. — Die Zusammenstellung zeigt aber vielleicht auch, daß man die Kombination des Edikts nicht als die allein sinnvolle oder als die ursprüngliche ansah.

[39] Cicero, top. 9, 39. 10, 43.

3. DAS VERFAHREN

a) Die Regelung der XII Tafeln

Man kann nicht daran zweifeln, daß sich im Gesetz über das bei dieser actio einzuschlagende Verfahren Bestimmungen befunden haben. Cicero sagt: „controversia est nata de finibus, in qua, quoniam usus capionem XII tabulae intra quinque pedes esse noluerunt, non lege Mamilia singuli, sed *e XII tabulis tres arbitri* fines regemus" (de legibus I, 55). Nach der weithin herrschenden Meinung hat das XII-Tafelgesetz für die Grenzscheidungsklage die legis actio per iudicis arbitrive postulationem vorgesehen. Für diese Meinung gibt es keinen direkten Beleg, sie beruht allein auf Rückschlüssen. Insgesamt scheinen drei Überlegungen sie zu unterstützen und zu begründen:

a) Die Klage selbst beruht auf dem XII-Tafelgesetz, welches ebenso die legis actio per iudicis arbitrive postulationem einführte. Da das Gesetz für die Grenzklage arbitri vorsah, kann als wahrscheinlich gelten, daß die neue legis actio auch für sie geschaffen wurde.

b) Gaius, Inst. 4, 17a sagt, daß die XII Tafeln diese neue legis actio für ein agere ex stipulatu und für die Klage „familiae herciscundae" vorsahen. Dieser wurde bald durch die lex Licinia die verwandte „de dommuni dividundo" an die Seite gestellt. Die klassische Jursprudenz und das Edictum perpetuum verbinden die Teilungsklagen und die Klage finium regundorum eng miteinander. Es kommt also noch die inhaltliche Verwandtschaft mit den Klagen hinzu, für die die neue legis actio ganz gewiß galt.

c) Das dritte Argument beruht auf einer allgemeineren rechtspolitischen Reflexion. In den späteren juristischen Quellen tritt uns in der Grenzscheidungsklage ein arbiter oder iudex entgegen, der — ebenso wie der iudex der Teilungsklagen — Adiudicationsurteile fällt, die unter Umständen auch mit einer Geldkondemnation verbunden sein können. Ist dies Recht des Grenzscheidungsrichters aber ursprünglich und alt, so benötigt dieser geradezu die höhere Legitimation durch einen Magistrat, in dessen Auftrag er handelt, um Urteile fällen zu können, die wirksam und durch Autorität gestützt sind. Auch dieser Umstand spricht für die Annahme einer postulatio arbitri beim Praetor in den Grenzscheidungsklagen[40].

Das Netz dieser drei Argumente scheint zunächst dicht zu sein. Deshalb hat man diese Ansicht auch nur selten grundsätzlich bestritten und sie anscheinend nie durch eine andere Erklärung ersetzt. Gelegentlich und mehr en passant geäußerte Bedenken fußten auf zwei Anhaltspunkten: Erstens forderten die XII Tafeln nach den — eingangs zitierten — Worten Ciceros für die Grenzklage die Bestellung von

[40] Die beiden ersten Argumente sind im allgemeinen bereits als ausreichend betrachtet worden. Sie werden angeführt von: Rudorff, Röm. Rechtsgesch. II, § 22, 81 f. Bethmann, Hollweg, Civilprozeß I, 63 f. Rein, Privatrecht und Civilprozeß der Römer, Leipzig 1858, 868 ff. Arangio-Ruiz, Bulletino 32,8. Pugliese, processo civile Romano I, 173 f. Kaser, Röm. Ziv. Proz. 79, Anm. 12; 91 (mit weiterer Literatur) — Die dritte Überlegung hat vor allem Broggini, Iudex arbiterve 163 ff. 190 ff. und ähnlich noch in Regolamento, 248, angestellt.

drei arbitri, während die legis actio per iudicis arbitrive postulationem nur von einem arbiter spricht[41]. Hiergegen ist wiederum darauf hingewiesen worden, daß das Zwölftafelgesetz auch eine Dreizahl der arbitri im arbitrium litis aestimandae im Fall des Vorwurfs der vindiciae falsae kennt[42]. Zweitens hat nach einer Angabe Ciceros schon dies alte Gesetz Streitigkeiten zwischen den Nachbarn nicht als eigentliche „lites", sondern nur als „iurgia" bezeichnet. „iurgare lex putat inter se vicinos, non litigare" sagt Cicero[43]. Demnach wäre es bei diesen Streitigkeiten gar nicht bis zu einer formellen litis contestatio gekommen. Dagegen hat man wiederum — wie sich gleich zeigen wird, allerdings kaum zu recht — eingewendet, dies sei nur die wenig erhebliche Ansicht einer einzigen außerjuristischen Quelle, die nicht zur Annahme eines besonderen Verfahrens hinreiche[44].

Betrachten wir die Argumente der herrschenden Meinung insgesamt, so zeigt sich als ihr Kern die Annahme einer Verwandtschaft der Grenzscheidungsklage mit den Teilungsklagen. Nun ist auch diese nicht unbestritten. Berger betont am Beginn seiner Monographie der actiones divisoriae zu recht, daß Unterschiede zur actio finium regundorum bestehen[45], und Arangio-Ruiz hat versucht, diesen Unterschied hinsichtlich der den Teilungsklagen eigentümlichen „adiudicatio" so zu formulieren, daß diese konstitutive, die adiudicatio der Grenzscheidungsklage dagegen nur deklaratorische Bedeutung gehabt habe[46]. Hinzu kommt der oben besprochene Umstand[47], daß die Grenzscheidungsklage in den Zwöf Tafeln in eine ganze Gruppe nachbarrechtlicher Regelungen hineingehört, was einer ursprünglichen Verwandtschaft mit den Teilungsklagen gleichfalls nicht entspricht. — Es empfiehlt sich also, diese Analogie zunächst einmal aus dem Spiel zu lassen. Das Problem ihrer Entstehung und Auswirkung wird später zu besprechen sein. Es bleibt dann aber die Frage nach dem Verfahren bestehen, das das Zwölftafelgesetz für die Grenzscheidungsklage einführte.

Was die begriffliche Unterscheidung betrifft, so steht die Bemerkung Ciceros „iurgare lex putat inter se vicinos, non litigare" keineswegs vereinzelt da. Horaz

[41] So Levy, ZSSR 54, 1934, 298. Ebenso Wlassak, ZSSR 28, 218, Anm. 2 „ein lege agere per arbitrorum postulationem kennt Gaius nicht", doch hält er andrerseits in RE 2, 410 für die Grenzscheidungsklage die l. a. per iudicis arbitrive postulationem für erforderlich. Luzzatto, La procedura civile Romana, Bologna 1945, 131 f. ist gleichfalls kritisch.

[42] So Pugliese, Il processo civile Romano I, 172 ff. Kaser, IURA 13, 19622, 22; ZPR 42, 12. 79, 12. Broggini, Reg. 248.

[43] So im vierten Buch „de re publica" (8) nach einem Zitat von Nonius Marcellus 292. ebd.: „si iurgant" inquit „benevolorum concertatio, non lis inimicorum, iurgium dicitur." Auf diesen Einwand weist hin Krüger, ZSSR 58, 1938, 14.

[44] G. Jahr, Litis contestatio, 1960, 19. Kaser, ZPR 43, Anm. 22. Vergl. dagegen die Bedenken bei Pugliese, 176 ff. der die Ansicht vertritt, ursprünglich seien arbitri für iurgia, iudices für lites eingesetzt worden. Ähnlich schon Rudorff Grom. Inst. 426 ff.

[45] Berger, Zur Entwicklungsgeschichte der Teilungsklagen, 1, Anm. 1.

[46] Bull. 32, 1922, 5 ff. vor allem p. 9. Ebenso schon knapp Beseler, Beiträge 4, 125. Dagegen Broggini, Reg. 249 f.

[47] Vergl. oben p. 172 ff.

spricht an zwei Stellen von Grenzstreitigkeiten wie von bloßen „iurgia finis"[48]. Das Wort „iurgare" ist etymologisch betrachtet eine Ableitung mit der ursprünglichen Bedeutung „iure agere" und als solche gewiß alt[49]. Schon Plautus verwendet die Worte „iurgium" „iurgare" „obiurgare" usw. in zwei Bedeutungen: iurgium kann den bloßen unverbindlichen Wortstreit, kann aber auch eine tatsächliche einfache Auseinandersetzung um das Recht — im Unterschied zur an Formeln gebundenen lis — meinen. Die erste Bedeutung ist später die häufigere, die zweite dagegen nicht nur aus etymologischen Gründen gewiß die ursprüngliche. Bei feriae und Festtagen wurde seit alter Zeit das „litibus et iurgiis se abstinere" feierlich verkündet[50], was sich kaum auf den bloßen Wortstreit bezogen haben kann, und noch Seneca sagt: „familiare iurgium non iudicem sed arbitrum quaerit"[51]. Mag auch diese Unterscheidung der Kompetenzen für das Recht der Republik nicht ganz zutreffend sein, ein Beleg für die technische, spezifische Bedeutung des Begriffs „iurgium" ist der Satz gleichwohl. In der Beamten- und Richterhierarchie des nachklassischen Rechts griff man also nur alte Differenzierungen auf (und schuf keine ganz neuen), wenn man z. B. einfache iurgia finalia (innerhalb des 5 Fuß breiten Grenzstreifens) dem arbiter, größere Grenzkontroversen „de loco" aber den iudices überließ[52], oder wenn man z. B. die Appellationsfristen für Urteile der iudices von denen abgrenzte, die arbitri in einem „iurgium" fällten[53]. Man darf also davon ausgehen, daß der von den Zwölf Tafeln verwendete Begriff „iurgium" mit Bezug auf den Grenzstreit unter Nachbarn ein besonderes, von der lis unterschiedenes Verfahren meinte.

Sieht man die aus der Republik und aus der frühen Kaiserzeit konkret überlieferten oder genauer erwähnten Streitfälle „finium regundorum" durch, so ist es allerdings auffällig, daß die große Mehrzahl von ihnen in einem privaten Schiedsgericht beigelegt wurde. Das Verfahren ist dabei dreimal mit Sicherheit das „arbitrium ex compromisso" gewesen, in den anderen Fällen liegt es zum mindesten sehr nahe, das gleiche zu vermuten. — So entscheidet im Schiedspruch von Historium (zweite Hälfte des ersten nachchristlichen Jahrhunderts) der angesehene C. Helvidius Priscus einen Grenzstreit als arbiter ex compromisso, vereidigt und — wie es

[48] Ep. II, 1, 38: „excludat iurgia finis" Ep. II, 2, 170 f. „populus adsita certis limitibus vicina refugit iurgia."

[49] Die alte Ableitung erwähnt schon Varro, l. L. 7, 93. Ähnlich auch Festus P. 103. — Wie bei den späteren Komposita zu agere in der konsonantischen Konjugation stand ursprünglich ein „i" an der Stelle des „a" in der Stammsilbe des Simplex: „iurigare" oder „obiurigare" (Belegt Plautus, Mercator, Argumentum 46; 1, 2, 9. — Ähnlich leitet sich purgare aus purigare her) Zur Sache Ritschl, Opuscula II, 426. Walde-Hofmann, Lat. etym. Wörterbuch, 3. A. 732 f.

Karlowa, Civ. Proz. 5 ff. hat die etymologische Erklärung des „iurgare" als ein „in iure agere" verstanden. Das ist bestritten worden, (Mitteis, Röm. Priv. Recht 31, Anm. 7 Weiß, RE 13, 729) und in der Tat engt diese Erklärung die Etymologie zu sehr ein. (Das modale Verständnis von „iure agere" ist weiter als das lokale.)

[50] Die alte Formel zitiert Cicero, de divin. I, 45, 102. Ebenso Liv. 5, 13. 38, 51. Dazu Rudorff, Grom. Inst. 424.

[51] fragm. p. 100. (ed. Niebuhr)

[52] CT 2, 26, 5. (392 v. Chr.)

[53] CT 11, 31, 9. (423 n. Chr.)

für dies Verfahren vorgeschrieben war — in Gegenwart beider Parteien[54]. Etwa in die gleiche Zeit fällt ein Grenzstreit, in dem die Parteien den späteren Kaiser Otho als arbiter bestellten[55]. Von einer controversia de finibus, die gleichfalls durch einen von den Parteien gewählten arbiter ex compromisso beigelegt wurde, spricht Q. Cervidius Scaevola[56]. Die neu gefundenen Tafeln von Herculaneum enthalten die ausführlichen Protokolle einer im arbitrium ex compromisso beigelegten controversia de fine[57]. Auch die in einer Inschrift erwähnte Termination, die aufgrund eines Schiedspruchs des späteren Kaisers Vespasian durchgeführt wurde, hat man wohl zu recht als ein arbitrium ex compromisso gedeutet[58]. Die von den Feldmessern genannten Fälle werden unten noch eingehender zu besprechen sein, doch sagt Frontin ausdrücklich, daß eine Anzahl der Kontroversen „de fine" durch Übereinkunft der Parteien, nicht aber durch Auslosung der Richter vor dem Magistrat beigelegt wurde[59]. Dies Verfahren gab es offenbar schon in früher Zeit: Sieht man von den vielen Erwähnungen des privaten arbiter ab, die sich in den plautinischen Komödien finden, eine Grenzklage allerdings nicht ausgesprochenerweise betreffen, so spricht doch bereits Terenz davon, daß die Nachbarn, „qui ambigunt de finibus", zur Entscheidung einen Dritten als arbiter bestellen[60]. Man darf als einigermaßen gesichert betrachten, daß das arbitrium ex compromisso seit früher Zeit in der Entscheidung von Grenzstreitigkeiten eine große Rolle gespielt hat.

Es war von dem Einwand die Rede, daß die Dreizahl der arbitri der alten Grenzklage schwer mit der legis actio per iudicis arbitrive postulationem in Einklang zu bringen ist. — Dies Bedenken ist deswegen zulässig, weil Cicero die Einsetzung von drei arbitri als ein zu seiner Zeit durchaus mögliches Verfahren betrachtet, als an die Stelle des Legisaktionenverfahrens längst die praetorische Formel getreten war, die gewiß nur einen iudex oder arbiter kannte[61]. — Beim arbitrium ex compromisso stellt dagegen die Entscheidung durch drei arbitri ein mögliches und in den Quellen mehrfach besprochenes Verfahren dar[62]. Auch dieser

[54] CIL IX, 2827 (= Dessau 5982, FIRA, Negotia, Nr. 164). Wahrscheinlich handelt es sich bei dem arbiter C. Helvidius Priscus um die mutige Persönlichkeit des Dreikaiserjahres, die unter Vespasian verurteilt wurde. (Vergl. die eindrucksvolle Würdigung bei Tacitus, Hist. 4, 5.) Nicht ganz unmöglich ist, daß der Sohn gemeint ist, der dem Domitian zum Opfer fiel. (Vergl. Belege unter PIR, H, 59 und 60.) Vermutlich ist das relativ unwichtige Urteil zu Ehren des Richters in Histonium in einer steinernen Inschrift festgehalten worden.

[55] Tac. Hist. I, 24 = Sueton, Otho 4.

[56] D. 4, 8, 44. (Scaevola 2 Dig.)

[57] V. Arangio-Ruiz-G. Pugliese Caratelli, in Parola del Passato 10, 1955, 448 ff. LXXVI—LXXIX.

[58] CIL VI, 1268: „Hi termini XIX positi sunt ab Scriboniano et Pisone Frugi ex depalatione T. Flavi Vespasiani arbitri". Als arbitrium ex compromisso verstanden von De Ruggiero, Diz, epigr. I, 615.

[59] Frontin La. 38. Zur Stelle unten p. 185.

[60] Terenz, Hauton timorumenos 497 ff. (III, 1, 88 ff.): Simus et Crito vicini nostri hic ambigunt de finibus, me cepere arbitrum.

[61] Zum Verschwinden der drei arbitri im Formularprozeß: Pugliese 173.

[62] Vergl. im Digestentitel 4, 8 z. B. 17, 2—7 (Ulpian 13 ed.) 18 (Pomponius 17 epist.) 27, 3. 32, 13. (Paulus 13 ed.) Dazu Carl Weizsäcker, Das römische Schiedsrichteramt, Tübingen 1879, 10 ff.

Umstand dürfte dafür sprechen, im arbitrium ex compromisso die Verfahrensform zu sehen, die das Zwölftafelgesetz für den Grenzstreit vorsah[63], wenn man in ihm auch später dem Formularverfahren folgend oft nur einen arbiter berief.

Hinzu kommen die bekannten strukturellen Berührungspunkte des arbitrium ex compromisso mit der alten legis actio sacramento. Gewiß sind beide Verfahrensformen in der Durchführung sehr unterschiedlich; Die Spruchformeln, der Verfall des „sacramentum" an die Tempelkasse, das „manus conserere", — diese Elemente fehlen jedenfalls im uns bekannten arbitrium ex compromisso[64]. Jedoch wurde die vom arbiter gefällte Entscheidung nur als gültig betrachtet, wenn eine bestimmte Strafsumme von beiden Parteien für den Fall stipuliert worden war, daß eine von ihnen sich dem Urteil des Schiedsrichters nicht fügen sollte[65]. Es ist nicht ausgeschlossen, daß die Parteien in manchen Fällen stattdessen eine bestimmte Summe oder Sache bei einem sequester deponierten[66]. Beides erinnert an die legis actio sacramento: an die Einschätzung des Streitwertes bei der Streitbefestigung und an die Deponierung des sacramentum.

Am einfachsten läßt sich das a.e.c. als eine Methode verstehen, dem einfachen Mann die Prozeßführung zu erleichtern. Er mußte das sacramentum nicht vor Streitbeginn erlegen, das Versprechen der Strafsumme genügte. — Eine dem a.e.c. verwandte Neubildung liegt ferner in der sponsio et restipulatio tertiae partis der gleichfalls — gegenüber der l.a. sacramento — jüngeren l.a. per condictionem vor, bei der sich die Parteien für den Fall des Unterliegens wechselseitig ein Drittel der Schuldsumme versprechen. Auch hier haben wir es mit einer den Streit begründenden Stipulation zu tun, und auch hier fällt das Geld der obsiegenden Partei zu.[67]

Nach aller Wahrscheinlichkeit ist also das arbitrium ex compromisso in dieser Form nach dem Vorbild der legis actio sacramento gestaltet worden, nicht aber ist diese aus ihm entstanden.

Ein weiteres Argument: Die Zwölf Tafeln haben die l.a. per iudicis arbitrive postulationem auch für die Klage „ex stipulatu" eingeführt[68]. In dieser zweiten Klage liegt aber eben die Bedingung der Möglichkeit, auch das a.e.c. in seiner Verfahrensform auf das Gesetz zurückzuführen. Denn konstitutiv ist für das private Schiedsgericht nicht nur und nicht einmal in erster Linie die Einigung der Parteien über die Person des arbiter oder über den genauen Streitgegenstand gewesen, son-

[63] Die Mehrzahl der Richter ist gerade im alten Recht nicht ungewöhnlich. Man denke außer an die drei arbitri der vindiciae falsae — für die allerdings keine l. a. per iud. arb. ve post. zugrundelag — an die geringe ungerade Richterzahl im Recuperatorenverfahren.

[64] Zum Vergleich von litis contestatio und compromissum s. Weizsäcker, 70 ff.

[65] D. 4, 8, 11, 2. (Ulpian 13 ed.) Dazu D. 4, 8, 3, 2: ait praetor: „Qui arbitrium pecunia compromissa receperit", d. h. die pecunia compromissa ist die unabdingbare Voraussetzung für das gültige arbitrium, daß nach ihr seinen Namen hat.

[66] D. 4, 8, 11, 2. Dazu Rein, Privatrecht und Civilprozeß der Römer, 869. Weizsäcker 56. Rudorff, Röm. Rechtsg. II, 273, 11.

[67] Gaius 4, 13, Kaser, ZPR 81 f. Anm. 51.

[68] Gaius 4, 17 a „per iudicis postulationem agebatur, si qua de re ut ita ageretur lex iussisset sicuti XIItabularum de eo quod ex stipulatione petitur."

dern die poena compromissa[69]. Sie ist seit alter Zeit[70] die Vorbedingung für die Gültigkeit des Streitabschlusses. Fügte sich eine Partei dem Schiedsspruch nicht, so galt die poena als commissa, die andere Partei konnte sie „ex stipulatione" einklagen[71]. Die l.a. per iudicis arbitrive postulationem brauchte also nicht in jedem Fall eines Streites „de fine" angestrengt zu werden — was bei der relativen Bedeutungslosigkeit und Häufigkeit der Kontroverse auch wenig sinnvoll gewesen wäre —, sondern nur im Fall des Ungehorsams einer Partei. Sie diente also dazu, dem privaten arbitrium Durchschlagskraft zu verleihen, sie bestrafte seine Nichtbeachtung gewissermaßen auf höherer Ebene. So wurde bei dieser Klage auch nicht mehr die aequitas des Urteils überprüft, in Frage stand nur, ob die Stipulation erfolgt war und ob sich der Beklagte wirklich dem arbitrium widersetzt hatte. Er konnte höchstens einwenden, daß der Schiedsspruch wegen formaler oder inhaltlicher Mängel überhaupt als nichtig anzusehen sei[72].

Diese Erklärung dürfte in sich stimmig sein[73]. Sie macht verständlich, daß das Zwölftafelgesetz die Grenzstreitigkeiten als bloße iurgia betrachtete und sie durch eine dem Sakramentsverfahren nachgebildete, aber einfachere Prozedur von der umständlichen und fast rituellen legis actio unterschied, sie zeigt, wie sich das neu geschaffene Verfahren nur im Notfall, d. h. beim Ungehorsam einer Partei, mit der gleichfalls neu geschaffenen legis actio per iudicis arbitrive postulationem verband, und sie macht schließlich die vom Gesetz für dies Verfahren vorgeschriebene Dreizahl der arbitri plausibel. Auch die Verfahrensform der konkret überlieferten Grenzstreitigkeiten spricht für sie. Es kommen noch zwei allgemeinere Überlegungen hinzu.

Die erste betrifft die historischen Bedingungen und Folgen der neu geschaffenen Regelung: Mag der Ursprung des Zwölftafelgesetzes durch Legenden verdunkelt und im einzelnen gewiß in der Überlieferung verzeichnet worden sein, als sicher darf trotzdem gelten, daß es den Ständekämpfen entstammte und aus dem Widerstand gegen eine undurchsichtige patrizische, sakralrechtlich zementierte Judikation geboren wurde. Erwähnt sei nochmals die harte Strafe, die seit der Königszeit vielleicht nicht nur böswillige, sondern auch die fahrlässige oder arglose Entfernung eines Grenzsteines ahndete. In diesem Zusammenhang versteht man leicht,

[69] Vergl. Weizsäcker, 54: „Die Poenalversprechungen sind der feste Punkt, an den im klassischen römischen Recht sich die ganze Wirksamkeit des compromissarischen Verfahrens knüpft."

[70] Das zeigt die D. 4, 8, 3. 2, zitierte Stelle des Praetorischen Ediktes. (vergl. 183, A. 65).

[71] Dazu Paulus Sentenzen V,VA,1: „ex compromisso autem iudex sumptus rem iudicatam non facit; sed si poena inter eos promissum sit, poena — re in iudicium deducta — ex stipulatione peti potest."

[72] D. 4; 8, 31, 15—21. 4, 8, 27, 4. Dazu Rudorff, RRG II, 226 ff.

[73] Nach Broggini, Iudex arbiterve 125 f. legt der praetorische Judikationszwang für den compromissarischen arbiter die Annahme einer Entstehung des Verfahrens erst zur Zeit des Formularprozesses nahe. Die Folgerung ist m. E. nicht zwingend. Der Judicationszwang muß — im Gegensatz zur Strafstipulation — nicht als ein ursprüngliches Merkmal dieser Form des Prozessierens verstanden werden, er kann auch in einer späteren Epoche notwendig geworden sein, als die erwähnten Entstehungsgründe des Verfahrens weniger wirksam geworden waren.

daß für eine allgemeinere Auseinandersetzung „finium regundorum" den Nachbarn die Möglichkeit einer Verständigung im privaten Schiedsgericht gegeben wurde. Nun brauchte nicht mehr jede Grenzunsicherheit hart verfolgt zu werden. Deshalb hat man auch in der späteren actio finium regunderum an der Eigenart festgehalten, daß man — wie in den Teilungsklagen — nicht zwischen einem Kläger und einem Beklagten unterschied.

Ebenso wird man das an sich merkwürdige Usucapionsverbot für den fünf Fuß breiten Grenzstreifen erklären können, das auf jeden Fall ein Umpflügen der in der Mitte aufgestellten Termini verhindern mußte. Hatte jedoch ein Nachbar die Grenze absichtlich zerstört und widersetzte er sich der Berufung eines privaten arbitrium, so drohte ihm die viel gefährlichere Klage „de termino moto", die etwa wie ein verborgener Einlassungszwang gewirkt haben muß.

Das neue Verfahren stellte also in dreifacher Hinsicht eine Erleichterung für den einfachen Mann dar: Er brauchte das sacramentum nicht zu erlegen, es genügte das Versprechen der Strafsumme, ferner wurde ihm das formelle Verfahren, der Gang vor den Magistrat und das Urteil eines ihm fremden Richters erspart, und schließlich entging er auch der Gefahr, daß den patrizischen Beamten ein Tatbestand offiziell bekanntgemacht wurde, der auch dann, wenn Fahrlässigkeit oder Unkenntnis ihn verschuldet hatten, mit der härtesten sakralrechtlichen Strafe bedroht war. Es spielt das private arbitrium in der Zeit der Republik eine sehr wichtige Rolle, die Komödien des Plautus erwähnen den einfachen, nicht vom Praetor erbetenen oder gegebenen arbiter oft[74]. Bei ihm handelt es sich jedoch kaum um ein spätes Relikt aus gewissermaßen vorstaatlichen Urzuständen, wie es die bekannte Theorie Wlassak's meinte[75], viel wahrscheinlicher ist es, daß das private arbitrium eben in den Ständekämpfen und durch das Zwölf-Tafelgesetz freigesetzt und zugleich an die Gesetze gebunden wurde, die auch der einfache Mann kannte, ja, die er mitbeschlossen hatte. In der Klage finium regundorum reicht es bis in die Kaiserzeit hinein.

Die zweite Reflexion betrifft die Ursachen der Abgrenzung der controversia „de fine" von der „de loco". Sie war grundsätzlicher Art[76]. Das wird unten ausführlicher zu besprechen sein. (194) Trotzdem konnten die Kontroversen sich zum Verwechseln ähnlich erscheinen[77]. Der Unterschied bestand oft nur darin, daß die

[74] Vergl. vor allem die überaus interessante Debatte bei Plautus, Rudens 990—1046. Ferner Amphitruo 15 f. Truculentus 629. Casina 966. (Auch diese Stelle ist aufschlußreich: „accede huc modo, nunc ego tecum aequum arbitrum extra consilium (nicht considium!) captavero." D. h. er will einen arbiter nicht aus dem Kreis der auf der Bühne versammelten Personen, die er mit dem consilium des Magistrats vergleicht, er will vielmehr einen arbiter aequus suchen.)

[75] So z. B. in Anklage und Streitbefestigung im Kriminalrecht der Römer, 222. Der Judicationsbefehl der römischen Prozesse, 247 ff. (hier bereits mit der Einschränkung, das private Schiedsgericht könne eine Verbesserung des Legisaktionenverfahrens sein!) Weitere Stellen s. Wenger, Institutionen des röm. Ziv. p. R. 9 ff. 20 ff. 23, Anm. 13.

[76] Das zeigt vor allem der Satz Frontins: „materiae controversiarum sunt duae, finis et locus. Harum altruta continetur, quidquid ex agro disconvenit." 9,2. (La)

[77] Selbst die Feldmesser ließen sich bisweilen täuschen und behandelten eine controversia „de loco" fälschlich als eine Klage „finium regundorum." Vergl. Frontin 43, 19, (unten p. 189).

Parteien entweder eine kontradiktorische Grenzbehauptung aufstellten und damit einen Anspruch auf das zwischen diesen Grenzen liegende Grundstück erhoben oder bestritten, oder daß sie lediglich ein Urteil über den alten Grenzverlauf und dessen Restitution anstrebten. In beiden Fällen war das agrimensorische Gutachten über den ursprünglichen Grenzverlauf maßgeblich. — Gleichwohl hat man in Italien die Trennung zwischen beiden Kontroversen bis in die Kaiserzeit beachtet und sie anscheinend nur in den Provinzen zur quaestio finalis vereint[78]. Die wichtigste Ursache für das Zögern lag gewiß im Unterschied der Klagen selbst begründet — die eine war eine solche „in rem", die andere eine actio personalis. Vielleicht war es aber auch nicht unwichtig, daß bis in die Kaiserzeit hinein allein für die Grenzscheidungsklage ein gewissermaßen harmloseres und eleganteres Verfahren zur Verfügung stand: Die Grenzkontroverse „de loco" mußte als rei vindicatio vor dem Magistrat oder vor der Verwaltung ausgetragen werden, die Nachbarn traten als Prozeßgegner gegeneinander auf. Gewiß, auch in dem offiziellen Verfahren galten die Parteien einer Klage finium regundorum als gleichgestellt, doch vermied man selbst den Eindruck eines Streites beim privaten Schiedsgericht[79]. — Zudem bot diese Klagemöglichkeit eine Gelegenheit, auch hochgestellte Persönlichkeiten um ein Urteil in einem Streit zu bitten, für den im ordentlichen Verfahren die Gerichtsmagistrate des Ortes zuständig waren, der vielleicht außerdem klein und weit von Rom entfernt war[80]. Ein gewisser Stolz auf die Anwendung eines altrepublikanischen Verfahrens mag in Einzelfällen wie beim konservativen C. Helvidius Priscus hinzugekommen sein.

b) Die lex Mamilia

Eine Änderung ist vermutlich mit der lex Mamilia eingetreten. Wir kennen das Datum dieses von Cicero einmal und in den Schriften der Feldmesser häufig genannten Gesetzes[81] nicht, doch sprechen zwei Gründe für einen Ansatz ins zweite oder dritte vorchristliche Jahrhundert. Das Cognomen „Limetanus" tritt seit dieser Zeit bei den Mamilii auf, es leitet sich vom Legislator her, sein erster Träger ist im Jahre 110 Volkstribun, doch kann natürlich auch ein uns nicht bekannter Vorfahr das Gesetz beantragt haben. — Abgesehen davon, daß das Gesetz für die Grenzscheidungsklage die von den XII Tafeln vorgeschriebenen drei arbitri (offenbar fakultativ) durch einen ersetzte, bestand sein Inhalt darin, die Gültigkeit der alten

[78] Vergl. dazu ausführlicher unten p. 212 f.

[79] Frontin 38 (La.) „quod genus finitionis inter se convenientes potius quam iudices sortiti factum consignare malunt."

[80] Vergl. dazu die oben p. 181 f. erwähnten Fälle, in denen der angesehene C. Helvidius Priscus und die späteren Kaiser Otho und Vespasian als arbitri de fine regundo fungiert haben.

[81] Erwähnung der lex Mamilia: Cic. de legibus I, 55. Frontin, (La) 11,5 37,24 43,20 = 74. Siculis Flaccus 144, 18 (La) Hygin 169, 7. (La) Die sogenannte lex Mamilia Roscia (La 263 ff. — Bruns, Fontes 8, Nr. 15, 99 ff.) ist nicht mit der lex Mamilia identisch. (Vergl. dazu Historia 18, 1969, p. 521 ff.)

Vorschrift über die Breite des Grenzsaumes auch in den centuriierten und limitierten Gebieten einzuschärfen[82]. Demnach müßte das Gesetz also in die Zeit gehören, in der die Limitation sich auf dem ager Romanus ausbreitete oder ausgebreitet hatte.

Die Absicht des Gesetzes läßt sich leicht erschließen. Mit der Ausdehnung der Limitationen und der Landverteilungen über das Gebiet der Halbinsel — samt den dazugehörigen Enteignungen und Härten — wurde es namentlich für neue Siedler riskant, sich nur auf das Urteil eines privaten und lokalen arbitrium zu verlassen, zumal man bei ihm auch nicht unbedingt eine Kenntnis der Limitations- und Assignationstechnik oder eine richtige Interpretation der gesetzten Termini voraussetzen konnte. Vermutlich mußte der eine arbiter, den das Gesetz für die Grenzklage an die Stelle des alten dreiköpfigen arbitrium setzte, in Rom beim Praetor oder beim Jurisdictionspraefekten erbeten werden. Grundsätzlich war der Weg dafür durch die lex Aebutia frei geworden[83]. So befand sich seit der lex Mamilia die Klage finium regundorum im praetorischen Edikt; sie erhielt ihren Platz hinter[84] den Teilungsklagen, die vermutlichen Gründe und die Folgen dieser Einordnung werden unten noch zu erörtern sein. Die lex Mamilia hat aber anscheinend nicht das alte Verfahren ersetzt[85], sondern nur die Möglichkeit eröffnet, im Formularverfahren einen arbiter zu erbitten.

Man kann zusätzlich eine politische Erklärung des Gesetzes vorschlagen. C. Mamilius Limetanus war im Jahre 110 ein populärer Volkstribun: er brachte das Gesetz gegen die Freunde Jugurthas ein. — Es erscheint nicht als ausgeschlossen, daß er auch dies Gesetz zum weiteren Schutz der gracchischen Siedler beantragte, denen im Vorjahr in der großen lex agraria ihre Landlose als Eigentum zugesprochen und denen ein entsprechender praetorischer Rechtsschutz zugesichert worden war: ihn konnten die Siedler in Rom beantragen, er wurde nur im Jahre 111

[82] Hygin 169, 7: Linearii limites a quibusdam mensurae tantum disterminandae causa sunt constituti, et si finitimi interveniunt latitudinem *secundum legem Mamiliam accipiunt.* — D. h. im centuriierten Gebiet werden aufgrund der lex Mamilia die limites auf eine Breite von fünf Fuß gebracht, wenn sie zugleich Besitzgrenze sind (finitimi limites) andernfalls werden sie „mensurae disterminandae causa" nur angedeutet als „linearii limites". — Nicht zutreffend zu dieser Stelle m. E. Fabricius, SB d. Heidelb. Akad. d. W. Phil. hist. Kl. 1924, p. 10 f.

[83] So vermutete schon *Rudorff*, Z. f. g. R. X, 347, doch ist der gute Gedanke später nie wieder aufgegriffen worden. Damit erklärt es sich, daß es in Rom im Jahre 63 eine ganze Anzahl von „finitores" gab, die in den iudicia zugleich als Richter rätig waren. (Cicero, de lege agraria II,32. Zu dem Problem oben p. 89.

[84] Lenel hat sie im „Edictum perpetuum" nach der Ordnung der Digesten v o r den Teilungsklagen eingeordnet. Buckland, R. H. 15, 742 dd. hat dem überzeugend widersprochen: Der Codex Theodosianus, der Codex Justinianus und die zahlreichen Zitate, die diese drei Klagen gemeinsam erwähnen, stellen fast immer die Grenzklage ans Ende. (Inst. 4,6,20. 4,17,4—7. D.2,1,11,2. 5,1,13. 10,2,44,4. 10,2,48. 10,3,2,1. 11,2,1. 26,1,4 pr. anders 44,7,37,1.) Die für L e n e l entscheidende Stelle D. 10,2,56 (Paul. ed. 23) gibt keine Reihenfolge, hier wird nur die Klage finium regundorum näher kommentiert. (Das entsprechende Paulusexcerpt steht 10,1,4,2.) — Nicht zustimmend Broggini, Regolamento 249 f.

[85] Cicero, de legibus I,55, stellt das alte Verfahren der zwölf Tafeln und das „e lege Mamilia" als gleichberechtigt nebeneinander.

gewährt, vermutlich diente er den am Krieg beteiligten Soldaten (L. 15—17). Es würde also zur politischen Einstellung des C. Mamilius Limetanus ebenso wie in die Situation des Jahres 110 passen, wenn er beantragt hätte, den Siedlern auch in Zukunft den praetorischen Rechtsschutz zu gewähren und ihnen aus der Gefahr der Übervorteilung durch lokale Schiedsrichterkollegien einen Ausweg zu bieten[86].

c) Das Verfahren in der klassischen Zeit

So erklärte es sich, daß seitdem für die Grenzklage die jüngere und die ältere Verfahrensform nebeneinander bestehen: die Entscheidung konnte sowohl im Formularverfahren wie beim arbitrium ex compromisso gesucht werden. Wollte man aus der Zahl der überlieferten Fälle Schlüsse ziehen, so müßte man sogar annehmen, daß noch lange Zeit dem arbitrium ex compromisso der Vorzug gegeben wurde. Auch die zentrale Quellenstelle (Cicero, de legibus I, 55) haben wir so aufgefaßt, daß zur Zeit Ciceros sowohl nach dem in den XII Tafeln geregelten Verfahren drei compromissarische arbitri wie ein vom Praetor gegebener arbiter aufgrund der lex Mamilia entscheiden konnten.

Die Feldmesser wurden in der Kaiserzeit in der Klage finium regundorum, aber auch in der Grenzkontroverse „de loco" und in anderen Kontroversen sowohl als Gutachter wie als arbitri und iudices herangezogen. Frontin hält es deshalb für notwendig, in seine wohl vor allem für die freien, nicht im staatlichen Dienst stehenden Agrimensoren verfaßte Lehrschrift Bemerkungen über die Verpflichtungen eines gerechten arbiter und iudex oder eines advocatus aufzunehmen[87], und er diskutiert etwas eingehender das Verhältnis der controversiae agrorum zum Civilrecht[88]. Dies Problem stellte sich jedoch weniger bei der controversia de fine, die der alten Klage finium regundorum völlig entsprach[89]. Zwei seiner Bemerkungen über das Verfahren bei der Durchführung der Grenzklage erklären sich aus dem fakultativen Nebeneinander vom Formularverfahren und vom arbitrium ex compromisso.

Die erste Stelle ist allerdings bruchstückhaft und mit so vielen Fehlern überliefert, daß ihr Sinn am Anfang nicht mehr erschlossen werden kann: 38, 19. „. . . quotiens consentientibus angulis exploratus agrorum finis, ad modum rationis (rationes: B) accipit determinationem inlaeso utriusque solo; quod genus finitionis inter se convenientes potius quam iudices sortiti factum consignare malunt." Wel-

[86] Auch der sachliche Inhalt der lex Mamilia — Beachtung des Grenzstreifens auch in assignierten Gebieten — ist gewiß am ehesten als eine im Interesse der neuen Siedler erlassene Schutzmaßnahme zu verstehen.

[87] Frontin, 34 f. (La.).

[88] 37 ff. Die Entscheidung eines Verfahrens nach den civilrechtlichen Klagen nennt Frontin „litigare iure ordinario". Eine derartige Bemerkung fehlt bei der Behandlung der Grenzklage. Das bedeutet aber nicht, daß sie von einem besonderen (argrimensorischen) Gerichtshof entschieden wurde. (So Buckland 746 ff.) Die Erklärung liegt darin, daß die controversia „de fine" eo ipso mit der Klage finium regundorum identisch ist.

[89] Vergl. dazu Brugi, 217 ff. Ebenso Kaser, Symbolae Martino David I, 97.

ches Problem der Grenzkorrektur hier auch vorgelegen haben mag[90], jedenfalls ging man den prozessualen Weg mit der Erlosung von Richtern nicht gerne, da in diesem Fall kein Streit zugrundelag. Trotzdem gab es ein definitives Verfahren. („consignare malunt")

Bekannter und auch wesentlich deutlicher ist die zweite Stelle, Frontin 43, 19 ff.[91]: „De loco ... haberi ordinem legis Mamiliae excessum plurimum, praecipue in agris arcifiniis, sed nec minus in adsignatis. Cum enim modum loci nulla forma praescribit et controversia oritur, solent quidam per imprudentiam mensores arbitos conscribere aut sortiri iudices finium regundorum causa, quando in re praesenti plus quidem quam de fine regundo agatur. Sic fit, ut post sententia inrita sit et rescindi possit, quod aut iudex aut arbiter pronuntiaverint, neque ullum commissum faciat, qui sententiam non sit secutus, quando de alia re iudicem aut arbitrum sumpserint."

Obwohl auch hier der Anfang der Partie fehlt, ist doch der Sinnzusammenhang einigermaßen klar: Während in Wirklichkeit eine controversia de loco zugrundeliegt, haben die Parteien sie für eine controversia „de modo" gehalten, die in der Klage finium regundorum ausgetragen werden konnte[92]. Frontin sieht für ihre Durchführung zwei Möglichkeiten, „conscribere arbitros aut sortiri iudices". Die zweite betrifft die übliche Richterauslosung, die erste aber wird man auf das arbitrium ex compromisso beziehen müssen, nicht aber auf gleichfalls vom Magistrat gegebenen arbitri. Denn einmal ist der Ausdruck „conscribere arbitros" so am besten zu verstehen in seinem Gegensatz zur sortitio iudicum. Er betrifft die Einigung der beiden am Schiedsgericht beteiligten Parteien auf einen oder mehrere Schiedsrichter, die also gemeinsam die arbitri „aufschreiben". „conscribere arbitros" hätte also eine dem „milites conscribere" verwandte Bedeutung[93]. Dagegen wäre schwer zu erklären, wie man sich eine conscriptio iudicum vor dem Gerichtsmagistrat vorzustellen hätte. — Ferner klärt sich so der eigenartige Umstand auf, daß es in derselben Sache zweimal ein Urteil geben konnte („sententia inrita ... rescindi potest"). Darüber ist bereits gerätselt worden[94]. An sich stand dem zweiten Urteil natürlich die exceptio rei iudicatae entgegen. Im arbitrium ex compro-

[90] Eine äußerst hypothetische Erklärung mag hier immerhin versucht werden: Es scheint, daß man es hier mit einem „ager per extremitatem comprehensus" zu tun hat, denn die Winkel bei den Begrenzungen stimmen (mit den auf der forma verzeichneten Größen?) überein. Vermutlich wurde nach einer Berechnung des modus (ad modum rationes accipit) die determinatio hergestellt, wobei man möglichst den alten Besitzstand respektierte. (inlaeso utriusque solo) — So würde der an sich ganz fehlerhaft tradierte Satz noch einen gewissen Sinn bekommen: modus und Winkel waren mit den Angaben der Forma in Übereinstimmung zu bringen.

[91] Vergl. dazu Broggini, Iudex arbiterve 167, Anm. 23. (die dort zitierte Literatur). Dazu noch Girard, Manuel, 8. A. 672 Anm. 3.

[92] Vergl. dazu p. 96 f. Ebenso zu der Stelle Kaser, Symb. 100, Anm. 2.

[93] Anders Behrends, Geschworeneverfassung, 50, Anm. 16. Schon Rudorff, 375 bezieht diese conscriptio arbitrorum auf die arbitri ex compromisso.

[94] Buckland, RHD 15, 1936, 749 f. nahm aufgrund dieser Stelle an, es habe einen besonderen agrimensorischen Spezialgerichtshof gegeben, dessen Urteil für ein zweites Verfahren iure ordinario nicht bindend gewesen wäre. Dagegen Broggini, Reg. 250, Anm. 6. —

misso aber konnte diese nicht gelten[95]. Da die Schuld beim arbiter lag, der die falsche Klassifizierung des Streites nicht als solche erkannt hatte, konnte man sogar ohne Verfall der Strafsumme über sein Urteil hinweggehen.

d) Das Verfahren in der Spätantike

Dem Kognitionsverfahren ist in der Grenzscheidungsklage anscheinend das arbitrium ex compromisso zum Opfer gefallen[96]. Jedenfalls deutet nichts darauf hin, daß in Grenzstreitigkeiten der Spätzeit noch ein privater arbiter berufen worden ist. Hierfür gibt es zwei Erklärungen. Nachdem die Richter in die Beamtenhierarchie der Provinzen eingegliedert waren und sich in der Rechtsprechung selbst der Instanzenweg durchsetzte, fand man unabhängige Persönlichkeiten als Richter entweder überhaupt nicht oder nur zu ganz unangemessenen Kosten. Auch Privatleute mit agrimensorischen Kenntnissen gehörten der Vergangenheit an[97]. Wesentlicher noch ist es, daß sich die in der klassischen Zeit schon aufgetretene einfachere Klassifizierung der Grenzkontroversen — Kontroversen, die über einen Grenzsaum von 5 Fuß hinausgehen, gelten als Klagen „de loco", die kleineren als solche „de fine" — nun vollends durchsetzte[98]. Damit hängt es letztlich auch zusammen, daß in Grenzstreitigkeiten jetzt — im Widerspruch zur klassischen Lehre — zwischen dem Kläger und dem Beklagten unterschieden wird[99]. Diese Unterscheidung ist kaum noch zu vereinbaren mit dem Wesen des alten arbitrium ex compromisso, zu dem vor allem eine vor dem Streit stattfindende Einigung der Parteien über arbiter und Streitwert gehört, also ein gewisses Kompromiß in des Wortes moderner und übertragener Bedeutung.

Jene einfache Klassifizierung hat Konstantin in einer Konstitution des Jahres 331 festgelegt[100]. „Si finalis controversia fuerit, tum demum arbiter non negetur, cum intra quinque pedes locum, de quo agitur apud praesidem, esse constiterit. Cum de maiore spatio causa, quoniam non finalis sed proprietatis est, apud ipsum praesidem debet terminari." Eine spätere Konstitution Theodosius I. stellte die urgia finalia, soweit sie innerhalb des Grenzsaumes lagen, gleichfalls in die Kompetenz der arbitri, die größeren controversiae de loco in die der iudices[101]. Die Stufung entspricht der Richterhierarchie, an deren unterer Stelle die arbitri rangieren[102]. Diese arbitri müssen eben die Mensoren gewesen sein, die im Fall jener größeren

[95] Paul. Sent. 5, 5A, 1 ex compromisso autem iudex sumptus rem iudicatam non facit. —

[96] Es gab den formalen Rahmen ab, um die jüdische Gerichtsbarkeit zu erfassen. CT II, 1, 10.

[97] Mommsen, CIL VIII, p. 1337. Dazu Kapitel VIII, 168 f.

[98] Vergl. die unten im Text zitierte Stelle CT 2, 26, 3. (331 n. Chr.) Dazu CT 2, 65, 5. (392 n. Chr.)

[99] So z. B. CJ 3, 39, 4: „qui finalem detulerit quaestionem" Ebenso CJ 3, 39, 3 (CT 2, 26, 1). Zur klassischen Lehre vergl. unten p. 206, A. 175.

[100] CT 2, 26, 3.

[101] CT 2, 26, 5 (finalia iurgia — si loca in controversiam veniant).

[102] Das zeigen die Appellationsfristen, die sich danach unterscheiden, ob ein arbiter ein

controversia de loco vom iudex oder von einem noch höheren Beamten an den Streitort geschickt werden konnten[103].

Eine weitere Neuerung besteht darin, daß der Grundsatz aufgegeben wird, beide Parteien hätten bei der Klärung der Grenzverwirrung anwesend zu sein[104]. Bei der veränderten Rollenverteilung des spätklassischen Prozesses hieß das, daß der Beklagte die Fixierung der neuen Grenze auch durch sein Fernbleiben nicht verhindern konnte[105].

Wie Justinian schließlich die Vollmacht des in einer Grenzklage entscheidenden Richters ausdehnte, wird bei der Besprechung des Inhaltes der Grenzklage zu erörtern sein.

4. DER GEGENSTAND DER GRENZKLAGE IN DER KLASSISCHEN ZEIT

a) Die actio finium regundorum

Im Civilrecht hat die Grenzscheidungsklage ihren Platz wie gesagt neben dem Delikt der böswilligen Grenzzerstörung („de termino moto“) und der rei vindicatio eines bestimmten Grundstücks, das natürlich auch lediglich ein umstrittener längs der Flurgrenze verlaufender Streifen sein kann. Das Nebeneinander dieser drei Klagemöglichkeiten erhält sich in der ganzen klassischen Zeit.

Das älteste Zeugnis liegt in der mehrfach erwähnten Cicerostelle vor (de legibus I, 55). Nach ihr bestand die Aufgabe der arbitri darin, die alten Grenzen wieder aufzuspüren und ihre Gültigkeit einzuschärfen:

„Quamnam igitur sententiam dicimus?“
„Requiri placere terminos, quos Socrates pegerit, iisque parere“
„praeclare iam nunc a te verba usurpantur civilis iuris ac legum“. —

Die Sententia wird sich ferner auf die Lage des 5 Fuß breiten Grenzsaumes bezogen haben:

„quoniam XII tabulae ususcapionem intra quinque pedes esse noluerunt“.

Das Urteil des arbiter in einer Grenzklage bezog sich also auf die Lage der alten Grenze und auf deren Wiederherstellung, von einer adiudicatio aber verlautet nichts.

Dasselbe ergibt der ausführliche Schiedspruch von Histonium. Hier beschränkt sich der arbiter ex compromisso — C. Helvidius Priscus — darauf, die etwa fünf-

iurgium beigelegt oder ob ein iudex ein Urteil gefällt hat. (CT 11, 31, 9. 423 n. Chr.) — Ähnlich CJ 7, 70, 1. Dazu Kaser RZP 439, A. 5.

103 CT 2, 26, 1 (330 v. Chr.) ist von einem „agrimensor electus“ die Rede, der in einer controversia „de loco“ „dirigatur ad loca“ zum Zweck einer „fidelis(finalis?) inspectio“) Unklar bleibt, ob der Prozeßherr — was wahrscheinlicher — oder ob die Parteien ihn ausgewählt haben.

104 So war es beim arbitrium ex compromisso vorgeschrieben. (Vergl. D. 4,8,21,8—11) Der Schiedspruch von Histonium (CIL IX,2827) erwähnt ausdrücklich die Anwesenheit beider Parteien beim Verkünden der sententia.

105 CJ 3, 39, 3 und die ausführliche Fassung in CT 2,26,1.

zig Jahre früher gleichfalls aus dem Anlaß einer Grenzklage festgelegte Termination für eine neue Grenzziehung zugrundezulegen. Er richtet sich nach dem Befund im Gelände und nach den Angaben, die in einem „libellus" anläßlich der ersten Termination niedergeschrieben wurden. Die Meinungsverschiedenheit zwischen den Parteien ließ sich auf die Frage zurückführen, ob ein Graben, der ein Stück weit neben der zwischen zwei Parzellen gezogenen Grenze verlief, ursprünglich als Grenzgraben angelegt worden war oder nicht[106]. Der Abstand zur Grenze, der im Schiedspruch festgelegt wurde, überstieg die Breite von fünf Fuß, es war also ein Grenzstreit extra quinque pedes. — Aber die Intention der Parteien und des Richters galt auch gar nicht einem bestimmten Landstreifen, sondern ausgesprochenerweise der Restitution der alten Grenze, so, wie sie bei der letzten Termination festgelegt worden war.

Die wichtigsten und besten Angaben über den Gegenstand der Grenzscheidungsklage liefern uns die Schriften der römischen Feldmesser. — Sie teilen bekanntlich die controversiae agrorum, von denen Frontin 15, Hygin 6 aufzählt[107], grundsätzlich in zwei Gattungen ein: in solche „de fine" und in solche „de loco"[108]. Diese Aufteilung entspricht den Klagemöglichkeiten des alten Civilrechtes: der actio finium regundorum bzw. den Besitzinterdikten oder Vindicationen[109].

Bei der eigentlichen Klage finium regundorum ließen sich wiederum zwei Formen unterscheiden: Die Nachbarn konnten sich über die genaue Lage der mittleren Grenzlinie innerhalb des 5 Fuß breiten Streifens streiten. „de rigore est controversia, quotiens intra V pedes agitur"[110]. — Wichtiger waren in der Kaiserzeit die Fälle, in denen zwischen den Nachbarn überhaupt Unklarheit über den Verlauf der Grenze bestand; er konnte durchaus über den Streifen von fünf Fuß hinaus in Frage stehen. Solange die Nachbarn nur um ein Urteil zur Wiederherstellung der alten Grenze baten, galt auch diese Kontroverse als eine solche „finium regundorum". Die oben erwähnten Fälle[111] zeigen deutlich, daß man gerade für Auseinandersetzungen dieser Art gerne das arbitrium ex compromisso wählte. Hier sah sich der als arbiter berufene Feldmesser oft vor schwierige Aufgaben gestellt[112], die von ihm ebenso die Beherrschung seiner Technik wie auch ein gewisses lokalhistori-

[106] Schiedspruch von Histonium CIL IX, 2827 = FIRA, Negotia 164. Derartige Auseinandersetzungen kamen häufiger vor. Sowohl Siculus Flaccus (148, 12 ff. La) wie Hygin (128 La.) erwähnen ähnlich gelagerte Fälle. Dazu Mommsen im Kommentar zu der Inschrift.

[107] Die genera controversiarum sind dargestellt von Frontin 37—58 (La) und von Hygin 123—134. (La)

[108] Frontin 9. 37, 9. (La.)

[109] „de fine" = „finium regundorum" (Frontin 43, 19. La.) „de loco" = rei vindicatio bzw. Besitzinterdikte (Frontin 44, 4. La.)

[110] Frontin 11, 3: de fine similis est controversia . . . et de V pedum agitur latitudine.

[111] So der Schiedspruch von Histonium oder die Grenzbereinigung, von der Frontin (38, 18) sagt: quod genus finitionis se convenientes potius quam iudices sortiti factum consignare malunt.

[112] Frontin (38 La.) zur controversia „de fine": . . . quotiens loci de quo agitur specialia argumenta nulla existant neque ullum finitimae similitudinis monumentum, sed tantum aboliti finis querella exponitur.

sches Feingefühl verlangten. Jedes Gebiet kannte seine eigenen, sich oft noch gegenseitig überlagernden Landbegrenzungen, die nicht nur im ager arcifinius stets gültig geblieben waren, sondern sich auch in den agri divisi et assignati häufig wieder durchgesetzt hatten[113]. Auch im vectigalpflichtigen Land — also vor allem in den Provinzen — konnte in der Kaiserzeit nach der Ansicht der Feldmesser und der klassischen Juristen die Grenzklage ausgetragen werden[114].

Die justinianischen Quellen heben zwei Eigenarten der Grenzklage hervor, die dem klassischen Recht offenbar fremd sind: Das Recht des Richters, anstelle einer alten, vielleicht umständlich verlaufenden Grenze eine ganz neue zu ziehen, und den ihm erteilten Auftrag zur adiudicatio, die auch zum Härteausgleich mit einer condemnatio verbunden sein konnte[115]. Nach den frühen Quellen besteht die Aufgabe des iudex oder des arbiter finium regundorum nur darin, die alte Grenze wieder herzustellen.

Eine besondere Rolle spielen dabei die Termini, die vom iudex aufgefunden oder neu gesetzt werden müssen[116]. Das gleiche Prinzip finden wir in den vielen Grenzregelungen zwischen den Gemeinden vor, die offenbar nach dem Vorbild der Klage f. r. inter privatos vorgenommen wurden[117]. Es erklärt sich gleichfalls aus der oben erörterten Eigenart der Klage finium regundorum, die ursprünglich vor allem bezweckte, die Klage „de termino moto" zu umgehen.

Es lassen sich also die folgenden Merkmale der Grenzklage beschreiben: Die Aufgabe des „finium regundorum" bestellten iudex oder arbiter bestand darin, die alte Grenze wieder aufzuspüren, zu bezeichnen, sie im Urteil zu beschreiben und vielleicht die Termini neu zu setzen. War dies nicht möglich, so *galt* die vom iudex bezeichnete oder beschriebene Grenze als *die alte.* Die Parteien waren gleichberechtigt, es gab keinen Kläger und keinen Beklagten, sie waren bei der Abnahme der Grenze anscheinend zur Anwesenheit verpflichtet[118]. Die Klage konnte in allen Gebieten geltend gemacht werden, in assignierten wie in solchen, in denen der Mensor sich nicht auf die Angaben der forma stützen konnte, (ager arcifinius) — im Privatland sowohl wie im ager vectigalis.

b) Das Verhältnis zur Grenzkontroverse de loco

Es ist zwischen der einfachen späteren Klassifizierung und der Eigenart des Gegensatzes in der Zeit des klassischen Rechtes zu unterscheiden. An sich betraf die

113 Siculus Flaccus 151,17 ff. Da die Kenntnis der lokalen Bräuche der arcifinalen Parzellenbegrenzung für den Mensor so wichtig war, hat Siculus Flaccus sie in aller Ausführlichkeit beschrieben. (138, 18—151, 16 La.)

114 Frontin 36 (La.) Ebenso Paulus D. 10, 1, 4, 9. (23 ed.) 47, 7, 5, 2. (9 ad Sabinum).

115 Inst. 4, 17, 6. Dazu 10, 1, 3. Vergl. zur Entstehung der adiudicatio unten p. 211 ff., 202 f.

116 Cicero, de legibus I, 55 „requirere terminos, quos Socrates pegerit, iisque parere." Im Schiedspruch von Historium (CIL IX, 2827) wird die Lage der neuen Termini beschrieben. Ebenso CIL VI, 1268.

117 Vergl. ausf. unten.

118 Die Gegenwart beider Parteien beim Urteilsspruch wird erwähnt: D. 4, 8, 44. Parola del Passalo 10, 1955, 449, LXXVI. FIRA III, 164,6. p. 509. Vergl. auch unten p. 200 ff.

„controversia de loco" die Feldmesser nicht, sofern ein Streit um Eigentums- oder Besitzrechte an einem umstrittenen Grundstück vorlag[119]. Dieser Streit konnte jedoch in einer der Grenzklage sehr verwandten Form auftreten, wenn die Nachbarn kontradiktorische Grenzbehauptungen aufstellten[120], die über den Grenzstreifen von fünf Fuß hinausgingen. Er betraf nun das Eigentum oder den Besitz des zwischen diesen Grenzen liegenden Grundstücks, aber das Urteil des Feldmessers über den ursprünglichen und richtigen Grenzverlauf entschied ihn. Der Feldmesser hatte also lediglich festzustellen, wessen Grenzbehauptung zutraf, nicht aber die Grenze selbst wieder neu zu errichten.

Diese besondere Bedeutung der Grenzkontroverse „de loco" zeigen drei Quellenstellen:

Frontin 13, 3. (La) „haec autem controversia frequenter in arcifiniis agris *variorum signorum demonstrationibus* exercetur, ut fossis fluminibus arboribus ante missis aut culturae discrimine." 44, 9 (La) erwähnt er ausdrücklich das Nebeneinander der rein juristischen Version der controversia de loco und derjenigen, die in kontroversen Grenzbehauptungen besteht: „iudicari praeterea, si locus de quo agitur aut terminis aut arboribus aut aliquo argumento finem agri declaret et a continuatione soli quasi quibusdam argumentis eximatur".

Auch Paulus hat an der Stelle D. 10, 1, 4, 5 n i c h t die Klage finium jegundorum, sondern diese Form der Grenzkontroverse „de loco" im Auge („locum de quo quaeritur"), von der er sagt, daß „magis fundo quam personis adiudicari fines intelleguntur". (vergl. dazu ausführlicher unten p. 209)

Der wesentliche Unterschied zwischen der (den Streifen von fünf Fuß überschreitenden) Klage finium regundorum und den verschiedenen Formen der controversia de loco liegt also in der Zeit des klassischen Rechtes in der Klageforderung der Parteien. Suchten sie nur, um der Klage „de termino moto" zu entgehen, um eine Bereinigung der Grenzunklarheit nach, so wählten sie die Klage finium regundorum. In der Klage „de loco" traten sie dagegen mit dem bestimmten Anspruch auf das durch die kontroversen Grenzen umschriebene Teilstück auf. Nur diese Klage war eine solche „in rem".

Da in der Klage finium regundorum kein Anspruch auf ein bestimmtes Gebiet erhoben, sondern nur um eine Grenzregulierung gebeten wurde, kann der iudex oder arbiter hier auch ursprünglich keine adiudicatio ausgesprochen haben. Die wesentliche Gemeinsamkeit mit den Teilungsklagen, denen ja die adiudicatio und die condemnatio eigentümlich sind, liegt nach dem Urteil der klassischen Juristen darin, daß es hier keinen Kläger und keinen Beklagten gibt[121]. In dieser Hinsicht

[119] „constabit tamen rem magis esse iuris quam nostri operis" Hygin 130, 1. — Einen Fall, in dem sich die Klage „de loco" an der Grenze derjenigen „de termino moto" bewegte, nennt Hygin 130, 12 ff. Verdächtig war für diese Klage ferner der Wechsel von einer Form der Begrenzung zu einer anderen. „novitas habet suspicionem" schärft Hygin dazu ein. (131, 3 ff.) Ebenso auch D. 47, 21, 3. 2.

[120] So ist die bekannte Stelle Frontin 43,22 zu verstehen, in der der Fall besprochen wird, daß irrtümlicherweise eine Klage „finium regundorum" gegeben wurde. „cum enim modum loci nulla forma praescribit et controversia oritur" — d. h. ein bestimmtes an der Grenze gelegenes Gebiet (locus) wird von beiden Parteien beansprucht.

[121] So D. 5, 1, 13 (= 10, 3, 2, 1) 10, 2, 44, 4. 44, 7, 37, 1. Dazu unten p. 206 A. 175.

sind die Parteien der a.f.r. den consortes verwandt. — Das Problem der Entstehung der adiudicatio in den Grenzklagen wird also gesondert zu behandeln sein.

c) *Das Verhältnis zur controversia de modo*

Hier handelt es sich nicht um die juristische Abgrenzung zu einer andern actio oder Klage des Civilrechtes, sondern um die Frage, inwieweit die Agrimensoren berechtigt waren oder beauftragt werden konnten, Grenzfragen durch die Aufmessung der umstrittenen Grundstücke und durch den Vergleich mit dem auf der forma verzeichneten modus zu entscheiden[122].

Sicher ist es, daß dies in einem bestimmten Fall zutraf: D 10, 1, 7. (Modestinus 11 *pand.)* „De modo agrorum arbitri dantur et is, qui maiorem locum in territorio habere dicitur, ceteris, qui minorem locum possident, integrum locum adsignare compellitur. idque ita rescriptum est."

Die Landlose mußten somit die gleiche Größe haben. Diese Voraussetzung traf nur bei den Veteranenansiedlungen zu[123]. Hier konnte sich der Anspruch allein auf ein Gebiet richten, dessen modus agri dem der benachbarten Parzellen entsprach, nicht aber auf ein berstimmtes Grundstück. Die rei vindicatio kam nicht in Betracht, die Klage war ein Streit „inter vicinos", sie wurde deshalb als eine solche finium regundorum angesehen. — Schon dieser Fall bereitete den Agrimensoren allerdings Schwierigkeiten. Bisweilen war in den Centurien nur der mehreren Soldaten insgesamt assignierte modus verzeichnet (wie es bei der Flurkarte von Orange der Fall ist), während doch bei der Assignation Landlose von verschiedener Größe ausgegeben worden waren — sei es, um im militärischen Rang höher gestellte Personen auszuzeichnen, sei es um Ungerechtigkeiten bei der Verteilung von unterschiedlichen Bodenqualitäten auszugleichen[124]. Während sich aber dies wohl an Ort und Stelle noch ausmachen ließ, war der Agrimensor hilflos, wenn die Veteranen von sich aus auf dem Tauschwege oder durch Verkäufe gegenseitig die Größe ihrer Landlose verändert und sie den Naturgrenzen angepaßt hatten[125]. Damit wurde es unmöglich, die Klage „finium regundorum" noch in der Form der „controversia de modo" auszutragen.

Nun darf man jedoch aus dem Modestinzitat nicht die Folgerung ziehen, daß die „controversia de modo" und die Klage „finium regundorum" gewissermaßen identisch gewesen seien. Abgesehen davon, daß jene juristisch heterogene Streitfragen betreffen konnte[126], so war es vor allem unmöglich, auf die forma allein und

[122] Vergl. oben p. 97 f.

[123] Frontin von der controversia „de modo": „agitur enim ut secundum acceptam eius veterani qui in illud solum deductus est modus restituatur." (45, 8.) — Ebendahin führt auch die Fundstelle: das elfte Buch der Pandekten Modestins handelte „de municipiis et coloniis" (Lenel, Palingenesia 725)

[124] Diesen Fall erörtert Siculus Flaccus 156, 4 ff.

[125] So hatte es Hygin in Samnium beobachtet. 131, 14 ff.

[126] Zur Paul. sent. 2, 17, 4 erwähnte actio „de modo agri" oben 95 ff. Kaser, Symbolae David I, 97 meint kaum zu recht, auch diese actio de modo agri sei in der Form der

auf ihre Modusangabe eine Grenzklage zu begründen, wenn seit der Assignation ein längerer Zeitraum vergangen war[127]. Die Flurkarte war nur ein Dokument der an einem bestimmten Datum vollzogenen Aufteilung oder Aufnahme, sie wurde in Stein gehauen, spätere Grenzänderungen aber wurden in ihr nicht mehr verzeichnet. Sie war kein Kataster[128] und wurde nicht wie dieser durch ständige Überprüfungen auf dem Stand der Dinge gehalten. Aus dem Grunde galt sie in späterer Zeit nicht mehr als ein einen Anspruch begründendes Dokument, wenn zwischen dem realen Flächeninhalt eines Grundstücks und dem auf der Flurkarte verzeichneten ein deutlicher und unerklärbarer Unterschied bestand. Da der Gerichtsherr in der Wahl der Formel frei war, versagte er auch in diesem Fall die Durchführung der Klage finium regundorum in der Form der controversia de modo, die iudices brauchten also nicht als „Mensoren" in Aktion zu treten: „solet iuris formula intervenire et inhibere mensores et alii controversiae concepta neque quietem tam longae possessionis inrepere"[129].

Eine besondere Ausweitung erfuhr die Grenzscheidungsklage in der Form der controversia de modo im Laufe der Kaiserzeit in einzelnen Provinzen. Hier waren genaue im Interesse der Grundsteuererhebung durchgeführte Bodenaufnahmen vorhanden, die in der Judikation teils steigende Bedeutung bekamen, teils — so in Aegypten — stets die Grundlage bei der Entscheidung von Grenzkontroversen abgegeben hatten. In diesen sogenannten quaestiones finales der Provinzen, in denen die amtlich aufgenommenen Flächenmaße der Grundstücke bei Grenzklagen erneut hergestellt wurden, ist nach meiner Meinung die adiudicatio der Grenzscheidungsrichter ausgebildet worden. Das wird unten ausführlicher zu erörtern sein[130].

Grenzklage vorgebracht worden. Das ist schon deshalb nicht möglich, weil dieser Streit zwischen dem Veräußerer und dem Käufer ausgetragen wurde und die Nachbarn nicht beeinträchtigen durfte. In Pachtverträgen konnten die Forderungen gegenüber dem Pächter nach der Zahl der iugera normiert werden. (Hygin 132,7 ff.) Die Steuerforderungen gegenüber einzelnen Gemeinden (die sogenannte adaeratio) wurden nach der Gesamtgrundfläche und nach der — gewiß nicht konstanten — species (Bonität) festgesetzt. (Frontin 46, 14.) — In den hier möglichen controversiae de modo gab es also mannigfache Ursachen aus andersartigen Streitfragen außerhalb der Klage finium regundorum. Vergl. oben 96 ff.

[127] Dieses Mißverständnis scheint Kaser (ebd.) vor allem zu der Ansicht geführt zu haben, die Grenzklage sei in der Hauptsache von Mensor durch Vermessung beigelegt worden.

[128] Vergl. zum folgenden vor allem Frontin 45, 7 ff. Zu der Stelle ausführlicher oben p. 88.

[129] Bei Lachmann 45, 4 steht: ... et inhibere mensores ne tales controversias concipiant, neque quietem ... usw. Die Begründung der Änderung p. 88 f.

[130] Vergl. dazu p. 211 ff.

Ein Beispiel dieser einfachen quaestio finalis, der eine controversia de modo zugrundeliegt, gibt die Inschrift CIG IX,1,61: Der Käufer hat beim Provinzstatthalter die Nachmessung des ihm von der Gemeinde Daulis verkauften Gebietes erreicht. Der Statthalter beordert einen κριτής und ὁριστής nach Daulis, der zwischen dem Kläger und zwei Vertretern der Gemeinde nun die Neuvermessung ausmacht und anordnet. Dies war möglich, da anscheinend das Land des Klägers vom Gemeindeland umgeben war oder jedenfalls ohne Benachteiligung Dritter überprüft werden konnte. Eine forma lag nicht zugrunde. — Hier haben wir es anscheinend mit einer adiudicatio durch den Mensor zu tun.

d) Die Analogie zu zwischenstaatlichen Grenzkontroversen

Eine den privatrechtlichen Grenzstreitigkeiten verwandte Form des Grenzstreites liegt in den zahlreichen Urteilen und arbitria vor, die derartige Auseinandersetzungen zwischen Gemeinden schlichten sollten. Dieses Quellenmaterial ist deshalb außerordentlich wertvoll, weil es durch spätere Entstellung umgefärbt ist und weil die überlieferten Urteile in aller Ausführlichkeit formuliert sind. Natürlich dürfen diese zwischenstaatlichen Entscheidungen nicht ohne weiteres als ein Abbild der privatrechtlichen Judikation betrachtet werden. Andrerseits ist die Analogie doch oft überraschend und zur gegenseitigen Erhellung auch bei anderen Fragen — erinnert sei an die Spruchformel oder an den Verwendungszweck der Besitzinterdikte — mit gutem Erfolg herangezogen worden.

Die Urteile zeigen deutlich die Unterscheidung zwischen der Grenzkontroverse de loco und der de fine, obwohl doch hier die — im privatrechtlichen Bereich später als allein wichtig angesehene — Breite des Grenzstreifens jedenfalls die Ursache der Differenzierung nicht sein kann. Diese liegt vielmehr auch hier in der Art der Konfrontation der Parteien. Ist ein an der Grenze zwischen Gemeinden gelegenes Grundstück umstritten und wird es von beiden Parteien vindiziert, so liegt eine Grenzkontroverse de loco vor. Der Richter hat die Eigentumsfrage zu klären und dann die definitiven Grenzen der Gemeinde festzulegen. Ist aber eine in früherer Zeit bereits authentisch festgelegte Grenze nur unerkennbar geworden oder bitten die Gemeinden nur um eine Fixierung derselben, ohne über sie kontroverse Behauptungen vorzubringen, so besteht das Urteil im allgemeinen nur in einer neuen Termination und in einer genauen Beschreibung des Grenzverlaufes — von Terminus zu Terminus. Auch in den Fällen, in denen der Richter wegen Unerkennbarkeit des alten Grenzverlaufes eine neue Grenze zieht, enthält er sich eines von den Parteien nicht geforderten adiudizierenden Urteils — außer daß er bisweilen die Zugehörigkeit der durch die Grenzen getrennten Gebiete definiert („rechts der Grenze liegt das Gebiet der Gemeinde A, links das der Gemeinde B")[131]. — Dies zeigt der Überblick über die wichtigsten[132] Entscheidungen.

1. Zur controversia de loco

Die meisten Belege für diese Form der internationalen Grenzkontroverse stammen aus Griechenland. Typisch ist, daß ein bestimmtes zwischen den Gemeindeterritorien gelegenes Gebiet von beiden Parteien — oft unter Hinweis auf ältere Urteile — beansprucht wird. Urteile in derartigen Kontroversen wurden schon in

[131] Dies zeigt vor allem der ausführliche Spruch des C. Avidius Nigrinus in Delphi CIL III, 567.

[132] Die ausführlichste Sammlung sowohl der inschriftlich überlieferten wie der in der Literatur erwähnten internationalen arbitria gibt De Ruggiero, B.I.D.R. V. 280 ff., eine kürzere Beschreibung in Diz. epigr. I, 616 ff.; vergl. ferner E. Sonne: De arbitris externis, quos Graeci adhibuerunt ... Göttingen 1888. Tod: International arbitria among the Greeks. Oxford 1913.

vorrömischer Zeit von Abgesandten dritter Gemeinden, die als arbitri bestellt worden waren, abgegeben[133]. Die Römer haben im allgemeinen diese Gebietsstreitigkeiten nicht nach der ältesten „ursprünglichen" Zugehörigkeit des Gebietes entschieden, sondern ein früheres Urteil oder einfach den Besitzstand an einem bestimmten Datum zugrundegelegt. Für uns sind hier nicht die im einzelnen wechselnden Modalitäten der Kontroversen von Belang, sondern allein der Nachweis, daß jeweils nicht der Grenzverlauf als solcher, sondern ein durch kontroverse Grenzbehauptungen bestimmtes Gebiet streitig war.

1. Der Streit zwischen Messenien und Sparta um das Dentheliatische Feld. Er wird etwa im Jahre 140 aufgrund eines Briefes des Praetoren Q. Calpurnius Piso von den 600 milesischen Schiedsrichtern derjenigen Partei zugesprochen, die das Land unter der Statthalterschaft des L. Mummius besaß[134]. Der Grenzverlauf selbst ist hier nicht strittig.

2. Entscheidung der Magneten im Streit zwischen Itanos und Hierapytna 139 v. Chr.[135]. Sie waren vom Senat nach einem Brief des L. Calpurnius Piso als Richter eingesetzt. Streitgegenstand waren eine Insel und ein beim Tempel des Zeus Diktaios gelegenes Land[136]. Deren Zugehörigkeit, nicht der Grenzverlauf als solcher sind umstritten. Das Land wird den Itaniern zugesprochen.

3. Das Senatusconsultum de Prienensibus 135 v. Chr.[137]. In dem seit fünf Jahrhunderten bestehenden Streit[138] zwischen Priene und Samos um den südlichen Teil der Ebene von Aneae, die sogenannte Batinetis, entschied der Senat, diese solle entsprechend einem Schiedspruch der Rhodier (etwa vom Anfang des zweiten vorchristlichen Jahrhunderts) den Prienensern gegeben werden. Die Samier stützten sich demgegenüber auf die von C. Manlius und einer Xviri-Kommission im Jahre 188 gefällte (spätere!) Entscheidung, die ihnen das Land zugesprochen hatte. Dies ist ein besonders kennzeichnendes Beispiel einer Grenzkontroverse des loco: beide Parteien berufen sich auf die von den Schiedsrichtern gesetzten Grenzen, und der Senat entscheidet sich für eine dieser beiden Behauptungen[139].

[133] Beispiele: SEG XVIII, 1962, 238, Grenzstreit in der Phtiotis, 3. Jhdt. Das Land wird beschrieben. — Dittenberger, SIG 614, Streit zwischen Delphi und Amphissa um ein bestimmtes Land. (Vergl. vor allem L. 9) 638, Streit zwischen Mondaea und Azoros. Ferner im S.C. de Prienensibus (SIG 688, A 8, B 11) das erwähnte Urteil der Rhodier über das zwischen Samos und Priene umstrittene Gebiet. — Oder der Streit zwischen Megalopolis und Sparta um ein bestimmtes Land, der von griechischen arbitri (SIG 2, 665) und später von römischen Legaten entschieden wurde. (Polybios 31,1 1,7) Ebenso berufen sich im Streit zwischen Narthacium und Melitäa (SIG 2, 674) beide Parteien auf frühere Urteile grichischer Gemeinden. u. a. m.

[134] SIG 2, 688. Der Streit selbst hatte Jahrhunderte gedauert. Vergl. Tac. ann 4, 43.

[135] SIG 2, 685. Dazu die bei Sherk, Roman Documents from the Greek East, Nr. 14, aufgenommene Inschrift. (Mit Literatur und ausführlichem Bericht vom Hergang des Streites.)

[136] SIG 685, 55 ff.

[137] SIG, 688, Sherk, Nr. 10.

[138] Vergl. den Kommentar bei Sherk, p. 56 ff. mit weiterer Literatur.

[139] Vergl. Tafel B (Sherk, sie allein in SIG 688 abgedruckt) Linie 6, 9, 11.

4. Für den von den Mylasensern entschiedenen Streit zwischen Magnesia und Priene[140] aus dem Jahre 143 gab der Senat dem M. Aemilius Lepidus den Auftrag, Richter aus einer dritten Gemeinde zu bestellen, die das von den Parteien geräumte Gebiet der Gemeinde zusprechen sollten, die es (fehlerfrei?) besaß, als die Gemeinden in die amicitia des römischen Volkes aufgenommen wurden. Der entsprechende Auftrag lautet: *ὁπότερον ἂν τούτων δήμων εὑρίσκηται ταύτην τὴν χώραν εἰσχηκέναι. ὅτε εἰς τὴν φιλίαν τοῦ δήμου τοῦ Ῥωμαίων παρεγένετο, ταύτην την χώραν ὅπως αὐτῶι προσκρίνηι ὅριά τε στήσηι*[141]. (προσκρίνειν = adiudicare)
Aus der Verwendung dieses Ausdrucks allein darf man jedoch nicht schließen, es handele sich hier um eine Klage finium regundorum[142]. Nicht der Grenzverlauf, sondern das Eigentum oder der fehlerfreie Besitz eines ganz bestimmten Grenzgebietes („*ταύτην τήν χώραν*“) stehen in Frage, es soll einer der beiden Parteien zugesprochen werden. Möglicherweise kann der Richter die Rechtsfrage nicht eindeutig klären, doch soll durch die konstitutive Adjudication des von den Parteien geräumten Gebietes ein definitives neues Recht geschaffen werden.

5. Streit zwischen Narthacium und Melitäa (etwa 140 v. Chr.)[143] um ein bestimmtes offenbar in den Bergen liegendes Gebiet[144]. Melitäa berief sich auf Entscheidungen verschiedener älterer arbitri aus Thessalien und Makedonien, Narthacion auf die durch Ti. Quinctius Flamininus bestätigten Gesetze der Thessaler, nach denen ihm das betreffende Land aufgrund dreier Richtersprüche zustünde. Der Senat entschied zu seinen Gunsten, ohne einen Richter in das Gebiet zu entsenden.

6. Ein Streit zwischen Luna und Pisa im Jahre 168 betraf ein bestimmtes Gebiet, das die civitas foederata Pisa ihrem Territorium zurechnete, während die Lunenser behaupteten, es sei dasselbe bei der Gründung der Kolonie Luna ihnen von der Gründungskommission assigniert worden. Der Senat schickte eine Kommission von V-viri, „qui de finibus cognoscerent statuerentque“[145].

7. Schließlich ist hier ein Streit in Sardinien zwischen den Patulcenses und den Gallilenses anzuführen[146]. Er wird durch einen Proconsul beigelegt (69 n. Chr.). Die Gemeinden Sardiniens waren im Jahre 111 v. Chr. von M. Caecilius Metellus vermessen worden, eine forma befand sich in der Provinz, eine in Rom. Die Galli-

140 SIG 679, Sherk. Nr. 7. Dazu vor allem Partsch, Schriftformel im römischen Provinzialprozeß, 27 ff.

141 L. 54—56.

142 So Kaser, Symbolae I, 92. „Daß dies Verfahren, das auf Grenzziehung und Aufstellung der Grenzsteine gerichtet ist, dem Schema der actio finium regundorum folgt, wird einzuräumen sein“. Besser zur gleichen Inschrift Kaser, ZSSR 62, 68. Partsch, Schriftformel 37, 42. — p. 46 bemerkt Partsch die rätselhafte Verwendung des an sich den Teilungsklagen angehörenden Terminus „adiudicare“, ohne deshalb in diesem Verfahren eine Analogie zur a.f.r. zu sehen.

143 SIG 674. Sherk Nr. 9 De Ruggiero BIDR V, 299.

144 L. 20. Dazu Stählin, RE XVI, 2, 1763 f.

145 Livius 45, 13, 10 f.

146 C 10, 7852. (Eine der wenigen unter dem Kaiser Otho ergangenen Entscheidungen) Dazu Mommsen, Hermes 2, 102 ff. Ges. Schr. 5, 325 ff. Während Grenzunklarheiten also auch vom Procurator beigelegt werden konnten (vergl. die von Mommsen, St. R. 2, 995, Anm. 1 angeführten Beispiele) war für diese occupatio per vim der Statthalter zuständig.

lenser hielten bestimmte praedia besetzt, die den Patulcensern in mehreren Verlautbarungen eines procurator Augusti aufgrund der Provinzforma zugesprochen waren. Jene suchten die Entscheidung durch die Berufung auf die Urschrift in Rom, von der sie eine Kopie zu besorgen versprachen, hinauszuzögern (Wie die Inschrift zeigt, erfolglos).

2. *Urteile „finium regundorum"*

Ganz anders sehen die Urteile und Entscheidungen aus, in denen römische Magistrate zwischen zwei oder mehreren Gemeinden die Grenzen festlegten oder sie vielmehr wieder herstellten. Sie betreffen nicht ein bestimmtes Land, sondern den Grenzverlauf.

1. Die älteste und wohl auch bekannteste Entscheidung dieser Art liegt in der sententia Minuciorum[147] vor, in der die Brüder Q. und M. Minucius Rufus im Jahre 117 v. Chr. die Grenze zwischen den Genuaten und den Viturii Langenses und außerdem die rechtlichen Merkmale der einzelnen Gebiete festlegten. Die Beschreibung des Grenzverlaufs — sie beansprucht 17 Linien der Inschrift[148] — führt von Terminus zu Terminus.

2. Als kennzeichnend für die Aufgabe des „de fine regundo" bestellten iudex, die alte Grenze ausfindig zu machen und sie wieder herzustellen, kann der ausführliche Bericht des von Trajan beauftragten C. Avidius Nigrinus, leg. Aug. pr. pr., angesehen werden. Dieser versucht in einer zwischen den Anticyrenses und dem Apolloheiligtum von Delphi bestehenden Grenzkontroverse als vom Kaiser bestellter iudex den Verlauf einer vor fast 300 Jahren von den Hieromnemones festgelegten Grenze zu ermitteln. Er erwähnt die Schwierigkeiten, wie mehrfachen Besitzwechsel, Änderung der Geländenamen und dergleichen[149]. Obwohl also die Aufgabe oft nicht exakt lösbar und der iudex gezwungen ist, die Grenze nach Mutmaßungen zu fixieren, fehlt jedes Adjudikationsurteil. Der Richter beschränkt sich auch hier auf die genaue Beschreibung der Grenze[150], nur zum Zwecke der eindeutigen Definition wird die Zugehörigkeit der getrennten Gebiete erwähnt. (z. B. „fines observari placet ita ut adscendentibus dextra Anticyrensium, laeva sacra regionis Delphorum sint"[151].)

3. Eine ähnlich ausführliche Grenzbeschreibung gab der Proconsul A. Gellius Sentius Augurinus, als er von Hadrian beauftragt wurde: „ut adhibitis mensoribus de controversiis finium inter Lamienses et Hypateos cognita causa termina-

[147] C 1², 584 = V, 7749. Bruns, Fontes,⁸ Nr. 184. Degrassi, Illrp 517.

[148] L. 7—23.

[149] C 3, 567: ... „quae maxime visa sunt cum hieromnemonum iudicio congruere hac sententia comprehendi" ... „necessaria fuit diligentior exploratio tam vetustate rei, tanto magis quod et possessio quibusdam locis variaverat et vocabula regionum, quae hieromnemonum determinatione continebantur, vix iam nota propter temporis spatium utraque pars ad utilitatem suam transferebat."

[150] In den Linien 13 bis zum Ende des Inschriftfragmentes, L. 24.

[151] L. 21 f.

rem"[152]. Es wird in diesem wie auch im vorhergehenden Fall betont, daß Vertreter („defensores") beider Parteien bei der Grenzziehung anwesend sind. Auch dies entspricht dem Ausgangspunkt der privatrechtlichen a.f.r.

4. Als eine Parallele zum in dieser Klage möglichen privaten arbitrium kann die Inschrift gelten: (fi)nes dere(cti int)er Dien(ses et Olo)ssoni(os ex *c)onventione ipsorum* imperatore Nerva Traiano . . .[153]. (Der Name des arbiter fehlt.)

5. In einem aus Korsika überlieferten Fall hat eine Gemeinde aus kaiserlichem Besitz Land gekauft, bei dem mit der Nachbargemeinde eine controversia finium bereits anhängig war[154]. Ein kaiserlicher Procurator und ein beamteter Mensor soll sie entscheiden . . . Hier liegt der Grenzklage wahrscheinlich eine controversia de modo zugrunde.

Hinzu kommt eine große Anzahl von Inschriften, in denen Terminationen zwischen Gemeinden nur sehr knapp mitgeteilt werden. Bei manchen ist aus Einzelheiten der Formulierung deutlich, daß die Grenzsteine bei einer controversia finium oder zum Zweck der Erneuerung alter Grenzen gesetzt sind[155]. Andere können auch aus dem Anlaß einer controversia „de loco" zwischen Gemeinden hergestellt worden sein[156]. Eine große Zahl stammt natürlich aus ganz neuen Grenzfixierungen[157].

5. DAS ENTSTEHEN DER ADIUDICATIONSBEFUGNIS DES GRENZRICHTERS

a) Wortbedeutung und Anwendung des Begriffs adiudicatio[158]

In der Zeit der Republik ist die Zuweisung von Land durch einen gewählten oder beauftragten Beamten nicht durch das Wort „adiudicare" ausgedrückt worden. Die einschlägigen Termini lauten: dare, adsignare, adtribuere. Die Judica-

[152] C 3, 586. Die Grenzbeschreibung in den Linien 7 ff. (bis zum Ende des Inschriftfragmentes L. 16)

[153] Dessau 5954.

[154] C 1, 8038, Vespasian an die Vanacini: „De controversia finium quam habetis cum Marianis *pendenti* ex is agris quos a procuratore meo Publilio Memoriale emistis ut finiret Claudius Clemens procurator meus scripsi ei et mensorem misi."

[155] C 2, 2349: Trifinium (von drei Gemeinden) in der Baetica „ex sententia Iulii Proculi iudicis dati ab imperatore Caesare Domitiano Augusto".

C 3, 2883. dazu 9973. Wiederherstellung von Gemeindegrenzen durch vom leg. Aug. pr.pr. delegierte Centurionen. Ebenso

C 3, 9864 („ut fines (re)geret et termin(no)s po(neret)")

C 3, 12794 („termini recogniti et restaurati")

C 8, 8369,21663. Dessau 5955 (Neufestsetzung der Provinzgrenze).

[156] So vor allem die im späten zweiten Jahrhundert von Proconsuln geregelten Terminationen zwischen Ateste und Vicetia und Ateste und Patavium. C 1^2, 633/4 = Degrassi Illrp 476 C $1^2$626 = Degrassi 477. Ferner 3, 8472. (es war ein Gerichtsverfahren der Termination vorangegangen) 9832,13250.12,113. (Termination zwischen Vienna und Ceutrona durch den leg. pr.pr.exercitus Germaniae superioris; da dieser ein auswärtiger Beamter ist, ging vermutlich eine Meinungsverschiedenheit über die Grenzen voraus.)

[157] C 3, 183, 749. C 8, 4676. 8369. 8810—8814. 16692. 25988. (15 Termini) u. a. m.

tionsgewalt dieser Beamten bezeichnet lediglich das Recht, festzustellen, ob ein Landstück ager publicus sei oder nicht, sie wurde mit dem Simplex „iudicare“ ausgedrückt. Die Beamten nannten sich „viri agris dandis adsignandis (oder adtribuendis) iudicandis (oder iudex)“. Ihr Zuständigkeitsbereich war durch diese Begriffe definiert. Die adiudicatio gehörte nicht dazu.

Der „adiudicatio“ in den Klagen „finium regundorum“ scheint es in der Hauptsache zuzuschreiben zu sein, daß man oft eine konstitutive adiudicatio, die Rechte am adiudizierten Objekt begründet, von der nur „deklaratorischen“, die bestehende Rechte anerkennt, unterschieden und vor allem diese für die ursprüngliche gehalten hat[159]. Die Quellenbelege erlauben jedoch diese Ausdeutung nicht[160]. Wo „adiudicare“ im strengen Sinn verwandt wird, da hat es konstitutive Bedeutung, durch das Adjudicationsurteil des Richters werden neue und definitive Eigentumsrechte begründet. In dieser Bedeutung ist der Begriff vor allem dem Urteil in den echten actiones divisoriae eigentümlich und angemessen[161].

Eine bestimmte Bedeutungserweiterung[162] erfährt der Begriff sodann in der Sprache des öffentlichen Rechtes in der Zeit der Republik. Wir finden das Wort in mehreren Fällen erwähnt, in denen der Richter ein Urteil über eine streitige Sache oder über ein Grundstück fällen soll, obwohl von ihm eine einwandfreie Klärung der Rechtslage nicht erwartet werden kann oder weil diese geradezu objektiv unmöglich ist. Der Begriff wird also gebraucht, wenn die Absicht besteht, einen unlösbaren Konflikt von Eigentumsansprüchen durch konstitutive adiudicatio definitiv beizulegen:

1. So wird das Wort verwandt in dem oben erwähnten Streit zwischen Magnesia und Priene. (L. 52—55, oben p. 199). Die richtende Gemeinde soll das umstrittene Gebiet der Partei „προσκρίνειν“ die es im Augenblick des Freundschaftsvertrages mit den Römern (fehlerfrei?) besaß[163]

2. Die lex agraria 111 führt den Begriff mehrmals in den Linien 62, 67—69, 90 teils direkt, teils in recht sicheren Ergänzungen auf. Hier hatte der römische Staat durch Assignation an die coloni und durch späteren Verkauf irrtümlicherweise zweimal über dasselbe Land verfügt. Der eingesetzte IIvir soll es — offenbar nach Gutdünken — entweder dem colonus oder dem Käufer „adiudicare“, dem jeweils Benachteiligten dafür den gleichen

[158] Vergl. zum folgenden Wlassak, RE I,362 ff. Arangio Ruiz, Bulletino 32, 1922, 1 ff. Broggini, Regolamento 247 f. Vor allem jetzt Kaser, Symbolae David, I 1968, 85 ff. „adiudicare bei der actio finium regundorum und bei den Vindicationen“.

[159] So z. B, Wlassak, 362: „adiudicatio ist der Richterspruch eines Geschworenen zugunsten einer Partei, gleichviel ob er neues Recht schafft oder bestehendes anerkennt ... aus dem weiteren Begriff haben die Juristen einen engeren (sc. den der iudicia divisoria) ausgeschieden“. Ähnlich Arangio-Ruiz Bulletino 32, 9. Beseler, Beiträge 4, 125.

[160] Das wird sowohl von Broggini (Reg. 247) wie von Kaser (85 ff.) betont.

[161] Vergl. vor allem Berger, Teilungsklagen, p. 35 ff.

[162] Kaser a.a.O. hebt diese nicht besonders hervor. Sie darf m. E. nicht ohne weiteres der adiudicatio bei Vindicationen gleichgestellt werden.

[163] Vergl. oben p. 199. Hier liegt eindeutig eine controversia de loco vor, nicht eine de fine. (So von Broggini, a.a.O. und Kaser, p. 91 f. aufgefaßt). Partsch, Schriftformel 46, wundert sich über die Übertragung des Begriffs: In den Teilungsklagen sei sie an sich „kein Urteil über die Rechtslage, sondern eine die Rechtslage umgestaltende Verfügung. Der Gebrauch des Wortes in anderer Bedeutung ... ist ein unerklärtes Novum.“ — Dies Rätsel klärt sich jedoch durch die verwandten im Text angeführten Verwendungen.

modus vom anderen Land „reddere". — Hier ist die adiudicatio kein Urteil über die unklärbare Rechtslage wie im Streit zwischen Magnesia und Priene, sie soll jedoch konstitutive Wirkung haben, um die Kontroverse durch ersatzweise Neuzuweisung aus der Welt zu schaffen.

3. Dem entspricht die Verwendung bei Cicero, Att. 4, 2, 3.: Nachdem Clodius während Ciceros Verbannung einen Teil seines auf dem Palatin gelegenen Grundstücks einem neu gegründeten Heiligtum der Libertas zugesprochen hatte, dessen Platz inzwischen geweiht worden war, sollten Ciceros Güter zurückerstattet werden. Auf die Frage nach religiösen Hinderungsgründen antworteten die pontifices, entscheidend sei die Frage, ob die Weihe durch Volksbeschluß begründet sei[164]. Cicero glaubt daraus — im Gegensatz zu Clodius — den Schluß ziehen zu dürfen: nemo dubitabat quin domus nobis esset adiudicata.

4. Verwandt ist wohl auch die Maßnahme des Augustus (Sueton 72): „loca in urbe publica ambigui iuris possessoribus adiudicavit". auch wenn man aus den Worten „ambigui iuris" nicht unbedingt entnehmen kann, daß ein tatsächlicher Rechtsstreit die adiudicatio veranlaßte, so liegt doch hier die adiudicatio in der den genannten Fällen gleichgeordneten öffentlichrechtlichen Verwendung vor[165].

Einige juristische Texte der Kaiserzeit enthalten das Wort in einer etwas freieren konstitutiven Bedeutung, wie die adiudicatio hypothecae[166] oder bei der Konfiskation[167]. Auch übertragene Verwendungen kommen in den Konstitutionen des vierten Jahrhunderts bereits vor[168].

In den nichtjuristischen Texten der Kaiserzeit, vor allem aber der Spätzeit findet sich das Wort synonym sowohl mit „iudicare" wie mit „adtribuere" vielfach belegt[169]; In dieser ganz unspezifischen übertragenen Bedeutung von „adtribuere" verwendet jedoch auch Justinian das Wort einmal in der constitutio „Tanta"[170].

b) Die Grenzscheidungsklage unter Justinian

Wir erwähnten die Konstitution Konstantins aus dem Jahre 331 v. Chr. mit der einfachen Unterscheidung der Grenzkontroversen „de fine" und „de loco" nach der Breite des umstrittenen Grenzstreifens[171]. Justinian hat sie nicht in seinen Codex aufgenommen. Er vermied es, weil er den Unterschied zwischen diesen beiden

164 Vergl. dazu Gelzer, RE 7 A, 925 ff.

165 Ähnlich Cicero, de lege agraria II, 43. lib. col. 236,6. Dazu oben p. 114, Anm. 1. Nicht als ein Urteil „finium regundorum" ist die adiudicatio im Grenzstreit zwischen Nola und Neapel anzusehen. (Cic. de off. I, 33. Val. Max. 7,3,4. So Broggini, 247) Der römische Richter befiehlt beiden Parteien, das strittige Gebiet zu räumen, um es dann dem populus Romanus zu „adiudizieren". (Übrigens sicher eine konstitutive adiudicatio.) Für Cicero nur das Beispiel einer Verspottung der Parteien (Rom war weder Nachbar noch Partei): Ein ganz ähnliches Urteil: Liv. 3, 71 f. (adiudicare 72, 5.)

166 D. 20, 1, 16, 5. 10, 4, 12 pr. Ähnlich CT 10, 17, 1. Vergl. dazu ausführlicher Kaser Symb. p. 105, Anm. 1.

167 CT 4, 6, 2. 15, 1, 4. D. 49, 14, 39 pr.

168 CT 5, 14, 33. Zwangsarbeit: Metallo adiudicatur CT 17, 1, 3. ferner CT 9, 40, 7. 10, 7, 2.

169 Vergl. dazu die Belege Th. l. l. „adiudicare".

170 § 6.

171 CT 2, 26, 3. Dazu oben p. 190, unten p. 215.

Grenzkontroversen überhaupt beseitigte. Es erscheint als zweckmäßig, sich zunächst die Regelung Justinians zu verdeutlichen, denn sie macht die Auswahl und die Veränderung der Excerpte im Digestentitel 10, 1 und im Titel des Codex 3, 39 verständlich.

Justinians Grundsätze sind am deutlichsten in den Institutionen 4, 17, 6 ausgesprochen:

„Si finium regundorum actum fuerit, dispicere debet iudex an necessaria sit adiudicatio. Quae sane uno casu necessaria est, si evidentioribus finibus distingui agros commodius sit quam olim fuissent distincti: nam tunc necesse est ex alterius agro partem aliquam alterius agri domino adiudicari, quo casu conveniens est ut is alteri certa pecunia debeat condemnari. Eo(quo)que nomine damnandus est quisque hoc iudicio quod forte circa fines malitiose aliquid commisit verbi gratia quia lapides finales furatus est aut arbores finales cecidit. contumaciae quoque nomine quisque eo iudicio condemnatur, veluti si quis iubente iudice metiri agros passus non fuerit. Quod autem istis iudiciis alicui adiudicatum est, id statim eius fit cui adiudicatum est."

Sehen wir von anderen mehr generalisierenden Neuerungen ab, die dieser Text für die Grenzscheidungsklage gegenüber der klassischen actio finium regundorum verrät[172], so sind hinsichtlich der adiudicatio drei besondere Merkmale beachtlich:

1. der Richter ist nicht mehr verpflichtet, die alte Grenze wieder herzustellen. Vielmehr darf er von sich aus eine neue Grenzziehung nicht nur bei Unerkennbarkeit der alten Grenze, sondern auch dann vornehmen, wenn sie ihm praktischer oder übersichtlicher zu sein scheint („si evidentioribus finibus distingui agros commodius sit quam olim fuissent distincti").

2. Diese dem Richter in einer Grenzklage der klassischen Zeit ganz ungewohnte Freiheit wird gestützt durch das Recht zur adiudicatio und zur pecuniären condemnatio, die den durch die neue Grenzregelung unter Umständen begünstigten Teil trifft.

3. Das adiudizierte Land wird sofort — d. h. ohne jede Ersitzungsfrist — Eigentum[173].

c) Die Argumente gegen die Annahme einer alten adiudicatio

1. Am wichtigsten, wenn auch für sich nicht ausreichend, ist das argumentum e silentio. Die gromatischen Schriftsteller unterrichten die Feldmesser über die

[172] Am wichtigsten ist die Konfundation der alten Klage „de termino moto" mit der Grenzklage zur „quaestio finalis". Ferner ist der Ausdruck „arbor finalis" mehrdeutig. Damit könnten die am Grenzsaum stehenden Bäume gemeint sein, die ins benachbarte Grundstück hereinragen. (Für ihre Entfernung wurde das Interdikt „de arboribus caedendis" gegeben. D. 43, 27.) oder die für die Grenzmarkierung bezeichneten Bäume. — Vermutlich liegt außerdem eine Vermengung mit der Klage des XII Tafelgesetzes „arborum furtim caesarum" vor. — Schließlich ist die Aufgabe des klassischen Grundsatzes äußerst belangvoll, nach dem Einigkeit unter den Parteien über die Existenz einer Grenzkontroverse vorliegen muß und nach dem die um eine Grenzfixierung bittenden Parteien einander gleichgestellt sind. Dort kann eine Verurteilung wegen contumacia nicht auftreten.

[173] Diese Einschränkung galt jedoch nur für den Grenzstreifen von fünf Fuß. Für größere Adjudikationen hatte Justinian in Abänderung der Konstitution C. T. 2, 26, 5 eine Ersitzungsfrist von 30 Jahren festgelegt. (C. J. 3. 39.6)

Methoden der Beilegung eines Grenzstreites, das Auffinden einer alten Grenze usw., von der adiudicatio aber sprechen sie nicht. Ebenso fehlt das Wort in den uns bekannten privatrechtlichen und in den internationalen und zwischenstaatlichen Grenzurteilen, die in einer controversia finium oder bei Grenzunklarheit ergangen (und oft äußerst ausführlich formuliert) sind. — Wo der Begriff dagegen im öffentlichrechtlichen Bereich belegt ist, da handelt es sich um die Entscheidung eines (unlösbaren) Konfliktes von Eigentumsansprüchen mit bezug auf ein bestimmtes Land.

2. Zudem widerspricht die adiudicatio der Eigenart und den Entstehungsursachen der Klage finium regundorum. Wir haben ihre ursprüngliche Absicht in der Vermeidung der harten Strafe gesehen, die auf die Entfernung eines Terminus gesetzt war. Dementsprechend bitten die Parteien lediglich gemeinsam um eine Restitution der Grenze, ihr Anspruch richtet sich nicht auf ein bestimmtes Gebiet. Deshalb unterscheiden die Feldmesser und die Juristen der klassischen Zeit grundsätzlich die controversia de loco von der de fine. Die adiudicatio würde also dem Klagebegehren der Parteien nicht korrespondieren[174].

3. Sodann ist beachtlich, daß gerade der Klage finium regundorum ein halbprivates Verfahren, das arbitrium ex compromisso, ursprünglich eigen gewesen zu sein scheint, die Auseinandersetzung galt als iurgium, nicht als „lis". Der sie entscheidende arbiter war nicht durch einen staatlichen oder hoheitlichen Auftrag legitimiert. Einen solchen müßte man jedoch gerade bei der adiudicatio, mit der einem Bürger in einem konstitutiven Urteil Bodeneigentum zugesprochen wird, erwarten.

4. Schließlich muß man den Unterschied hervorheben, der zwischen der adiudicatio in den Teilungsklagen und der in der Klage finium regundorum besteht. Dort wird ein bisher gemeinsames Eigentum durch eine konstitutive adiudicatio in Individualeigentum umgewandelt. Diese Voraussetzung ist aber bei dieser Klage f.r. nicht gegeben, das jeweilige Eigentum der durch die unerkennbar gewordene Grenze voneinander getrennten Grundstücke ist weder umstritten noch wird es auch nur zeitweilig im Prozeßverlauf aufgehoben, um neu zugesprochen werden zu können. — Diese Schwierigkeit hat zu der durch die Quellen nicht bestätigten Annahme einer in Grenzscheidungsurteilen ergangenen adiudicatio von nur deklaratorischer Bedeutung den Anlaß gegeben. — Ferner entspricht der adiudicatio in den Teilungsklagen von Anfang an eine condemnatio. Deren Übertragung auf die Grenzscheidungsklage ist ein Unding — wie soll ein iudex bei Unerkennbarkeit der alten Grenze Ungerechtigkeiten, die sich durch den neuen Grenzverlauf ergeben haben könnten, als solche ausmachen und sie noch quantitativ beziffern können? Mit Recht sieht man deshalb im allgemeinen in der Kondemnationsbefug-

[174] Es ist relativ belanglos und gewiß oft auch nicht festzustellen, ob dem als iudex bestellten Mensor nun die Restitution der alten Grenze möglich war. Wichtiger noch: der Gerichtsherr *kann* bei der Erteilung der Formel überhaupt nicht wissen, ob die alte Grenze unerkennbar geworden ist oder nicht. Einfacher und den Quellen entsprechend ist die Annahme, daß der de fine regundo bestellte iudex die alte Grenze oder eine ihr möglichst nahe kommende (wieder) herstellte, sie durch die wiederentdeckten oder durch neue Termini markierte und im Urteil beschrieb. Diese Grenze trat nunmehr an die Stelle der verschwundenen alten.

nis des de fine regundo urteilenden Richters eine Neuerung Justinians, vergißt aber, wie eng die alte condemnatio der Teilungsklagen mit der adiudicatio verbunden war. — Man müßte also auch aus diesem Grunde bei der Grenzscheidungsklage eine spezifische adiudicatio annehmen, die im Gegensatz zu der der Teilungsklagen stets ohne condemnatio ausgesprochen worden wäre.

Aus welchem Grunde ist aber dann die a.f.r. im prätorischen Edikt überhaupt den Teilungsklagen zugesellt worden, denen sie nach dem Ausweis aller Ediktskommentare doch angehört? Die Antwort geben die Digestenstellen, in denen diese Klagen gemeinsam erwähnt werden: Sie betonen am häufigsten, daß in ihnen jede Partei zugleich als reus und als actor anzusehen ist[175]. Darin lag in der Tat der für die Gestaltung der Formel wesentlichste Umstand, darin unterschieden sich diese Klagen von fast allen anderen. Die adiudicatio ist dagegen, wie wir sehen werden, erst spät und wohl nur im Bereich der Provinzen von den Teilungsklagen auf die a.f.r. übertragen worden.

So ist es nicht überraschend, daß die modernen der Klage finium regundorum gewidmeten Spezialdarstellungen sich gerade in der Interpretation der adiudicatio so weit voneinander unterscheiden. Wir skizzieren kurz die wichtigsten Meinungen:

Rudorff hat die Klage „de fine" eng mit der „de loco" verbunden und dem arbiter auch in einer ausgedehnten controversia de fine das Recht zur adiudicatio zugesprochen. Er folgt also vor allem den justinianischen Quellen, für ihn ist die Grenzklage „de loco" keine „rei vindicatio"[176]. Karlowa hat demgegenüber den Unterschied zwischen der Klage „de fine" (finium regundorum) und der „de loco" (rei vindicatio) in der Frage gesehen, ob das umstrittene Gebiet den Streifen von 5 Fuß übertraf oder nicht. Nur im letzteren Fall hatte der iudex bzw. der arbiter das Recht zur adiudicatio[177].

Arangio-Ruiz hat abweichend von Karlowa auch die controversia de loco für eine Species der Klage „finium regundorum" gehalten, sah diese jedoch — im Unterschied zu Rudorff — als eine Quasi-Vindikation an, die durch eine deklaratorische adiudicatio entschieden wurde. Er geht von der m. E. den Quellen wider-

[175] Gemeinsame Erwähnung der drei Klagen: D. 2, 1, 11, 2. (Gaius 1 ed. prov.) 5, 1, 13 (= 10,3,2,1) (Gaius 7 ed. prov.) 10, 1, 10 (Julian 51 Dig.) 10, 2, 44, 4 (Paulus 6 ad Sab.) 10, 2, 48 (Paulus 12 ad Sab.) 11, 2, 1 (Pomponius 13 ad Sab.) 26, 1, 4 pr. (Paulus 8 ad Sab.) 44, 7, 37, 1. (Ulpian 4 ed.). —

In 2, 1, 11, 2 sind die Teilungsklagen (sinnentstellend) interpoliert. (Vergl. unten 330 f.) 11, 2, 1 (Zusammentreffen von jeweils zwei Klagen dieser Art) und 10, 2, 48 (Fortsetzung eins schwebenden Prozesses dieser Art durch die Erben) besagen nichts Typisches. — Die übrigen Stellen aber erwähnen stets die Ebenbürtigkeit der Parteien. (5, 1, 13 = 10, 3, 2, 1. 10, 1, 10. 10, 2, 44, 4. 26, 1, 4pr. und 44, 7, 37, 1.) Sie ist also ganz offenkundig das den Juristen wesentliche gemeinsame Merkmal. Dafür spricht insbesondere das Ulpianzitat 44, 7, 37, 1. Im 4. Buch des Ediktskommentars stand es an einer Stelle, die aus dem — hier die Ausgabe der Formel durch den Praetor betreffenden — einleitenden Teil des Werkes entnommen war. (Vergl. Lenel, Palingenesia II, 429)

[176] Zeitschr. f. gesch. Rechtsw. X, p. 392 f.

[177] Beiträge zur Gesch. des röm. Zivilprozesses 141 ff. Zur Kontroverse zwischen Karlowa und Rudorff vergl. Girard, Manuel 8. A. 672.

sprechenden Ansicht aus, die Klage finium regundorum sei eine actio in rem.[178]. Broggini[179] hat die Gedanken Arangio-Ruiz' noch weiter entwickelt. Eine adiudicatio von nur deklaratorischer Bedeutung lehnt er ab, er hält sie für alt und konstitutiv; der „de fine regundo" bestellte arbiter gerade auch des frührepublikanischen Rechtes würde damit sehr große Vollmachten bekommen.

Kaser[180] schließlich räumt zwar ein, daß eine adiudicatio nicht notwendig gewesen sei, wenn der Grenzverlauf nach Meinung des Richters korrekt gewesen sei oder wenn die Restitution der alten Grenze keine Schwierigkeiten bereitet hätte. Aber: „Im Regelfall ... stand die Notwendigkeit der adiudicatio außer Zweifel". Diesen Regelfall sieht Kaser vor allem dann gegeben, wenn der Kläger mit dem Hinweis auf die forma und ihre modus-Angabe eine Nachmessung seines Grundstücks verlangt. Es handelt sich also um die Grenzklage in der Form der controversia de modo. — Dieser Gedanke ist gewiß zutreffend, in dieser Richtung wird die Lösung des Rätsels liegen. Sie ist allerdings nicht so einfach und einhellig, wie man erwarten sollte. — Wir versuchen, die näheren Umstände und die Ursachen zu ermitteln.

d) Die Quellen

Es ist auffällig, wie gering die Zahl der echten Quellenstellen ist, die überhaupt für die Annahme einer adiudicatio vorgebracht werden können. Am wichtigsten — und für die herrschende Meinung gewiß vor allem verantwortlich — ist Gaius 4, 42:

„adiudicatio est ea pars formulae, qua permittitur iudici rem alicui ex litigatoribus adiudicari, velutsi inter coheredes familiae herciscundae agatur aut inter socios communi dividundo aut inter vicinos finium regundorum, nam illic ita est: quantum adiudicari oportet, tantum adiudicato."

Die häufig in Abhängigkeit von Gaius' Institutionen geschriebene Epitome der sogenannten Ulpianfragmente[181] enthält eine ähnliche Bemerkung: „adiudicatione dominia nanciscimur per formulam familiae herciscundae, quae locum habet inter coheredes, et per formulam communi dividundo, cui locus est inter socios, et per formulam finium regundorum, quae est inter vicinos. Nam si iudex uni ex coheredibus aut sociis aut vicinis rem aliquam adiudicaverit, statim illi adquiritur, sive mancipi sive nec mancipi sit."

Dazu kommen aus den justinianischen Quellen neben den schon genannten Stellen Inst. 4, 17, 6[182] und 4, 6, 20:

[178] Vergl. dagegen die Zusammenstellung der drei civilrechtlichen actiones in personam im ager vectigalis D. 47, 7, 5, 2. (Dazu Leage, Roman Private Law, London 1961, 453.) Zu den von Arangio-Ruiz in seinem Sinn gedeuteten Paulusstellen 10,1,4pr. und 5 vergl. unten p. 209 ff. In 10,1,1 (Paulus 23 ed.) „Finium regundorum actio in personam est, licet pro vindicatione rei est" könnte man vielleicht die letzten fünf Worte, darf aber keinesfalls mit Arangio-Ruiz die Partie „actio — licet" als späteren Zusatz betrachten.

[179] Regolamento 247 f. Broggini und Kaser (91 f.) verweisen auf das προσκρίνειν = adiudicare in SIG 679 und auf das adiudicare in Cic. de off. I,33. Doch hier liegen Klagen „de loco", nicht solche „de fine regundo" vor. Vergl. dazu ausführlich oben p. 197 f. und p. 202. Gerade die Analogie zu den zwischenstaatlichen Urteilen spricht entscheidend gegen diese These.

[180] a.a.O. 91.

[181] XIX, 16. — Zum Problem der Abhängigkeit von Gaius vergl. vor allem Schulz, Die Epitome Ulpiani des Codex Vaticanus Reginae 1128 (1926). Dazu die weitere Literatur bei Wenger, Quellen des röm. Rechts p. 526. Wieacker, Textstufen, 69, Anm. 63.

[182] Zitiert oben p. 203.

D. 10, 1, 2, 1 (Ulpian 19 ed.) „Iudici finum regundorum permittitur ut, ubi non possit dirimere fines, adiudicatione controversiam dirimat [et si forte amovendae veteris obscuritatis gratia per aliam regionem fines dirigere iudex velit, potest hoc facere per adiudicationem et condemnationem.]" — Die inhaltliche Verwandtschaft mit Inst. 4, 17, 6 ist offenkundig, die Aufforderung an den Richter, sich nicht zu eng an den alten Grenzverlauf zu binden, der alten Klage de fine regundo ganz fremd. Offensichtliche sprachliche Bedenken kommen hinzu[183]: schwerlich ein authentisches Zeugnis, gewiß im Abschnitt [et si — condemnationem] itp.

D. 10, 1, 3 (Gaius 7 ed. prov.) „quo casu opus est ut ex alterutrius praedio alii adiudicandum sit, quo nomine is cui adiudicatur invicem pro eo quod ei adiudicatur certa pecunia condemnandus est." — Es mag sein, daß auch diese aus einem nicht mehr erkennbaren Zusammenhang entnommene Stelle von den Kompilatoren verändert oder erweitert wurde — das „quo nomine" und das „pro eo quod ei adiudicatur" könnten fehlen[184] — ihre Authentizität im ganzen zu bezweifeln liegt jedoch kein Grund vor.

D. 2, 1, 11, 2. (Gaius 1 ed. prov.) „Si una actio communis sit plurium personarum [velut familiae herciscundae, communi dividundo, finium regundorum] utrum singulae partes spectandae sunt circa iurisdictionem eius qui cognoscit, quod Ofilio et Proculo placet, quia unusquisque de parte sua litigat: an potius tota res, quia tota res in iudicium vehit (et vel uni adiudicari potest) quod Cassio et Pegaso placet: et sane eorum sententia probabilis est." — Die Stelle ist offenbar durch die angedeuteten, den Sinn nicht treffenden erklärenden Zusätze entstellt. Vor allem dürfte das „circa iurisdictionem" ursprünglich „intra" oder „citra" geheißen haben[185]. Denn der Zusammenhang des Excerptes zeigt, daß von der Schätzung des Streitwertes und von der davon abhängigen Wahl des zuständigen Gerichtsmagistrates die Rede ist.:

11, pr.: Es bestehen mehrere Klagen zwischen denselben Parteien, deren jeweils einzelne quantitas unterhalb der Grenze liegt.

11,1: bei mutuae actiones — also gegenseitig erhobenen Forderungen — gilt die quantitas der kleineren Forderung.

11,2: (diese Stelle) bei Streitgenossenschaft gilt der Wert der tota res.

Der einleitende Satz des Zitats beschreibt gar nicht — wie es der spätere Zusatz erklären will — das consortium, sondern die Streitgenossenschaft[186]. Die Stelle scheidet also aus. Wäre sie echt, so würde sie übrigens nur die Unsinnigkeit der Gleichstellung der adiudicatio der Teilungsklagen mit der der a.f.r. deutlichmachen: Es kann bei unerkennbarer Grenze nicht das Risiko darin liegen, daß eine Partei ihr ganzes Grundstück durch adiudicatio an die andere verliert und durch eine Geldkondemnation entschädigt wird — was eine bei Teilungen häufige und sinnvolle Entscheidung ist.

Schließlich wird die adiudicatio im Kommentar des Paulus zum Edict in den D. 10, 1, 4pr. und 5f. angeführten Stellen genannt. Diese verlangen eine etwas eingehendere Prüfung, weil sie — obwohl teils abrupt, teils korrupt überliefert — wegen der Erwähnung im Titel 10, 1 immer wieder für die adiudicatio in der

[183] Von Beseler, Beiträge, 3, 67. 4, 125 zusammengestellt.

[184] Von Arangio-Ruiz a.a.O. 18,53 ausgeschieden. Beseler, Beiträge 4, 125 hält das ganze Zitat für unecht.

[185] „circa iurisdictionem" auch von Beseler, Beiträge 3,44 bezweifelt. Hier zeigt der Zusammenhang, daß ursprünglich intra oder citra gemeint sein muß.

[186] Dazu Kaser, ZPR 151 f.

Klage finium regundorum ins Feld geführt werden[187]. Nach unserer Erklärung geht Paulus in ihnen einigen Konsequenzen der grundsätzlichen Trennung zwischen der controversia de loco und der de fine nach. Beide Stellen betreffen die controversia de loco (4,pr. ... loci unius controversia ... 5:... locum de quo quaeritur) in ihrem Gegensatz zur Klage finium regundorum.

Die Stelle 10,1,4,5 muß im größeren Zusammenhang des Zitats gesehen werden: „Si alter fundus dorum alter trium (besser: utrius[188]) sit, potest iudex uni parti *adiudicare* locum de quo quaeritur, licet plures dominos habeat, quoniam magis fundo quam personis *adiudicari* fines intelleguntur: hic autem cum fit adiudicatio pluribus, unusquisque portionem habebit quam in fundo habet *(et)* pro indiviso[189]

(6) Qui communem fundum habent, inter se non condemnantur: neque enim inter ipsos accipi videtur iudicium

(7) Si communem fundum ego et tu habemus et vicinum ego solus, an finium regundorum iudicium accipere possimus? Et scribit Pomponius non posse nos accipere quia ego et socius meus in hac actione adversarii esse non possimus, sed unius loco habemur.

§ 5 ist in der überlieferten Form — trium statt utrius — weit schwerer verständlich[190]. Ein starkes Argument für das (durch das bei den Gromatikern überlieferte „utrum“ ohnehin gestützte) „utrius“ ergibt der größere Zusammenhang: Im § 7 wird für den entsprechenden Fall „si communem fundum ego et tu habemus et vicinum ego solus“ — die Möglichkeit der Klage finium regundorum abgelehnt, hier im § 5 aber die Grenzkontroverse „de loco“ den in der gleichen Situation befindlichen Kontrahenten zugestanden. — Bei dieser Lösung ist mit „adiudicare“ die Entscheidung der controversia „de loco“ gemeint, d. h. der *rei vindicatio.* Dieser an sich seltene Wortgebrauch[191] wird mit der Erklärung „quoniam magis fundo quam personis fines adiudicari intelleguntur“ verständlich, da die Grenzkontroverse de loco eben auf kontradiktorischen Grenzbehauptungen beruht. — Im übrigen wird die Gedankenfolge mit dieser Konjektur glatt. Spricht der Richter den umstrittenen Grenzstreifen dem gemeinsam besessenen Grundstück zu, so bekommen die Teilhaber die ihrem Anteil am fundus entsprechende portio pro indiviso. Das wird im fälschlich abgetrennten § 6 ausführlicher erläutert. — Der § 7 bringt dann den Gegensatz. Eine actio in rem kann von einem Teilhaber gegen die societas angestrengt werden, nicht aber eine actio personalis.

[187] Karlowa 142 f. Arangio-Ruiz 8 ff. Broggini, Iudec arbiterve 166, Anm. 20. Kaser 91. — Für die controversia de loco (die er allerdings als eine Form der Klage finium regundorum betrachtet) Rudorff 377 f. Grom. Inst. 444, Anm. 540.

[188] „utrum“ im Text der Gromatiker (277, 12 La)

[189] Im allgemeinen wird mit „et pro indiviso“ der *§ 6* begonnen. Richtiger ist auch hier die Abtrennung des Textes in den gromatischen Schriften. (277, 7) (Die „portio pro indiviso im Gegs. zur certa pars fundi erwähnt z. B. D. 21, 2, 1.)

[190] Eine mögliche Lösung sehe ich nur unter der Annahme, daß Paulus hier das Nebeneinander einer schwebenden Grenzkontroverse mit einer Teilungsklage bespricht. Das Ergebnis wäre allerdings, daß er hier komplizierte Zuordnungsprobleme mehr andeutet als wirklich löst. — Sollte es sich aber (wie allgemein angenommen) um eine adiudicatio de fine regundo handeln, so könnte die Stelle umgekehrt spätestens hinter „intelleguntur“ beendet werden, denn dann geht den für die Grenzscheidung bestellten Iudex das Problem, wie die Eigentümer sich über die Aufteilung des erhaltenen Streifens einigen, nichts mehr an. Auch die ersten Worte „si alter fundus duorum, alter trium sit“ wären dann so überflüssig wie der Schluß.

[191] Vergl. dazu die von Kaser, Symbolae p. 101 ff. angeführten Beispiele. Kaser ordnet diese Stelle p. 94 Anm. 1 allerdings bei der a.f.r. ein, obwohl Paulus schreibt „locum de quo quaeritur“.

Aus dem gleichen Gegensatz erklärt sich die mehrfach umrätselte zweite Stelle 10, 1, 4pr. (23 ed)

„... sed et loci unius controversia in partes rescindi adiudicationibus potest, prout cuiusque dominium in eo loco iudex compererit."

Während Rudorff diese Stelle richtig für die controversia „de loco" in Anspruch genommen hatte, verstehen Karlowa und Kaser sie so, als ob hier nicht der Grenzverlauf im ganzen, sondern nur an einer Stelle (loci *unius* controversia) umstritten sei. Auch hier hätte er durch Adjudikationen geklärt werden können. Aber ist das nicht selbstverständlich, und mußte Paulus — um diesen Sonderfall zu beschreiben — gerade den doch etwas anderes meinenden Begriff der controversia loci wählen?

M. E. muß die Stelle ganz anders erklärt werden. Sie ist sicher aus dem Zusammenhang gerissen. („... sed et ...") Im 23. Buch des Paulinischen Ediktskommentars waren alle Teilungsklagen besprochen, die Darstellung war nicht streng zwischen den einzelnen Klagen getrennt, sie erwähnte Gemeinsamkeiten, faßte übergreifende Aspekte zusammen. Der Zusammenhang an dieser Stelle wird rekonstruierbar, wenn man die adiudicationes nicht als solche einer a.f.r., sondern als die einer genuinen actio divisoria auffaßt. — Das ist deshalb nötig, weil nicht der locus, sondern — was nie recht beachtet wird — die controversia selbst durch die adiudicatio aufgeteilt wird. Das Problem liegt in der Möglichkeit einer Teilung bei einer *schwebenden* controversia de loco. D. h. Das Ergebnis der adiudicatio etwa eines iudicium fam. herc. besteht in der Vervielfältigung dieser schwebenden controversia, „prout cuiusque dominium in eo loco iudex compererit". Der Gegensatz steht in D. 10, 2, 48., wo die Möglichkeit der Aufteilung einer schwebenden Teilungsklage abgelehnt wird („si familiae herciscundae vel communi dividundo *vel finium regundorum* actum sit et unus ex litigatoribus decesserit pluribus heredibus relictis, *non potest in partes iudicium scindi*, ... usw."). Stammte dies Zitat nicht aus einem anderen Werk des Paulus, so könnte man versucht sein, 10, 1, 4, pr. hier unmittelbar folgen zu lassen. Jedenfalls aber ist der Gedanke auch hier zu ergänzen: eine schwebende controversia de loco kann durch die adiudicationes eines iudicium divisorium sehr wohl in mehrere controversiae de loco zerlegt werden, die Klage finium regundorum aber nicht.

Die Paulusstellen 10 1, 4pr. und 5 scheiden also als Beleg für die adiudicatio in der Klage finium regundorum aus. In 4pr. sind die adiudicationes eines genuinen Teilungsurteils gemeint, 4, 5 betrifft die adiudicatio finium in einer Grenzkontroverse „de loco". — Allerdings ist anzunehmen, daß die justinianische Kommission die Mißverständnisse der Modernen in den Köpfen der zeitgenössischen Richter durch die abrupte Zitierweise gleichfalls hervorrufen wollte, weil sie für die in den Institutionen so ausführlich besprochene adiudicatio des iudex finium regundorum keine eindeutigen Belege in den verwendeten Schriften der klassischen Autoren fand[193].

Das Ergebnis der Quellendiskussion läßt sich also kurz zusammenfassen. Neben der ausführlichen Erwähnung in den Institutionen 4, 6, 20 und 4, 17, 6 und dem gewiß interpolierten Ulpianzitat 10, 1, 2, 1 lassen sich nur die beiden Stellen im Kommentar des Gaius zum Provinzialedikt (10, 1, 3) und in dessen Institutionen (4, 42) nennen, auf welche auch die Erwähnung in der Epitome Ulpiani zurückzuführen sein dürfte. Die übrigen bisweilen für die Klage finium regundorum herangezogenen Belegstellen betreffen vielmehr die adiudicatio in einer echten

[192] Karlowa, Beiträge, 142 f. Broggini, Judex Arbiterve 166, Anm. 20 Kaser 91.

[193] Auf dem gleichen Motiv dürfte die auf Justinian zurückzuführende Veränderung von C. 3, 39, 2 beruhen. Vergl. dazu unten p. 222 f.

Teilungsklage oder die Entscheidung einer controversia de loco. Bedenkt man weiter, welche Rolle die Schriften der Gaius bei der Komposition der Institutionen Justinians gespielt haben[194], so wird man auch von dieser Seite auf ihn als den Urheber der justinianischen Theorie zurückverwiesen.

e) Die Ursachen und der Ort der Entstehung der adiudicatio in Grenzklagen

Nun muß Gaius Absichten gehabt haben, um die den genuinen Teilungsklagen eigentümliche adiudicatio auf die Klage finium regundorum zu übertragen. Sie liegen in dem Unterschied begründet, der das freie Bodeneigentum Italiens — welches das alte Civilrecht und das klassische Recht, das praetorische Edikt und die Ediktskommentare vor Augen haben — von dem einer bürokratischen Boden- und Steuerverwaltung unterworfenen Provinzland trennte.

Am eindeutigsten ist dieser Unterschied angesichts der bekannten gegliederten Katasterordnung Aegyptens faßbar[195]. Hier blieb der Boden nicht nur grundsätzlich Eigentum des Staates, auch die Grenzen der einzelnen Parzelle beruhten nicht (wie in Italien) auf einem einmaligen Akt der Zuteilung, sie wurde ständig überprüft und konnte durch die Verwaltung jederzeit neu festgesetzt werden. Die ständigen Kontrollen durch die vielen, in der Beamtenhierarchie auf relativ niedriger Stufe rangierten[196] Beamten des *ὁριοδείκτης* und des *κωμογραμματεύς* waren abgesehen von der Absicht bürokratischer Perfektion gewiß wegen der regelmäßigen Nilüberflutungen eine gegebene Notwendigkeit[197]. Lage und Maß der einzelnen Grundstücke waren im Dorfkataster *(γραφεῖον)* und im Gaukataster verzeichnet, Übertragungen nur gültig, wenn sie hier aufgenommen worden waren[198]. — Eine Überprüfung[199] — *ἐπίσκεψις* , die eine Nachmessung bedeutete, konnte auch vom Bürger, der eine Schmälerung seines Besitzes durch den Nachbarn vermutete, beantragt werden[200]. Brachte hier ein Grundbesitzer eine Grenzklage vor — es mochte sich um eine Grenzverwirrung oder um eine Grenzkontroverse „de loco" handeln — so wurde sie nicht durch Prüfung der Grenzmarkierungen im Gelände, sondern außer durch Einsicht ins Grundbuch durch Nachmessungen beigelegt, denen die Katasteraufzeichnungen und die Census-

[194] Vergl. const. „Imperatoriam" § 6

[195] Vergl. dazu ausführlicher Mitteis-Wilcken, Grundzüge und Chrestomathie der Papyruskunde, I, 176 ff. Dazu die II, 264—280 erläuterten Urkunden. Ausführlicher Déléage, Le cadastre antique jusq' au Diocoletien, Kairo 1935, p. 111 ff.

[196] Zu ihrer Rangstufe vergl. Oertel, Liturgie, 181 f. 157 ff.

[197] Vergl. vor allem: Herodot, 2, 109. Strabo 17, 1, 3.

[198] Vergl. dazu im einzelnen Mitteis, Archiv f. Papyrusforschung I, 185—199.

[199] Dazu die Urkunden in der Chrestomathie II, 232—238. Zur Rolle der ἐπίσκεψις beim Kataster Weiss, RE X, 2489. Déléage 52, 118.

[200] Vergl. dazu die von Taubenschlag, The law of the Greco-Roman Egypt in the light of the papyri, New York 1944, 192 herangezogenen Urkunden. Eine den Strafen „de termino moto" verwandte strafrechtliche Ahndung des παρορίζεσθαι fehlt in Aegypten und kann dort fehlen, weil hier Census und Katasterangaben stets eine Kontrolle des Flächeninhaltes erlauben.

angaben zugrundelagen. Hier hatten also — im Gegensatz zum italischen Boden — die öffentlichen Urkunden Vorrang vor den im Gelände aufgefundenen Grenzzeichen, und hier galt das absolute modus-Prinzip[201].

Diese Grundsätze waren bekanntlich bereits die der ptolemäischen Bodenverwaltung, und die römische Provinzregierung hatte keinen Anlaß, sie zu ändern oder die nützlichen Rechte der subalternen Verwaltungsbeamten dadurch zu schmälern, daß sie sie an die Maximen des römischen privatrechtlichen Grenzstreites band und sie darauf verpflichtete, stets die alte Grenze aufzuspüren und zu respektieren, oder indem sie gar das arbitrium ex compromisso zuließ[202]. Hätte sie es getan, so wäre das einer erheblichen Beeinträchtigung des Systems der Kontrolle der Steuereinnahmen gleichgekommen, denn die mit der ständigen Grenzkontrolle verbundene Feststellung der Grundflächen der Parzellen durch die Katasterbeamten verfolgte natürlich vor allem den Zweck, die Grundsteuer stets neu und genau zu fixieren.

Die leges 8 und 11 im Titel 10, 1 sind ein deutlicher Hinweis darauf, daß die römischen Juristen sich diesen andersartigen Verhältnissen angepaßt haben.

> 10, 1, 8 (Ulpian 6 opinionum) Si irruptione fluminis fines agri confundit inundatio ideoque usurpandi quibusdam loca, in quibus ius non habent, occasionem praestat, praeses provinciae alieno eos abstinere et domino suum restitui terminosque per mensorem declarari iubet.
> (1) ad officium de finibus cognoscentis pertinet mensores mittere et per eos dirimere ipsam finium quaestionem (ut aequum est si ita res exigit oculisque suis subiectis locis)[203]

Ulpian bzw. ein Autor des 4. Jhdt. hat hier offenbar die aegyptischen Verhältnisse im Auge[204]. Er spricht vom praeses provinciae, und bei dem Ausmaß der — häufig berichteten — Nilüberflutungen mußte ein ganzes Heer von Mensoren mit der Restitution der Landaufteilung beauftragt werden. Während die 8pr. genannte generelle ἐπίσκεψις nur die occasio usurpandi loca unterbinden sollte, behandelt der § 1 dieselbe im Fall einer finium quaestio[205], bei der der Provinzstatthalter den Mensor mit einer speziellen Nachmessung beauftragte.

Allgemeinere Bedeutung auch für andere Provinzen muß man dagegen der Entscheidung Papinians zusprechen[206].

[201] Zur geringen Bedeutung des modus-Prinzips im röm. Recht oben 93 ff.

[202] Zum Fehlen des privaten Schiedsgerichts in Aegypten vergl. Wlassak, Der Judikationsbefehl der römischen Prozesse, 253.

[203] Von Krüger, gewiß zutreffend, als späterer Zusatz ausgeschieden.

[204] Die Beziehung des Ulpianzitates auf Aegypten stellte schon Rudorff, a.a.O. 364 fest. — Fr. Wieacker weist mich darauf hin, daß die „opiniones" Ulpians wahrscheinlich erst dem 4. Jhdt. angehören.

[205] Dieser gegenüber der a.f.r. allgemeinere Ausdruck ist von Ulpian und ebenso von Papinian 1.11 offenbar absichtlich gewählt: Wo Flächen und Katasterangaben zugrundegelegt werden, fallen die Klagen „de fine regundo" und die Grenzkontroverse „de loco" in einer Gruppe zusammen bzw. sie werden nach derselben Methode entschieden, nämlich durch die Nachmessung der Fläche.

[206] Das ergibt sich schon daraus, daß Diokletian dieser Entscheidung später durch eine (vermutlich gleichlautende) Konstitution generelle Gültigkeit verlieh. (dazu unten p. 222 f.)

10, 1, 11 (2 respons.) In finalibus quaestionibus vetera monumenta, census auctoritas ante litem incohatam ordinati sequenda est, modo si non varietate successionum et arbitrio possessorum fines additis vel detractis agris postea permutatos probetur.

In diesem äußerst wichtigen Urteil wird also in quaestiones finales — sie bedeuten Grenzkontroversen sowohl de fine wie de loco — der Vorrang den öffentlichen Urkunden gegeben, die beim Provinzialcensus oder bei der — oft schon am Beginn der Kaiserzeit erfolgten — Aufnahme der Fläche und der Bonität der einzelnen Grundstücke ausgefertigt wurden. Sie galten nur dann nicht, wenn gegenüber den hier verzeichneten Flächen eine durch Erbgang, Übereinkommen zwischen den Nachbarn oder Verkauf verursachte Grenzänderung nachgewiesen wurde. D. h.: brachte ein Provinzialer eine quaestio finalis vor, so mußte er damit rechnen, daß sein Land auf das in den Urkunden verzeichnete Flächenmaß gebracht wurde, sofern er nicht die vorhandenen Abweichungen durch den Nachweis ihrer Ursachen begründen konnte.

Diese Entscheidung zeigt vor allem, wie der Einfluß der Finanzverwaltung gestiegen ist. Man kann die Frage nicht leicht entscheiden, ob nicht wenigstens in den kaiserlichen Provinzen und in der späteren Kaiserzeit derartige Fragen überhaupt nicht mehr vor dem Provinzstatthalter, sondern vor dem procurator vorzubringen waren, dem die Censusregister und die tabularia und vor allem auch die in diesen tabularia angestellten Mensoren unterstanden, die die Entscheidungen in Grenzkontroversen auszuführen hatten[207]. Doch auch wenn der Statthalter hier zuständig blieb, so war er doch auf diese Urkunden und auf das in der Finanzverwaltung angestellte Mensorenpersonal angewiesen, denn in den Provinzen fehlte der Stand unabhängiger Gutachter mit agrimensorischen Kenntnissen, mit dem der Gerichtsherr noch in der frühen Kaiserzeit in Italien rechnen konnte und an den sich z. B. noch die Lehrschriften der klassischen Autoren des Corpus agrimensorum gewandt hatten.

In Italien hingegen dauerte die Trennung zwischen der Klage „de fine" und der Grenzkontroverse „de loco" fort: Paulus bespricht sie (wie gezeigt) im Kommentar zum auf Italien zu beziehenden Edictum perpetuum. Da ferner manche der klassischen Juristen die reine Klage finium regundorum auch in den Provinzen zulassen[208] und auch Appuleius — ein Provinzialer aus Afrika, der Griechenland kannte und Aegypten bereist hatte — beide Grenzkontroversen voneinander trennt[209], wird man annehmen müssen, daß die beide vereinende quaestio finalis erst im Laufe der Zeit und auch nur in einzelnen Provinzen zugelassen wurde.

[207] Dazu p. 168 ff.

[208] *Frontin* 36 (La) Ebenso Paulus 10,1,4,9 (23 ed.) D. 47,7,5,2 (9 ad Sab.) zwar mit Bezug auf den *ager vectigalis,* doch müssen damit auch die Gebiete der Provinzen gemeint sein.

[209] Apuleius, Metamorphosen VI,138 (Das Mädchen und der in einen Esel verwandelte Lucius wollen in verschiedene Richtungen gehen:) „ad quoddam pervenimus trivium. Sic nos, *diversa tendentes,* (d. h. „auseinanderstrebend") et in causa finali de proprietate soli, immo viae herciscundae contendentes, deprehendunt ipsi latrones" Rudorff, a.a.O. 368 versteht hier nicht den doppelten Witz der von Apuleius so geschätzten Wortspielerei, wenn er schreibt: „Wegen dieser zwiefachen Rücksicht auf das Eigentum an dem Grund-

Gaius selbst wird man für diese Abwandlung nicht verantwortlich machen dürfen. Eher hat man wohl in der Zulassung der Möglichkeit der adiudicatio in Grenzkonflikten eine Besonderheit des edictum provinciale zu sehen, in dem sie allerdings — wie die dem Ediktskommentar des Gaius entnommene Stelle D. 10, 1, 3 zeigt — vorgesehen war. Wenn Gaius sie 4, 42 im Zusammenhang seiner summarischen Aufzählung aller möglichen Bestandteile der Formel gemeinsam mit den Teilungsklagen aufführt, so erklärt sich das leicht daraus, daß Gaius die Judikationsmodalitäten in den Provinzen jedenfalls besonders vertraut waren[210] und daß er keinen Anlaß hatte, diese für sein Thema ganz unwichtige Abweichung der provinzialen quaestiones finales vom praetorischen Edikt hier ausführlich zu erklären.

Es ergibt sich also, daß die von Gaius 4, 42 zitierte Adiudicationsformel „quantum adiudicari oportet iudex Titio adiudicato" nur in den Provinzgebieten möglich war, in denen nicht die reale Begrenzung, sondern der amtlich festgestellte Flächeninhalt der Grundstücke die Entscheidungsgrundlage darstellte. Dieses Prinzip muß sowohl für die bloße Grenzverwirrung wie für kontroverse Grenzbehauptungen gegolten haben, der beiden gemeinsame Oberbegriff war der der quaestio finalis oder der quaestio finium, den Ulpian und Papinian in ihren die Provinzen betreffenden Entscheidungen 1. 8 und 11 verwenden.

f) Die Grenzklage und die adiudicatio in der Spätzeit

Im vierten und fünften Jahrhundert ist die quaestio finalis, zu deren Entscheidung die Katasterurkunden und Censusaufnahmen herangezogen wurden, wieder aus der Rechtsprechung verschwunden, und an ihre Stelle tritt die ausschließliche Beschränkung der Klage finium regundorum auf den Grenzstreifen von 5 Fuß. — Die wichtigste Ursache dieses Wandels liegt vermutlich im Untergang einer Bodenverwaltung, die die Flächen der Territorien und Parzellen noch in hinreichender Genauigkeit aufzunehmen oder nachzuprüfen imstande gewesen wäre[211]. Damit

stück und an dem streitigen Teil wird diese Klage in ungenauer Rede und bei nichtjuristischen Schriftstellern nicht selten geradezu eine Vindikation genannt." Apuleius meint vielmehr, daß die causa finalis nicht eine solche „de proprietate" sei, ja er steigert den Widerspruch, um ihn offenkundig zu machen, noch durch den — in sich unsinnigen — Begriff des Streites viae (statt familiae) herciscundae.

[210] Namentlich in den ersten Büchern hatte er oft den Unterschied zwischen dem Recht in den Provinzen und dem in Italien hervorgehoben. Vergl. Inst. I, 6. 20. 98 — 102. 134. 183. 198. II, 7. 21. 24. 27. 31. 46. 63. — Im vierten Buch fehlen diese Vergleiche, ein derartiger Hinweis wäre an dieser Stelle also auch aus dem Grunde nicht zu erwarten. Zum Streit über die These Mommsens „Gaius als Provinzialjurist" (Ges. Schr. II, 26 ff. Dagegen ausführlich W. Kunkel, Herkunft und soziale Stellung der römischen Juristen, 190 ff.) verhält sich diese offenkundige Vorliebe des Gaius für die Erwähnung des Provinzialrechtes noch neutral. Sie muß nicht für Mommsens These sprechen. Vergl. aber auch oben 156 f.

[211] Der Vorgang läßt sich nicht im einzelnen darstellen, doch zeigt schon der Rückgang der Bildung der Feldmesser, wie ihn die späteren Teile des agrimensorischen Corpus offenbaren, daß ihnen die komplizierten Flächenmessungen und überhaupt der Umgang mit der Groma nicht mehr geläufig ist.

steht das völlige Verschwinden des Modus-Prinzips, dem ohnehin auch im klassischen Recht nur eine Nebenrolle zugekommen war, aus dem Recht der Konstitutionen in einem engen Zusammenhang[212]. Sowohl im privaten Liegenschaftsverkehr wie in den Grundstücksverzeichnissen der Verwaltung scheint es nur noch die fundi, casae, massae praedia und dergl. zu geben, für die die einfachen Grundsätze der „iugatio-capitatio“ Diocletians galten.

Weil es also nur noch in ihrem Flächeninhalt roh und ungenügend erfaßte Grundstücke gab, hat die Rechtsprechung des vierten Jahrhunderts nur noch unterscheiden können zwischen dem auf die Breite des Grenzstreifens beschränkten iurgium finale und der größeren controversia de loco, die als ein um eine bestimmte Parzelle geführter Eigentumsprozeß betrachtet wurde. Noch Konstantin hat diese Klassifizierung — anscheinend nach anfänglicher Unsicherheit[213] — 331 erneut festgelegt und den Streit, wie besprochen, im geringeren Fall den als arbitri bezeichneten Mensoren, im größeren der Judication des praeses provinciae überwiesen.

Nicht ohne weiteres verständlich ist die wichtige Konstitution vom 26. 7. 385, in der das Usucapionsverbot für den Grenzstreifen von 5 Fuß aufgehoben wird. C. T. 2. 26. 4

> „Quinque pedum praescriptione submota finalis iurgii vel locorum libera peragatur intentio. Sola sit igitur huiusmodi litibus una praescriptio, quae improbi petitoris refrenare possit invidiam, si veteribus signis limes inclusus finem congruum erudita arte praescribit. — Nec vero prolixioris temporis in huiusmodi iurgiis locum habebit ulla praescriptio, cum diuturno otio alienum rus qui se asserat diligentius coluisse, quando omne huiusmodi iurgium solo praecipimus iure discingi, quo artis huius peritis omnem sub fideli arbitrio commisimus notionem.“

Zum Text: Der als Einrede des in einer controversia de fine oder de loco Beklagten vorgebrachte Hinweis auf das bisher angenommene — wenn auch nach der neuen Entscheidung an sich nicht mehr gültige — Usucapionsverbot der Grenze wird dadurch beseitigt, daß dies Verbot aufgehoben wird mit der Ausnahme der Fälle, in denen dieser Streifen auch als limes, als breiterer Grenzweg seit alters gekennzeichnet ist. Nun ist bei dieser Neuerung, die jedem Nachbarn den — in einem iurgium finale durchzusetzenden („in huiusmodi iurgiis“) — Anspruch auf einen halben Grenzstreifen eröffnet, die *Spitzfindigkeit* auszuschließen, daß eine Partei behauptet, sie habe bereits den ganzen Grenzstreifen „diuturno otio diligentius coluisse“ und er stehe ihr also nach der praescriptio longi temporis zu. Da aller-

212 Zur subsidiären Rolle des modus-Prinzips in den Klagen des klassischen Rechtes vergl. oben p. 149 ff. Beim Verkauf tritt an die Stelle der modus-Angabe die demonstratio finium. In den Konstitutionen des Codex Theodosianus fehlt fast jeder Hinweis auf den modus agri. Nach dem Ausweis des Index kommt der Begriff nur 2,26,2, 5,11,8, 13,11,10 vor. Die letzte Stelle spricht allgemein von zu großen Landanweisungen an die ins Imperium eingewanderten Völker. (395 n. Chr.) 2,26, 2 betrifft die Bestrafung eigenwilliger voreiliger Grenzkorrektur. Nur 5,11,8 enthält einen kleinen Hinweis: Zu geringe professio beim emphyteutisch bebauten Land. Nach drei Jahren ist die volle „pensitatio iugationis“ erforderlich.

213 CT 2, 26, 2 spricht noch von einer „finalis quaestio“, meint aber damit jedenfalls auch eine den Streifen von 5 Fuß überschreitende controversia. (317 v. Chr.) 2, 26, 1 spricht allgemeiner von einer quaerimonia, „quae finali cohaeret cum proprietate controversiae“. 2, 26, 3 bringt die endgültige Klassifizierung mit der Bezeichnung der für den Streit zuständigen Behörden. (331 n. Chr.)

dings die einfachen arbitri und Mensoren dieser Zeit mit derartigen Urteilen offenbar überfordert sind, wird die Judikation der mit dieser Neuerung entstehenden Prozesse den iudices (in Abweichung vom Grundsatz der vorhergehenden Konstitution) zugewiesen[214].

Die von den Richtern bei der Aufhebung des Grenzstreifens gefällten Urteile müssen Adiudicationsurteile gewesen sein. Die Vermutung liegt nahe, daß in dieser Zulassung der Adjudikation eine Wirkung der Institutionen des Gaius und der von ihm abhängigen im Rechtsunterricht verwendeten Schriften zu sehen ist. Denn der Ausschluß der Ersitzungsfrist, den sie betonen[215], wird nun auch für die iurgia finium regundorum in der bekannten späteren, die Fristen für Ersitzung und Klageverjährung regelnden Konstitution Valentinians ausdrücklich erwähnt[216].

CT 2, 26, 5. (4. XI. 392) Cunctis molitionibus et manchinis amputatis finalibus iurgiis ordinem modumque praescripsimus ac de eo tantum spatio, hoc est pedum quinque, qui veteri iure praescripti sunt, sine observatione temporis arbitros iussimus iudicare. Quod si loca in controversiam veniant, solemniter de his iudices recognoscent; et seu civilis seu criminalis actio competet, tribuetur ita ut causa cognita et redhibitioni obnoxius decernatur nec poenam convictus aufugiat.

Diese sieben Jahre später ergangene Konstitution bedeutet nicht die *Aufhebung* der früheren[217], das Usucapionsverbot bleibt aufgehoben. Nur sind jetzt wieder die arbitri berechtigt, diese neuartigen iurgia finalia zu entscheiden, sei es, weil die meisten derartigen Prozesse erledigt waren, sei es, weil ihre Klärung sich als unproblematisch herausstellte. Im übrigen bleibt die von Konstantin festgelegte Trennung zur Klage „de loco" erhalten, auch die Besonderheit des crimen „de termino moto" wird erwähnt.

An den Änderungen, die Justinian an diesen beiden Konstitutionen vornahm, zeigt es sich, daß die in den Institutionen 4, 17, 6 und 4, 6, 20 vertretenen Grundsätze tatsächlich im wesentlichen als justinianische Neuerungen anzusehen sind. Während er 2, 26, 4 mit dem ersten Satz (bei „intentio", C. J. 3, 39, 5) beendete, formte er C. T. 2, 26, 5 in C. J. 3, 39, 6 völlig um:

[214] Rudorff, 400, mißversteht den Schluß dieser Konstitution, wenn er sagt, die arbitri seien in ihr für alle Klagen — de fine und de loco — für zuständig erklärt worden. Ferner bezieht er die Aufhebung auf den Streifen überhaupt, nicht nur auf das Usucapionsverbot. Deshalb nimmt er an, daß diese Konstitution überhaupt die Klagen „de fine" und die „de loco" vereint habe. Kritisch dagegen Karlowa 154 ff. der aber seinerseits das hier dreimal verwendete Wort praescriptio nicht richtig im Sinn von „temporis praescriptio" versteht. Es muß in den beiden ersten Verwendungen einfach den Sinn von „Vorschrift" haben. (so auch Jac. Gothofredus ad h. l.) Nur die letzte Verwendung ist merkwürdigerweise auf die spezielle Bedeutung der „temporis praescriptio" eingeengt. — Anders jetzt D. Simon, Untersuchungen zum justinianischen Zivilprozeß, München 1969, 91, Anm. 100.

[215] lib. sg. XIX, 16 . . . si iudex rem aliquam adiudicaverit, statim illi adquiritur.

[216] CT 4, 14, 1 pr. (14. 11. 424 n. Chr.), nam petitio finium regundorum in eo scilicet quo nunc est iure durabit . . . Dazu jetzt Dieter Nörr, Die Entstehung der longi temporis praescriptio, Düsseldorf 1968, 104. — Justinian 7, 39, 3 hat diesen Satz gestrichen, da er für die neue generelle quaestio finalis die Ersitzungsfrist von 30 Jahren vorschrieb. (Vergl. dazu unten p. 217)

[217] So Rudorff 401. Broggini, a.a.O. Kaser 100. Richtiger Karlowa 156 f.

„Cunctis molitionibus et machinis amputatis decernimus in finali quaestione non longi temporis, sed triginta tantummodo annorum praescriptionem locum habere."

Der Begriff der quaestio finalis umgreift also wiederum, wie bei Ulpian und Papinian, die Klage finium regundorum und die Grenzkontroverse de loco, die man zweihundert Jahre hindurch so streng voneinander getrennt hatte. Für beide gilt nun die adiudicatio, sie wird lediglich durch die — hier nur als zukünftige Ersitzungsfrist verstandene — praescriptio triginta annorum gemildert.

Die Neuerung Justinians ist äußerst gewaltsam. Richtschnur für die adiudicatio sind nun nicht mehr die alten Urkunden, Katasteraufnahmen und Censusaufzeichnungen[218], die in den quaestiones finales der Provinzen zugrundegelegt wurden und die wie gesagt auch die Erwähnung der adiudicatio bei Gaius 4, 42 erklären. Hatte sie damals den Zweck, die reale Fläche mit dem amtlich verzeichneten Flächeninhalt in Übereinstimmung zu bringen, so darf sich der Grenzrichter jetzt auch außerhalb des Grenzstreifens von 5 Fuß Breite gestatten, eine neue Grenze zu ziehen, „si evidentioribus finibus distingui agros commodius sit quam olim fuissent distincti"[219]. — Es ist nicht auszuschließen und sogar wahrscheinlich, daß er mit dieser großen Freiheit zu Ermessensentscheidungen, wenn nicht gar zu willkürlichen Urteilen eben die als arbitri fungierenden Mensoren ausstattete, deren Tätigkeit — ihrem damals recht geringen Bildungsstand entsprechend[220] — bisher auf die unbedeutenden Urteile im Rahmen des Grenzstreifens eingeschränkt worden war[221].

Die wichtigste Konsequenz der Neuerung Justinians liegt in der Übernahme der in den Teilungsklagen mit der adiudicatio eng verbundenen condemnatio in den Bereich der quaestio finalis. Mit ihr hat er sich am weitesten von den Grundsätzen der alten Klage finium regundorum entfernt. Eine derartige condemnatio war selbst bei den durch Katasterurkunden und Censusangaben begründeten Adiudicationsurteilen unnötig, für sie gibt es keinen echten klassischen Beleg. Justinian hat sie im Titel 10, 1 an zwei Stellen interpoliert[222] und sie in einer merkwürdigen Weise

[218] Vergl. dazu vor allem die offenbar auf Justinian zurückzuführende sinnentstellende Veränderung des Papinianzitates 10,1,11 in CJ 3,39,1 besprochen im Excurs p. 221 f.

[219] Inst. 4, 17, 6.

[220] Man denke an die Primitivität der Klassifizierung der „casae literarum", an die „Illustrierung" der klassischen Schriften des Corpus agrimensorum, an den weitschweifigen und etwas nichtssagenden Kommentar des sogenannten Aggennius urbicus zum Frontin — Produkte, die dem den Mensoren im fünften Jahrhundert erteilten Unterricht entstammen —, wenn man sich den intellektuellen Leistungsgrad dieser Schüler vergegenwärtigen will.

[221] Bei entgegengesetzter Annahme müßte man aus der Konfundierung der bisher getrennten Klagen f.r. und de loco folgern, daß die Mensoren nunmehr überhaupt aus der Judikation verschwanden. — Allgemein wirft Prokop, Anekdota 11, 1—2 dem Justinian vor, er habe im Gesetzwesen und in den Ämtern in unmäßiger Weise neue Kompetenzen zugeteilt.

[222] D. 10, 1, 2, 1 b („et si forte — condemnationem") ist offenbar interpoliert. Nach Beseler, Beitr. 3, 68; 4, 125 sogar der ganze § 1. — Einen Hinweis darauf gibt wieder die vielleicht bessere Überlieferung des Titels „finium regundorum" in den Feldmesserschriften (276 La), die diesem Teil b eine neue Inscription gibt. (Paulus 23 ed.) Ebenso ist 10, 1, 3 b schon aus offenkundigen sprachlichen Bedenken äußerst verdächtig (Beseler ebd.) „quo nomine is cui adiudicatur invicem pro eo quod ei adiudicatur certa pecunia condemnandus est."

dadurch zu stützen versucht, daß er im Anschluß an diese Stellen mehrere Belege aus dem Ediktskommentar des Paulus anführte, die wie eine Bestätigung der Kondemnationsbefugnis des Grenzrichters aufgefaßt werden konnten, in Wirklichkeit jedoch ganz heterogene Kondemnationen zum Gegenstand hatten, die mit der Adjudicatio überhaupt nicht im Zusammenhang standen[223]. Dies Ergebnis überrascht uns nicht mehr, nachdem wir gesehen haben, daß Justinian in diesem Titel auch zwei Entscheidungen anführte, in denen er eine ganz anders gemeinte adiudicatio so zitierte, daß man sie als eine vom Grenzrichter ausgesprochene ansehen mußte[224].

Schließlich hat man wohl die durchgreifenden Neuerungen Justinians im Bereich der Grenzklage auch verantwortlich zu machen für die angesichts der Bedeutung und der Häufigkeit der Grenzklage in klassischer Zeit überraschende Spärlichkeit der im Titel 10, 1 mitgeteilten Entscheidungen überhaupt: Das Meiste wurde vermutlich weggelassen, weil es mit den Neuerungen nicht vereinbar war. Eine Ursache der justinianischen Vereinfachung mag darin zu suchen sein, daß in der justinianischen Kodifikationskommission tätigen Rechtsprofessoren sich enger an die im Rechtsunterricht viel benutzten Institutionen des Gaius anschlossen als an die Rechtsprechung der Konstitutionen des 4. und 5. Jahrhunderts, ohne daß ihnen noch gegenwärtig war, in welcher Feinheit in der Kaiserzeit der Provinzboden fiskalisch nach Fläche und Qualität erfaßt war. Sie sahen also nicht mehr, an welche — von Gaius nicht erwähnten — Voraussetzungen die adiudicatio in den quaestiones finales ursprünglich geknüpft war.

Es bleibt noch zu erwähnen, daß sich diese Neuerung Justinians offenbar nicht erhielt. K a r l o w a weist hin auf ein Scholion zu den Basiliken, welches wiederum deutlich die auf den Streifen von 5 Fuß begrenzte Klage finium regundorum von der größeren Grenzkontroverse trennt, die einer actio in rem und einer vindicatio gleichkomme. Es behält also die Trennung aufrecht, die Justinian gerade beseitigen wollte[225].

6. ZUSAMMENFASSUNG

Die herrschende Meinung betrachtet die Klage „finium regundorum" als eine Spezies der Teilungsklagen, denen sie bereits von Anfang an beigeordnet worden

[223] § 1: Beide Parteien müssen den zur Entscheidung oder als Gutachter bestellten Mensor nach Anteilen bezahlen. Hat von den — an sich gleichgestellten — Parteien nur eine ihn bestellt, so wird die andere zu deren Entschädigung „in partem mercedis" condemniert.

§ 2: Bei Grenzveränderung durch das Urteil „finium regundorum" besteht ein Anspruch auf die „fructus post litem contestatam percepti", für die früher geernteten ist eine besondere Klage notwendig. (condici oportet. dazu auch 10, 2, 56)

§ 3: Hier ist die Tendenz noch deutlicher: si quis iudici non pareat im succidenda arbore vel aedificio in fine posito deponendo parteve eius condemnabitur. (Dazu Arangio Ruiz 23 ff.)

§ 4: Erwähnung des crimen der „termini deiecti vel exarati".

[224] Vergl. oben p. 209 f. zu 4 pr und 5 f. h.t. Auf einem ähnlichen Motiv beruht die Abwandlung von 3, 39, 2. vergl. dazu Excurs p. 222 f.

[225] Karlowa S. 159 f. Hinweis auf Obss. iuris Graeco Romani pars I p. 54. (Heimbach)

sei. Sowohl im in der Frühzeit für diese Klagen gewählten Verfahren — der l. a. per iudicis arbitrive postulationem — wie in dem dem iudex vom Gerichtsherrn erteilten Auftrag zur adiudicatio sieht sie die typischen Elemente, ferner glaubt sie, die Klage finium regundorum sei nur für zwischen den Nachbarn bestehende Differenzen innerhalb des 5 Fuß breiten Streifens angewendet worden, wenn auch die in der Form der Grenzklage ausgetragene controversia de modo — in der die Grenze nach der Nachmessung des Flächeninhaltes der benachbarten Grundstücke festgesetzt wurde — zu einer gewissen Modifikation dieser Beschränkung führen muß. Wir glauben, daß hier aus heterogenen Elementen ein Bild der Grenzklage gegeben ist, das weit mehr mit dem der späteren Kodifikationen als mit Entstehung, Geschichte und Zweck der Klage in Einklang steht.

Die Entstehung der in den XII Tafeln geschaffenen Klage muß aus dem seit der Königszeit unverhältnismäßig hart geahndeten Delikt „de termino moto" erklärt werden. Nach Inhalt und Verfahren läßt sie sich am besten als eine ans Recht gebundene Methode verstehen, mit der sich Grenzveränderungen verhindern oder beseitigen ließen, die auf unklärbaren oder strafrechtlich unerheblichen Ursachen beruhten. Sie wurde anfänglich nicht vor dem Magistrat, sondern in einem halbprivaten Verfahren von „arbitri ex compromisso" entschieden, nur im Fall des Ungehorsams einer Partei wurde die stipulierte Strafsumme vor dem Praetor eingeklagt. Die Aufgabe der drei arbitri bestand in der Wiederherstellung der alten Grenze sowie in der Fixierung des vom Gesetz auf eine Breite von fünf Fuß festgelegten Grenzstreifens, das ihn betreffende alte Usucapionsverbot diente gleichfalls dem Schutz der Termini. — Die Klage liegt im Umkreis einer ganzen Reihe von nachbarrechtlichen auf die praedia rustica bezogenen Bestimmungen dieses Gesetzes, zu denen neben weiteren auf den Schutz des confinium bezogenen Anordnungen auch die Klage „aquae pluviae arcendae" und besondere Servitutrechte gehören. — Neben diesem iurgium de fine regundo entwickelte sich die Grenzkontroverse de loco. Sie war als vindicatio in jedem Fall vor dem Magistrat auszutragen, ihr relevanter Unterschied zu jener Klage lag darin, daß die Parteien kontroverse Grenzbehauptungen aufstellten und damit einen Anspruch auf das zwischen diesen Grenzen liegende Grundstück erhoben. Die Parteien der Klage finium regundorum vermieden dagegen den kontroversen Anspruch, sie baten gemeinsam um eine Restitution der Grenze.

Ins praetorische Edikt kam die Klage wahrscheinlich im Zusammenhang mit der lex Mamilia, als seit der lex Aebutia und der Einführung des Formularverfahrens die Möglichkeit ihrer Aufnahme bestand und als sich aus politischen und technischen Gründen (Assignationen in weit von Rom entfernten und oft enteigneten Gebieten, Interpretation von Termini im centuriierten Land) die Notwendigkeit ergeben konnte, statt des privaten dreiköpfigen Schiedsgerichts einen vom Magistrat bevollmächtigten arbiter zu fordern. Das Nebeneinander des öffentlichen — später vermutlich nur vom Lokalmagistrat bestellten — und des privaten arbitrium hat sich bis in die Kaiserzeit erhalten. Im System des Edikts wurde die Klage finium regundorum deshalb hinter den Teilungsklagen eingeordnet, weil sie als das Ersuchen zweier sich nicht kontrovers gegenüberstehender Parteien um die

Klärung einer Grenzverwirrung aufgefaßt wurde und so mit ihnen die für die Gestaltung der Formel wichtige Eigenschaft teilte, daß sie nicht zwischen einem Kläger und einem Beklagten unterschied.

Wie sich an den erhaltenen, zwischen Privatleuten und vor allem zwischen Gemeinden gefällten Urteilen zeigt, beschränkte sich die Aufgabe des Richters darauf, die Grenze von Terminus zu Terminus zu beschreiben. Eine Adjudication wurde auch in den Fällen nicht ausgesprochen, in denen der alte Grenzverlauf nicht mehr zu ermitteln war und deshalb nach Gutdünken im Einvernehmen mit den Parteien festgelegt werden mußte.

Daneben erhielt sich der Gegensatz zur in kontroversen Grenzbehauptungen bestehenden controversia de loco — er ist in den internationalen arbitria deutlicher als in den privaten faßbar —, sie galt nur dann als controversia de fine, wenn sie sich innerhalb des 5 Fuß breiten Grenzstreifens bewegte.

Ihre eigentliche Umwandlung erfuhr die Grenzklage in den Provinzen in der Form der controversia de modo, in der bei einer Nachmessung der amtlich festgestellte oder zugesicherte Flächeninhalt einer Parzelle wieder hergestellt wurde. In den centuriierten, den Veteranen assignierten Gebieten Italiens war eine derartige Form der Grenzklage zwar zugestanden, sie scheint aber — da die Flurkarte nicht wie ein Kataster in Ordnung gehalten wurde — bald ungebräuchlich geworden zu sein. In den Provinzen waren die Grundstücke nach Flächeninhalt und Bodenqualität bei der Censusverwaltung erfaßt, beamtete Mensoren standen in ihrem Dienst. In Aegypten hatte die Judication in Grenzfragen stets in den Händen dieser fiskalischen Verwaltung gelegen, in den anderen Provinzen scheint sie sie im Laufe der Kaiserzeit — der Prozeß ist im einzelnen nicht klar zu erkennen — bekommen zu haben. Hier wurden die Grenzkontroversen „de loco" und „de fine" zur „quaestio finalis", verbunden, Material und Personal der Censusverwaltung halfen bei ihrer Entscheidung. Um die Interessen dieser Verwaltung zu wahren, scheint man im Provinzialedikt die — an sich völlig heterogene — Adjudicationsbefugnis des in den Teilungsklagen bestellten Richters auf die Klage finium regundorum übertragen zu haben, und von hier fand sie Eingang in die Institutionen des Gaius (4, 42).

Im nachklassischen Recht des vierten und fünften Jahrhunderts ist diese quaestio finalis wieder verschwunden, es bleibt die einfache Distinktion, nach der Grenzkontroversen innerhalb des Grenzstreifens als iurgia finalia von arbitri, größere Grenzkontroversen „de loco' dagegen von iudices abgeurteilt werden. Theodosius hebt 385 das Usucapionsverbot des Grenzsteifens auf. Die adiudicatio des arbiter finium regundorum bekam nur bei der Aufhebung dieses Verbotes eine beschränkte Bedeutung. Das änderte sich erst, als Justinian in seinen Institutionen die von Gaius erwähnte Adjudicationsbefugnis wieder aufnahm, obwohl zu seiner Zeit genaue amtliche Flächenangaben nicht mehr vorlagen. Er hat die Adjudication durch die Kondemnationsbefugnis, durch die Vereinigung der Klagen de fine und de loco und durch die ausgesprochene Ermunterung, unpraktische alte Grenzen durch einfachere neue zu ersetzen, ganz bedeutend erweitert.

Die Auswahl und auch die Verfälschung des in den Kodifikationen Justinians zusammengetragenen Materials erklären sich erst auf dem Hintergrund dieser seiner vereinfachenden Neuerungen und Entstellungen. Die Veränderungen im Titel 3, 39 des Codex lassen sich dank der Parallelüberlieferung im Codex Theodosianus leicht durchschauen. Im Digestentitel 10, 1 hat Justinian sie zu stützen versucht durch Interpolationen sowie durch die Kombination ganz verschiedenartiger Entscheidungen, die oft nur scheinbar dem von ihm gewünschten Sinn entsprachen.

7. EXCURS. (ZU D. 10, 1, 11—13)

Während die ersten leges des Titels 10, 1 (1—4, 7) offenbar in der Absicht zusammengestellt sind, die von Justinian ausgeweitete Adjudicationsbefugnis des Richters in einer Grenzscheidungsklage zu stützen, lassen sich an die letzten drei leges Betrachtungen knüpfen, die die Komposition der Titel „finium regundorum" im Codex und in den Digesten betreffen.

In C 3, 39 sind die Konstitutionen 3—6 dem Titel 2, 26 des Codex Theodosianus entnommen und — wie erörtert — zum Teil erheblich verändert oder verkürzt worden. Ein Problem aber stellt sich mit den beiden ersten dort wiedergegebenen Rescripten Diocletians aus dem Jahre 294. Es ist noch durchaus erkennbar, daß diese Entscheidungen mit zwei in den Digesten mitgeteilten zusammenhängen, etwas problematisch bleibt aber die Erklärung der später zustandegekommenen Abweichungen.

Verhältnismäßig durchsichtig ist — trotz größerer syntaktischer Differenz — die Beziehung zwischen C 3, 39, 1 und D 10, 1, 12:

C 3,39,1. 294 n. Chr.	D 10,1,12. Paulus 3 resp.
Regionem certam fundi propriis finibus eius mutatis dominus eius distrahere ac residuum retinere non prohibetur. Nec amplius emptor, quam quod ratione secundum venditionis fidem ad se pervenit, vindicare potest praetextu terminorum temporis antecedentis venditionem.	Eos terminos quantum ad dominii quaestionem pertinet, observari oportere fundorum quos demonstravit is qui utriusque praedii dominus fuit, cum alterum eorum venderet: non enim termini qui singulos fundos separabant, observari debent, sed demonstratio adfinium novos fines inter fundos constituere.

Im Rescript dient der erste Satz der erklärenden einleitenden Umschreibung, der zweite faßt den Inhalt der Entscheidung des Paulus knapp zusammen. Im Digestentext überraschen nur die beiden Infinitive (oportere für oportet, constituere für constituit), der Rescriptentext ist dagegen gar nicht in Ordnung. Schwierigkeiten hat den Herausgebern namentlich das Wort „ratione" bereitet, Cuiacius hat „traditione", Krüger „metatione" vorgeschlagen, doch ergibt beides keine Lösung, weil eben der ganze Nebensatz „quam quod ratione secundum venditionis fidem ad se pervenit" verunglückt ist. Seinen Sinn kann man nur aus dem folgenden und aus dem Digestentext erraten. Statt „ratione" wird „demonstratione" — nämlich die demonstratio finium beim Verkauf — gemeint sein. (Vielleicht hat „quam quod demonstratione venditoris finium" oder etwas Ähnliches ursprünglich dort gestanden.) So erklärt sich der folgende Satz, nach dem für den Käufer die alten Grenzen des fundus bedeutungslos sind. Der Sinn beider Entscheidungen ist identisch: Eine Grenzklage „de loco", die sich auf die alten Grenzen des alten fundus stützt oder beruft, wird durch die bloße demonstratio der neuen Grenzen beim Verkauf eines Teilstücks ausgeschlossen[226]. Diocletian hat sich also bei dem Erlaß seiner Konstitution eng an die Entscheidung des Paulus gehalten und sie zur Grundlage seiner Aufforderung gemacht, Grenzen eines fundus nicht als unveränderlich zu betrachten.

Interessanter ist das Verhältnis von C 3,39,2 zu D. 10,1,11.

C. 3,39,2 294 n. Chr.	D. 10,1,11, Papinian 2 respons.
Successionum varietas et vicinorum novi consensus, *additis vel detractis agris* alterutro, *determinationis veteris monumenta* saepe *permutant.*	In finalibus quaestionibus *vetera monumenta,* census auctoritas ante litem incohatam ordinati sequenda est, modo si non *varietate successionum* et arbitrio possessorum fines *additis vel detractis agris* postea *permutatos* probetur

Die hervorgehobenen Parallelen: varietas successionum, additi vel detracti agri, vetera monumenta, permutare machen die Tatsache einer zwischen beiden Zitaten bestehenden sprachlichen Abhängigkeit offenkundig. — Der Sinn des Papinianzitats ist klar und eindeutig: die vetera monumenta — d. h. die alten Katasterurkunden oder Flächenaufnahmen[227] — und die Angaben des letzten vor dem Streit abgeschlossenen Census müssen bei Grenzstreitigkeiten zugrundegelegt werden, außer wenn nachgewiesenermaßen seitdem die Grenze im Erbgang oder durch nachbarliche Übereinkunft verändert wurde[228]. Wir haben oben die Stelle bereits besprochen (p. 213). Das Rescript im Codex Justitianus würfelt nun die Worte Papinians durcheinander. Waren dort bisweilen die fines verändert, so sind es nach der neuen Version die „veteris determinationis monumenta" — also die alten Grenzzeichen, zu denen man hier die „vetera monumenta", d. h.: die Katasterurkunden des ursprünglichen Textes, gemacht hat. Auf sie soll man sich nach Papinians Worten möglichst stützen, während man sich nach der neuen Version auf sie im allgemeinen nicht mehr verlassen kann. Man hat also den Sinn eines Begriffes und das Objekt des Wortes permutare verändert bzw. vertauscht und damit eine ganz neue und nichtssagende Entscheidung formuliert: sie besagt nun lediglich, daß alte Grenzen eben im Laufe der Zeit unzuverlässig werden.

[226] Daube, JRS 47, 1957, 42 („finium demonstratio") bezieht diese Texte — ohne auf die Textverderbnis näher einzugehen — m. E. nicht zu recht auf die Eviction.

[227] Vergl. dazu oben p. 213. Brugi, Le dottrine, 210, zieht zur Erklärung dieser Stelle wohl nicht zu recht Frontin (38, 7 La) heran: ... „neque ullum finitimae similitudinis monumentum" und deutet die monumenta als *alte Termini.* Zum Wert von Censusurkunden und „monumenta publica" als Beweismittel vergl. D. 22, 3, 10.

[228] Eine gute Besprechung des Zitats gibt Rudorff, P. 384. Etwas weit geht dagegen die Annahme von Taubenschlag, opera minora I, 129: das Papinianzitat beweise die Existenz weitgehender periodischer Teilungen unter den Nachbarn. Er glaubt sogar „Spuren von Beschränkungen" anzutreffen, die „der kommunistischen Agrarverfassung eigentümlich sind".

Wer hat die Textveränderung verschuldet? Die Annahme hat alle Wahrscheinlichkeit für sich, daß Diocletian sich in der nicht erhaltenen ursprünglichen Formulierung ähnlich eng und vor allem sinnentsprechend an die Entscheidung Papinians anschloß wie in der vorhergehenden an die des Paulus. Justinian hingegen ist sie nicht nur zuzutrauen, — Kürzung der Konstitutionen war sein Ziel, in der auf die Digesten folgenden Codexausgabe auch die Emendatio[229], — vor allem hatte er für die entstellende Verkürzung auch ein doppeltes Motiv: Wegen der häufigen Veränderung der Grenzen in der Vergangenheit erscheint es als sinnvoll, dem Richter im Streitfall die Vollmacht zu einer neuen Grenzziehung zu geben. Wichtiger noch: mit dem Hinweis auf dieses Rescript (u. Umst. auch auf das Vorhergehende) konnte eine Appellation abgewiesen werden, die sich gegen ein im Grenzstreit ergangenes Adjudikationsurteil auf bestehende alte Grenze berief.

Es ist merkwürdig, daß in dem nicht sehr reichhaltigen Titel 10, 1, dessen leges 5—10 den Eindruck einer etwas zufälligen Kombination erwecken, gerade die zwei Entscheidungen klassischer Juristen mitgeteilt sind, die ehemals zwei Reskripten Diocletians zugrundegelegen hatten. Das kann kein Zufall sein, doch weiß ich die zutreffende überlieferungsgeschichtliche Erklärung nicht zu geben.

Nicht unwichtig ist noch ein zweiter Umstand: Wir sahen, daß die Entscheidung Papinians für provinziale Verhältnisse gedacht war. Ähnlich steht es aber auch mit dem bekannten Gaiuszitat 1. 13, in dem den XII Tafeln die Übernahme einer solonischen, den Grenzabstand von Mauern, Gräben, Oelbäumen und Feigenbäumen betreffenden Bestimmung zugeschrieben wird. Partsch[230] hat die Gültigkeit dieser Regeln in den alexandrinischen Dikaiomata festgestellt. In Italien ist ihre Anwendbarkeit dagegen schwer denkbar[231], die agrimensorischen Schriften enthalten keine diesbezügliche Andeutung, vor allem müßte man im Fall ihrer Rezeption mit einer merkwürdigen Konkurrenz gegenüber dem generellen Usucapionsverbot des Grenzstreifens und den verwandten Klagemöglichkeiten rechnen. Die Annahme ist wohl unwahrscheinlich[232]. Es wird sich vielmehr um eine im Einflußgebiet des griechischen Rechts gültige und stets gültig gebliebene Regel handeln, die Gaius dadurch zu stützen suchte, daß er sie zugleich den XII Tafeln zuschrieb. — Am Schluß des Titels 10, 1 wären also zwei Bestimmungen oder Entscheidungen aufgeführt, deren Geltungs- oder Anwendungsbereich nur die östliche Reichshälfte gewesen sein kann[233].

[229] Vergl. Const. „Summa" (1), „Cordi"

[230] Arch. f. Pap. Forsch. 6, 47. Dazu Berger, RE 4A, 1922.

[231] Wieacker, RIDA 3. Serie 3. 1956, 468.

[232] Ciulei, ZSSR 81, 1964, 306 f. rechnet dagegen mit einer Übernahme in Rom etwa seit dem 2. Jhdt. v. Chr. Watson, The law of property in the later Roman Republic, Oxford 1968, 111 f. beachtet in der Besprechung des Problems nicht die Entdeckung Partsch's. Er hält deshalb die Authentizität der Bestimmung in den XII Tafeln für wahrscheinlich. Dies überzeugt nicht ganz, wenn auch eine ganz weitläufige Verwandtschaft zwischen der solonischen Bestimmung und den Anordnungen des XII Tafelgesetzes hinsichtlich der glandes und der arbores als Möglichkeit nicht ganz ausgeschlossen werden kann. (D. 43, 27 f.) Dazu oben p. 172 f.

[233] Sie haben sich weiter erhalten: Der Procheiros Nomos erwähnt eben diese beiden Bestimmungen aus dem Titel 10, 1. (38, 50 f. und 56. Jus Graeco-Romanum, Bd. 2, p. 214 f.)

RÜCKBLICK

Die ältesten verläßlichen Zeugnisse über die Eigenart der römischen Agrarverfassung liegen in der Überlieferung des XII. Tafelgesetzes und insbesondere in seiner Regelung der Grenzscheidungsklage vor. (finium regundorum) Sowohl die Eigenart des hier formulierten römischen Grenzschutzes — der Grenzstreifen zwischen privaten Grundstücken mußte eine Breite von 5 Fuß einnehmen — als auch die Modalitäten der Prozedur dieser Klage in einem nur teilweise öffentlichen schiedsrichterlichen Verfahren haben sich zum Teil noch bis in die späte Kaiserzeit erhalten und auch das Verfahren beeinflußt, das in Grenzstreitigkeiten zwischen Gemeinden gewählt wurde[1].

Die spätere römische Anschauung, nach der die Centuriation bereits in den Anfängen Roms bestand und die Lehren der Gromatik von den etruskischen haruspices und von den Auguren entwickelt worden sind[2], wird durch empirische Funde nicht bestätigt. Wir kennen keine Centuriation in etruskischen Territorien. Sie scheint auch deswegen unwahrscheinlich zu sein, weil die ältesten und bedeutendsten Landverteilungen keine civilen städtisch-römischen Unternehmen waren, sondern bei der Gründung latinischer Kolonien, militärischen Gemeinschaftsaufgaben des latinischen Bundes, stattfanden. So waren die Mitglieder der ältesten Gründungskommissionen Beamte mit imperium und den entsprechenden Kennzeichen militärischer Befehlshaber, die das Heer auch des latinischen Bundes zu führen berechtigt waren, nicht aber wie die haruspices stadtrömische und civile Beamte. — Bei den Mitgliedern der Assignationskommission trat der ursprünglich militärische Charakter erst in späterer Zeit in den Hintergrund, als man die Gründung latinischer Kolonien aufgegeben hatte und als die Agrargesetze nur noch der Landversorgung der Veteranen dienten oder gar ein demagogisch-agitatorisches Mittel geworden waren. Den Anfang der Umbildung zu einer civilen Magistratur scheinen dabei die Gesetze gemacht zu haben, die seit dem Ende des Latinerkrieges derartige Kommissionen für die Gründung der kleinen coloniae maritimae einsetzten[3].

Aus der Eigenart und aus der Geschichte der latinischen Kolonien läßt sich auch die Entstehung der Centuriation verstehen und ableiten. — Die ältesten latinischen Kolonien folgten mit nur geringem Zeitabstand auf die jüngsten Stadtgründungen des Latinerbundes, und sie lagen noch mitten in seinem Gebiet[4] und waren offenbar

[1] s. p. 173 ff. Vor allem bewahrte man die alte Bestimmung über den Grenzstreifen auch in den centuriierten Territorien. s. p. 186 f.

[2] Frontin 27, 13. (La.)

[3] Vergl. darüber Kapitel 1.

[4] Circei war noch unter Tarquinius kolonisiert worden, Signia 493 v. Chr. (Liv. II, 21, 7) Velitrae und Norba 490 v. Chr. (Liv. II, 34, 6) Ardea 439 v. Chr. (Liv. IV, 9.)

als Fluchtburgen zum Schutz vor den Einfällen der benachbarten Völker und Bergstämme gedacht. Im frühen vierten Jahrhundert folgten Kolonien, die bereits mehr an der Grenze des Bundesgebietes zu seinem Schutz angelegt worden waren[5]. Nach dem Latinerkrieg aber bezeichneten die wie befestigte Vorposten gegründeten latinischen Kolonien die Grenzen der jeweiligen Ausdehnung des römischen Machtbereiches. Die „propugnacula imperii" waren durch imposante Mauern befestigt und über Militärstraßen mit dem Hinterland verbunden[6]. — Diese Städte haben keine feudale Sozialordnung gekannt. Kennzeichnend war offenbar, daß eine feste Zahl von Soldaten für die Kolonie bestimmt oder angenommen wurde, und jeder bekam sein gleichwertiges Landlos. Im Territorium von Nepete kann man noch heute die massiven, aus großen Tuffquadern errichteten Grenzmauern einzelner fundi bewundern, die wahrscheinlich aus der Gründungszeit der latinischen Kolonie stammen[7]. Während in dieser am Anfang des vierten Jahrhunderts gegründeten Kolonie die ungleichmäßige Parzellierung sich den Naturgegebenheiten anpaßt, treffen wir im Gelände der Kolonien aus dem Ende des Jahrhunderts in gleichen Distanzen parallel zueinander verlaufende Hauptwege. In ihnen sind die fundi geometrisch ausgemessen worden. Die kardines lassen sich entweder nicht mehr erkennen oder sie verlaufen in weit größeren Abständen zueinander als die decumani, so daß große Rechtecke mit einem ungleichen Seitenverhältnis gebildet wurden. Der Flächeninhalt betrug z. B. in der latinischen Kolonie Luceria bei einem Seitenverhältnis von 1:5 640 iugera[8]. Da Rechtecke dieser Größe etwa 100 Landlosen entsprachen — sie wurden im vierten und im frühen dritten Jahrhundert in einer Größe zwischen fünf und acht iugera ausgegeben —, dürfte beim militärischen Charakter der latinischen Kolonien die Eigenart dieser Rechtecke erklärbar sein: sie boten als Centurien einer militärischen Hundertschaft Land. — Aus ihnen hat sich später das reine Flächenmaß der quadratischen Centurie von 200 iugera entwickelt.

Wie aber ist es am Ende des vierten Jahrhunderts zur Anwendung der exakten rechteckigen Parzellierung, die die früheren latinischen Kolonien nicht kennen, gekommen? In den damaligen Kriegen gegen die Samniten, in denen die römischen Heere sich zum ersten Mal weit außerhalb des römisch-latinischen Gebietes bewegten und sich also auch nicht mehr leicht in das Refugium einer befestigten Stadt zurückziehen konnten, wurde das Marschlager entwickelt, das in den folgenden Jahrhunderten bis weit in die Kaiserzeit hinein zu einem Fundament der römischen Strategie und der militärischen Ausbildung geworden ist. Wall, Straßen, Tore und Quartiere wurden genau und rechtwinklig abgesteckt, jedem Soldaten und jeder Einheit der Lagerplatz genau ausgemessen[9]. Das hierbei von den Centurionen verwendete Instrumentarium bestand aus der groma — dem Visierinstrument zum Fixieren rechter Winkel — und der decempeda, eben dem Werkzeug auch der spä-

[5] Sutrium, Nepete, Setia und Circei. Vor allem die beiden ersten waren Grenzfestungen gegenüber den Etruskern.
[6] Dazu jetzt E. T. Salmon, Roman colonization under the Republic, London 1969, 55 ff.
[7] s. p. 40.
[8] lib. col. 210. Allgemeiner dazu p. 29 ff.
[9] s. p. 82 ff.

teren Agrimensoren, welches ohne Frage die Voraussetzung jener exakten rechteckigen Parzellierung in den latinischen Kolonien des späten vierten Jahrhunderts bildete.

Dies Wechselverhältnis zur Castrametation läßt sich weiter verfolgen. Während dem Lager der Legionen in der späten Republik und in der Kaiserzeit im allgemeinen ein Grundriß mit dem zentralen Wegekreuz von kardo und decumanus zugrundeliegt, sind die Quartiere im früheren, von Polybios geschilderten Marschlager allein auf die via principalis (= via decumana) bezogen, dem Lager fehlte auch das zentrale Wegekreuz[10].

Sogar die rein römischen Landverteilungen in den coloniae maritimae und in den viritanen Assignationen, die gleichfalls nach dem Latinerkrieg eine große Bedeutung bekamen, sind anfänglich nach allem Anschein nicht in der Form der Centuriation ausgeführt worden. Während wir in den Seekolonien nur das Fehlen der Centuriation konstatieren, nicht aber sagen können, in welcher Weise ihre Landlose gebildet wurden[11], erlaubt die eigenartige Parzellierung von drei Territorien, die wahrscheinlich auf einer viritanen Verteilung des dritten Jahrhunderts beruhen, Rückschlüsse auf die Methode. In der großen Ebene von Reate sind die einzelnen fundi als scamna in ihrer Orientierung manchmal noch in weiten Abständen auf die Grundlinie der auf die Stadt zuführenden Heerstraßen bezogen, während die Unterteilung durch parallele oder sich kreuzende Straßen fehlt. Wenn diese Parzellierung alt ist, so kann sie nur unter Verwendung der gromatischen Meßinstrumente zustandegekommen sein[12]. Die Flußebene von Venafrum ist von parallelen, in gleicher Distanz verlaufenden Straßen durchzogen, zwischen denen die einzelnen fundi als strigae gebildet sind[13]. Es fehlen jedoch die für die spätere Centuriation typischen sich rechtwinklig schneidenden Wege. — Die im dritten Jahrhundert aufgeteilte Ebene von Falerii ist mit einer Fülle von genau nach Norden gerichteten Limites und Parzellengrenzen durchzogen, während die ostwestlich gerichteten Querstraßen — und erst recht die Centurien — fehlen[14]. In der Methode der Parzellierung liegt also anscheinend die Lösung der alten Rätselfrage nach dem Unterschied der viritanen und der kolonialen Landverteilung.

Dem allen älteren römischen und latinischen Parzellierungen gemeinsamen Prinzip, jeweils einezlne fest umgrenzte Grundstücke zu bilden, entsprechen auch die alten Rechtsformen. Wir erwähnten bereits den Grenzschutz im Recht der 12 Tafeln. Die Zerstückelung der für die Dauer gebildeten Landstellen scheint ebenso wie ihre Konglomeration damals die Ausnahme gewesen zu sein[15]. Der fundus

[10] Dazu p. 83.

[11] Dazu p. 52 ff.

[12] Zu Reate vergl. p. 41 f.

[13] zu Venafrum p. 42.

[14] 44

[15] Zur Geschichte der Klage finium regundorum s. Kapitel IX, p. 171 ff. Die alte Klage familiae herciscundae des 12-Tafelgesetzes hatte offenbar keine Verkleinerung der fundi zur Folge. Die ihr eigentümliche und alte Verbindung von condemnatio und adiudicatio sollte anscheinend vielmehr den Alleinerben des Grundstücks nur zur Entschädigung der Brüder und Miterben verpflichten bzw. sie diesen in Aussicht stellen.

bekam nach dem Namen des ersten Eigentümers seine Bezeichnung, die ihm für alle Zeiten anhaftete — fundus Baebianus, Cornelianus usw. —, und mit ihm rechnete das alte Recht im Besitzschutz der Interdikte. Der Traditionalismus war nicht Selbstzweck, die militärische Kraft einer Kolonie und des römischen Heeres überhaupt war davon abhängig, daß der gleichmäßige Kleinbesitz erhalten blieb. Der Bürgercensus, die Heeresmusterung und die Centurienverfassung hingen bekanntlich deshalb auf das engste miteinander zusammen, weil nur der Eigentümer einer Landstelle zum Militärdienst verpflichtet und als stimmberechtigter Bürger in der großen ersten Klasse voll anerkannt war — ja in den latinischen Kolonien wird sogar eine direkte Relation zwischen dem Heereskontingent und der Zahl der fundi bestanden haben. So dürfte es zu erklären sein, daß in Rom und in den Kolonien bis zum zweiten Jahrhundert weder der Großgrundbesitz Raum griff noch die Landlose durch Erbgang oder Teilverkauf in Kleinstbesitz erfielen.

Nach dem zweiten punischen Kriege hat sich die bekannte Centuriation mit der schachbrettartigen Aufteilung der Territorien in Quadrate von jeweils 200 iugera und der Orientierung ihres Koordinatensystems auf das Hauptwegekreuz von kardo und decumanus durchgesetzt. Zunächst verwandte man es bei den umfangreichen Landverteilungen in Norditalien, übertrug es aber mit der Termination der auf der Staatsdomäne des ager Campanus angelegten Pachthöfe auf öffentliches Gebiet. Die wichtigsten Ursachen der Neuerung[16] dürften darin zu suchen sein, daß die großen und ebenen Flächen — bei der Übereinstimmung der nunmehr einheitlichen Centurien mit dem Maßsystem — so am leichtesten vor der Verteilung insgesamt und zugleich nach ihrem Anteil disponiblen Bodens ausgemessen werden konnten, ferner in der vielleicht zugleich mit der Centuriation entwickelten Assignation: die leitenden Kommissionen wurden „agris dandis assignandis" bestellt, auf der forma, dem in Stein geschlagenen verkleinerten Abbild des schachbrettartigen Koordinatensystems, wurden in jeder Centurie die Namen der Landempfänger und das ihnen zugewiesene Flächenmaß eingetragen. Sie erhielt damit den Charakter eines Dokumentes, das das Eigentum an der zugewiesenen Fläche verbürgte.

Die Landverteilung verlor auch im übrigen viel von ihrer ursprünglichen militärischen Eigenart: Der Zweck der Landversorgung ausgedienter Soldaten dominierte nun eindeutig gegenüber dem des Grenzschutzes, das imperium der Assignationsbeamten wurde unwesentlicher[17], und wahrscheinlich traten in dieser Zeit bei der Regelung der technischen Einzelheiten die finitores aus dem Ritterstand an die Stelle der Centurionen, jedenfalls konnten sie nun als civile Richter vom Praetor bei Grenzstreitigkeiten und anderen bodenrechtlichen Prozessen berufen werden[18]. Ihre Aufgaben werden also denen der späteren freien Mensoren entsprochen haben.

Die Vorzüge und die weiten Verwendungsmöglichkeiten dieses so klaren Parzel-

[16] Vergl. p. 56 f. Argumente für die Annahme einer späten Entstehung der Centuriation p. 50 ff. p. 78 ff.

[17] p. 20 f.

[18] Vergl. dazu die Erklärung der lex Mamilia p. 295 ff. Die Voraussetzung liegt in der Entstehung des Formularprozesses in dieser Zeit.

lierungssystems scheinen die römischen Nobilitätsmitglieder im zweiten Jahrhundert geradezu fasziniert zu haben. Hatte man schon bei der Centuriation des ager Campanus ein überaus großes Gebiet aufgeteilt, so unterwarf man nach dem Sieg über Karthago das gesamte Terrain der Provinz, soweit es nicht den freien Städten angehörte, einem einzigen einheitlichen Centuriationssystem. Zunächst wurde es für die Berechnung des stipendium verwandt, welches man der angesiedelten Bevölkerung auferlegte, später aber auch beim Kolonisationsversuch des Gaius Gracchus und beim großen Landverkauf vor dem Beginn des jugurthinischen Krieges zugrundegelegt[19]. Der Agrarreform des Tiberius Gracchus entsprach der Plan, die Orte des italischen ager Romanus wenigstens in abgewandelter Form nicht nur für die Neuverteilung, sondern auch für die Berechnung und Aufnahme des Altbesitzergebietes zu centuriieren und assignieren[20]. Bei Landverteilungen, die der Senat längs der großen via Popilia im val di Diano zur gleichen Zeit durchführen ließ, scheint gleichfalls die Centuriation angewendet worden zu sein[21], und möglicherweise war dies auch bei der Assignation der Gemeindegrenzen Sardiniens im Jahre 112 v. Chr. der Fall[22].

Eigenartigerweise haben die römischen Feldmesser selbst wie erwähnt über den Ursprung der römischen Flurteilung Vorstellungen entwickelt, die ungenau oder geradezu falsch sind. Dies darf nicht zu sehr verwundern, da sie sich in erster Linie als Fachleute betrachten, die sich in historischen Fragen auf andere Gewährsmänner stützen, und da auch die Centuriation zu ihrer Zeit bereits fast drei Jahrhunderte im Gebrauch war. Daß die Anfänge nur aus der Aufteilungsmethode der latinischen Kolonien zu verstehen sind, daß die Centuriation spät und wohl nur im Zusammenhang mit der Assignation entwickelt worden sein kann, haben sie nicht besonders hervorgehoben[23]. Sie datieren mit den Antiquaren der späten Republik ihre Entstehung in die ersten Anfänge Roms hinauf und leiten sie aus der etruskischen Auguraldisziplin ab. Bis in die jüngste Zeit hat man diese Ansicht mehr oder weniger kritiklos übernommen und sich dadurch den Blick für die Entwicklungsgeschichte der römischen Parzellierungsmethoden verstellen lassen. — Das Mißverständnis der Agrimensoren entspricht der bekannten Tendenz der römischen Geschichtsschreibung zur Zeit der jüngeren Annalistik, spätere Einrichtungen und Vorgänge ins fünfte und vierte Jahrhundert zu transponieren und außerdem die Bedeutung des latinischen Bundes gegenüber der römischen eigenen Tradition zu verkleinern. Sie erfand für die alte Geschichte Roms zahlreiche tribunizische Agrargesetze[24]. Entsprechend wurden die Kommissionen wie eine civile stadtrömische Magistratur betrachtet, ihr Zusammenhang mit dem imperium der das Heer des

[19] Dazu p. 116.

[20] p. 58 ff.

[21] Dazu Historia 1967, 16, p. 171 f.

[22] Belege p. 119 f. Die Termination des ager Corinthiorum, lex agraria 96 ff. muß dagegen nicht unbedingt eine Centuriation gewesen sein.

[23] Vereinzelt weisen sie auf die alten Methoden hin: Frontin 3,7: die Scamnation entspreche dem mos antiquus. Hygin 121, 16: die Alten hätten bei der Assignation der fundi den modus jeweils an deren Grenzen, nicht aber „plenis centuriis“ assigniert.

[24] p. 9.

latinischen Bundes befehlenden Konsuln geriet in Vergessenheit[25]. So konnte man zu der Konstruktion kommen, die Orientierung des Limitationskreuzes sei aus der Himmelsbeobachtung der Auguren herzuleiten[26]. Mit der Ausdehnung der Centuriation verfestigte sich zugleich die eigentlich gar nicht so alte Anschauung, daß nur durch die vom gesetzlich beauftragten Beamten vollzogene Assignation auf der forma das quiritarische Bodeneigentum verliehen werden könne[27]. Die Konsequenzen zeigten sich bei der gewalttätigen Landverteilung Sullas. Wohl spricht vieles für die Annahme, daß ihm für die Landzuweisungen seiner angesiedelten Legionäre die Anerkennung des reinen Privateigentums nicht wünschenswert erschien; jedenfalls aber waren die Legionsführer, die die Verteilungen in den verschiedenen italischen Städten durchführten, auch zur Assignation überhaupt nicht befugt, und so wurden bei ihnen auch keine formae hergestellt[28]. Die damit hinsichtlich der agri Sullani entstandene Rechtsunsicherheit gehört zu den wichtigen Faktoren der römischen Innenpolitik in den letzten Jahrzehnten der Republik.

Die riesenhaften Landverteilungen Caesars, der Triumvirn und des Augustus wurden zwar ebensowenig wie die sullanischen durch gesetzlich beauftragte Kommissionen ausgeführt, doch hat vor allem Octavian über die Assignation den Veteranen ihr neu geschaffenes Landeigentum garantiert. Er regelte anhand der formae die Einzelheiten der Landverteilungen vor der Durchführung persönlich[29], und er ließ die bei der Landverteilung hergestellten Flurkarten im tabularium Caesaris sammeln, um den Veteranen den absoluten Rechtsschutz zu verbürgen. Diese Sammlung ist im Laufe der Kaiserzeit durch weitere formae, die teils neu hergestellt, teils älterer Herkunft waren, komplettiert worden, und sie dienten offensichtlich dem Zweck, die Judication in bodenrechtlichen Fragen zu erleichtern: Die Listen der libri coloniarum, die nach den späteren italischen Gerichtssprengeln zusammengestellt wurden, sind auf diese Sammlung von Flurkarten zurückzuführen[30]. Sie gestatten einen Überblick über die Ausdehnung der italischen Assignationen in der Kaiserzeit.

Es lassen sich zwei Methoden unterscheiden, nach denen vor allem Octavian die großen Härten der Enteignung in Italien und in den Provinzen zu mildern versuchte. In Italien assignierte er den Veteranen oft nur Teile der Centurien, während die Restabschnitte (subseciva) auf der forma abgetrennt wurden. Diese nicht

[25] Dazu Kapitel 1, passim.

[26] Vergl. zu den oft rein pragmatischen Gründen der Orientierung am besten den Überblick bei Castagnoli, Ricerche 26 f. 37. In der Aemilia wurde im allgemeinen die große Straße als Basislinie gewählt, in Orange das Rhonetal, usw. Nur in später Zeit scheint man, wo das Gelände die freie Wahl der Orientierung ermöglichte, sich die kosmische Spielerei gestattet zu haben. So zeigt Barthel, Röm. Limitation 95 f. wie die Orientierung der afrikanischen von Trajan gegründeten Kolonien Thamugadi und Lambaesis dem Sonnenaufgang an dessen dies natalis entspricht. (18. September — 267°)

[27] So konnten den vom Senat in der Gracchenzeit angesiedelten viasii vicani ihre Ländereien nicht assigniert werden, wohl aber denen der Gegenpartei. Vergl. lex agraria 11—13 dazu Historia 16, 1967, 175 f.

[28] Vergl. dazu den Excurs zu Kapitel III.

[29] Historia 18, 1969, 539 ff.

[30] p. 31 ff. p. 124 f.

assignierten subseciva überließ man den Besitzern, wobei das Eigentum entweder ihnen oder der Verwaltung der Kolonie zugesprochen wurde oder dem „auctor divisionis", also dem Caesar, für die Nutzung oder eine spätere Assignation vorbehalten blieb[31]. Übrigens unterschied sich damit die Stellung ihrer Besitzer bisweilen nicht sehr von der der enteigneten Nachbarn, die oft auch nicht vertrieben, sondern nur als Pächter den Veteranen steuerpflichtig wurden[32]. — In den Provinzen beschränkte man dagegen die von der Koloniegründung betroffenen alten Gemeinden auf ein bestimmtes Territorium, das am Rande oder wohl auch mitten im meist ungemein umfangreichen centuriierten Gebiet der Kolonie liegen konnte[33].

Sehr ausgedehnte Assignationen und Vermessungen entstanden in der Kaiserzeit aus der Absicht, für die in den Provinzen erhobene Grundsteuer feste Berechnungsgrundlagen zu schaffen. Die Methoden waren nicht einheitlich. In den an eine relativ freie Gemeindeverfassung gewöhnten Westprovinzen hat man sich damit begnügt, nur die Gesamtfläche der Territorien auszumessen und auf einer forma abzubilden, die Steuer wurde nach dieser Berechnung pauschal von den Gemeinden erhoben. Es ist nicht deutlich, ob man dabei die Censusangaben der einzelnen Deklaranten durch die Gemeindebehörden oder durch staatliche Beamte kontrollieren ließ. Das bei der Ausmessung der Gemeindeterritorien von den Mensoren angewandte Verfahren war aus der Centuriation hervorgegangen und beruhte vor allem auf einer Weiterentwicklung der Methoden, die zwischen der centuriierten Fläche und der Grenze gelegenen Randabschnitte auszumessen[34]. In Afrika hat man die noch aus dem zweiten Jahrhundert stammende Centuriation nun für die Ermittlung der Grundsteuern erneuert und außerordentlich erweitert[35], auch Pannonien ist damals centuriiert worden[36], wie vielleicht auch manche weitere Grenzprovinz. Dies System mußte die Kontrolle und die individuelle Steuerberechnung ungemein erleichtern. Daneben wurden namentlich in den Ostprovinzen die überkommenen Parzellierungen der öffentlichen Gebiete wohl im allgemeinen unverändert gelassen[37].

In Italien, wo die Notwendigkeit einer Assignation zum Zweck der Steuererhebung nicht bestand, existierten gleichwohl zu Beginn der Kaiserzeit in vielen Gemeinden Flurkarten, die vor allem aus den Assignationen der Gracchenzeit oder aus den späteren Landverteilungen herrührten. Sie boten Vorteile bei der Judication und bei der Gemeindeadministration[38]. Deshalb haben Gemeinden mit alter regelmäßiger Parzellierung zum Teil in der Kaiserzeit die Assignation nachholen

[31] Vergl. zu den subseciva genauer p. 65 f. p. 131 ff.

[32] Einen derartigen Fall legt Horaz der Satire II, 2 zugrunde.

[33] In Spanien begegnen häufiger Gemeinden, die im Kolonieterritorium gelegen sind. (vergl. z. B. p. 150 f. zu Plin. n. h. 3, 25. Ähnlich sind die „praefecturae" in Emerita zu erklären. Hygin 171, 5) Zur Beschränkung der Tricastini auf einen Sektor des Limitationsnetzes von Orange vergl. p. 140.

[34] Die von einem nicht genau bekannten Autor in einer sehr korrupt überlieferten Darstellung (31, 11—33, 13 La) geschilderte Berechnungsmethode ist p. 100 ff. genauer erläutert.

[35] p. 116 ff.

[36] Hygin 205, 3.

[37] p. 120 Hygin 122, 15—123, 8. C 3, 335. (Vor allem die Inschriften B und C)

[38] p. 121 ff.

lassen[39], und in Fällen, in denen ein Municipium zur Kolonie erhoben wurde, scheinen Centuriationen auch ganz neu angelegt worden zu sein. Gleichwohl blieben aber gerade in Italien weite Gebiete nicht aussigniert, also agrimensorisch gesprochen ager arcifinius.

So boten — der Geschichte der Provinzen und der italischen Gemeinden entsprechend — die Assignationen am Beginn der Kaiserzeit ein recht vielfältiges Bild. Erst später ermunterten die Sammlungen der formae zu generellen Maßnahmen. Vor allem Vespasian hat Anordnungen getroffen, die auf einer Revision dieser formae beruhen. In Süditalien, wo die Assignationen seltener vorgekommen und auch meist älteren Datums waren (die großen Ansiedlungen der Triumviralzeit hatten ihren Schwerpunkt eindeutig im nördlichen Teil der Halbinsel, und die Orte in Latium und Campanien waren oft in der frühen Kaiserzeit assigniert worden), hat er sich gründlich um Terminationen und weite Assignationen bemüht, um den Gemeindefinanzen aufzuhelfen und wohl auch, um bisher nicht erfaßten Besitz aufzunehmen[40]. Im übrigen aber war es sowohl in den steuerbaren Gebieten der Provinzen wie in den Veteranenkolonien sein Ziel, die innerhalb der Centurien nicht assignierten subseciva, die als unbebaubares Land bisher nicht besteuert oder in den Kolonien den Besitzern geblieben waren, nun durch neue Assignation auf die eine oder die andere Weise fiskalisch zu nutzen. Spuren dieser Maßnahmen sind in Italien und in den Provinzen erkennbar, die großen Katasterkarten von Orange verdanken nach unserer Erklärung dieser Grundsteuerrevision ihre Entstehung, und die berühmte lex Manciana der Provinz Afrika, die wahrscheinlich in dieser Zeit entstand, wendet eben dieses Prinzip an[41].

So wie die römische forma aus der Landverteilung hervorgegangen ist, so kann sie auch nicht mehr sein als das Dokument der Aufteilung eines Territoriums an einem bestimmten Datum. Während bei der Assignation scamnierter Gebiete Grenzen und Größen der einzelnen Parzellen erkennbar waren, wurde bei der Centuriation nur die den einzelnen Landempfängern in einer Centurie zugewiesene Zahl der iugera auf der forma eingetragen; hier fehlte also die Grenzangabe[42], man konnte die Lage eines Grundstücks nach der forma nicht ermitteln[43]. Ein späterer Verkauf oder eine Grenzänderung wurden nicht eingetragen, die ohnehin unvollständige Flurkarte also auch nicht auf den jeweiligen Stand gebracht. Wohl zog man bei der Rechtsprechung die Flurkarten zu Hilfe, um in einem Streitfall den Grenzverlauf oder den Eigentümer zu ermitteln, doch ließ sich auf sie allein noch kein Anspruch begründen[44]. Deshalb mußten die freien, in Italien tätigen Agrimensoren, wenn sie vom Praetor als Richter oder von den Parteien als arbitri

[39] p. 48, 51

[40] p. 129 f.

[41] Vergl. dazu Kapitel VII, p. 131 ff.

[42] So lobt Hygin 121, 7—18, ein evocatus Augusti habe in den Centurien entgegen der Gewohnheit auch die Grenzen der einzelnen Landlose auf der forma kenntlich gemacht.

[43] Deshalb mußten die acceptae anscheinend neu zugemessen werden, wenn ein Veteran nicht mehr im Besitz des ihm zustehenden modus war und Klage erhob. So wird D. 10, 1, 7 zu verstehen sein. Dazu p. 97.

[44] Dazu p. 88.

berufen wurden, sich sowohl auf die Interpretationen der — oft hundert oder zweihundert Jahre alten — formae wie auf die Eigenart und Herkunft der in den einzelnen Territorien üblichen Begrenzungsformen verstehen. Die weitläufigen Erörterungen des Siculus Flaccus über die italischen Parzellenbegrenzungen[45] und die verwandten Angaben des liber coloniarum erklären sich aus der Absicht, dem als Richter berufenen Mensoren hier eine Hilfe zu geben.

Eher waren demgegenüber die Assignationen in der Provinz brauchbar, weil sie zum Zweck der Grundsteuererhebung angefertigt worden waren und also durch die Selbstdeklarationen der Besitzer ergänzt wurden, die bei jedem Census neu abzugeben waren. Zwar war anfänglich die statthalterliche Judication von der Finanzverwaltung getrennt, doch sind später die in den provinzialen tabularia angestellten einfachen beamteten Mensoren als untergeordnete Richter berufen worden, auch erkannte man den formae und den Censusakten in Grenzstreitigkeiten primäre Gültigkeit zu und billigte reale Grenzabweichungen nur, wenn die Parteien ihre Ursachen beweisen konnten[46]. Die entscheidende Wandlung der Klage finium regundorum, die Zulassung der durch den beamteten Mensoren ausgesprochenen adiudicatio, ist nach der hier vertretenen Anschauung in dieser mit der Finanzverwaltung verbundenen provinzialen Judication während der mittleren Kaiserzeit entstanden[47].

Der langen und wechselhaften Geschichte der römischen Flurteilung entspricht die des Mensorenstandes. Die Parzellierung der alten militärischen Koloniegründungen dürfte von den Centurionen ausgeführt worden sein[48]. In der Zeit der späteren Republik begegnet der auch als iudex oder als arbiter tätige civile finitor, der eine sozial angesehene Stellung einnimmt[49]. Die Landanweisungen der Dictatoren Sulla und Caesar lagen wiederum in der Hand der Centurionen, doch haben die Triumvirn und Augustus die Centuriation wenigstens der italischen Territorien an Unternehmer verpachtet, wie es früher bei den provinzialen Terminationen üblich gewesen zu sein scheint[50]. Die Centurionen der in den Provinzen stehenden Legionen verstanden sich gut auf Vermessungsaufgaben. Deshalb haben Augustus und seine Nachfolger nicht nur die Aufteilungen der Kolonien, sondern anscheinend oft auch die für die Berechnung des Census notwendigen Vermessungen ihnen überlassen[51]. Vor allem die Erweiterung der großen afrikanischen Centuriation ist ein Werk der IIIlegio Augusta. In Italien wurden Mitglieder der Praetorianercohorten ähnlich eingesetzt. Daneben bestand in Italien der Stand der freien, auch zur Judication berufenen Agrimensoren fort, denen die Kaiser bisweilen Sonderaufträge erteilten[52]. Übrigens sind die mensorische Judication und die Termina-

[45] 138—152. (La.)
[46] D. 10, 1, 11. Dazu ausführlich p. 213.
[47] p. 202 ff.
[48] p. 84.
[49] p. 89.
[50] p. 90.
[51] p. 115 ff.
[52] p. 167 ff.

tion in der frühen Kaiserzeit auch von Mitgliedern der ersten Stände ausgeübt worden: Von den späteren Kaisern Otho und Vespasian wie von C. Helvidius Priscus sind Schiedssprüche in Grenzfragen überliefert.

Von diesen freien, in römischen Traditionen aufgewachsenen Mensoren sind die in den kaiserlichen tabularia als Sclaven oder Freigelassene Beschäftigten, die fast durchweg fremder (östlicher) Herkunft sind, wohl zu unterscheiden. Sie unterstanden den Procuratoren in der Finanzverwaltung oder in der Administration kaiserlichen Dominiallandes unmittelbar, sie begegnen uns nur in den Provinzen oder in der kaiserlichen Kanzlei in Rom. In der Judication waren sie anfänglich überhaupt nicht zugelassen, ihre Hauptaufgabe wird in der Kontrolle der Census-deklerationen und der Parzellierungen bestanden haben. Trotzdem scheint dieser Stand die freien Mensoren nach und nach verdrängt oder überflüssig gemacht zu haben, von dem er sich vermutlich durch eine schulmäßige geometrische Ausbildung unterschied[53]. Die klassischen Schriften der römischen Feldmesser erwähnen die beamteten kaiserlichen Mensoren und ihre besonderen Aufgaben fast nie, obwohl sie in den Provinzen recht wichtig gewesen sein müssen. Vielleicht haben ihre Autoren die Subalternbeamten nicht geachtet oder ihre Rivalität befürchtet.

Da die freien Mensoren oft in bodenrechtlichen Fragen als Richter oder als arbitri herangezogen wurden, ohne doch juristisch geschult zu sein, wurde zu ihrer Ausbildung die Lehre von den „controversiae agrorum" entwickelt. Bei diesen handelt es sich nicht um eine einfache Auswahl der einschlägigen civilrechtlichen Actionen, sondern um die Erscheinungsformen der möglichen straf-, civil- oder öffentlichrechtlichen Auseinandersetzungen für den zur Entscheidung berufenen Mensoren. So konnten z. B. einem Streit, zu dessen Entscheidung der Mensor den Flächeninhalt eines Grundstücks festzustellen hatte, sehr verschiedenartige Differenzen zugrundeliegen: eine Mängelrüge beim Kauf, eine Grenzscheidungsklage, ein Streit um einen Pachtkontract oder auch um eine staatliche Steuerforderung; sie alle boten sich dem Mensoren als eine controversia „de modo" dar[54]. — Besonders interessant ist die Klage „finium regundorum", die der controversia „de fine" völlig entspricht. Über ihre Eigenart und über ihr Prozeßverfahren steht uns seit den 12 Tafeln bis zur justinianischen Kodifikation eine ganze Anzahl verschiedenartiger Zeugnisse zur Verfügung. Diese Quellen werden erst verständlich, wenn man sie auf dem Hintergrund der jeweiligen Bodenverwaltung sieht, in die sie hineingehören und aus der sie hervorgegangen sind[55].

Überhaupt liegt ein besonderer Reiz der Dokumente darin, daß sie den Wandel der Bodenverfassung und ihre verschiedenen Zwecke widerspiegeln. Wir erwähnten die verschiedenen Verwendungen der Centuriation Afrikas, später ermöglichte sie wohl auch noch das Entstehen des bekannten afrikanischen Großgrundbesitzes[56]. Die großen inschriftlich erhaltenen formae von Orange wurden am Ende des ersten Jahrhunderts der Kaiserzeit angelegt, um die Höhe der von der Gemeinde

[53] Dazu Kapitel VIII, p. 169 ff., 165.
[54] Vergl. p. 95 ff.
[55] Vergl. dazu das Kapitel IX.
[56] Dazu p. 119.

eingezogenen Grundsteuer und die Namen der Steuerpflichtigen aufzunehmen. Aus dem zu diesem Zweck abgebildeten Centuriationssystem kann man aber zugleich ablesen, welches Land in der um mehr als hundert Jahre früher angelegten Kolonie Julia Secundanorum den Veteranen gegeben, welches von der Gemeinde verpachtet oder versteuert und welches den civitates der alten Einwohner überlassen wurde[57].

Ähnlich läßt sich auch der Reichtum der klassischen agrimensorischen Schriften umschreiben. Sie haben nichts von dem Zauber verloren, den sie schon auf Niebuhr ausübten. Die Editoren richteten ihr Augenmerk auf die spätere Geschichte des Textes, sie emendierten und sonderten spätere Kommentare und Mißverständnisse aus. Die Autoren selbst haben es aber mit Techniken, Grenzen, Gesetzen und Lehrtraditionen zu tun, die oft sehr alt sind oder die sich erheblich änderten. Es müßte das Thema eines historischen Sachkommentars sein, sich *diese* Eigenarten des Textes einmal zum Untersuchungsobjekt zu wählen.

[57] p. 139 ff.

REGISTER DER BEHANDELTEN STELLEN

GROMATISCHE SCHRIFTEN
(Lachmann)

Frontin

JURISTISCHE QUELLEN

INSCHRIFTEN

Dessau, I.L.S.

lex agraria

lex Malacitana

lex Rubria de Gallia Cisalpina

Sylloge Inscriptionum Graecarum

L'année épigraphique

LATEINISCHE AUTOREN

GRIECHISCHE AUTOREN

VERZEICHNIS DER ORTSNAMEN

Errata:

S. 153. Anm. 136. Erstes Wort: Frontin statt Hygin.